国家安全学
学科建设工程系列丛书

国家安全学基础理论

黄大慧·主　编
李文良　田文林·副主编

时 事 出 版 社
北 京

图书在版编目（CIP）数据

国家安全学基础理论 / 黄大慧主编 ; 李文良，田文林副主编. -- 北京 : 时事出版社，2024. 9. --（国家安全学学科建设工程系列丛书）. -- ISBN 978-7-5195-0592-9

Ⅰ. D631

中国国家版本馆 CIP 数据核字第 2024DR2379 号

出版发行：时事出版社
地　　址：北京市海淀区彰化路 138 号西荣阁 B 座 G2 层
邮　　编：100097
发行热线：（010）88869831　88869832
传　　真：（010）88869875
电子邮箱：shishichubanshe@sina.com
印　　刷：北京良义印刷科技有限公司

开本：787×1092　1/16　印张：23.5　字数：400 千字
2024 年 9 月第 1 版　　2024 年 9 月第 1 次印刷
定价：158.00 元

目　录

绪　　论

新时代的国家安全实践，需要新的国家安全理论引领。2014 年 4 月 15 日，习近平总书记在中央国家安全委员会第一次会议上创造性提出总体国家安全观，标志着中国特色国家安全思想体系和理论体系最终形成。总体国家安全观是马克思主义国家安全理论中国化的最新成果，是习近平新时代中国特色社会主义思想的重要组成部分，是新时代国家安全工作的根本遵循和行动指南。十年来，在总体国家安全观引领下，以习近平同志为核心的党中央着力推进国家安全体系和能力建设，成功开创了一条中国特色国家安全道路。

与此同时，国家安全实践的发展，需要加快国家安全学学科建设。国家安全理论体系的构建是国家安全学学科建设的核心问题，是学科发展的内核与支撑。国家安全学基础理论聚焦国家安全的共性问题，旨在提出可以指导国家安全实践的一般性、普遍性知识，构建具有中国特色、中国风格、中国气派的国家安全学自主知识体系和基础理论体系。

一、国家安全学的研究对象

国家安全学是综合运用多学科理论、知识和方法，系统研究国家长治久安和可持续发展规律，提高国家安全治理体系和治理能力现代化水平的交叉学科。国家安全学所研究的国家安全，是指国家政权、主权、统一和领土完整、人民福祉、经济社会可持续发展和国家其他重大利益相对处于没有危险和不受内外威胁的状态以及保障持续安全状态的能力。一个学科体系的构建往往是从明确其研究对象开始的。作为交叉学科的国家安全学学科体系构建，是按照一级学科、二级学科及专业方向相结合原则进行的。相应地，其学科研究对象的确定也应遵循这一原则。国家安全学一级学科的研究对象是“国家安全”和“国家安全问题”，前者以结果为导向，后者以问题为导向。此外，每个不同的二级学科同样有着自己的研究对象。

第一，国家安全学一级学科以“国家安全”为研究对象。国家安全正是国家安全学研究的首要对象，也可以说是核心对象。除研究国家安全本身之外，还需要研究影响国家安全的因素、危害国家安全的因素、国家安全保障这三个与国家安全本身密切相关的方面。① 国家安全由“国家”和“安全”两个元概念组成，分别以国家和安全的概念为基底衍生出一个与国家安全相关联的“概念群”，对此作整体结构性分析就能揭示出学科研究对象谱系的独特性与丰富性。② 此外，国家安全学以国家安全工作、国家安全现象、国家安全活动、全球安全治理等理论和实践问题为研究对象，其宗旨是总结国家安全工作，形成对国家安全工作的规律性认识，升华为国家安全理论，揭示国家安全工作规律，阐明国家安全工作的理论与方法，进而指导国家安全工作实践。③

第二，国家安全学一级学科以“国家安全问题”为研究对象。国家安全学应坚持问题导向，研究解决国家安全重大现实问题，以国家生存与发展的根本性、全局性的安全问题及其应对为研究对象。亦即，国家安全学学科以国家安全问题、现象及其规律为研究对象。④ 所谓国家安全问题，是指对国家利益特别是核心利益或其他重大利益造成危险和威胁并被列入国家安全议程的问题，以及预防、化解或解决这些问题而伴生的问题。“危险”和“威胁”是衡量一个问题是否属于安全问题的核心指标，而是否对国家安全利益造成威胁则构成国家安全问题的主要标准。国家安全问题是衍生的并非源生的，某一问题一旦达到国家安全临界值，其原有属性就会发生质变而演变为国家安全问题，进而超出原有学科研究的领域，需

---

① 刘跃进主编：《国家安全学》，中国政法大学出版社 2004 年版，第 1—4 页。

② 余潇枫、章雅荻：《广义安全论视域下国家安全学“再定位”》，《国际安全研究》2022 年第 4 期，第 15—16 页。

③ 高金虎：《论国家安全学的学科体系》，《情报杂志》2022 年第 1 期，第 1—7 页；毛欣娟：《国家安全学科体系构建的内在逻辑与基本面向》，《情报杂志》2021 年第 1 期，第 99—103 页。

④ 李文良：《国家安全：问题、逻辑及学科建设》，《国际安全研究》2020 年第 4 期，第 17 页。

要具有新范式的学科来回应。于是，国家安全学应运而生。作为交叉学科，国家安全学的研究对象是各领域的国家安全问题，学术研究必须落到我国发展和安全面临的重大理论和实践问题上来，综合运用包括自然科学、社会科学、人文学科多领域成果并聚焦解决国家安全问题。正是由于国家安全问题催生出国家安全学，把国家安全问题作为国家安全学研究对象，聚焦国家安全的问题域，才成为这个学科区别于其他学科的重要标志。

第三，国家安全学中不同的二级学科均有着自己独特的研究对象。目前，国家安全学一级学科设置四个二级学科方向：国家安全思想与理论、国家安全战略、国家安全治理、国家安全技术。这四个方向各有其研究对象：国家安全思想与理论以国家安全发生发展过程中的理性认识为研究对象，总结、理解和揭示国家安全运行的有关规律以及维护国家安全实践所取得的经验教训；国家安全战略以影响国家生存与发展根本和全局的实践活动为研究对象，主要围绕新时代优化中国国家安全战略这一重大议题，谋划如何实现国家安全目标、维护国家安全利益；国家安全治理主要研究国家安全的法律体系、管理体制、执行机制、保障模式以及国家安全教育、专业人才培养等重大理论和实践问题；国家安全技术以夯实国家安全技术基础、提升国家安全技术保障为对象，研究国家安全技术体系与能力建设的理论与方法、国家战略高新技术和重要领域关键技术以及国家安全重大工程建设，形成全面支撑重大国家安全风险威胁和安全事件的积极预防、及时发现、快速响应及确保恢复的有效应对技术能力。

二、国家安全学的研究方法

任何一门学科都离不开正确的研究方法。作为一个新兴的交叉学科，国家安全学研究在坚持以总体国家安全观为指导思想的基础上，既要运用已经较为成熟的哲学方法和逻辑方法，又要运用在具体领域专业方向上具有一定的普遍性的科学方法。面对丰富广泛的研究对象、复杂多样的安全问题，我们要坚持运用马克思主义的世界观和方法论形成科学的研究视角，聚焦国家安全学共性问题研究，推进国家安全学的体系化发展。

（一）跨学科的适用性原则

国家安全学作为一门交叉学科，应把握交叉学科特色，从不同学科视角、不同侧重点深入研究国家安全问题。国家安全学在各二级学科和各个具体安全领域的专业方向中应该秉持跨学科适用性原则，在不同专业方向下优先使用本学科较为成熟的方法解决具体领域的国家安全问题，不断促进研究融合。同时，要牢牢坚持以国家安全为研究方向，把体现政治属性和战略属性作为实现不同学科视角交叉融合的锚点，探求关于国家安全的规律性认识。如果偏离国家安全研究方向，不能体现政治属性和战略属性，那么从军事学角度研究国家安全可能还会是单纯的军事安全观点，从管理学角度研究也很难超越应急管理的思路，从经济学角度研究就可能局限于原有经济学的思考。这种研究没有体现学科交叉融合，也就不能推动国家安全学发展为一门独立学科。

（二）分析性方法

分析性方法是指从某些前置性因素中抽取出一般性规律和原则的方法，主要包括历史分析法、系统分析法和比较分析法等。历史分析法，就是把国家安全问题置于一定的历史条件下加以考察，透过历史现象找到国家安全的本质规律；系统分析法，就是将系统论、控制论、博弈论等方法引入国家安全研究，揭示相关变量的相互联系和演进规律，分析其对国家安全的影响；比较分析法，就是把国家安全问题置于不同国家、不同区域、不同阶段、不同条件下进行宏观比较、微观比较以及定性、定量比较研究，寻找彼此的相似性、差异性，从中探求国家安全的一般规律与特殊规律。

（三）技术性方法

技术性方法是指运用自然科学、工程技术的研究方法和研究手段，分析国家安全相关事件、现象和技术实现等，使国家安全学研究建立在定量计算与分析基础上。技术方法主要来自数学、物理学、安全工程学、信息科学等诸多学科，包括实验研究法、模拟研究法、案例分析法、调查研究法、情景推演法、大数据方法、人工智能方法等。随着国家安全问题的综合性、复杂性、多变性愈加突出，运用和发展国家安全学技术性方法是国家安全学研究的重要趋势。

（四）多学科方法

多学科方法是指借鉴采用其他学科的基本原理和基本方法来研究国家安全事件和现象等。当研究国家安全某个重点领域的问题时，可用哲学、社会学、法学、军事学、经济学、政治学、公安学、安全科学与工程、地理学等学科原理和方法进行相关研究。如运用军事学、政治学、国际关系学的基本原理和基本方法，从国际战略形势、周边安全环境、军事实力对比、作战实验验证等方面分析潜在的国家军事安全威胁；如运用经济学基本原理和规律，研究国防经济与国家正常经济运行秩序的关系等；如运用地理学领域的相关理论与方法，研究不同国家安全战略、思想、实践形成的地理因素等；如运用心理学领域的相关理论与方法，分析相关人群对国家安全形势变化的心理状态和行为取向等。

（五）综合性方法

综合性方法是指构建一定的理论模式和分析框架，把研究对象的各项变量纳入其中，通过"整理—分析—归纳"，把握个别性特征和普遍性特征。无论何种类型的国家安全事件，都有自己独特的表现形式和特点，如果不研究各案例的个别表现，就难以准确把握和评价整个国家安全事件的普遍性特征及其工作方法。综合性方法旨在于国家安全事件和现象分解及整合的过程中，运用多种方法综合研究国家安全事件的独特形式及相互关系，探究国家安全事件和现象的普遍性特征，把握国家安全事件的规律和特点。

三、国家安全学的发展历程

一般认为，国内学界对于国家安全学学科建设的关注和研究始于20世纪90年代。① 迄今为止，围绕国家安全研究和国家安全学科建设两条主线，以总体国家安全观的提出为界，在前后两个阶段逐渐积累了一批有质量、成体系的研究成果，从无到有地探索中国特色国家安全学学科体系和理论体系。国家安全研究与国家安全学学科建设相互联系，相互促进，相辅相成。

（一）国家安全学的初步探索期

冷战结束到总体国家安全观提出之前，是国家安全学学科的初步探索

---

① 刘跃进：《为国家安全立学———国家安全学科的探索历程及若干问题研究》，吉林大学出版社2014年版，第52页；张宇燕、冯维江：《新时代国家安全学论纲》，《中国社会科学》2021年第7期，第141页；季志业：《"国家安全学"概念刍议》，《国家安全研究》2022年第1期，第95页；马瑞映：《学科体系下的国家安全教育教材建设》，《国家安全论坛》2023年第2期，第24页等。

阶段。冷战时期的国家安全研究主要聚焦于政治、军事等传统安全领域，军队等部门对于国家安全规律、战略思维和态势感知以及反间防谍工作进行了比较系统的研究，产出了一批研究成果。① 冷战结束后，西方的“安全研究”随同它的母体——国际关系理论一并被引入中国，国际和国内安全形势的转变催生出一系列以探讨国家安全问题和国家安全学科为主题的文章和书籍，在世纪之交达到了一个高潮。

这一时期的国家安全研究为后来国家安全理论的发展奠定了良好基础。随着和平与发展成为时代主题，一系列多元、复杂的非传统安全议题给传统安全观带来严峻挑战，如何树立适应时代发展需要的新安全观成为亟待解决的问题。具体而言，非传统安全概念逐渐在中文文献中被明确使用，② 学术界开始就如何树立统筹传统非传统、国内国外的综合安全观展开探讨，③ 从内涵、外延和手段等方面分析新安全观与传统安全观的差异及产生这种变化的原因，④ 进而系统阐释我国所倡导的互信、互利、平等、合作的新安全观。⑤ 概言之，这一时期的国家安全研究往往聚焦于我国从长期秉持的传统安全观到随时代更替应运而生的新安全观之间的过渡，这一过渡最早出现在中国对外安全领域和对国际安全的认识上，其后逐渐延伸至国内安全领域和对中国国家安全的整体认识上。伴随国家安全观念的

---

① 孙明明等：《动荡中的国家安全》，解放军出版社 1988 年版；王东等：《战略的追溯与反思》，解放军出版社 1987 年版；杨得志、宦乡：《国防发展战略思考》，解放军出版社 1987 年版；喻中桂：《防间保密与国家安全》，国防大学出版社 1990 年版；《国家安全有关法规选编》编辑组：《国家安全有关法规选编》，时事出版社 1987 年版。

② 王勇在《论相互依存对我国国家安全的影响》中较早使用“非传统安全”概念，参见：《世界经济与政治》1994 年第 6 期，第 65 页。

③ 王逸舟：《论综合安全》，《世界经济与政治》1998 年第 4 期，第 5—9 页；秦亚青：《时代观、安全观与秩序观——中国外交新理念的思想内涵》，《国际政治研究》2003 年第 1 期，第 27—30 页。

④ 李瑛：《多极化时代的安全观：从国家安全到世界安全》，《世界经济与政治》1998 年第 5 期，第 42—44 页；楚树龙、彭春艳：《冷战后国际安全理论的发展》，《现代国际关系》1999 年第 4 期，第 29—34 页。

⑤ 卢静：《国家安全：理论·现实》，《外交学院学报》2004 年第 3 期，第 58—62 页。

转变，对国家安全基本概念、内容和目标的探讨开始进入学界的视野。[①]有学者指出，国家安全的新概念就是综合国家各个组成部分的安全。[②] 还有学者基于对国家安全重要性的深刻认识，强调“实施国家安全的国民教育是国家安全战略依托和未来着眼点。”[③]

经过多年酝酿，进入21世纪，一批成体系的国家安全理论著作开始涌现。这些著作不仅着眼于非传统安全理论概念和涉及领域，[④] 还对国家安全观念、机制和战略等各类概念进行梳理总结，[⑤] 在对我国自身生存与安全利益进行综合分析的基础上，[⑥] 深刻论述了建立和建设国家安全学科的重要性、必要性和迫切性，并呼吁发展我国自己的“国家安全学”。[⑦] 正所谓，时代需要催生国家安全理论，理论发展进而为国家安全进入学科层次展开探讨奠定基础。

1994年发布的《爱国主义教育实施纲要》是新中国国家安全教育的起点。其要求：“根据新时期的特点，重视现代国防教育，增强全民的国防意识和国家安全意识，加强军政、军民团结，提高全民抵御外敌入侵、捍卫祖国独立、维护国家主权和领土完整的自觉性。教育全体人民同一切出卖祖国利益、损害祖国尊严、危害国家安全、分裂祖国的言行，进行坚决的斗争。”[⑧] 该纲要发布后，随着作为学科范畴的国家安全专业教育和普及性质的国家安全基础教育[⑨]的出现，学者们开始积极探索国家安全学科的建设路径和研究内容，国家安全学作为一个新兴的学科概念不断出现在各

① 李少军：《国家安全理论初探》，《世界经济与政治》1995年第12期，第38—42页。

② 夏保成：《国家安全论》，长春出版社1999年版。

③ 倪健民主编：《国家安全：中国的安全空间与21世纪的国略选择》，中国国际广播出版社1997年版，第276—283页。

④ 陆忠伟：《非传统安全论》，时事出版社2003年版；唐永胜：《超越传统的国家安全战略》，《世界经济与政治》2004年第6期，第32—36页。

⑤ 何贻纶：《国家安全研究》，人民出版社2005年版；王帆、卢静：《国际安全概论》，世界知识出版社2010年版。

⑥ 杨毅主编：《国家安全战略理论》，时事出版社2008年版。

⑦ 金钿主编：《国家安全论》，中国友谊出版公司2002年版。

⑧ 《爱国主义教育实施纲要》，《人民日报》1994年9月6日，第3版。

⑨ 汪徽：《肩负起祖国未来的重托——中学生国家安全基础教育实践活动纪实》，《国家安全通讯》1999年第4期，第2—4页。

种文献当中。[①] 有学者提出应建立国家安全学学科体系，进而对国家安全进行全面系统的理论研究。[②] 其中，若干教材的出版对国家安全学科的萌芽起到一定的促进作用。有的教材较为完整地构建了国家安全学科体系，详细梳理了国家安全学科建设的历程，探讨了国家安全学的对象、性质和学科地位。[③] 也有教材从管理学角度讨论国家安全实践过程中的职责划分与组织过程，兼具理论性与实践性。[④]

（二）国家安全学的快速发展期

党的十八大以来，以习近平同志为核心的党中央从新时代坚持和发展中国特色社会主义的战略高度，把马克思主义国家安全理论和当代中国安全实践、中华优秀传统战略文化相结合创造性提出总体国家安全观，不仅为新时代国家安全工作实践提供了指导思想，也极大地推动了国家安全研究和国家安全学科建设。

2014 年总体国家安全观提出后，国家安全研究和学科建设的探讨进入了加速发展阶段。2015 年，我国颁布新的《中华人民共和国国家安全法》（以下简称《国家安全法》），在总则第二条中将国家安全定义为“国家政权、主权、统一和领土完整、人民福祉、经济社会可持续发展和国家其他重大利益相对处于没有危险和不受内外威胁的状态，以及保障持续安全状态的能力”。这是中国官方第一次对国家安全进行定义，为国家安全学研究框定了轨道，明确了价值指向。《国家安全法》同时规定要“将国家安全教育纳入国民教育体系和公务员教育培训体系”。同年，新中国第一部总体国家安全战略《国家安全战略纲要》强调要“要加强国家安全意识教育，努力打造一支高素质的国家安全专业队伍”。[⑤] 以此为契机，更多学者开始关注我国高校国家安全学科建设、专业地位、课程设置等问题。

国家安全观念的变化推动着理论体系的变化，开始转向以总体视角研

---

① 桑松森：《国家安全与国家安全学》，《国家安全通讯》1999 年第 2 期，第 31 页。

② 刘跃进：《建立“国家安全学”初探》，《国家安全通讯》1999 年第 1 期，第 31—33 页。

③ 刘跃进主编：《国家安全学》，中国政法大学出版社 2004 年版。

④ 李文良：《国家安全管理学》，吉林大学出版社 2014 年版。

⑤ 《中共中央政治局召开会议审议通过〈国家安全战略纲要〉》，《人民日报》2015 年 1 月 24 日，第 1 版。

究国家安全，统筹外部安全和内部安全、国土安全和国民安全、传统安全和非传统安全自身安全和共同安全。有的研究阐述了国际国内非传统安全研究各理论流派，以及非传统安全的类型与国家、地区、全球的非传统安全治理。[①] 有的研究梳理了西方国家安全理论流派和世界主要国家的国家安全战略和体制。[②] 有的研究以共同安全为导向，系统阐述可持续安全问题，提出了涵盖国内与国际安全问题、传统与非传统安全领域的可持续安全理论分析架构。[③]

总体国家安全观同样为学科建设提供了指引，逐渐由自下而上的呼吁转变为自上而下地统筹国家安全学学科建设。2018 年 4 月 9 日，教育部在《关于加强大中小学国家安全教育的实施意见》中提出要设立国家安全学一级学科，标志着学界对国家安全学学科建设多年来的探索最终落地为政策。2020 年 12 月 30 日，国务院学位委员会和教育部正式下发通知，将“国家安全学”确定为交叉学科门类下的一级学科，首次从官方角度明确了国家安全学的交叉学科定位，引发了学界对于国家安全学的基础理论、学科体系和学科定位问题广泛、深入的探讨。2019 年，教育部还确定 13 所高校和研究机构为国家安全学科试点建设单位。截至 2024 年 4 月，共有 15 家单位获批国家安全学一级学科博士、硕士授权点。

国家安全学一级学科的设立推动我国的国家安全研究取得了长足进展，涌现出一批较高质量的研究成果。其中，一些学者指出构建中国国家安全学自主知识体系是国家安全研究发展的核心路径。此类观点认为，围绕新时代实现中华民族伟大复兴、维护国家安全现实需要的国家安全理论是国家安全学学科知识自主性的根基，为实现国家的长治久安提供思想与理论支撑。[④] 在此基础上，有学者进一步强调国家安全学理论应当立足中国文化，尤其是中国安全哲学、安全文明、安全文化，从而系统理解安全事务。[⑤] 在立足中国文化传统和新时代国家安全实践的同时，另有学者强

---

① 余潇枫：《非传统安全概论》，北京大学出版社 2015 年版。

② 刘胜湘：《国家安全理论、体制与战略》，中国社会科学出版社 2015 年版。

③ 刘江永：《可持续安全论》，清华大学出版社 2016 年版。

④ 肖晞：《中国国家安全学的自主知识体系探索》，《世界经济与政治》2022 年第 7 期，第 133—134 页。

⑤ 白云真：《中国国家安全基础研究路径：进展与未来》，《太平洋学报》2021 年第 6 期，第 1—12 页。

调要“面向世界”，认为我国维护国家安全的实践催生了国家安全学科，其发展不断从实践中汲取营养，但同时也必须借鉴外部相关经验，进而完成独立自主的理论建构，并随着国家安全形势的变化不断进行迭代、调整与完善。[①] 此类观点在构建国家安全学理论分析框架时，借鉴西方国际关系理论范式，提出了一些具有新意的中西结合理论概念，[②] 旨在突出国家安全研究的复合性特征。与此同时，中共中央宣传部和中央国家安全委员会办公室组织编写的《总体国家安全观学习纲要》，全面反映了习近平新时代中国特色社会主义思想在国家安全方面的原创性贡献，系统阐释了总体国家安全观的基本精神、基本内容、基本方法、基本要求。[③]

这一时期，随着总体国家安全观理论体系的不断成熟，相关研究成果不断丰富，更加注重回应时代重要命题。有研究回溯了统筹发展和安全这一重大原则的历史演进，明确了其重要意义。[④] 还有研究对总体国家安全观理论体系和中国特色国家安全道路的内涵特征进行了研究，指出中国特色国家安全道路的本质特征在于坚持人民安全、政治安全和国家利益至上的高度统一。[⑤] 另有研究对二十大之后国家安全的民族复兴定位，国家安

---

① 唐士其、于铁军、祁昊天：《立足中国，面向世界：建立具有中国特色的国家安全学学科体系》，《国家安全研究》2022 年第 1 期，第 84 页。

② 张宇燕、冯维江：《新时代国家安全学论纲》，《中国社会科学》2021 年第 7 期，第 161 页。

③ 中共中央宣传部、中央国家安全委员会办公室：《总体国家安全观学习纲要》，人民出版社 2022 年版。

④ 黄大慧、胡庆：《统筹发展和安全：演进逻辑与时代价值》，《国家安全研究》2022 年第 3 期，第 5—25 页；刘跃进：《“统筹发展和安全”的历史演进及融发展和安全为一体的国家大战略》，《学术论坛》2022 年第 2 期，第 81—92 页；钟开斌：《统筹发展和安全：概念演化与理论转化》，《政治学研究》2022 年第 3 期，第 74—87 页；袁鹏：《统筹发展和安全，构建大安全格局》，《旗帜》2021 年第 2 期，第 28—30 页。

⑤ 袁鹏：《关于中国特色国家安全道路的战略思考》，《国家安全研究》2022 年第 1 期，第 7—23 页；唐永胜：《坚持总体国家安全观　走出一条中国特色国家安全道路》，《国家安全论坛》2022 年第 1 期，第 3—14 页；戴长征：《从安全困境、发展安全到总体国家安全观——当代国家安全理念的变迁与超越》，《吉林大学社会科学学报》2022 年第 6 期，第 29—44 页；董春岭：《中国共产党国家安全思想的百年演进》，《现代国际关系》2021 年第 3 期，第 5—14 页。

全体系和能力现代化的内涵,[①] 以及新安全格局的重要意义和建构路径等重要问题进行了诠释。[②]

同一时期，国家安全学一级学科的设立引发了学界对于学科建设的广泛探讨，为该学科的可持续发展提供了丰富的理论基础和实践指导。其中，对于国家安全学学科属性与定位的争鸣尤为热烈。有研究认为，国家安全学与政治、军事、社会等众多学科横向交叉，形成涵盖众多领域的研究对象，呈“横切延伸性”；以国家安全问题为导向，遵循“问题→过程→结果”框架构建国家安全学基础理论。[③] 还有研究认为国家安全学科是“贯彻总体国家安全观的综合性、交叉性核心支撑学科”[④]，或是“杂合学科”[⑤]。把国家安全学学科属性看作复合学科，既是对官方交叉学科设置的认可，也是对官方交叉学科属性的完善和发展，进一步强化了对国家安全学学科属性认识的科学化。此外，学界还对国家安全学一级学科的建设路径展开探讨。[⑥] 有学者指出，国家安全学学科建设应当基于跨学科、跨门类的思维和方法学，将宏观分析和微观研究相结合,[⑦] 发展跨学科概念体系和整合性理论框架,[⑧] 让不同角度的交叉研究实现相互对话、相互协

---

① 王灵桂:《国家安全是民族复兴的根基》,《求是》2023 年第 8 期；赵磊、刘超:《构建新安全格局：国家安全体系和能力现代化》,《科学社会主义》2022 年第 6 期，第 80—92 页；李文良:《国家安全体系和能力现代化的内涵、特点及建设路径》,《新疆师范大学学报》(哲学社会科学版) 2023 年第 2 期，第 115—123 页。

② 傅小强:《以新安全格局保障新发展格局：时代背景、实践路径与重点环节》,《人民论坛・学术前沿》2023 年第 20 期，第 13 页；陈向阳:《以新安全格局保障新发展格局：双治理与双循环》,《人民论坛・学术前沿》2023 年第 20 期，第 22 页。

③ 李文良:《国家安全学：研究对象、学科定位及其未来发展》,《情报杂志》2021 第 8 期，第 6 页；李文良:《国家安全学基础理论框架构建研究》,《国际安全研究》2022 年第 5 期，第 3 页。

④ 范维澄等:《国家安全若干科学与学科问题的思考》,《国家安全研究》2022 第 1 期，第 65 页。

⑤ 余潇枫、章雅荻:《广义安全论视域下国家安全学“再定位”》《国际安全研究》2022 年第 4 期，第 19—21 页。

⑥ 马方:《加快建设国家安全学一级学科的路径研究》,《情报杂志》2018 年第 10 期，第 22—27 页。

⑦ 范维澄等:《国家安全科学导论》，科学出版社 2021 年版。

⑧ 张海波:《中国自主的国家安全学知识体系：一个总体性框架》,《国家安全研究》2023 年第 1 期，第 29—30 页。

同、相互促进，以国家安全为方向促进研究融合，[①] 突破传统学科壁垒，加快推进学科建设的组织化进程。[②] 概言之，就是通过确定新的思维视角、方法论、实践规范来构建新的建设范式，通过建设学科“特区”加快学科建设。[③]

人才培养是国家安全学学科建设的重中之重。学界认为，扎实抓好国家安全学人才培养，既要创建一流学科，加强国家安全宣传教育，也要进一步采取优化管理机制、加强师资队伍建设、深化基础理论、完善人才培养体系、促进学术交流、出台配套支持政策、完善评估方式等具体纾解举措。[④] 还有学者强调教材建设的重要性，指出新时代国家安全教育教材建设是推进国家安全学学科建设的内在要求，也是提升学科体系建设的重要基础，两者互为支撑、相互影响。[⑤]

（三）构建中国特色国家安全学

冷战结束以来，经过30多年的努力探索与艰辛实践，我国国家安全学已步入快速发展时期。但同时也要看到，目前我国国家安全学仍存在基础理论研究薄弱、研究人员数量较少、研究成果良莠不齐等问题，亟待政府、学界与社会合力解决。应将总体国家安全观作为学科建设的理论基础和逻辑框架，紧扣问题导向，紧扣统筹发展和安全的任务要求。推动构建有中国特色的国家安全学。[⑥]

首先，应强化国家安全学基础理论研究。构筑国家安全学专门、稳定的学科理论体系，是国家安全学得以“安身立命”的关键性因素，是建成国家安全学一级学科的根本基础和前提条件。而构建国家安全学学科理论体系，必须以总体国家安全观为指导。总体国家安全观是我国国家安全工

---

① 唐永胜：《加快推进国家安全学创新发展》，《人民日报》2023年9月18日。

② 汪明：《注重提升研究的体系化组织化水平》，《人民日报》2023年9月18日。

③ 邬江兴、邹宏、张帆：《对国家安全学学科建设范式创新的若干思考》，《国家安全研究》2022年第3期，第42—56页。

④ 程琳：《加强国家安全学学科建设及人才培养的几点思考》，《国家安全研究》2022年第1期，第71—80页；胡尔贵、万婷：《国家安全学学科建设的探索、问题与纾解》，《国家安全研究》2023年第2期，第46—66页。

⑤ 马瑞映：《学科体系下的国家安全教育教材建设》，《国家安全研究》2023年第2期，第23页。

⑥ 黄大慧：《从统筹发展和安全的战略高度推进国家安全学学科建设》，《光明日报》2024年4月16日，第3版。

作的指导思想，在我国的国家安全基础理论研究中处于首要地位，要将总体国家安全观思想在具体研究领域落到实处。理论来源于实践，因而要让我国在各个领域维护国家安全的工作实践成为国家安全学基础理论构建的丰富素材。此外，国家安全学作为交叉学科的理论基础仍较为薄弱，有必要在汲取其他相对成熟且与国家安全学产生交叉的学科理论经验的基础上，加快自身的理论独立，形成与政治学等学科的基础理论区分，推动国家安全学基础理论体系的构建与完善。

其次，应完善国家安全学二级学科建设。在我国将国家安全学确立为一级学科前，各高校的国家安全相关研究长期分散于政治学等多个学科之中，学科体系存在较为分散、架构庞杂、定位不清的特点，难以形成国家安全研究的合力。在国家安全学二级学科的设置上，各高校往往有选择地侧重，旨在突出本校特色优势，设置各具学校风格的专业主干课，自建教材体系，从而导致各高校的课程结构不尽完善，核心专业课程设置不尽合理，人才培养规格、标准等方面也存在较大差异。作为交叉学科，国家安全学具有高度的问题导向、跨学科合作和知识整合的特性。因此，应始终以总体国家安全观为指引，加强立体化构建，聚焦国家安全思想与理论、国家安全战略、国家安全治理和国家安全技术 4 个二级学科重要方向，增强学科体系的系统性和组织化水平，解决学科分散化、碎片化的问题，形成学科研究的内在联系和自有学科体系规范。

再次，应健全国家安全学人才培养制度。人才队伍是国家安全工作最重要的资源，人才培养是国家安全学学科建设的核心任务。当下我国社会对国家安全人才的需求不断提升，但国家安全学人才的供给却远远不足，各高校对于国家安全学人才的培养标准和培养方案缺乏共识，也未能形成一套行之有效的人才培养制度体系。国家安全学是一门实践性极强的学科，只有将国家安全理论和国家安全实践相结合，打破人才培养与职业发展之间的壁垒，才能切实解决实际工作中出现的紧迫问题，弥合理论与实践之间的差距，培养出兼具理论水平和实践能力的复合型国家安全学人才。

最后，应加大对国家安全学的支持力度。截至目前，我国各高校、科研院所专门从事国家安全研究的学者仍然比较稀少，研究成果的数量与层次亦有待提高，难以满足国家安全学迅速发展及培养高质量国家安全人才的需要。鉴于此，一方面，应由政府主导，从顶层设计着手集中政策资源，兼顾区域均衡发展，加强学科基础设施和研究平台建设，有效支撑学科人才培养、科学研究、社会服务、国际交流等全方位高质量发展；另一方面，高校、科研院所应突出自身特色，筑牢国家安全学的学理基础，建立多类型、多层次的国家安全学术研究共同体、科研平台和高端智库，尽可能推动国家安全学的学术繁荣。只有政府与社会进一步加大对国家安全学的支持力度，才能吸引更多的优秀人才加入到国家安全学的建设队伍中来，进而推动国家安全研究和国家安全学的大发展。

四、本书指导思想和逻辑结构

（一）指导思想

本书以总体国家安全观为指导思想构建国家安全学学科基础理论框架。总体国家安全观是中国共产党国家安全思想百年演进的系统集成，是中国特色国家安全理论的一次重要的历史性飞跃。总体国家安全观继承了我们党维护国家安全的理论成果和实践经验，体现了中华文化底蕴、彰显了中华民族风骨，是立足中华民族伟大复兴战略全局和世界百年未有之大变局的理论创新，为全面提升国家安全保障能力指明了战略方向和实现路径，标志着中国特色国家安全思想体系和理论体系的最终形成，并成为中国国家安全学学科建设的指导思想。具体来看，探究丰厚的国家安全思想、形成科学的国家安全理论、确立协调的国家安全体系，以及实施精准的国家安全战略都有赖于总体国家安全观的理论指导。可以说，总体国家安全观决定了中国特色国家安全学学科建设的“底色”和精神内核，为学科自主知识体系的构建提供了主体内容、严整逻辑和基本构架，[①] 使国家安全学学科建设有了总的灵魂、指导方针和思想保障。[②] 因此，我们必须认真学习领会总体国家安全观的思想精髓，以此指导国家安全学一级学科的创新研究建设工作，同时将党和国家关于国家安全方面的一些方针、政策、原则等作为学科理论，从学科基础理论的角度进行诠释。[③] 正是基于

① 张宇燕、冯维江：《新时代国家安全学论纲》，《中国社会科学》2021 年第 7 期，第 140 页。

② 朱锋：《以“两个统筹”指引国家安全学学科建设》，《国家安全研究》2022 年第 2 期，第 43 页。

③ 程琳：《加强国家安全学学科建设及人才培养的几点思考》，《国家安全研究》2022 年第 1 期，第 71—78 页。

这样的认识，本书将总体国家安全观的科学理论体系贯彻到各章节的写作当中，这也是本书的最大特色之所在。

同时，国家安全学以问题为导向，回应国家重大战略需求。当前，我国国家安全内涵和外延比历史上任何时候都要丰富，时空领域比历史上任何时候都要宽广，内外因素比历史上任何时候都要复杂。可以说，正是日益复杂严峻的国家安全形势和不断萌生的国家安全问题催生了国家安全学。在总体国家安全观的统领下，特别是 2018 年教育部提出“国家安全学一级学科”建设构想以来，围绕新时代实现中华民族伟大复兴和维护国家安全的现实需要，探索、总结和揭示国家安全的本质规律，不仅能够进一步凸显国家安全学是由一系列概念术语、基本原理和理论体系构成的学问，还能使国家安全学的知识体系进一步完善，从理论层面提升国家安全学理解和解决国家安全问题的能力，彰显新时代国家安全学学科的使命担当。因此，加强对国家安全学基础理论的研究是国家安全学以问题为导向、回应国家重大战略需求、解决时代突出问题的应有之义。这也成为本书的另一大特色。

（二）逻辑结构

基于上述指导思想，本书以国家安全学基础理论为研究核心，主要探讨国家安全主要理论流派，国家安全的内涵外延、构成要素、影响因素，国家安全重要组成部分和重点领域及其在国家安全体系中的地位及相互关系等。围绕这些内容，本书力图遵循“本体论—认识论—方法论”的统合逻辑，具体如图 1 所示。然而，需要注意的是，“本体论—认识论—方法论”的分类方式虽有助于整体逻辑的连贯性，但也存在一些局限，即不能穷尽所有内容，各章节的详细内容并非严格属于本体论、认识论或方法论之一，可能存在不可避免的交叉。

本书将主要内容分为本体论、认识论、方法论三大部分。其中，本体论主要探讨国家安全的内涵和特征，具体包括第一章和第二章。认识论主要探讨如何理解和认识国家安全，具体包括第三章到第七章。方法论主要探讨维护国家安全的手段和途径，具体包括第八章到第十二章。

1. 本体论：国家安全的内涵和特征

本书的第一部分是本体论。本体论提供了国家安全学研究的基础，强调国家安全问题作为一个实体的本质和基本特征。这一部分着眼于定义国家安全问题的根本属性、现象和规律，为后续的认识论和方法论提供了一

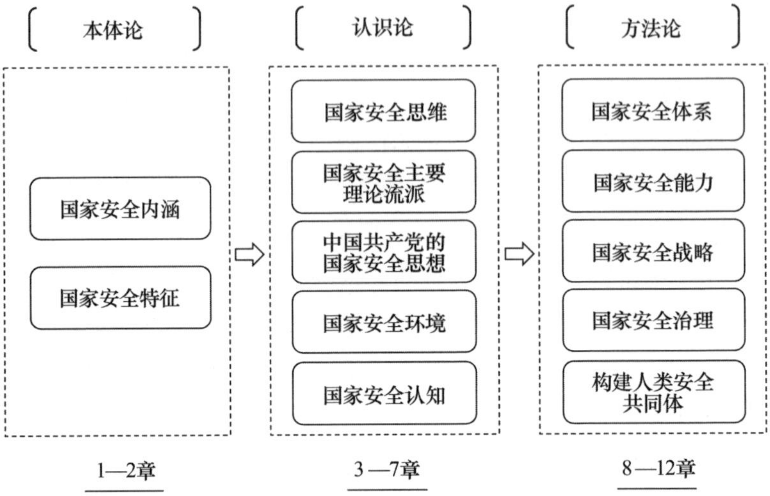

图1　本书逻辑概览

个清晰的概念框架。通过对国家安全的内涵和特征的深入剖析，读者能够理解国家安全是什么，以及为什么我们需要关注它。

第一章是国家安全内涵。国家安全内涵包括人民安全、政治安全、经济安全、军事安全、社会安全、文化安全、国际安全等。凡是对国家利益，特别是核心利益和其他重大利益的安全状态和维护这种安全状态的安全能力造成危险和威胁并被列为国家安全议程的问题就是国家安全问题。国家安全问题的内在逻辑是客观性和主观性并存，既是客观的存在，也是主观的感受；国家安全问题不是源生的而是衍生的。国家安全概念和国家安全问题的提出为国家安全理论和国家安全学学科的构建奠定了基础。

第二章是国家安全特征。第一，中国特色的国家安全学具有内容构成的总体性。从外延看，国家安全议题具有高度广泛性；从内涵看，国家安全诸要素间具有内在关联性。因此，做好国家安全工作必须学会统筹兼顾，强化系统思维，塑造大安全格局。第二，中国特色的国家安全学是人民性与国家性相统一的。从对内层面看，国家安全的最终目标归根结底是保障广大人民群众合法权益；从对外层面看，中国式国家安全道路的宗旨是维护国家的生存权与发展权。第三，中国特色的国家安全学要求坚持政治安全的首要性。政治安全事关党的执政地位能否巩固，中国特色社会主义政治制度能否坚持，中华民族伟大复兴能否实现，中国人民能否过上更加美好的生活。第四，中国特色的国家安全学表现出发展演进的非线性特征。国家安全问题的发展轨迹是必然性与偶然性的有机统一。维护国家安全必须见微知著，防微杜渐。

2. 认识论：如何理解和认知国家安全

认识论主要关注历史和当代对国家安全相关概念的理解。在这个部分中，主要介绍国家安全的思维方法、理论流派和中国共产党对国家安全的看法。同时，还考察了国家安全环境和国家安全认知。这一部分的深入分析有助于读者更全面地把握国家安全是如何在人们的认知中被构建和理解的，从而为后续如何维护国家安全的方法论部分提供认知的基础和指导。

第三章是国家安全思维。维护国家安全需要掌握科学的思维方法，这主要体现为四个方面。第一，唯物论与辩证法相结合。唯物论强调物质资源的重要性和总体资源的有限性，辩证法强调矛盾具有相互转化的特征，二者结合意味着维护国家安全只能追求相对性目标。第二，战略思维与策略思维相结合，国家安全的实践性特征决定了维护国家安全必须“大处着眼，小处着手”，将战略与策略有机结合。第三，坚持底线思维与极限思维相结合，将“防止最坏结果”与“争取最好结果”相结合。第四，国家安全不断发展演进的特征，决定了要想应对和化解安全风险，需要将历史思维与创新思维有机结合。

第四章是国家安全理论流派。自古以来，国家安全是古今中外学者们关心的核心问题。什么是国家安全，如何捍卫国家安全，捍卫谁的国家安全等问题，成为各种理论学说探讨的焦点，它们之间的差异也相应构成了国家安全学的各种理论流派。作为一门较年轻的学科，中国国家安全学在发展过程中吸收借鉴一切人类文明优秀成果，特别是马克思主义国家安全学说、中华优秀传统战略文化和古今中外优秀的国家安全思想与理论，连同中国共产党的国家安全思想，共同构成了国家安全学的思想来源。

第五章是中国共产党的国家安全思想。中国共产党在马克思主义的指引下，从“站起来”到“富起来”再到“强起来”，始终把维护和塑造国家安全工作紧紧抓在手上，针对不同历史时期的国家安全作出了正确战略决策，在不同的历史阶段留下了丰富的国家安全战略思想。党的十八大以来，以习近平同志为核心的党中央全面加强党对国家安全工作的集中统一领导，创造性提出总体国家安全观。系统理解中国共产党的国家安全思想的发展脉络，特别是总体国家安全观的深刻内涵、理论要义具有重要意义。

第六章是国家安全环境。国家安全环境是在某一特定阶段内，影响一国国家政权、主权、统一和领土完整、人民福祉、经济社会可持续发展和国家其他重大利益的各类交织联动的内外要素与条件的系统总和。中国国家安全的内部环境主要指的是政治安全、经济安全和社会安全环境，外部环境主要指周边和国际安全环境。国家安全环境的影响因素主要包括自然因素、国家治理水平、军事与组织能力、技术水平、国家间相互作用和国际结构。这些因素是相互交织、相互影响的。运用安全困境理论，可以将影响国家安全环境的因素系统地整合在一个评估框架中，有助于我们理解因素间的相互作用，以及这些因素相互作用后作为一个整体对国家安全环境的影响。

第七章是国家安全认知。国家安全认知是国家对其安全环境、自身安全状况与安全能力的综合研判。国家安全认知是一种社会认知，既受到微观个人认知的一般规律的影响，又受到社会认知的规律影响。国家安全认知来源于国家安全实践，准确的国家安全认知反作用于国家安全实践，国家安全认知是维护、保障和塑造国家安全的先决条件。国家安全认知体系中的主体由个人与组织构成，其中最重要的是国家安全决策者的认知。国家安全认知过程可能受环境、对手干扰、思维惰性等因素影响，造成认知偏差。常见的偏差包括确认偏差、可得性启发式偏差、锚定效应、聚光灯效应、群体迷思和镜像思维。

3. 方法论：维护国家安全的手段和途径

本书的第三部分是方法论，这部分主要关注实现国家安全的手段和途径。只有了解存在的本质和认识的规律，才能选择和应用正确的科学方法。据此，在本体论和认识论的基础之上，方法论部分主要讨论建立国家安全体系的必要性，强调提升国家安全能力的重大意义，并深入分析制定国家安全战略、开展国家安全治理以及实现共同安全的方法。通过本部分的撰写，旨在使读者了解如何将理论观念转化为维护国家安全的实际行动。同时，作为认识论的实践，方法论部分通过实施维护国家安全的科学方法与规则，反过来也验证和发展了国家安全学认识论的理论。

第八章是国家安全体系。国家安全体系是总体国家安全观指引下应对当前复杂多变的国内外安全问题的实践载体，是指导中国国家安全工作的重要战略思想体系。国家安全体系要聚焦新时代国家安全形势带来的新挑战和新风险，健全国家安全要素体系，推进国家安全体系现代化，完善国家安全法治体系、战略体系、国家安全政策体系、国家安全人才体系、风险监测预警体系、国家应急管理体系等方面。新时期健全国家安全体系，应以总体国家安全观为指导，敏锐洞察国家安全环境、更新深化国家安全理念、精准厘定国家安全内容、统筹规划国家安全战略布局，为建设更高水平的平安中国提供坚实保障。

第九章是国家安全能力。国家安全能力是国家为有效实现安全意图，在国家安全制度体系实际运行中形成的维护既有秩序和重大利益，监测预警风险和威胁，防范化解重大危险，进而影响塑造安全环境的素质和本领。国家安全能力可以被分为国家安全监测预警力、防范化解力和影响塑造力三个接续的能力范畴，体现了维护和塑造国家安全需要掌握的三种本领，共同构成了国家安全能力的过程性系统框架。国家安全能力需要回应时代需求，在党的二十大对于国家安全能力现代化的要求下，推进结构科学化、回应规范化、效能优化，着力提升维护政治安全和重点领域安全的能力。

第十章是国家安全战略。国家安全战略是维护国家安全全局的筹划和指导，其内涵主要包括国家安全战略的构成要素、国家安全战略的制约要素、国家安全战略决策、国家安全战略实施和国家安全战略调整等。国家安全战略的构成要素主要有战略目标、战略指导、战略途径。国家安全战略的制定、实施和调整受多种主客观因素影响和制约。国家安全战略决策是决策者为应对国家安全面临的现实或潜在威胁，依据国家安全战略目标，依托一定的国家安全战略决策体制机制和程序方法，提出解决安全问题的方案并使其权威化的过程。国家安全战略实施是以国家安全战略方案为指导，运用国家实力，选择战略途径，达成战略目标的过程。国家安全战略调整是在科学评估的基础上，对国家安全战略的目标、手段、途径等进行修正和完善。

第十一章是国家安全治理。国家安全治理的内涵可以从主体、对象、工具手段和价值取向四个层面来理解。国家安全治理原则包括法治和德治相融合原则、系统安全治理原则、专群结合原则、“预防为先和打防结合”原则；国家安全治理方式转变的原因包括国家安全组织内涵的变化、国家安全事务的扩大、中国新型国际秩序观的变化。在此基础上，国家安全治理方式正在向多元治理主体、综合治理、法治治理和开放治理转变。推动国家安全治理方式转变，要求我们转变安全观念、加强国家安全教育和梳理安全职责。剖析新时代国家安全治理体系的实践逻辑，基于新的国家安全治理范式，国家安全治理战略实施需要加快构建新安全格局，实现发展和安全的动态平衡、自身安全与共同安全的高度融合、传统安全与非传统安全的系统集成。

第十二章是构建人类安全共同体。传统的国际安全观点认为，国家在维护安全利益的过程中，往往追求绝对安全的目标。然而，安全问题是双向的、联动的，只顾一个国家安全而罔顾其他国家安全，牺牲别国安全谋求自身的所谓绝对安全，最终只会陷入两败俱伤的安全困境。也就是说，当国家追求作为结果意义上的国家安全时，只能实现相对安全而非绝对安全，只能实现共同安全而非独享安全。构建人类安全共同体内涵丰富，内在逻辑周严。在“共同、综合、合作、可持续”的安全理念的指导下，中国积极为国际社会提供构建人类安全共同体的实践路径。这体现了新时代中国实现安全发展目标的大国自信，也彰显了中国积极履行国际责任、维护世界和平、推动共同发展的大国担当。

整体来看，本书的章节结构设计层层递进，有助于引导读者深入了解国家安全问题，从基础的本体论出发，逐渐深入到认识论和方法论，从而形成一个有机的理论体系。本书通过这种结构设计，旨在使读者系统性地理解国家安全领域的复杂性，并在理论指导下思考与探索国家安全实践的重点与难点。

第一章　国家安全内涵

国家安全事关国家政权、主权、统一和领土完整、人民福祉、经济社会可持续发展等国家核心利益和国家其他重大利益。深刻把握国家安全的内涵，对于国家安全学基础理论构建具有重要意义。

第一节　国家安全界定

"安全"一词，在古代汉语中并没有出现，但"安"字却在许多场合下表达了"安全"的概念，如"是故君子安而不忘危，存而不忘亡，治而不忘乱，是以身安而国家可保也"（《周易·系辞下》）。这里的"安"是与"危"相对应的，所表达的就是"安全"的概念。现代汉语对"安全"的解释是"没有危险；不受威胁；不出事故"。在英文中，security 有安全、平安、安全感等含义，与汉语中的"没有危险；不受威胁；不出事故"同义。"国家安全"作为现代意义上的学理概念，最早语出美国历史学家爱德华·米德·厄尔（Edward Mead Earle）。他于 1940 年将"国家安全"概括为："一种事务的状态，在此状态下，国家的领土、政治独立、权利和重大利益不受来自国外任何严重侵略的威胁，也不受为外国控制或影响的内部势力的威胁。"① 专栏作家瓦尔特·李普曼（Walter Lippmann）在 1943 年，将"国家安全"定义为"当一个国家不必牺牲其合法利益来

① 于铁军：《霸权的护持：冷战时期美国的国家安全研究》，《国际政治研究》2022 年第 5 期，第 13—14 页。

避免战争，并能够在战争中受到挑战时维护合法利益，这个国家就是安全的”①。

国内外学者对“国家安全”概念进行了较为丰富的探讨，主要有三种界定形式。

一、国家安全状态说

持这种观点的学者认为，国家安全是一种安全状态。刘跃进教授认为，没有危险是安全的特有属性，安全是主体没有危险的客观状态。因此，“国家安全就是一个国家处于没有危险的客观状态，也就是国家既没有外部的威胁和侵害又没有内部的混乱和疾患的客观状态”②。阿诺德·沃尔弗斯（Arnold Wolfers）将国家安全分为主客观两个方面，客观上是不存在对既得权益的威胁，主观上是没有对既得权益被袭击的恐惧。③ 丹·考德威尔（Dan Caldwell）和罗伯特·威廉姆斯（Robert Williams）把国家安全界定为“一种不受威胁的情形或状态，包括主观和客观两个方面”。④ 穆罕默德·阿约布（Mohammed Ayoob）认为：“安全或不安全指的是内部及外部的脆弱性，它们对国家结构、领土、制度和统治机制构成威胁，可能使之崩溃或者受到削弱。”⑤ 根据他的观点，国家安全是一种免除威胁的客观状态。

二、国家安全能力说

持这种观点的学者认为，国家安全是一种能力。如伊恩·贝拉米（Ian Bellamy）认为：“安全本身是免于战争的相对自由，同时在任何战争中都

---

① Romm, Joseph J., “Defining National Security: the Nonmilitary Aspects”, Pew Project on America's Task in a Changed World (Pew Project Series), New York: Council on Foreign Relations, 1993, p. 5.

② 刘跃进主编：《国家安全学》，中国政法大学出版社 2004 年版，第 51 页。

③ Paleri, Prabhakaran, “National Security: Imperatives and Challenges”, New Delhi: Tata McGraw – Hill, 2008, p. 52.

④ ［美］丹·考德威尔、罗伯特·E. 威廉姆斯著，彭子臣译：《危中求安——如何在动荡的世界寻求安全》，金城出版社 2017 年版，第 7 页。

⑤ Mohammed Ayoob, “The Third World Security Predicament: State Making, Regional Conflict, and the International System”, Boulder, CO: Lynne Rienner Publishers, 1995, p. 213.

能对立于不败之地抱有较高的期望。”[1]政治学者哈罗德·拉斯韦尔（Harold Lasswell）把国家安全定义为“免于外国命令的自由”。[2] 美国的《国际社会关系百科全书》把“国家安全”解释为：“一般是指一个国家保护它的内部社会制度不受外来威胁的能力。”[3] 哈佛大学历史学教授查理·梅尔（Charles Maier）将“国家安全”定义为一种能够确保控制国内和国外的条件，使得一个社群可以确信获得自决、自治、繁荣和幸福的能力。[4] 卢恰尼·吉亚科莫（Luciani Giacomo）认为，国家安全指的是抵御外国侵略的能力。[5]

三、国家安全状态能力说

持这种观点的学者认为，国家安全既是一种安全状态，也是一种安全能力，是安全状态和安全能力的有机结合体。无论是汉语中的“安全”，还是英文中的“security”，其基本含义就是指某一主体处于没有危险、不受威胁的状态。但是，这只揭示了“安全”一个层面的含义，“安全”还具有某一主体免除危险、威胁的能力这一层面的含义。

日本警视厅将国家安全理解为“用军事以外的手段保卫我国的领土，国民的生命、身体和财产不受侵犯，或者指我国的基本政治制度的永存”[6]。李文良教授把国家安全界定为“一个国家免受各种干扰、侵蚀、威胁和颠覆的状态和能力”[7]。

2015 年，伴随《国家安全法》的颁布，中国官方通过法律形式对

---

① Ian Bellamy, “Towards A Theory of International Security”, Political Studies, Vol. 29, No. 1, pp. 100 – 105.

② Romm, Joseph J., “Defining National Security: the Nonmilitary Aspects”, Pew Project on America's Task in a Changed World (Pew Project Series), New York: Council on Foreign Relations, 1993, p. 79.

③ David L. Sills, “International Encyclopedia of the Social Science”, Vol. 11, New York: Macmillan, 1968, p. 40.

④ Charles, Maier S., “Peace and Security for the 1990s”, Unpublished Paper for the MacArthur Fellowship Program, Social Science Research Council, 12 Jun, 1990.

⑤ Luciani Giacomo, “The Economic Content of Security”, Journal of Public Policy, Vol. 8, No. 2, pp. 73 – 151.

⑥ 吴庆荣：《法律上国家安全概念探析》，《中国法学》2006 年第 4 期，第 62 页。

⑦ 李文良：《国家安全管理学》，吉林大学出版社 2014 年版，第 2 页。

“国家安全”进行了界定：“国家安全是指国家政权、主权、统一和领土完整、人民福祉、经济社会可持续发展和国家其他重大利益相对处于没有危险和不受内外威胁的状态，以及保障持续安全状态的能力。”① 该定义吸收了国内外各领域学者和实务界人士的学说之长，兼采国家安全状态说和国家安全能力说，可谓集大成者。突破了传统安全领域，对国家安全的涵盖范围拓展至非传统安全领域，极大丰富了国家安全概念的内涵和外延。这种国家安全概念界定既避免了僵化地审视安全状态，又避免了过分强调安全能力的弊端。如果仅仅把国家安全看作安全状态，一旦国家安全形势被研判为处于安全状态时，就容易产生僵化的思维，以静止的观点看待目前的安全状态。按照马克思主义哲学的观点，世界万物都是变化的，国家安全也是如此，这种安全状态可能随时被打破，处于不安全的状态。在一定程度上，采用国家安全状态说来界定国家安全，不能适应国家安全形势复杂性、多变性的需要，甚至容易使人们产生盲目自信自满的心理。反过来，如果仅仅强调安全能力，势必得出这样的结论，即衡量一个国家是否安全的标准，就是看这个国家是否具备超过他国的安全能力，并且安全能力大小与国家安全度成正关联，安全能力越大，则国家越安全，反之亦然。这种看法也会产生一系列危害：就国内安全而言，过分强调国家安全能力说，就会造成统治者过分强调武力，甚至滥用武力，非常容易产生专制甚至暴政，使整个社会笼罩在暴力恐怖之中，因为，统治者只有不断增长军费，提升军力，确保国家安全能力，才能感到政权稳定、国家安全。就国际安全而言，过分强调国家安全能力说，就会深陷“安全困境”。如果一个国家把安全能力作为国家安全保障，就必然把安全能力与国家安全关联起来，为了提升国家安全能力，就会不断增强军备，强化国防，导致邻国的不安全感日益加大，如美国的“先发制人”战略和霸权主义就是崇尚国家安全能力说的结果，给世界其他国家造成了巨大的不安全感。

中国政府坚持防御性的国防政策，始终奉行不首先使用核武器的政策，坚持自卫防御的核战略，不与任何国家进行核军备竞赛，这是因为中国信奉国家安全状态能力说，强调国家安全状态与国家安全能力的有机平衡。中国包括核武器在内的安全能力发展，完全以维护自身国家安全状态

---

① 《中华人民共和国国家安全法》，中国政府网，2015 年 7 月 1 日，http://www.gov.cn/xinwen/2015-07/01/content_2888316.htm。

为唯一标准，中国任何时候都不搞军备竞赛，“中国发展不对任何国家构成威胁。中国无论发展到什么程度，永远不称霸，永远不搞扩张”①。中国核力量始终保持在维护国家安全需要的最低水平上。

第二节 深刻理解国家安全内涵

2015 年 4 月 15 日，在中央国家安全委员会第一次全体会议上，习近平总书记指出：“当前我国国家安全内涵和外延比历史上任何时候都要丰富，时空领域比历史上任何时候都要宽广，内外因素比历史上任何时候都要复杂。”② 从以下几个方面深刻理解和把握国家安全内涵和外延。

一、国家利益特别是核心利益和重大利益构成国家安全的核心要素

2011 年 9 月，中国发布《中国的和平发展》白皮书，把中国核心利益概括为“国家主权，国家安全，领土完整，国家统一，中国宪法确立的国家政治制度和社会大局稳定，经济社会可持续发展的基本保障”③。2015 年版《国家安全法》第二条中，中国的核心利益被表述为“国家政权、主权、统一和领土完整、人民福祉、经济社会可持续发展”，④ 此即为中国的五大核心利益。中国主权主要表现为对内具有最高的统治权，对外具有独立地位。主要表现为：一是中国主权独立，即拥有对本国疆界内一切事务的最高统治权——管辖权；二是在国际关系中拥有独立权、平等权和自卫权。⑤

改革开放四十多年来，中共中央和中央政府一直以增进人民福祉为己

---

① 习近平：《决胜全面建成小康社会 夺取新时代中国特色社会主义伟大胜利——在中国共产党第十九次全国代表大会上的报告》，中国政府网，2017 年 10 月 27 日，https：//www. gov. cn/xinwen/2017 －10/27/content_5234876. htm。

② 《习近平：坚持总体国家安全观 走中国特色国家安全道路》，新华网，2014 年 4 月 15 日，http：//www. xinhuanet. com/politics/2014 －04/15/c_1110253910. htm。

③ 《〈中国的和平发展〉白皮书》，国务院新闻办公室，2011 年 9 月 6 日，http：//www. scio. gov. cn/ttbd/202206/t20220623_115825. html。

④ 《中华人民共和国国家安全法》，中国政府网，2015 年 7 月 1 日，http：//www. gov. cn/xinwen/2015 －07/01/content_2888316. htm。

⑤ 李文良：《国家安全管理学》，吉林大学出版社 2014 年版，第 43 页。

任。人民福祉是国家安全问题的重要内容，人民福祉的安危不仅关系共产党执政合法性和社会稳定，也关系广大人民群众的获得感、幸福感和安全感。

经济社会可持续发展是中国特色社会主义的重要特征。国家安全关系中国经济社会可持续发展。中国经济社会可持续发展是否安全，关系人民福祉和中国决胜全面建成小康社会的关键，更关系中华民族伟大复兴。

总体国家安全观所涵盖的政治安全、军事安全、国土安全、经济安全、金融安全、文化安全、社会安全、科技安全、网络安全、粮食安全、生态安全、资源安全、核安全、海外利益安全、太空安全、深海安全、极地安全、生物安全、人工智能安全和数据安全等诸多领域利益，共同构成中国国家重大安全利益关切。

二、没有危险和不受内外威胁是国家安全的主要量化指标

就《国家安全法》对国家安全的界定而言，“没有危险”“不受内外威胁”是其关键词，“国家安全”只是这些关键词的“结果”。实现国家安全的前提是免除危险和威胁，使国家处于没有危险和不受内外威胁的状态和拥有保障持续安全状态的能力。也就是说，只有国家利益特别是国家政权、主权、统一和领土完整、人民福祉、经济社会可持续发展等核心利益和其他重大利益无论从状态层面还是能力层面，都处于没有危险和不受内外威胁，才谈得上国家安全。所以说，衡量国家安全与否的核心指标是没有危险和不受内外威胁。

三、客观性和主观性并存是国家安全应有之义

国家安全既是客观的，也是主观的，是客观性与主观性并存。所谓客观性，是指国家利益特别是核心利益和重大利益所受到的危险和威胁是真实的，客观存在的；所谓主观性，是指国家利益特别是核心利益和重大利益受到的危险和威胁是国家安全主体研判的产物，即安全主体主观感受的结果。国家安全是客观性与主观性并存的产物，二者当中只要具备一者就是国家安全。对此，西方学者进行了充分论述。理查德·厄尔曼认为：“对国家安全的威胁是指下述行为或一系列事件：其一，急剧威胁一国民众的生活质量，并在相对短的时间内使其生活质量下降。其二，构成实质性的威胁，缩小一国政府或国内私人、非政府实体（个人、集团和公司）

政策选择的范围。”① 这里对生活质量下降威胁和政策选择范围威胁的研判既有客观性，也有主观性。生活质量下降和政策选择范围缩小既可以是真实的客观存在，也可以是经过安全主体主观化了的存在。威廉·沃尔福思（William Wohlforth）和丹·考德威尔直接阐述国家安全的主观性和客观性："从客观上说，安全指的是不存在对已获得的价值观的威胁；主观上说，指的是不必担心这种价值观受到攻击。”②

四、以人民安全为宗旨是国家安全的价值追求

国家安全必须坚持以民为本、以人为本，坚持国家安全一切为了人民、一切依靠人民，为人民群众安居乐业提供坚强保障。随着中国全过程人民民主制度的发展和物质生活水平的提高，人民群众对安全的要求与对民主、法治、公平、正义、环境等方面的要求同样日益增长。以人民安全为宗旨，就是要满足人民群众对安全日益增长的需要，不断增强人民群众的幸福感、获得感和安全感。2018 年 4 月，习近平总书记在十九届中央国家安全委员会第一次会议上指出："坚持人民安全、政治安全、国家利益至上的有机统一，人民安全是国家安全的宗旨，政治安全是国家安全的根本，国家利益至上是国家安全的准则，实现人民安居乐业、党的长期执政、国家长治久安。”③ 可见，人民安全、政治安全、国家利益至上三者有机统一与国家安全以人民安全为宗旨的价值追求具有一致性。

五、实现平安中国建设和践行人类安全共同体是国家安全的目标

2017 年，党的十九大报告庄严指出："建设平安中国，加强和创新社会治理，维护社会和谐稳定，确保国家长治久安、人民安居乐业。”④ 2020

---

① ［英］阿兰·柯林斯著，高望来、王荣译：《当代安全研究》（第 3 版），世界知识出版社 2016 年版，第 3 页。

② ［英］阿兰·柯林斯著，高望来、王荣译：《当代安全研究》（第 3 版），世界知识出版社 2016 年版，第 3 页。

③ 《习近平主持召开十九届中央国家安全委员会第一次会议并发表重要讲话》，中国军网，2018 年 4 月 17 日，http：//www. 81. cn/jwtt/jlj/8007076. html。

④ 《习近平：决胜全面建成小康社会　夺取新时代中国特色社会主义伟大胜利——在中国共产党第十九次全国代表大会上的报告》，中国政府网，2017 年 10 月 27 日，http：//www. gov. cn/zhuanti/2017 – 10/27/content_5234876. htm。

年，在《中共中央关于制定国民经济和社会发展第十四个五年规划和二〇三五年远景目标的建议》中明确指出，“平安中国建设达到更高水平”被列为二〇三五年基本实现社会主义现代化远景目标之一。

新时代以来，我们贯彻总体国家安全观，国家安全领导体制和法治体系、战略体系、政策体系不断完善，在原则问题上寸步不让，以坚定的意志品质维护国家主权、安全、发展利益，国家安全得到全面加强。共建共治共享的社会治理制度进一步健全，民族分裂势力、宗教极端势力、暴力恐怖势力得到有效遏制，扫黑除恶专项斗争取得阶段性成果，有力应对一系列重大自然灾害，平安中国建设迈向更高水平。

2017 年，中国首次提出“普遍安全的人类命运共同体”命题。习近平主席在国际刑警组织第八十六届全体大会开幕式上作主旨演讲时指出：“中国愿同各国政府及其执法机构、各国际组织一道，高举合作、创新、法治、共赢的旗帜，加强警务和安全方面合作，共同构建普遍安全的人类命运共同体。”①

2022 年，中国提出全球安全倡议。习近平主席在博鳌亚洲论坛开幕式提出全球安全倡议，主张坚持共同、综合、合作、可持续的安全观；坚持尊重各国主权、领土完整，不干涉别国内政；坚持遵守《联合国宪章》宗旨和原则；坚持重视各国合理安全关切；坚持通过对话协商以和平方式解决国家间的分歧和争端；坚持统筹维护传统领域和非传统领域安全。

2023 年，中国正式提出“构建人类安全共同体”的伟大倡议。中国认为人类是不可分割的安全共同体，一国安全不应以损害他国安全为代价。中国主张秉持安全不可分割原则，倡导自身安全与共同安全不可分割，传统安全与非传统安全不可分割，安全权利与安全义务不可分割，安全与发展不可分割，构建均衡、有效、可持续的安全架构，从而实现普遍安全、共同安全。

可见，中国提出全球安全倡议，发布《全球安全倡议概念文件》，系统阐释全球安全倡议的核心理念与原则，明确重点合作方向和平台机制；先后发布《关于政治解决乌克兰危机的中国立场》《关于阿富汗问题的中

---

① 《习近平在国际刑警组织第八十六届全体大会开幕式上的主旨演讲（全文）》，中国政府网，2017 年 09 月 26 日，http：//www. gov. cn/xinwen/2017 – 09/27/content_5227786. htm。

国立场》《中国关于解决巴以冲突的立场文件》，深刻阐明政治解决地区热点问题的中国立场，推动各方朝着重建和平的方向凝聚共识、汇聚合力等，彰显作为世界和平建设者、全球发展贡献者、国际秩序维护者的责任担当和践行人类安全共同体倡议的步伐坚定有力。

第三节　国家安全问题

就《国家安全法》对国家安全的界定而言，“没有危险”“不受内外威胁”是其关键词，危险和威胁意味着国家安全问题的产生。“国家安全”只是这些关键词的“结果”。可见，国家安全是个逆化概念，其内含两个核心内容，一显一隐，显性的是国家安全，隐性的是国家安全问题，前者是后者的目的和结果，后者的免除构成前者的前提和条件。

一、国家安全问题的界定

所谓国家安全问题，是指对国家利益特别是核心利益或其他重大利益造成危险和威胁并被列入国家安全议程的问题，以及预防或化解这些问题而伴生的问题。前者指领域国家安全问题（troubles），如政治、经济、文化、社会等领域的国家安全问题，领域国家安全问题具有衍生性；后者指工具国家安全问题（issues），如国家安全战略问题、国家安全管理问题、国家安全工程和技术问题等。工具国家安全问题由于是预防或化解领域国家安全问题而伴生的国家安全问题，也具有衍生性。① 从以下三个方面理解国家安全问题的含义。

（一）国家安全问题涉及的对象是国家利益特别是国家核心利益和重大利益

从理论上讲，一般可将国家利益分为核心利益、重大利益、一般利益三个层次。核心利益是涉及国家生存与发展的基本条件，主要包括国家主权独立和领土完整、政治经济秩序运转正常及社会稳定安宁；重大利益是指对国家安全和发展具有重要利害关系但不具有决定意义的利益，一旦受

---

① 李文良：《国家安全学基础理论框架构建研究》，《国际安全研究》2022 年第 5 期，第 4—5 页。

损，将严重危害国家安全，干扰国家正常发展，需要通过综合博弈来维护。一般利益对国家的生存和发展虽无全局性影响，但对核心利益和重大利益的维护与实现具有重要支撑作用，需要灵活应对和有效处置。[①]

（二）危险和威胁是区分国家安全问题与非安全问题的重要指标

安全危险是指对国家利益特别是核心利益和其他重大利益的安全状态和维护这种状态的安全能力造成的损害。我们可以从中共中央对中国政权面临安全危险的论述中窥见一斑。党的十八大报告、十九大报告和二十大报告分别对政权危险进行研判，党的十八大报告指出："精神懈怠危险、能力不足危险、脱离群众危险、消极腐败危险更加尖锐地摆在全党面前。"[②] 党的十九大报告再次强调："深刻认识党面临的精神懈怠危险、能力不足危险、脱离群众危险、消极腐败危险的尖锐性和严峻性。"[③] 党的二十大报告指出："精神懈怠危险、能力不足危险、脱离群众危险、消极腐败危险将长期存在。"[④] 因此，全党要对精神懈怠、能力不足、脱离群众和消极腐败等危险对我国政权所造成的损害保持清醒认识，把加强国家安全体系和能力建设，预防和化解这些安全危险，确保政权安全为己任。

在现代汉语里，"威胁"是指"用威力逼迫恫吓使人屈服""使遭遇危险"。理查德·厄尔曼把安全威胁定义为"'一种行动或者其结果'，其将会：严重威胁或者在相对短期内，降低人民生活水平；严重限制对政府、个人，或者生活在本国的非政府实体（如个人、组织或企业等）有利的政策选择范围"。因此，安全威胁是指对国家安全状态和安全能力进行

---

① 唐永胜：《坚持总体国家安全观　走出一条中国特色国家安全道路》，《国家安全论坛》2022 年第 1 期，第 9 页。

② 胡锦涛：《坚定不移沿着中国特色社会主义道路前进　为全面建成小康社会而奋斗——在中国共产党第十八次全国代表大会上的报告》，中国文明网，2012 年 11 月 19 日，http：//www. wenming. cn/ziliao/zhongyaolunshu/hujintao/201211/t20121119_940190. shtml。

③ 习近平：《决胜全面建成小康社会　夺取新时代中国特色社会主义伟大胜利——在中国共产党第十九次全国代表大会上的报告》，央视网，2017 年 10 月 27 日，http：//news. cctv. com/2017/10/27/ARTIw3x1nOMEAmnaiR1zWuUI171027. shtml。

④ 习近平：《高举中国特色社会主义伟大旗帜　为全面建设社会主义现代化国家而团结奋斗——在中国共产党第二十次全国代表大会上的报告》，中国政府网，2022 年 10 月 25 日，https：//www. gov. cn/xinwen/2022 – 10/25/content_5721685. htm。

胁迫、要挟、恐吓和损害。具体讲，就是对国家利益特别是核心利益和其他重大利益的安全状态和维护这种安全状态的安全能力进行胁迫、要挟、恐吓和损害。

可见，是否存在危险和威胁是区分国家安全问题与非国家安全问题的核心指标之一。对于领域国家安全问题而言，危险和威胁具有发生学意义，主要指对国家利益特别是核心利益和重大利益造成的危险和威胁；对于工具国家安全问题而言，危险和威胁具有工具性意义，主要指预防和化解对国家利益特别是核心利益和重大利益所造成的危险和威胁。也就是说，由于为了预防或化解领域国家安全问题而伴生的国家安全问题。

（三）国家安全问题需要列入国家安全议程

一旦某一问题被列入国家安全议程，就意味着国家安全主体需要在国家安全会议上对这一问题进行讨论和定性，并提出措施加以应对。国家安全议程主要发挥如下三种功能：一是对于社会上已达成共识的国家安全问题，由国家安全机关在国家安全会议上根据法定议程进行程序化的认定；二是对于社会上尚未达成共识的国家安全问题，由国家安全机关在国家安全会议上召开由专家学者、相关国家机关工作人员和社会群众等参加的安全听证会，集思广益，达成共识，然后根据法定议程进行程序化的认定；三是对于突发事件，即便社会上在短时间内尚难以达成共识，但突发事件存在或可能存在危险和威胁，在这种情况下，国家安全机关可以在国家安全会议上根据法定议程直接把这一事件定性为国家安全问题（事件）。国家安全议程既是对国家安全问题的认可程序，也是保证对国家安全问题认可的权威性。

二、安全问题与国家安全问题的区别①

目前，对国家安全学的探究，存在国家安全泛化的问题，出现了“国家安全是个筐，什么都可以装”的乱象，把个人安全、组织安全和国家安全混为一谈，导致国家安全学研究边界模糊，缺乏“确定的研究对象”。究其原因，主要是安全问题与国家安全问题被混为一谈。

从安全主体维度来看，我们应该从以下两个方面厘清安全问题与国家

① 李文良：《国家安全学：研究对象、学科定位及其未来发展》，《情报杂志》2021年第8期，第2—3页。

安全问题的内涵和外延。首先，安全问题不等于国家安全问题，不是所有的安全问题都是国家安全问题。安全问题包括个人安全问题、组织安全问题和国家安全问题（延伸到国际层面，还包括国际安全问题）。国家安全问题、个人安全问题和组织安全问题虽然在“存在危险和威胁的事实”这一点上具有共同性，但也有明显的区别，主要表现在以下两个方面：一是造成危险和威胁的对象不同。前者是对国家的利益特别是核心利益或重大利益造成危险和威胁；后二者是对个人或组织的利益造成危险和威胁。二是认定的主体不同，前者由国家安全机关通过安全议程加以认定；后二者由个人或组织自行认定。可以说，国家安全问题是剔除个人安全问题和组织安全问题之外的安全问题。

其次，有些安全问题在特定的条件下才会转化为国家安全问题。虽然个人安全问题、组织安全问题，如学校安全问题、企业安全问题、团体安全问题不是国家安全问题，但它们在特定的条件下可以转换为国家安全问题。所谓“特定的条件”就是个人安全问题和组织安全问题已经不仅对个人或组织自身利益，而且对国家利益特别是国家核心利益和重大利益造成危险和威胁，并得到了相关国家安全议程的认定。也就是说，个人安全问题、组织安全问题只有具备这个“特定的条件”，它们才能转化为国家安全问题。

从领域安全维度来看，如政治安全、军事安全、经济安全、社会安全、网络安全、生态安全等领域，涉及个人或组织并对其各自利益造成危险和威胁，且得到个人或组织认定的领域安全问题属于安全问题范畴；而涉及国家并对国家利益特别是国家核心利益和重大利益造成危险和威胁，且得到了相关国家安全议程认定的领域安全问题属于国家安全问题范畴。也就是说，不是所有的领域安全问题都是国家安全问题，只有符合特定条件的领域安全问题才是国家安全问题。另外，国家安全问题也可以直接由领域问题如资源、生态等转换而来，即那些直接对国家利益特别是重大利益造成危险和威胁，且得到了相关国家安全议程认定的领域问题就是国家安全问题。

三、国家安全问题的内在逻辑①

人们常说，安全就像空气一样，有它的时候人们感觉不到，失去它的时候才知道安全的宝贵。事实上只有不安全即安全问题出现的时候，人们才感觉到安全的重要性。“安全”的对立面是“不安全”，就这一对术语而言，安全是逻辑起点，不安全是安全逻辑起点演绎的结果。国家安全问题亦是如此。但国家安全问题不是源生的而是衍生的，只有当“危险”和“威胁”出现时，国家安全问题才会出现。

（一）国家安全问题不是国家产生就有的，而是长期演变的结果

恩格斯指出：“国家是社会在一定发展阶段上的产物；国家是承认：这个社会陷入了不可解决的自我矛盾，分裂为不可调和的对立面而又无力摆脱这些对立面。而为了使这些对立面，这些经济利益互相冲突的阶级，不致在无谓的斗争中把自己和社会消灭，就需要有一种表面上凌驾于社会之上的力量，这种力量应当缓和冲突，把冲突保持在‘秩序’的范围以内；这种从社会中产生但又自居于社会之上并且日益同社会相异化的力量，就是国家。”② 按照恩格斯的观点，即便“经济利益互相冲突的阶级”已经“分裂为不可调和的对立面”，但“凌驾于社会之上的力量”即国家已经“把冲突保持在‘秩序’的范围以内”。国家诞生，意味着即便由于阶级斗争对国家诞生存在不安全因素，甚至是安全风险，但还没有达到危险和威胁的程度，因此，国家安全状态和保障这种安全状态的能力得以构建。“国家安全问题不是随着国家的建立而产生的，统治阶级统治出现重大失误，或被统治阶级反抗，对现行国家安全状态和能力构成危险和威胁，才会出现国家安全问题，它是一定时期演化的结果。”③

（二）某一领域安全问题也不是源生的而是衍生的

国家安全可以分为政治、经济、文化、社会和网络信息等安全领域。然而，各领域的安全问题却是演化而来的，如政治安全问题经历了由政治

---

① 李文良：《国家安全：问题、逻辑及其学科建设》，《国际安全研究》2020 年第 4 期，第 14—16 页。

② 中共中央马克思恩格斯列宁斯大林著作编译局编译：《马克思恩格斯选集》第 4 卷，人民出版社 2012 年版，第 186—187 页。

③ 李文良：《国家安全：问题、逻辑及其学科建设》，《国际安全研究》2020 年第 4 期，第 15 页。

问题到安全问题的演变，经济安全问题经历了由经济问题到安全问题的演变，文化、社会和网络信息安全亦是如此。

以 2015 年中国“股灾”为例。2015 年 6—8 月，中国股市暴跌造成两方面问题：一是“千股跌停”和“停牌潮”屡屡发生，股市市值缩水严重，对金融领域造成危险和威胁。2015 年 6 月 15 日至 8 月 25 日，A 股市场累计出现 11 天“千股跌停”，甚至交易个股全线跌。“投资者即使开盘即以跌停价出售，也因无人接盘而卖不出去。这在 26 年中国股市历史上是从未有过的现象。”另外，上市公司出现“停牌潮”也于 7 月上旬起发生。二是人民福祉受到损害。据有关资料显示，“深沪两市高市值投资者及机构数在 5 月至 8 月间……持股 500 万元以上个股账户数下降了近 50%，持股 1 亿元以上机构账户数亦下降近 24%”，[①] 对投资者财富造成极大冲击，严重损害了人民的福祉。因此，当这样两方面的重大损失和威胁出现后，其严重程度足以影响国家安全，国家安全职责机关（央行、中国证监会、银监会、保监会等）和国家安全领导机关国务院介入，经过安全会议法定议程，把这次金融事件定性为金融安全事件。

当 2015 年“股灾”演变得符合国家安全问题的三个标准——涉及国家核心利益和重大利益（人民福祉和金融）、对股市和股民造成了危险和威胁、被列入国家安全议程时，它就演变为金融安全问题。因此，金融安全问题不是金融问题源生的，而是金融问题出现危险和威胁演化而成的。

政治、军事、国土、经济、金融、文化、社会、科技、网络、粮食、生态、资源、核、海外利益、太空、深海、极地、生物、人工智能、数据等领域的问题也是如此，当其演化为对该领域造成危险和威胁的时候，就演化为该领域的安全问题了。所以说，领域安全问题不是领域问题源生的而是衍生的。

（三）安全化可以创立国家安全问题

安全问题的主观化是安全化产生的根本原因。一个问题是不是安全问题不取决于它是否客观存在，而是取决于安全主体的认知。丹·考德威尔和罗伯特·威廉姆斯认为：“安全是一个社会化构建的概念，其没有特定的意义，也不是不言自明的。相反，安全是主观理解的产物。本质来讲安

---

① 谢百三、童鑫来：《中国 2015 年“股灾”的反思及建议》，《价格理论与实践》2017 年第 1 期，第 30 页。

全意味着特定社会成员相互间对于安全的理解。”① 当一项（问题）议题被安全主体表述为对某一特定安全对象构成威胁并得到相关受众认可时，则意味着这项议题就是安全问题（议题）了，即安全化。对于安全化问题，哥本哈根学派进行了深入研究。哥本哈根学派把安全化过程概括为两个阶段：第一阶段“指的是特定议题、个人或者实体描绘为对参照对象的存在威胁”。此阶段所用到的方式是言论行为”，即“用文本表达（discursive representation）一项特定议题对安全存在威胁”。因为“一项议题依靠言语行为就可以成为安全议题，而不管这一关切是否代表物质上的存在威胁。安全化行为体运用语言来从安全角度表述议题，并说服相关受众接受其直接的危险”②。第二阶段，即“只有在安全化行为体成功地说服相关受众（公共意见、政治家、军官或其他精英）认可一个参照对象受到了存在威胁，安全化的第二个重要阶段才能够成功完成”③。由此可见，安全化可以使一个不是国家安全问题的问题变成了一个国家安全问题。安全化也恰恰佐证“国家安全问题不是源生的而是衍生的”的逻辑存在。

（四）工具国家安全问题不是源生的而是衍生的

所谓工具国家安全问题，亦称一般意义上的国家安全问题，是指为预防、化解或解决国家安全问题相伴而生的国家安全问题，如国家安全战略问题、国家安全管理问题、国家安全工程和技术问题、国家安全法制问题、国家安全体制机制问题等。

工具国家安全问题凸显工具、方法特色，侧重点是实用性和有效性。以国家安全管理为例，一般来说，军事机关、公安机关和国家安全机关统称为国家强制部门，在国家安全管理中被称为国家安全职能机关，三者同属国家安全组织，地位平等、互不统属、各司其职，分别管理军事、公安、情报等国家安全事务。为了预防、化解或解决特定意义上的（领域）国家安全问题，需要国家从军事、公安、情报等方面加以应对，国防部、公安部和国家安全部应运而生，三大国家安全职能机关履行其安全职能时

---

① ［美］丹·考德威尔、罗伯特·E. 威廉姆斯著，彭子臣译：《危中求安——如何在动荡的世界寻求安全》，金城出版社 2017 年版，第 8 页。

② ［英］阿兰·柯林斯著，高望来、王荣译：《当代安全研究》（第 3 版），世界知识出版社 2016 年版，第 200 页。

③ ［英］阿兰·柯林斯著，高望来、王荣译：《当代安全研究》（第 3 版），世界知识出版社 2016 年版，第 201 页。

所产生国防（军事）问题、公安问题和情报问题，属于工具国家安全问题，因为这些问题是源于特定意义上的（领域）国家安全问题而产生的问题。也就是说，国防（军事）问题、公安问题和情报问题是为了预防、化解或解决特定意义上的（领域）国家安全问题才发生的问题，如果没有这些国家安全问题，就不需要从军事、公安、情报等方面加以应对了。所以，国防（军事）问题、公安问题和情报问题不是源生的而是衍生的。鉴于军事安全问题的复杂性和重要性，其既属于领域国家安全问题属性也有工具国家安全问题属性。另外，国家安全战略、国家安全管理、国家安全工程和技术、国家安全法制、国家安全体制机制等在预防、化解或解决特定意义上的（领域）国家安全问题上，也扮演着工具性的角色，它们一旦与特定意义上的（领域）国家安全问题相关联，就具有了工具国家安全问题的属性。工具国家安全问题依赖于特定意义上的（领域）国家安全问题而存在，前者因后者生而生、因后者亡而亡。工具国家安全问题不是源生的，而是由特定意义上的国家安全问题衍生的。

总之，国家安全问题衍生论揭示了国家安全问题产生的途径和特点。国家安全问题经由量变到质变的演化路径而生，衍生性是其显著特征，凸显国家安全问题与其他问题的本质区别，它既不同于个人安全问题也不同于组织安全问题，有其内在的确定内涵，这有利于厘清国家安全学的研究边界，避免国家安全泛化。

国家安全问题衍生论揭示了国家安全学交叉学科属性。当政治、军事、社会、网络、经济、金融、生态、生物、资源等问题逐渐演化为政治、军事、社会、网络、经济、金融、生态、生物、资源等安全问题时，我们以国家安全问题为边界横切这些领域及其学科时，形成独特的横切延伸断面，构成国家安全学交叉学科属性。

第四节　党和政府国家安全认识历史沿革

改革开放以来，1983 年，中央政府首次在第六届全国人民代表大会第一次会议上的政府工作报告中使用了“国家安全”一词。《政府工作报告》指出“我国的社会主义现代化建设，是在复杂的、动荡不安的国际环境中进行的。为了确保国家安全和加强反间谍工作，国务院提请这次大会批准成立国家安全部，以加强对国家安全工作的领导”[1]。这里的国家安全是狭义国家安全，特指情报和反间谍。1986 年，中共中央首次在《中共中央关于社会主义精神文明建设指导方针的决议》（以下简称《决议》）中提及“国家安全”。《决议》指出“在国家安全受到威胁，社会公共安全受到危害的时候，要挺身而出，英勇斗争”[2]。

1992 年，党的报告中首次提出“国家安全”。党的十四大报告指出：“要继续加强人民武装警察部队和公安、安全等部门的建设，更加有力地维护国家安全和社会稳定。”[3] 20 世纪 90 年代，随着中央政府对国家安全工作的关注度越来越高，“国家安全”出现的频次也越来越多。如 1993 年第八届全国人民代表大会第一次会议上的政府工作报告出现两次“国家安全”。此届人大期间，此后四次会议上的政府工作报告，出现“国家安全”的情况是：1994 年 2 次，分别是“保卫国家安全”“维护国家安全”；1995 年 2 次，分别是“国家安全部门”“维护国家安全”；1996 年 4 次，分别是“维护国家安全”“保卫国家安全”“社会稳定和国家安全”“维护国家安全”；1997 年 3 次，分别是“维护国家安全”“国家安全部门”“危害国家安全”。[4] 另外，这一时期，我们也看到，中共中央、国务院也用“安定团结”“社会政治安全”“祖国安全”等术语来表述“国家安全”的内涵。如党的十一届二中全会的“安定团结的政治局面”“保持必要的社会政治安定”，党的十二大报告中的“保卫祖国安全”以及党的十三大报告中的“维护安定团结尤为重要”，等等。事实上，中共中央、国务院无论用什么术语来表述“国家安全”的内涵，都凸显了对国家安全工作的重视，特别是党的十一届三中全会、党的十三大分别把国防工作概括为“加强国防”和“国防现代化”，1992 年党的十四大报告和 1997 年党的十五大

---

① 《1983 年国务院政府工作报告》，中国政府网，2006 年 2 月 16 日，https：//www.gov.cn/test/200602/16/content_200823.htm? eqid=dd84820f00047b41000000046479a0d3。

② 《中共中央关于社会主义精神文明建设指导方针的决议》，中国政府网，2008 年 6 月 26 日，https：//www.gov.cn/test/2008-06/26/content_1028287.htm。

③ 《加快改革开放和现代化建设步伐，夺取有中国特色社会主义事业的更大胜利》，中国政府网，2007 年 8 月 29 日，https：//www.gov.cn/test/2007-08/29/content_730511.htm。

④ 刘跃进：《中国官方非传统安全观的历史演进与逻辑构成》，《国际安全研究》2014 年第 2 期，第 117 页。

报告提出“要继续加强人民武装警察部队和公安、安全等部门的建设”的要求，极大地推动了国防、武警、公安和安全等部门工作的发展。

1997 年，党的十五大报告明确指出：“正确处理对外开放同独立自主、自力更生的关系，维护国家经济安全。”这是非传统安全问题首次进入党中央视线。1998 年，在中国第一次发布的《1998 年中国的国防》白皮书中，中央政府从经济全球化竞争维度再次强调经济安全。白皮书指出：“越来越多的国家把经济安全视为国家安全的一个重要方面，亚洲金融危机使经济安全问题更为突出。”[①] 中共中央、国务院对非传统安全认识不断深化：一是逐渐深化对非传统国家安全范围的认识。党的十六大报告明确指出中国面临的安全形势是“传统安全威胁和非传统安全威胁的因素相互交织”。这表明非传统安全因素进一步纳入中共中央和中央政府的视线。2004 年，党的十六届四中全会除了提出经济安全外，还提出文化安全和信息安全等非传统安全问题；党的十七大报告和党的十八大报告又把非传统安全扩展到能源资源安全、网络安全。二是不断深化对非传统安全问题的性质、危害的认识。党的十六大报告强调“恐怖主义危害上升”；党的十七大报告和党的十八大报告都再次强调“反对一切形式的恐怖主义”。《2004 年中国的国防》白皮书指出：“非传统安全威胁日益严重。”[②]《2010 年中国的国防》白皮书指出：“恐怖主义的现实威胁存在，能源资源、金融、信息、自然灾害等非传统安全问题上升。”[③] 这一时期，中共中央、国务院虽然并未轻视传统安全问题，但明显侧重于对非传统安全问题的关注。

进入新时代，中共中央、国务院对国家安全的认识也进入了全面化、系统化阶段。一是把传统安全和非传统安全并重。2014 年，习近平总书记在阐述总体国家安全观时，把“既重视传统安全，又重视非传统安全”作为“五对关系”之一。他指出：“我们面临的重大风险，既包括国内的经济、政治、意识形态、社会风险以及来自自然界的风险，也包括国际经

① 中华人民共和国国务院新闻办公室：《〈1998 年中国的国防〉白皮书》，中华人民共和国国史网，2009 年 7 月 3 日，http：//www. hprc. org. cn/gsgl/zggk/zhggf/guofangbps/200907/t20090703_15198. html。

② 中华人民共和国国务院新闻办公室：《〈2004 年中国的国防〉白皮书》，中国政府网，2004 年 12 月，http：//www. gov. cn/gongbao/content/2005/content_63348. htm。

③ 中华人民共和国国务院新闻办公室：《〈2010 年中国的国防〉白皮书》，中国军网，2011 年 3 月 31 日，http：//www. 81. cn/2017jj90/2011 －03/31/content_7671721. htm。

济、政治、军事风险等。如果发生重大风险又扛不住，国家安全就可能面临重大威胁。”① 中共中央和中央政府把传统安全问题和非传统安全问题并重，标志着中国国家安全认知进一步成熟和科学化。二是不断深化对国家安全范畴的认识，形成领域安全问题认知。国家安全领域具有动态性和开放性，随着国内外安全环境的变化而不断变化和扩展。2014 年 4 月，习近平总书记在中央国家安全委员会第一次会议上提出：“构建集政治安全、国土安全、军事安全、经济安全、文化安全、社会安全、科技安全、信息安全、生态安全、资源安全、核安全等于一体的国家安全体系。”② 可见，国家安全体系覆盖 11 种国家安全领域。2015 年 7 月，新版《国家安全法》增加外层空间、国际海底区域和极地、海外利益 4 种新型国家安全领域。2020 年 2 月，习近平总书记在中央全面深化改革委员会第二次会议上，强调“必须从保护人民健康、保障国家安全、维护国家长治久安的高度，把生物安全纳入国家安全体系，系统规划国家生物安全风险防控和治理体系建设，全面提高国家生物安全治理能力”③。这意味着生物安全被纳入新型国家安全领域。2020 年 10 月，教育部在《关于印发〈大中小学国家安全教育指导纲要〉的通知》中明确把国家安全领域确定为 16 种，即政治安全、国土安全、军事安全、经济安全、文化安全、社会安全、科技安全、网络安全、生态安全、资源安全、核安全、海外利益安全以及太空安全、深海安全、极地安全、生物安全 4 种不断拓展的新型领域安全。2022 年出版的《总体国家安全观学习纲要》把国家安全领域扩展到 20 种，即“涵盖政治、军事、国土、经济、文化、社会、科技、网络、生态、资源、核、海外利益、太空、深海、极地、生物、人工智能、数据等诸多领域”。④ 三是进入新时代以后，国家安全战略、国家安全体制、国家安全法治、国家安全技术等问题已经纳入中共中央和中央政府视线。

---

① 习近平：《论坚持全面深化改革》，中央文献出版社 2018 年版，第 182 页。

② 《习近平：坚持总体国家安全观　走中国特色国家安全道路》，新华网，2014 年 4 月 15 日，http：//www. xinhuanet. com/politics/2014 - 04/15/c_1110253910. htm。

③ 《习近平主持召开中央全面深化改革委员会第十二次会议强调：完善重大疫情防控体制机制　健全国家公共卫生应急管理体系》，中国政府网，2020 年 2 月 14 日，http：//www. gov. cn/xinwen/2020 - 02/14/content_5478896. htm。

④ 中共中央宣传部、中央国家安全委员会办公室：《总体国家安全观学习纲要》，学习出版社、人民出版社 2022 年版，第 8 页。

2013 年 11 月，党的十八届三中全会提出设立国家安全委员会，完善国家安全体制和国家安全战略。2015 年，中共中央指出："制定和实施《国家安全战略纲要》，是有效维护国家安全的迫切需要……要做好各领域国家安全工作，大力推进国家安全各种保障能力建设，把法治贯穿于维护国家安全的全过程。"① 可见，国家安全战略是"有效维护国家安全"的工具性选择，国家安全法治也是"做好各领域国家安全工作"的工具性选择。就国家安全技术而言，早在 2014 年，习近平总书记就把国家安全技术看作是"保障国家安全的战略支撑"的工具性选择。他指出："在新一轮科技革命和产业变革大势中，科技创新作为提高社会生产力、提升国际竞争力、增强综合国力、保障国家安全的战略支撑，必须摆在国家发展全局的核心位置。"② 总之，党的十八大以来，以习近平同志为主要代表的中国共产党人，把马克思主义国家安全理论和当代中国安全实践、中华优秀传统战略文化结合起来，顺应时代发展，"系统回答了中国特色社会主义进入新时代，如何既解决好大国发展进程中面临的共性安全问题，同时又处理好中华民族伟大复兴关键阶段面临的特殊安全问题这个重大时代课题，创造性提出了总体国家安全观"③。

参考文献：

[1] 中共中央马克思恩格斯列宁斯大林著作编译局编译：《马克思恩格斯选集》第 4 卷，人民出版社 2012 年版。

[2] 李文良：《国家安全管理学》，吉林大学出版社 2014 年版。

[3] 刘跃进主编：《国家安全学》，中国政法大学出版社 2004 年版。

[4] 李文良：《国家安全学：研究对象、学科定位及其未来发展》，《情报杂志》2021 年第 8 期。

[5] 李文良：《国家安全学基础理论框架构建研究》，《国际安全研

---

① 《中共中央政治局召开会议 审议通过〈国家安全战略纲要〉》，中国共产党新闻网，2015 年 1 月 23 日，http：//cpc. people. com. cn/n/2015/0123/c64094 – 26440906. html。

② 中共中央党史和文献研究院编：《习近平关于总体国家安全观论述摘编》，中央文献出版社 2018 年版，第 158 页。

③ 《中华人民共和国国家安全法》，新华网，2015 年 7 月 1 日，http：//www. xinhuanet. com/politics/2015 – 07/01/c_115787801. htm。

究》2022 年第 5 期。

［6］唐永胜：《坚持总体国家安全观走出一条中国特色国家安全道路》，《国家安全论坛》2022 年第 1 期。

［7］吴庆荣：《法律上国家安全概念探析》，《中国法学》2006 年第 4 期。

［8］［英］阿兰·柯林斯著，高望来、王荣译：《当代安全研究》（第 3 版），世界知识出版社 2016 年版。

［9］［美］丹·考德威尔、罗伯特·E. 威廉姆斯著，彭子臣译：《危中求安——如何在动荡的世界寻求安全》，金城出版社 2017 年版。

［10］Mohammed Ayoob，"The Third World Security Predicament：State Making，Regional Conflict，and the International System"，Boulder，CO：LynneRienner Publishers，1995.

［11］Paleri，Prabhakaran，"National Security：Imperatives and Challenges"，New Delhi：Tata McGraw－Hill，2008.

第二章　国家安全特征

与西方国家安全学相比，中国特色的国家安全学具有若干较为鲜明的独有特征，这些特征包括：内容构成的总体性；服务对象的层次性；政治安全的首要性；发展演进的非线性等。国家安全学内容构成具有总体性特征。从外延看，国家安全议题具有高度的广泛性；从内涵看，国家安全诸要素之间具有内在关联性。因此，做好国家安全工作必须统筹兼顾，强化系统思维，塑造大安全格局。

第一节　内容构成的总体性

一、国家安全外延和内涵不断丰富

中国特色的国家安全学包括了不同领域、不同方面、不同层级的安全议题，并将这些安全问题统合到同一理论框架之中。具体来说，“内容构成的总体性”可以从外延和内涵两个角度解读。

（一）从外延看，国家安全议题具有高度的广泛性

中国作为世界上最大的发展中国家，这种发展中国家属性，决定了中国特色的国家安全学具有鲜明的发展中国家特色。大量事实表明，新兴国家的发展转型期往往也是矛盾多发期。中国正处在现代化进程和发展转型的关键期，需要在短短几十年内，完成西方历时几百年的发展历程，同时面临诸多棘手难题：既要工业化，也要信息化；既要发展经济，也要政治变革；既要做大蛋糕，也要分好蛋糕；既要打击阻碍经济发展的既得势力，也要帮扶庞大的底层民众；既要借鉴西方先进技术和文化，也要保持传统文化。各种利益和矛盾相互交织，各派势力盘根错节，变革往往动辄

得咎，“按下葫芦浮起瓢”。发展转型期同时是矛盾多发期和政治危险期。如果政府处置失误，出现方向偏离、顺序颠倒、方法失当、时机不好等问题，都会积攒大量矛盾。这时，如果外部势力煽风点火，则很可能使简单问题复杂化，小问题变成大危机。

在这种情况下，中国必须树立大安全观理念，关注和化解可能导致国家动荡与危机的各类安全议题。中国的总体国家安全观的议题范围极为广泛。它既包括国际安全，也包括国内安全；既包括传统安全，也包括非传统安全；既包括政治安全，也包括经济安全、社会安全、文化安全等。根据 2015 年 7 月 1 日颁布的新版《国家安全法》，该法第二章“任务”共计二十条，涵盖政治安全、军事安全、国土安全、经济安全、金融安全、资源能源安全、粮食安全、文化与意识形态安全、科技安全、网络与信息安全、民族宗教、反恐、公共安全、生态安全、核安全、外层空间及国际海底区域和极地安全、海外利益安全等众多领域安全。除此之外，该法还提出“国家根据经济社会发展和国家发展利益的需要，不断完善维护国家安全的任务”①。这种开放性的安全观意味着未来总体国家安全观的议题仍可能不断增加，其最终目的就是把中国自身的发展同世界各国人民的共同发展结合起来，推动实现人类命运共同体。

（二）从内涵上看，国家安全是个有机系统，诸要素间具有内在关联性

从哲学上说，世界上的事物是普遍联系的，不存在脱离整体孤立存在的事物。国家安全问题同样如此。总体国家安全观强调总体性，不仅是指各类国家安全议题的广泛性，还强调各类安全议题内在的关联性。总体国家安全观强调将国家安全各层面、各领域的问题及其影响因素视为有机系统，并统筹运用各方面的资源和手段予以综合处理解决。

国家安全是个复杂巨系统，政治安全、经济安全、军事安全、文化安全、社会安全等诸多要素构成相互依存、相互作用的有机整体。例如，政治安全出问题，将直接导致经济安全出问题。反过来，经济安全出了问题，很可能引发政治安全问题。同样地，经济安全与军事安全之间也具有内在联系：如果没有经济发展，国防安全自然无法保障；反过来，军事安

---

① 《中华人民共和国国家安全法》，中国政府网，2015 年 7 月 1 日，https：//www. gov. cn/zhengce/2015 －07/01/content_2893902. htm。

全没有保障，经济发展也就成了“沙滩上的大厦”，随着可能因外敌入侵而土崩瓦解。

国家安全具有共同安全、多层次安全和安全的不可分割性等诸多特性。国家安全系统中的功能，不是国家安全系统中各要素功能的简单相加，而是在其各要素有机统一基础上形成新的整体性功能；国家安全系统中的子系统不是单独、各自发挥作用，而是作为整体功能的一部分发挥作用。单一要素变化会影响国家整体安全。反过来，国家安全作为整体又会影响和塑造各个安全要素的性质与功能。例如，中国的总体国家安全观强调“以人民安全为宗旨”，这一基本要求决定了总体国家安全观中各安全要素的功能定位和任务目标迥异于西方国家的安全观。

二、与西方相比，中国特色的国家安全学更符合时代潮流

中国特色的国家安全学是时代变迁的产物。在传统农耕和游牧经济背景下，各国间互动联系有限，形成“鸡犬之声相闻，民至老死不相往来”的分散孤立状态。在此背景下，各国统治者自然是各自为政，关注议题重点集中于本国事务。近现代以来，随着经济全球化不断向纵深发展，整个世界日益形成“你中有我，我中有你”的相互依存状态。在新的历史背景下，国内政治与国际政治不断互动，国内经济与国际经济相互依存，政治经济化与经济政治化趋势同时强化。此外，全球性不平等导致极端恐怖主义和跨国犯罪层出不穷；互联网广泛运用滋生出各种网络犯罪和网络安全问题；人员全球性流动使瘟疫蔓延更加便捷，生物安全和国际卫生安全问题日趋凸显。所有这些，促使国家安全的内涵和外延不断扩大，由此形成新的安全观。

相比之下，西方国家的国家安全学的内涵和外延明显较为狭窄。西方学者对国家安全的研究，集中体现在军事、国际关系和情报领域，主要关注的是传统安全，尤其是战争与和平、大国关系与集体安全以及国际格局调整、核武器与军备竞赛等。[①] 在美国等西方国家，战略研究关注的安全主体是国家，认为安全威胁仅来自军事层面。战略研究下的安全理论（如地缘战略理论、核威慑理论等），均关注的是国家防务，而非国际的共同安全或国民的个人安全。其基本逻辑是：只要国家作为整体不受其他国家

---

① 刘忠、戴美玲：《大国竞争时代构建中国国家安全学的四维向度》，《情报杂志》2021 年第 5 期，第 2—49 页。

的军事威胁，本国的国民就是安全的。[①]

这种狭隘国家安全观思想主要有内外两方面的原因。从内因看，这与西方国家已经进入发达国家行列有关。由于西方国家较早进入经济发达阶段，因此民众生活较为富足，社会矛盾相对缓和，政府危机治理的经验和机制相对成熟。从外因看，其狭隘的国家安全观与西方盛行的现实主义理论直接相关。现实主义理论将国际社会视为无政府状态，各国出于恐惧、利益或威望，强化自助意识和本国利益最大化，其他国家则被视为妨碍本国利益实现的竞争对手或假想敌人。在国家安全问题上，各国间更多是竞争乃至对抗关系，军事手段则被视为实现国家安全的最佳途径。

世界原本就是密不可分的有机整体，整体利益大于局部利益。而西方国家安全观“只见树木，不见森林”，一味从“本国至上”角度思考和处理世界事务，看似处处是本国利益最大化，结果却导致整体和长远利益最小化。例如，在军事领域，一国出于军事安全考虑提高军备水平，很自然地被体系内的其他国家视为威胁，并促使这些国家相应地增加军备，由此形成“越增加军费越不安全”的“安全困境”局面。在西方主导的国际体系下，战争和冲突成为常态性现象。在经济领域，经济全球化使各国间日益形成密不可分的相互依存关系。在此背景下，将相互依存武器化乃至人为脱钩断链，只会两败俱伤。例如，特朗普对华发动贸易战，结果使美国消费者承担绝大部分成本。欧美国家借俄乌冲突对俄罗斯极限制裁和强制脱钩，结果在欧洲引发能源短缺和通货膨胀。

当前世界面临百年未有之大变局，世界面临两种迥然不同的安全理念和路径选择：第一种是以西方的零和博弈和冷战思维观念，以及强权政治和穷兵黩武为行为准则，以集团对抗和牺牲他国安全换取自身所谓绝对安全的旧安全观；第二种模式是强调公平合理、共建共享、政治谈判和互相尊重的新安全观。事实已经证明，西方国家长期践行的旧安全观，使人类社会发展之路越走越窄，整个世界变得越来越不安全。

在这种背景下，倡导和践行共同、综合、合作、可持续的总体国家安全观，其时代价值便日趋凸显。中国提出的总体国家安全观始终强调共同安全、整体安全、多层次安全和安全的不可分割性，这显然要比西方国家

---

① 戴长征、毛闰铎：《从安全困境、发展安全到总体国家安全观》，《吉林大学社会科学学报》2022 年第 6 期，第 29—44 页。

抱残守缺的传统安全观更符合时代潮流，优越性更加明显。国家安全问题的全域性、全球性及各要素间的关联性，决定了要处理好国家安全问题，必须着眼于全局，树立大安全观。

三、树立系统思维，构建大安全格局

中国特色国家安全学的总体性特征，决定了要想做好国家安全工作，必须学会统筹兼顾，树立和强化系统思维，塑造大安全格局。可以说，系统思维是我们理解和把握中国特色国家安全学的基本方法和路径。具体来说，坚持系统思维，主要体现为以下几个方面。

（一）坚持整体论的观点

中国特色的国家安全学从大安全观出发，坚持从整体论角度看待国家安全。整体论的观点要求将国家安全视为一个有机整体，整体由各个部分构成，整体与部分密不可分，整体大于部分之和，整体具有局部所不具备的新功能。当年苏联的米格战机从单个零件看并不先进，但组合起来战斗力却很强。中国古代田忌赛马的故事也表明，单个实力不强，但如果组合得当，同样可以以弱胜强。脱离整体论视角，一味从局部看问题，很容易陷入“只见树木，不见森林”和“头痛医头，脚痛医脚”的困境，乃至导致局部利益最大化、整体利益最小化的合成谬误与分解谬误。

正所谓“不谋全局者不足谋一域，不谋长远者不足谋一时”。国家安全同样需要整体论观点。这种整体论观点体现到实践中，就是从整体上认识和感知国家安全态势，从整体设定国家安全目标，从整体提出和选择解决方案，以及从整体评估国家安全治理效果。当前，中国面临的内外安全环境复杂艰巨，仅总体国家安全观就涉及二十个安全领域。这种安全议题的广泛性和相关关系的复杂性，决定了国家安全作战领域和作战方式的多样性。国家安全领域的多样性和相互关联性，决定了国家安全治理必须从整体论观点出发，统筹运用各种资源和各种手段，从全局的、系统和普遍联系的角度制定和实施国家战略。《总体国家安全观学习纲要》强调：“要打总体战，形成汇聚党政军民学各条战线各方面各层级的强大合力，全社会全政府全体系全手段应对重大国家安全风险挑战。”[①] 只有坚持总体论和

---

① 中共中央宣传部、中央国家安全委员会办公室：《总体国家安全观学习纲要》，学习出版社、人民出版社 2022 年版，第 8 页。

总体战的思想，中国才能有效应对西方“混合战”的挑战。

（二）坚持普遍联系的观点。

从哲学角度看，事物是普遍联系。任何系统的整体与局部之间，系统内部诸要素之间，以及系统诸要素与外部环境之间，始终处在相互联系、相互作用的动态过程。这就要求我们必须学会用普遍联系的观点考察和分析问题。在中国特色国家安全学中，国家安全的范围涉及治国理政的方方面面。其中既有外部安全，也有内部安全；既有国土安全，也有国民安全；既有传统安全，也有非传统安全；既有自身安全，也有共同安全。因此，做好国家安全工作，首先就是要充分认识并妥善处理好诸多国家安全要素之间的关系。其中，最重要的就是做好“五大统筹”：统筹外部安全与内部安全；统筹国土安全与国民安全；统筹传统安全与非传统安全；统筹自身安全与共同安全；统筹维护安全和塑造安全。统筹兼顾原则首先就是要处理好上述五对关系。可以说，“五大关系”和“五大统筹”就是坚持系统思维和普遍联系观点的直接体现。

（三）坚持总体论与重点论结合的观点

在总体国家安全观中，诸多安全要素之间并非毫无差别的并列关系，而是主次矛盾之分，轻重缓急之别。因此国家安全工作不能将所有安全问题等量齐观，“胡子眉毛一把抓”。既要有统筹兼顾的总体论观点，也要有分清矛盾主次和轻重缓急的重点论观点。坚持重点论观点，就是要学会抓主要矛盾和矛盾的主要方面。从国家安全学角度看，所谓的主要矛盾和矛盾的主要方面，就是指国家安全领域存在影响和决定国家安全全局走向的结构性、根本性问题。正如习近平总书记所说：“各种风险我们都要防控，但重点要防控那些可能迟滞或中断中华民族伟大复兴进程的全局性风险。”①

在国家安全工作中，只有善于抓住和解决主要矛盾，才能纲举目张最大限度地优化国家安全环境。所以，中国制定国家安全战略要遵循科学方法论，尤其要学会抓主要矛盾。在国家安全领域，究竟什么问题才算是主要矛盾呢？在影响国家安全的诸多要素中，政治安全特别是政权安全是国家安全的生命线。只有确保政治安全，国家安全在其他领域才可能实现。

---

① 中共中央宣传部：《习近平新时代中国特色社会主义思想学习纲要》，学习出版社、人民出版社2019年版，第246页。

进一步，要想维护政治安全，首先必须坚持以人民为中心的发展观，解决“依靠谁、为了谁”的问题。只有坚定依靠广大人民群众，坚持为人民服务的基本宗旨和以人民为中心的发展观，国家才能长治久安。

第二节 人民性与国家性的统一

从服务对象看，中国特色的国家安全学既是为了维护人民利益，也是为了捍卫国家整体利益，具有将人民性与国家性有机统一的双重性特征。从对内层面看，中国式国家安全道路的阶级基础是最广大人民群众，国家安全的最终目标归根到底是保障广大人民群众合法权益不受侵犯；从对外层面看，中国式国家安全道路的宗旨是维护国家的生存权与发展权。

一、人民性是总体国家安全观的鲜明底色

“以人民安全为宗旨”是总体国家安全观的第一要义。国家安全的最终目标就是实现人民安全。实现人民安全、保证人民利益，是维护国家安全的价值追求和本质要求，也是各项安全工作的出发点和落脚点。在总体国家安全观的目标体系中，人民安全是最终目标，其他各个安全要素都是围绕“人民安全”这一目标而存在。习近平指出：“要坚持国家安全一切为了人民、一切依靠人民……不断提高人民群众的安全感、幸福感。”①

（一）人民性特征是中国特色国家安全观与传统国家安全观最明显的区别

传统的国家安全观的目标多是强调物的要素，如主权和领土安全及与之相关的国防安全，人的要素往往被忽略或低估。而中国提出的总体国家安全观，不仅强调国土安全等物的要素的重要性，还特别强调“以人民安全为宗旨”，将人民安全置于总体国家安全观的核心位置。这一特征使传统上以国家作为行为主体和服务对象、具有很强神秘主义色彩的国家安全，变得更加具体化和平民化，成为一种独特的以人民安全、人民利益作为最高价值目标，同时也依靠广大人民参与支持的人民安全观。

---

① 《习近平在首个全民国家安全教育日之际作出重要指示》，《人民日报》2016年4月15日。

这种人民安全观是中国特色社会主义的自然产物。中国是社会主义国家，《中华人民共和国宪法》中明确规定："一切权力属于人民。"社会主义国家的这种人民性特征，体现在政治制度上就是工人阶级领导的、以工农联盟为基础的人民民主专政和人民代表大会制度，体现在经济制度上就是以公有制为主体、多种所有制经济共同发展的经济制度，体现在国家安全领域就是"以人民安全为宗旨"的总体国家安全观。马克思主义的唯物史观也告诉我们，人民群众是历史的真正创造者，人民当家作主天然具有政治合法性。它体现到国家安全的目标和宗旨上，就是"一切为了人民，一切依靠人民"。中国共产党作为社会主义中国的执政党，其力量源泉和阶级基础就是广大人民群众。

（二）维护人民安全的最终目标是实现人民安居乐业

有道是"水能载舟，亦能覆舟"。国家安全能否得到有效维护，归根到底取决于人民安全的实现程度，取决于人民群众的认可和满意程度。"民惟邦本，本固邦宁"。国家政权一旦失去人民的支持和拥护，其政治稳定性和政权合法性将受到极大损害，甚至导致政权垮台。近年来，"颜色革命"已成为威胁非西方国家政治安全的主要外部威胁。西方策动"颜色革命"历来是"苍蝇不叮无缝的蛋"，前提条件就是得到对象国民众的呼应与配合。而民众对本国政府的满意程度与这个国家的社会公平程度成正比。凡是群众能够切实享受到发展成果的国家，民众往往坚定拥护政权，敌对势力鼓动人民"造反"很难得逞。越是民众贫富差距悬殊的国家，民众对政府越不满意，其参与"颜色革命"的可能性就越大。2011 年，所谓"阿拉伯之春"的爆发，很大程度上就是因为这些阿拉伯国家的当权者日渐背离民众的意愿和利益，国家权力日益成为当权者谋利的工具，最终出现"昔日革命者被再次革命"的现象。

中国共产党之所以得到广大人民群众衷心拥护，就是因为它始终代表中国最广大人民的根本利益。毛泽东曾指出："真正的铜墙铁壁是什么？是群众。"[①]"失去了人民拥护和支持，党的事业和工作就无从谈起。"[②] 在新的历史条件下，中国要想有效防范"颜色革命"，维护国家安全（尤其是政治安全），必须全心全意依靠广大人民群众。坚持从群众中来，到群

---

① 毛泽东：《毛泽东选集》第 1 卷，人民出版社 1991 年版，第 139 页。

② 习近平：《习近平谈治国理政》，外文出版社 2014 年版，第 367 页。

众中去的群众路线是做好国家安全工作、维护政治安全的基本要求。只有坚持群众路线，才能将国家安全制度转化为人民群众的实践力量。

因此，中国要想有效防范“颜色革命”，必须坚定不移地走共同富裕道路。进一步看，要想得到广大劳动人民支持，就要不断增强劳动人民的获得感、幸福感、安全感。这就需要中国坚定不移地走社会主义道路，坚持发展和壮大公有制经济，使人民群众真正成为生产资料的主人，进而成为劳动成果的享受者，这样才能真正实现共同富裕。只有广大民众从现行的社会主义制度中真正受益，他们才坚定支持政府，才能成为维护国家安全的铜墙铁壁。

二、维护国家利益是国家安全的基本任务要求

（一）维护国家利益的重要性

从法理角度看，主权国家是国际社会中的最高权力单位。国际法赋予主权国家至高无上的权力，并强调国家间一律平等、确保主权独立和领土完整等一系列基本权利。在现行国际体系中，每个国家都有生存与发展的权利。每个国家维护自身国家利益，都不能以损害其他国家利益为代价。中国不觊觎其他国家的合法权益，不嫉妒他国发展，但也绝不放弃我们的正当权益，决不牺牲国家核心利益。中国人民不惹事也不怕事，任何外国不要指望我们会拿自己的核心利益做交易，不要指望我们会吞下损害我国主权、安全、发展利益的苦果。习近平总书记在 2016 年 12 月 26 日至 27 日讲话中指出：“在维护国家核心利益上敢于针锋相对，不在困难面前低头，不在挑战面前退缩，不拿原则做交易，不在任何压力下吞下损害中华民族根本利益的苦果。”

国家是全体国民的主要庇护所和利益维护者。维护国家利益实际就是维护全体国民的共同利益。因此，国家安全的基本任务就是维护国家利益，确保自身合法权益避免遭受外部势力的非法侵害。有道是“皮之不存，毛将焉附”。如果不能确保和维护自身正当的国家主权利益，国家内部社会团体和个人的合法权益也很难得到有效维护。因此，要把国家利益作为制定国家安全战略的出发点，更坚定有效地维护好捍卫好国家利益，尤其是核心利益。

中国坚持国家利益至上，不是重蹈西方国家国强必霸老路，而是为了防范自身正当权益受到不法侵害，最终目的是实现国家长治久安。国家安

全与经济发展是相辅相成的关系。稳定安宁的国内外安全环境有利于各国推动经济繁荣和社会发展，由此形成安全与发展相互促进的良性循环。国家安全问题解决不好，经济发展就成了“沙滩上的大厦”。

（二）强权政治和霸权主义是国家安全面临的最大威胁

在经济全球化背景下，各国已形成“你中有我，我中有你”的利益格局。各国间更应该通过协商对话解决分歧和矛盾，通过相互合作实现互利共赢。而在现实政治中，强权政治和霸权主义做法无处不在，极大威胁和损害其他国家（特别是发展中国家）的正当权益。近代以来的国际格局和体系基本是由西方国家塑造出来的。在西方国家的政治思想和历史传统中，强权政治的观念根深蒂固。在西方学术经典《伯罗奔尼撒战争史》中曾提道：“强者能够做他们有权力做的一切，弱者只能接受他们必须接受的一切。”① 这番话将西方国家恃强凌弱的霸权心态表达得淋漓尽致。这种权力观很容易形成你死我活的零和思维（冷战思维），以及本国至上（最典型的“美国优先”）的狭隘民族主义，乃至恃强凌弱的霸权主义和强权政治。

在这种严峻的外部环境下，要想维护自身合法权益、维护世界和平与稳定，必须坚定反对霸权主义。世界总体存在两种力量：一种是希望和平与发展的历史进步力量，另一种是热衷于发动战争并从中坐收渔利的反动力量。要想落实全球安全倡议，维护世界和平与稳定，必须联合世界上所有爱好和平的国家和人民，形成反霸统一战线。当全世界热爱和平的国家和民众联合起来，当热爱和平的力量超过战争的力量，世界和平才有保障，国家主权权益才能真正得到维护。

第三节 政治安全的首要性

政治安全是国家安全的前提和基础。社会主义国家属于“政治突破型”建国的国家，要想延续社会主义制度，必须始终强化政治统领全局。通俗地说，就是凡是靠政治起家者，就必须靠政治强化生命之途。政治安

① ［古希腊］修昔底德著，谢德风译：《伯罗奔尼撒战争史》，商务印书馆 2004 年版，第 466 页。

全事关党的执政地位能否得到巩固，事关中国特色社会主义政治制度能否得到坚持，事关中华民族伟大复兴能否顺利实现，事关中国人民能否过上更加美好生活。[①] 一旦政治安全失去保障，其他领域的国家安全也就无从谈起。

一、政治安全的多重结构

政治安全以国家主权为基础，以政权安全、制度安全、意识形态安全为构建要件，以人民安全为最终目标的完整体系。所谓"政治安全"就是指国家的政权、根本制度和意识形态等相对处于没有危险和不受威胁的状态。其中，意识形态安全是政治安全的思想保障和理论指导；制度安全是确保政治安全的组织机制；政权安全是确保政治安全的核心和关键。这些要素相辅相成、缺一不可。

（一）政权安全是政治安全的核心和关键

政治安全本质上就是政权安全。列宁曾说过："一切革命的根本问题是国家政权问题。"[②]《国家安全法》第一章"总则"第一条就是要"保卫人民民主专政的政权和中国特色社会主义制度，保护人民的根本利益，保障改革开放和社会主义现代化建设的顺利进行，实现中华民族伟大复兴"[③]。在中国国家安全的语境下，维护政权安全实际就是确保中国共产党的领导和执政地位。这是由多方面原因决定的。

首先，中国共产党的领导地位是历史的选择。中国自近现代便陷入落后挨打局面，各种政治力量轮番登场，但都没能使中华民族摆脱积弱积贫状态。只有中国共产党及其领导下的人民军队，经过浴血奋战，最终建立起新中国，完成工业化进程，开启改革开放事业，使中国成为世界第二大经济体。因此，中国共产党的执政地位建立在辉煌的历史业绩基础之上。中国未来要想取得更大历史成就，尤其是实现中华民族伟大复兴目标，依然离不开中国共产党领导。毛泽东指出："中国共产党是全中国人民的领

---

① 王启亮：《坚持以政治安全为根本》，《党政论坛》2019 年第 5 期，第 12—17 页。

② 中共中央马克思恩格斯列宁斯大林著作编译局编译：《列宁选集》第 3 卷，人民出版社 1972 年版，第 19 页。

③ 《中华人民共和国国家安全法》，中国政府网，2015 年 7 月 1 日，http://www.gov.cn/xinwen/2015－07/01/content_2888316.htm。

导核心，没有这样一个核心，社会主义事业就不可能胜利。”①

其次，中国共产党长期执政也是由现实和法理决定的。中国共产党是中国唯一执政党，长期执政顺理成章。在当前中国特色的社会主义政治体系中，坚持党的领导作为坚持四项基本原则的重要组成部分，已经写入《中华人民共和国宪法》。中国共产党一党执政恰恰是中国政治制度优越性的具体体现之一。习近平总书记指出：“我国社会主义政治制度优越性的一个突出特点是党总揽全局、协调各方的领导核心作用，形象地说是‘众星捧月’，这个‘月’就是中国共产党。”②

最后，中国共产党执政地位是由党的基本宗旨和执政理念决定的。在阶级社会中，政党是不同阶级利益的集中代表者。代表不同阶级的政党通过掌权执政推行有利于本阶级的政策。列宁指出：“群众是划分为阶级的，阶级是由政党来领导的；政党通常是由最有威信、最有影响、最有经验、被选出担任最重要职务而称为领袖的人们所组成的比较稳定的集团来主持的。”③

历史唯物主义告诉我们，人民是历史的真正创造者，因此人民当家作主天然具有政治合法性。而中国共产党是工人阶级领导的、以工农联盟为基础的无产阶级政党，其主要执政宗旨就是全心全意为人民服务。毛泽东曾指出：“我们共产党人区别于其他任何政党的又一个显著的标志，就是和最广大的人民群众取得最密切的联系。全心全意地为人民服务，一刻也不脱离群众；一切从人民的利益出发，而不是从个人或小集团的利益出发。”④ 习近平总书记提出“以人民为中心”的发展理念，并强调“江山就是人民，人民就是江山”。换言之，中国共产党领导地位来源于其阶级基础的人民性。

党的利益与人民的利益高度一致，由此决定了确保中国共产党长期执政，实际就是确保劳动人民当家作主的权利得到充分保障。就此而言，维

① 中共中央文献研究室编：《毛泽东文集》第 7 卷，人民出版社 1996 年版，第 303 页。

② 中共中央党史和文献研究院编：《习近平关于总体国家安全观论述摘编》，中央文献出版社 2018 年版，第 31 页。

③ 中共中央马克思恩格斯列宁斯大林著作编译局编译：《列宁全集》第 39 卷，人民出版社 1986 年版，第 21 页。

④ 毛泽东：《毛泽东选集》第 3 卷，人民出版社 1991 年，第 1094—1095 页。

护政治安全不仅是决策者高度关注的军国大事，还是事关全体国民吉凶祸福的共同事业。尤其对社会主义国家来说，一旦出现政权垮台，普通民众无疑是最大的受害者。因此，从历史和现实看，中国共产党是社会主义革命和社会主义建设伟大事业的领导核心，是进行具有许多新的历史特点的伟大斗争的领导核心。没有这个核心或这个核心不能充分发挥应有之作用，我们的伟大事业就不能取得成功。

（二）制度安全是政治安全的机制保障

政治制度是国家安全与发展的前提条件。制度结构决定制度安排，制度安排决定制度绩效。就此而言，制度安全是政治安全的重要组成部分，同时也是决定国家兴衰的关键变量。

对中国来说，维护制度安全主要就是坚持社会主义制度。社会主义制度实际是人类在政治制度领域不断进行自我优化的最终结果。巴林顿·摩尔将传统国家进入现代世界的政治道路归纳为三条：第一条是以英法美为代表的西方民主道路；第二条是以德日为代表的法西斯主义道路；第三条是以中俄为代表的社会主义道路。[①] 而且，这三条发展道路在发展序列上相互接续，在因果链条上辗转递进：西方民主道路为法西斯主义开启了大门，而法西斯主义在俄国和中国的失败，又直接引爆了社会主义革命。[②]

从世界体系角度看，在帝国主义出现后，发展中国家已经丧失了走资本主义道路实现崛起的最后时机。二战后，亚非拉国家走资本主义道路的结果表明，当资本主义生产关系被嵌入欠发达国家的社会后，几乎无一例外地陷入进退两难的困境。[③] 因此，越是经济发展落后的发展中国家，越不能走资本主义道路。相比之下，社会主义道路是在对资本主义“扬弃”基础上产生的，它最大的优点就是它是一种“多数人现代化”。

实践表明，实行社会主义制度的国家更容易实现经济赶超。当年的沙皇俄国原来是欧洲资本主义链条“最薄弱的环节”，但 1917 年俄国十月革命后，苏联在短短几十年内便一跃成为超级大国。中国原来是半殖民地半

---

① ［美］巴林顿·摩尔著，拓夫、张东东等译：《民主和专制的社会起源》，华夏出版社 1987 年版，第 4—5 页。

② ［美］巴林顿·摩尔著，拓夫、张东东等译：《民主和专制的社会起源》，华夏出版社 1987 年版，第 2、334—335 页。

③ Bryan S. Turner, “Capitalism and Class in the Middle East: Theories of Social Change and Economic Development”, London : Heinemann Educational Books, 1984, p. 84.

封建国家，同样是走了社会主义道路之后，在短短几十年时间内就从落后的农业国，变成工业体系完备、拥有“两弹一星”的世界第二大经济体。事实证明，中国只有坚持走社会主义道路，国家才能复兴崛起，人民才能共同富裕。

中国选择社会主义制度是艰难探索之后历史选择的必然结果。近代以来，中国曾试图借西式民主谋求国家复兴之路，但均以失败告终：晚清时期，康有为、梁启超等人主张君主立宪制，但并未挽救清政府；辛亥革命后实行总统制，但随后便出现宋教仁遇刺、袁世凯称帝、曹锟贿选、张勋复辟、军阀混战等种种乱象。直到中国出现了中国共产党，建立了新中国，选择了社会主义道路，中国的面貌才焕然一新。正像 2014 年 4 月习近平主席在比利时演讲时所指出的：“君主立宪制、复辟帝制、议会制、多党制、总统制都想过了、试过了，结果都行不通。最后，中国选择了社会主义道路。”①

社会主义制度具有明显的优越性。在国体上，实行中国共产党领导下的、以工农联盟为基础的人民民主专政。在政体上，实行人民代表大会制度。在政党制度上，实行中国共产党领导下的多党合作和政治协商制度。同时，中国建立了民族区域自治制度和基层民主制度。选举民主与协商民主相结合，是中国民主政治的一大特色。可以说，中国现行政治体制是中国近代历史大浪淘沙的结果，是人民的选择。坚守政治制度底线，为中华民族复兴提供了坚定的政治制度保障。

对社会主义国家来说，政治失败是最惨烈的失败，政治破产是最严重的破产。当年戈尔巴乔夫进行政治体制改革，其最大的问题就是对苏联政体的优势缺乏认知，反而将西方劣质民主政体奉为圭臬。由此导致所谓“根本改革政治体制”实际成了“砸锅”和“推墙”过程，目的就是结束“一党专制”，实现多党制和三权分立制度。这种生搬硬套的自杀性改革的最终结果，就是“手术成功，病人死亡”。苏联在解体前是世界主要超级大国和第二大经济体，但苏联解体使俄罗斯在一夜间倒退到二流国家水平，国内生产总值比 1990 年下降 52%（卫国战争期间仅下降 22%）；工业生产减少 64. 5%，农业生产减少 60. 4%；卢布贬值导致物价

---

① 《习近平在布鲁日欧洲学院的演讲（全文）》，中国经济网，2014 年 4 月 2 日，http：//www. ce. cn/xwzx/gnsz/szyw/201404/02/t20140402_2585981. shtml。

飞涨6000多倍。[①] 苏联七十年创造的物质财富被剥夺精光。

（三）意识形态安全是政治安全的思想保障

在大国博弈中，国家间竞争除了有形的军事、经济竞争外，还有一个“看不见硝烟”的战场，就是对意识形态主导权的竞争。毛泽东曾说过：“凡是有人的地方总要插旗子，不是红的，就是白的，或是灰的，不是无产阶级的红旗，就是资产阶级的白旗。”[②] “举什么旗”直接决定“走什么路”。一旦指导思想出问题，战略和政策必然“差之毫厘，谬以千里”，甚至不知不觉中推行有利别国的颠覆性政策。“它可以导致社会经济进程和社会经济关系的破坏，从而使国家毁灭。它可以使民心涣散，从而无力抵抗。”[③] 因此，意识形态问题的重要性不言而喻。

当年苏联之所以在改革中走向解体，首先就是在意识形态领域出了问题，由此使国家不知不觉走上亡国之路而不自知。在赫鲁晓夫时期，苏联用“全民党”思想取代“无产阶级政党”概念，这种对苏联共产党的再定位，偏离了列宁主义的建党原则，并开启了苏联共产党转向“权贵化”大门。戈尔巴乔夫上台后，干脆将利益诉求主体从本民族扩大至全人类，提出“全人类利益高于一切”，并大肆宣扬“人道的民主的社会主义”。哲学的贫困和指导思想的日趋庸俗化，导致苏联几十年改革“只低头拉车，不抬头看路”，最终歧路亡羊，用最宝贵的东西换取了最廉价的东西。

相比之下，中国在改革开放过程中则守住了马克思主义这一意识形态底线。邓小平早在1979年就强调要“坚持四项基本原则”，其中重要一项内容就是“坚持马克思主义”。1985年邓小平又强调“一个中心，两个基本点”，将“四项基本原则”放到与改革开放同等重要的位置。1991年10月，邓小平在总结苏联解体教训时又指出：“永远丢不得祖宗，这个祖宗就是马克思主义。”[④] 党的十八大以来，以习近平同志为核心的党中央又提

① 《居安思危之二：苏联亡党亡国20年祭》（第一集：政治“改革”与多党制）解说词。

② 中共中央文献研究室编：《毛泽东年谱》（一九四九——一九七六）第3卷，中央文献出版社2013年版，第355页。

③ ［俄］B. A. 利西奇金、Л. A. 谢列平著，徐昌瀚等译：《第三次世界大战：信息心理战》，社会科学文献出版社2003年版，第2页。

④ 邓小平：《邓小平年谱（一九七五——一九九七）》（下），中央文献出版社2004年版，第1363页。

出“四个自信”的表述，其中“理论自信”指的就是坚持马克思主义在意识形态领域的主导地位。2018 年 5 月 4 日，习近平在纪念马克思诞辰 200 周年大会上指出：“马克思主义是科学的理论，创造性地揭示了人类社会发展规律；马克思主义是人民的理论，第一次创立了人民实现自身解放的思想体系；马克思主义是实践的理论，指引着人民改造世界的行动；马克思主义是不断发展的开放的理论，始终站在时代前沿。”① 这种对意识形态底线的坚守，确保中国的政治制度改革可以保持正确的政治方向。

二、政治安全面临的主要隐患

“安全”总是相对于“不安全”而言的。巴里·布赞（Barry Buzan）对安全的界定就是：“安全关乎生存。当一个问题被作为对一个特定指代物构成生存威胁提出时，它就是安全。”② 维护国家安全首先要关注的就是那些威胁国家安全的不安全因素。政治安全尤其如此。政治安全领域一旦出现问题，往往悔之晚矣。因此，维护政治安全，首先就要找到威胁政治安全的主要隐患，进而采取措施提前化解。中国政治安全面临的主要威胁，在内部是“历史周期率”问题，在外部则是“颜色革命”风险。

（一）“历史周期率”对政治安全的威胁

“历史周期率”是国家兴衰的常态现象，也是维护政治安全需要竭力摆脱的历史魔咒。《贞观政要》中提道：“有善始者实繁，能克终者盖寡。……夫在殷忧，必竭诚以待下；既得志，则纵情以傲物。竭诚则胡越为一体，傲物则骨肉为行路。”③ 大意是说，古代君主在创业阶段小心谨慎，一旦大功告成就德政日衰，难以善始善终。“富不过三代”“君子之泽，五世而斩”等常见说法，实际就是“历史周期率”在微观领域的体现。一般来说，革命者在执政初期往往能励精图治，艰苦奋斗，由此使整个国家日渐走“上坡路”。但随着时间推移，当权者日渐沉迷于奢靡享乐，从昔日的革命者变成新的压迫者和剥削者，其言行举止与昔日被推翻的统

① 习近平：《在纪念马克思诞辰 200 周年大会上的讲话》，新华网，2018 年 5 月 4 日，http：//www. xinhuanet. com/politics/2018 – 05/04/c_1122783997. htm。

② Barry Buzan, Ole Waever and Jaap de Wilde, “Security: A New Framework for Analysis”, Boulder: Lynne Rienner Publishers, 1998, p. 21.

③ ［唐］刘兢著，骈宇骞译注：《贞观政要》，中华书局 2011 年版，第 171 页。

治者并无二致。国家由此开始由盛转衰，乃至再次面临“昔日革命者被革命”的怪圈。某种程度上，“历史周期率”的出现乃是阶级层面的弑父篡权行为。

从理论角度看，“历史周期率”之所以频频出现，归根结底是新特权阶级出现后权力异化的必然结果。在阶级分化背景下，统治者执政理念很容易嬗变，即日益从代表中下层民众利益，转向代表少数精英权贵利益。这些特权阶层人数不多，但能量极大。他们参与、影响政治的机会和影响力，远大于较低阶级的公民参与机会和参政效果，因此更有可能将自己的阶级诉求变成国家政策。

尤其在实行公有制经济的社会主义国家，当权者虽然享有各种特权（如豪华汽车、大面积住房等），但这些待遇是工作岗位带来的暂时福利，而非私人财产。在社会主义制度下，通过合法途径积累物质财富几乎不可能。即使积累了一定物质财富，也唯恐被人发现或被起诉。相反，如果走资本主义道路，“就可以允许他们拥有生产资料，而不仅仅是对它们进行管理。他们就可以合法地积累个人财富。他们就可以不仅仅是通过自己的社会联系和影响，而且可以直接通过财产的转移，来保证他们子孙的前途”①。

因此，在奉行“社会主义”制度的国家中，政治精英层中总有相当一批人倾向于走资本主义道路。在苏联统治后期，以戈尔巴乔夫、雅科夫列夫、谢瓦尔德纳泽、叶利钦等为代表的许多党政高级官员，已经彻底丧失共产主义信仰，在价值观上高度认同西方式制度和价值。这些人一旦掌权最高权力，就会推动整个国家朝着“去社会主义化”的方向发展，并由此最终导致苏联走向自我解体。

（二）“颜色革命”是政权安全面临的主要外部威胁

近年来，以非暴力方式实现政权更替的“颜色革命”越来越多，日益成为威胁发展中国家政权安全的最大外部威胁。“颜色革命”本质是西方为实现自身利益而通过非暴力方式发动的政变。② 相比于早期的政变，“颜

---

① ［美］大卫·科兹、弗雷德·威尔著，曹荣湘、孟鸣歧译：《来自上层的革命：苏联体制的终结》，中国人民大学出版社2008年版，第150页。

② Vladimir Odintsov, “The Ends and Means of US – sponsored ‘Colour Revolutions’”, New Eastern Outlook, 28 November 2014.

色革命”更加机制化、精细化、标签化。被称为“非暴力战争的克劳塞维茨”的基恩·夏普，曾专门撰写了多部著作，从理论和策略两方面系统探讨“非暴力革命”，还总结出非暴力革命的198种策略，并在近年来世界各地的“颜色革命”中广为使用。据统计，近30年来，所谓“非暴力革命”推翻的政权占政权垮台总数的90%以上。

“颜色革命”看似温情脉脉，实则是把“杀人不见血”的软刀子。表面看，“颜色革命”使用非暴力手段，组织者甚至有意将抗议氛围搞得像“嘉年华”，还将自身包装成争民主、护人权、维护公民利益的“正义抗争”，西方媒体也经常将其冠以“玫瑰革命”“雪松革命”“茉莉花革命”“橙色革命”等种种美称，刻意给人以革命浪漫主义的印象，因此颇能蒙蔽部分“吃瓜群众”。但实际上，“颜色革命”是一场你死我活的夺权运动。为实现夺权目标，“颜色革命”的策划者总是不断煽风点火，甚至人为制造流血事件，目的就是加剧政府与民众的对抗，向政府不断施压，最终颠覆政权，将对象国纳入西方政治经济版图，成为西方权力体系中的外围地带。

“颜色革命”并非真正意义上的社会革命，而是一场精心伪装的反革命运动。这是因为，真正的社会革命首先要广泛动员工农，共同反对少数特权阶级，因此这种革命宣扬激进意识形态，并实现社会秩序彻底变革（尤其是生产关系改造），革命的最终受益者是多数劳动群众。法国、俄国、中国、古巴、伊朗的革命就属于这种类型。而新出现的“颜色革命”则恰恰相反，它主要依靠的是动员熟练工人、中产阶级和学生，同时也没有激进的意识形态，而只是满足将当权者由令人痛恨的独裁者或执政党，替换为符合自由民主原则的领导人或政党。捷克斯洛伐克、塞尔维亚、乌克兰、菲律宾、格鲁吉亚等就属于这种情况。[①] 因此，“颜色革命”只是一场“水过地皮湿”的“假革命”。

中国始终是西方大国“和平演变”和“颜色革命”的重点对象。当年毛泽东就曾指出：“敌人的策略是什么？硬的软的两种策略。一是在和平的旗帜下准备战争，大搞基地、导弹，准备用战争的方法消灭社会主义。这是第一手。二是在和平的旗帜下，大搞腐蚀、演变，用各种办

① Jack Goldstone, “Color Revolutions in the Middle East”, Al Arabiya News, 9 February 2011.

法包括文化、人员往来等等，以腐蚀、演变的方法消灭社会主义。这是第二手。”① 尤其 1991 年苏联解体后，中国成为西方大国“和平演变”和“颜色革命”的下一个重点目标。

从历史轨迹看，当代世界上发生“颜色革命”的地区，基本是按照“东欧—西亚—中亚—东亚/东南亚”的轨迹蔓延。近年，东南亚、东北亚地区已经出现了“颜色革命”迹象：越南 2017 年 1 月召开越共十二大前夕，曾出现大量抹黑、攻击、颠覆执政党的言论和谣言；缅甸的“袈裟红革命”、泰国的“黄衫军”、蒙古的“蒙古包革命”，以及俄罗斯的社会动乱，都能看到西方策动“颜色革命”的痕迹。此外，2014 年中国台湾“太阳花运动”以及中国香港“占中运动”（西方媒体称为“雨伞革命”）等，明显有外部势力插手痕迹，其用意不仅是搅乱香港，还试图将祸水引向大陆，是西方试图在中国策动“颜色革命”的试探性进攻。所有这些表明，“颜色革命”距离中国正越来越近。正所谓“庆父不死，鲁难未已”，只要霸权主义和强权政治存在一天，中国就始终面临“颜色革命”风险。

三、采取切实措施维护政治安全

政治安全是实现“两个一百年”奋斗目标的政治基础，是中国共产党治国理政的历史经验总结，同时也是世界强国的普遍做法。正所谓“安而不忘危，存而不忘亡，治而不忘乱，是以身安而国家可保也”。维护政治安全同样需要强化底线思维，居安思危，筑牢安全底线。

（一）坚持从严治党，避免“历史周期率”重演

1945 年，毛泽东与黄炎培著名的窑洞对，核心话题就是如何避免“其兴也勃焉，其亡也忽焉”的“历史周期率”。导致“历史周期率”的最主要原因就是当权者背离原来根基广大的阶级基础和服务于人民的进步政策，由此导致阶级矛盾激化乃至出现“改旗易帜”和政权垮台。

导致“历史周期率”不断上演的最主要原因，就是掌权者难以抵御巨大权力带来的腐蚀和诱惑，由此产生强烈的“改旗易帜”冲动。从世界范围看，昔日革命者掌握重权后，可以轻易将社会财富化公为私，或少数特权阶层非法攫取的财富达到相当程度，原来清教徒式的革命理念和政策制

---

① 中共中央文献研究室编：《毛泽东年谱》（一九四九—一九七六）第 4 卷，中央文献出版社 2013 年版，第 245 页。

度，就成为其谋求私利或私利合法化的最大束缚。只有实现意识形态、政治制度和执政基础的颠覆性转向，他们才能放心大胆地攫取和享用这些非法财富，并将其名正言顺地传给子孙。因此，社会主义国家的高层很容易出现社会主义信仰崩塌——因为只有走资本主义道路，特权阶级的既得利益才能永久化。相比之下，资本主义国家的高层则不可能自动出现社会主义者，因为走社会主义道路会削弱大资产阶级的既得利益。由此不难理解，为何多数情况下，资本主义国家可以和平演变社会主义国家，而社会主义国家很少能和平演变资本主义国家。

中国实行党中央一元化领导，其优势是“集中力量办大事”。只要政治路线正确、政策思路对头，这种政体的优势就能最大限度发挥出来。一旦中国共产党自身发生变异，在实践中便会“差以毫厘，谬以千里”，导致灾难性后果。毛泽东曾指出：“党是可以变化的。中国也有两种前途，一种是坚决走马列主义的道路，社会主义的道路，一种是走修正主义的道路。我们有要走修正主义道路的社会阶层，问题是我们如何处理。”① 尤其是改革开放以来，少数权贵借机巧取豪夺，涌现出一个人数虽少但能量极大的权贵资本集团。他们用非法手段获得的巨额财富，只有在中国“改旗易帜”、走资本主义道路之后，其非法收入才能合法化。正是这些热衷于走资本主义道路的掌权者，使中国始终面临“改旗易帜”和重蹈“历史周期率”的风险。习近平总书记反复强调“不忘初心”和“自我革命”，强调从严治党，实际就是告诫全党时刻牢记党的初心和使命。

与此同时，中国要想维护政权安全，必须及时清除队伍内部的“两面人”。列宁曾指出：“世界上只有我们这样的执政党，即革命工人阶级的党，才不追求党员的数量，而在意提高党员质量和清洗‘混进党里来的人’。我们曾多次重新登记党员，以便把这种‘混进党里来的人’驱除出去，只让有觉悟的真正忠于共产主义的人留在党内。”② 毛泽东曾指出：“我们革命队伍中的绝大多数都是好人，只有少数是暗藏的反革命分子或坏分子。但是我们决不可以看轻这些反革命分子或坏分子，必须坚决地把

---

① 中共中央文献研究室编：《毛泽东年谱》（一九四九——一九七六）第 5 卷，中央文献出版社 2013 年版，第 517 页。

② 中共中央马克思恩格斯列宁斯大林著作编译局编译：《列宁选集》第 4 卷，人民出版社 1972 年版，第 76—77 页。

他们清除出去。否则，他们就会蔓延起来，扩大他们的人数，损害我们的肌体，使我们的事业遭到严重的损失。”① 习近平总书记也反复强调要警惕“两面人”，他在2016年中纪委第六次全会上指出：“口是心非的‘两面人’，对党和人民事业危害很大，必须及时把他们辨别出来、清除出去。”② 不清除这些“两面人”，中国的社会主义事业很难长治久安。

（二）政治体制改革要坚持社会主义方向

近代以来，由于西方国家在经济和军事领域占据优势，因此西方的政治制度乃至价值观念也被夸大为“普世价值”，西式民主被一些人视为足以“终结历史”的理想政治体制。然而，透过现象看本质，西式民主政体存在若干结构性缺陷，甚至会把国家带入灾难深渊。首先，西式民主并不能真正实现人民当家作主。在西方国家，生产资料私有制决定了社会财富必然是“按资分配”，这种经济领域的贫富悬殊必然导致公民的政治权利与经济权利不对应的悖论。建立在金钱基础上的多党竞争和民主选举必然是“资本当家作主”，即资产阶级专政。其次，西式民主政治强调分权制衡、多党竞争、个人权利至上等，这些成分使其民主制度的维系往往以牺牲效率和政府效能为代价。发展中国家不顾国情，盲目推行西式民主，往往导致社会动荡、民生凋敝乃至走向衰败。环顾世界，没有哪个发展中国家因照搬西式民主而实现繁荣稳定。相反，西式民主经常将好端端的国家搞得鸡犬不宁。苏联解体和2011年所谓的“阿拉伯之春”都是典型例证。这些前车之鉴值得国人认真汲取和镜鉴。

世界上不存在脱离特殊性单独存在的普遍性，因而根本不存在放之四海而皆准的普世制度。西方国家的政治体制千差万别，而且也没有相互看齐的要求和趋势，中国政治体制更没有必要向“西方民主”靠拢。照搬西式民主，只能给国家和人民带来混乱、动荡和灾难。习近平同志形象地比喻：鞋子合不合脚，穿了才知道。“设计和发展国家政治制度，必须注重历史和现实、理论和实践、形式和内容有机统一。要坚持从国情出发、从实际出发，既要把握长期形成的历史传承，又要把握走过的发展道路、积

① 中共中央文献研究室编：《毛泽东年谱》（一九四九——一九七六）第2卷，中央文献出版社2013年版，第387页。

② 习近平：《在第十八届中央纪律检查委员会第六次全体会议上的讲话》，《人民日报》2016年5月3日。

累的政治经验、形成的政治原则，还要把握现实要求、着眼解决现实问题，不能割断历史，不能想象突然就搬来一座政治制度上的‘飞来峰’。”①

中国奉行的中国特色社会主义制度，既有其特殊性也有其优越性。从国体来看，就是人民民主专政，并特别强调共产党的先锋队作用。毛泽东在《人民民主专政》中说得非常明白：“中国人民在几十年中积累起来的一切经验，都叫我们实行人民民主专政，或曰人民民主独裁，总之是一样，就是剥夺反动派的发言权，只让人民有发言权。”② 从政体看，则是党政军一元化领导，并坚持民主集中制，最大限度地调动国内人力物力资源。正是这种对西方政治制度合法性的根本性挑战，令西方世界对社会主义制度如此恐惧和仇恨，必欲瓦解而后快。

政治体制事关国家政权根本，一旦改革道路和方向出问题，很可能遭遇颠覆性错误。苏联就是在改革中将西方政治制度奉为效仿模板，最终使政治体制改革变成自我否定、自毁长城的政治自杀。因此，中国的政治制度改革决不是“改旗易帜”，走西方议会民主道路。恰恰相反，它应该是为巩固和强化人民民主专政和民主集中制原则。毛泽东在《论人民民主专政》中讲得很清楚：“对人民内部的民主方面和对反动派的专政方面，互相结合起来，就是人民民主专政。不这样，革命就要失败，人民就要遭殃，国家就要灭亡。”③ 人民民主专政是社会主义政治制度的主要体现，也是确保人民当家作主的制度保障。当前中国进行政治体制改革，实际就是不断发展和完善全过程人民民主，更好地确保人民当家作主目标的实现，由此为维护政治安全奠定良好阶级基础。党的十八大以来，中国共产党明确提出“既不走封闭僵化的老路，也不走改旗易帜的邪路”，这为推进中国特色社会主义政治体制改革、成功绕开“民主化陷阱”提供了正确的方向指引。

（三）打赢意识形态保卫战

意识形态领域是看不见硝烟的战场，政治较量始终没有停止。近现代以来，西方大国的霸权扩张历来是文武兼备：一方面是通过强制手段，即

---

① 习近平：《在庆祝全国人民代表大会成立六十周年大会上的讲话》，人民网，2019 年 9 月 15 日，http：//cpc. people. com. cn/n1/2019/0915/c64094 – 31353660. html。

② 毛泽东：《毛泽东选集》第 4 卷，人民出版社 1991 年版，第 1412 页。

③ 毛泽东：《毛泽东选集》第 4 卷，人民出版社 1991 年版，第 1475 页。

依靠自身实力迫使他国服从自己意志；另一方面就是将对自己有利的价值观和普遍信仰推行给其他国家，最终“不战而屈人之兵”。尤其二战后，殖民体系土崩瓦解使西方大国不可能像当年英法那样进行殖民扩张，大国间也因“核恐怖平衡”不敢轻启战端。因此，西方国家对非西方国家的控制越来越倚重意识形态渗透等不易察觉的隐性霸权。那些被洗脑的国家则会在不知不觉中走向衰落乃至灭亡。苏联解体就与其长期遭受西方和平演变，深陷意识形态迷茫直接相关。

中国同样面临来自西方的意识形态威胁。这些西方思潮的思想观点不尽相同，但政治指向相同，都是反对马克思主义的指导、反对中国共产党的领导、反对社会主义道路。这些年来，西方国家为实现“和平演变”目标，采取“宁可十年不将军，不可一日不拱卒”的滴灌式渗透，力求“慢工出细活”，等待对象国内部发生颠覆性变化。因此，意识形态战争是一场“争夺人心”的“制脑权”之战，也是一场持久战。国家和民众的思想观念领域一旦发生颠覆性变化，就会在政治经济领域引发连锁反应，导致难以估量的损失。

对中国来说，意识形态战争是一场输不起的战争。从外部环境看，美国对中国的全面围堵遏制将伴随中华民族伟大复兴的整个过程。只要中国崛起步伐不停步，只要美国仍想称霸世界，西方对华意识形态战争就不会结束。中国的社会主义制度原本就处于高位运行状态，如果不能打赢意识形态持久战，很可能一溃千里，重蹈苏联解体的覆辙。从中国自身看，中华民族伟大复兴过程中，如果不解决挨骂问题、不占据道义制高点、不掌握国际话语权，中国不可能成为真正意义上的世界性大国。

新形势下，我们必须“既要低头拉车，也要抬头看路”，重视意识形态的重要性，抢占意识形态的制高点。党的十九大报告指出，“意识形态决定文化前进方向和发展道路”。在新的历史时期，中国更需要构建中国学派，发展中国理论，壮大中国声音，讲好中国故事，抢占意识形态话语权和主动权。

第四节　发展演进的非线性

时代变迁对国家安全具有巨大的影响和塑造作用。随着时代背景的变迁，国家安全的内涵外延、优先次序、作用方式等始终处在不断发展变化之中。总体来看，国家安全问题的发展演进具有非线性特征。

一、国家安全具有动态演进特征

从哲学上看，事物始终处在不断发展变化之中，世界上不存在一成不变、始终静止的事物。国家安全体系同样是个纷繁复杂的动态演进系统，它既有相当的稳定性，同时也包含着不断否定自我、变异更新的成分。

国家安全的动态演进特征体现为两大方面。一方面，国家安全议题随着时间推移不断增加。2014 年提出总体国家安全观时，涉及的国家安全议题有 11 个领域。此后随着时间推移，安全议题已经扩大到 20 个领域。另一方面，各类安全议题随着时间推移发生变化。一是国家安全主体多元化。过去相当长时期，国家或政府是国家安全的唯一主体，但时至今日，除了国家安全，还出现了个体安全、地区安全、全球安全等新的安全主体和安全议程。二是安全威胁来源日趋多元化，即从过去以域外国家为主，转向域外国家、非政府组织、国际组织、宗教团体、恐怖组织等多元并存格局。

国家安全的动态演进特征是多重原因共同决定的。首先，国家安全所处的内外环境发生变化，由此给国家安全带来新挑战。在经济全球化时代到来之前，各国面临的安全挑战主要是传统安全。但随着各国相互依存度提高和地球村的出现，各种非传统安全日趋凸显，其威胁和挑战日趋加大。又如，随着国际力量对比南升北降向纵深发展，美国的战略目标日渐从应对恐怖主义等非传统安全，转向应对中俄新兴大国崛起这一传统安全威胁，由此使中国面临的国际安全挑战日趋超过国内安全挑战。其次，国家安全各领域也在不断变化。在经济安全领域，各国过去的经济发展目标是实现本土工业化和经济自给自足；而到了跨国经济时代，各国经济发展目标就变成了抢占产业链上游位置，以及通过扩大对外贸易获得更多世界市场份额和外贸盈余。在军事安全领域，各国过去面临的主要威胁是外敌入侵和军事征服，时至今日，随着侵占他国领土的做法越来越少，主要安全威胁变成了域外大国通过非暴力手段颠覆政权的“颜色革命”。

二、国家安全的演进具有非线性特征

（一）国家安全问题的发展轨迹是必然性与偶然性的有机统一

用通俗的话说，就是大概率的“灰犀牛”事件与小概率的“黑天鹅”

事件同时并存。从哲学上看，必然性是由事物的本质联系所规定的、事物内部矛盾所决定的、确定不移的发展趋势，决定事物发展的基本方向。偶然性是事物的非本质联系，由事物的非本质因素或外部因素相互作用决定，只能对事物的发展起加速或延缓作用，是事物发展不确定的现象。

必然性寓于偶然性，要想把握必然性，就必须充分研究偶然性，统筹偶然性与必然性的关系。20 世纪以来，量子力学和测不准定理打破了物体运动状态可以测算的牛顿范式，相对论颠覆了绝对空间与时间的观念，不完备定理损伤了人类对逻辑分析能力的自信，混沌理论消除了拉普拉斯决定论式可预测的幻想。20 世纪以来科学发展从各个侧面证明世界的不确定性特征。由此可知，不确定性是绝对的，确定性是相对的。[①]

国家安全问题的发展演变具有高度的复杂性、随机性、模糊性和不可预见性，也就是我们常说的非线性。非线性系统一般有以下几个特征：一是变比特性，即两个变量不按固定的比率变化。二是饱和特性，即如果单调递增或递减的函数在一定阶段后逐步趋向于或保持在某一常数值。三是非单调性。四是振荡特性。五是多值响应特性，即在同一输入作用下，系统以不同的输出去响应，表现出不确定性。六是循环特性。七是间断（跳跃）特性。八是失灵特性，即在一定区间内，有输入而无输出，只有输入足够强时，才会有非零的输出响应。九是折叠特性。十是滞后特性。[②] 国家安全作为一个系统，其呈现出的非线性特征是：微观视角下，系统内部要素与子系统层次运动的非线性动态；中观视角下，作为系统整体的总体国家安全观的非线性动态；宏观视角下，总体国家安全观与其他社会系统互动的非线性动态。[③]

国家安全问题发展演变的非线性特征，是由多种原因共同造成的。首先，人类对外部世界的认识，由于受历史视野、意识形态以及情感立场等各方面的限制，总是有一定限度，始终存在已知与未知两个领域，总有未被认识的领域。其次，从人类认知对象的特性划分，一类是必然性世界，即人类凭借科学和逻辑方法可以求得问题答案的那部分世界，也就是我们

---

① 江涌《不确定性与国家安全——关于国家安全哲学的系列思考》，《国有资产管理》2023 年第 3 期，第 48—57 页。

② 苗东升：《系统科学精要》，中国人民大学出版社 1998 年版，第 102—107 页。

③ 姚晗：《习近平总体国家安全观的系统原理》，《中国政法大学学报》2022 年第 2 期，第 77—88 页。

通常说的客观世界；另一类是或然性世界，它一般是指向人类自身的认识和实践活动。人性的复杂多变决定了国家安全活动的或然性特征。“在行为的领域，即政治的领域中，必然性则不起决定性作用。”① 最后，全球风险社会的来临加剧了事物运动的不确定性。在经济全球化深化背景下，整个世界日益变成相互联系的复杂巨系统。在这个系统中，诸多要素的快速流动和频繁交互，表现为新兴风险的爆发、传统风险的形态更迭、风险传导的时空压缩和风险演化的叠加效应等。尤其非传统安全问题，具有明显的不确定性、跨国性、非对称性、不易控性等特征。总之，风险社会是一个具有高度不确定性和超强复杂性的社会形态。在这种社会形态影响下，安全威胁的演化也是复杂多变、难以预测的。②

（二）国家安全领域的非线性效应总体包括以下几种类型

1. 滞后效应（惯性效应）

国家安全领域的规律不同于自然规律之处在于，它的确立更多地依赖于对历史和现实经验的总结。因此，这种规律（实际是现实经验的提炼）的适用范围受到时间和空间限制，这就需要各国在实践中不断根据情况变化进行判断、提炼和总结。在特定时期内，这种具有相对有效性的解释和解决方法，很容易使决策者陷入思维定式和“路径依赖”，即把所掌握的经验性规律神圣化，透过这一经验性规律的有色眼镜看待世界。他们把符合既定认知模式的现象视为必然性结果，而把有悖于既定原则的现象归为特殊事件而不加理睬。由此导致对国家安全问题认知和反应的滞后性。

例如，在国家安全的优先事项中，地缘因素相对于其他因素的重要性，随着生产方式和技术进步而呈现出逐渐下降趋势。在这种背景下，强国如果仍一味将领土扩张视为国家强大的必经之途，必然会面临因决策滞后于时代而遭遇惨痛失败的结局。例如，二战期间，德国和日本都将领土扩张视为强国之道，结果双双遭遇惨败。相反，二战结束后，日本和德国顺应时代潮流，将争取经济优势作为增强自身实力的主要目标，最后都取得了相当显著的成效。

---

① ［德］克劳斯·冯·柏伊姆著，李黎译：《当代政治理论》，商务印书馆 1990 年版，第 11 页。

② 彭勃、杜力：《国家安全的总体性能力：现实逻辑与分析框架》，《行政论坛》2023 年第 3 期，第 36—46 页。

2. 指数放大效应（以下称“蝴蝶效应”）

在混沌系统中，系统的长期行为对初始条件具有极强的敏感依赖性。初值输入上的微小差别，会在后来的运动中被不断放大，从而导致运动轨道的显著不同，所谓“失之毫厘，谬以千里”就是这个道理。因为一个系统在启动以前往往是可以被引向不同方面的，因而输入的初值哪怕十分微不足道，但“伏一脉而见千里”，每个初始量都孕育、生长着一种特定价值取向的信息因子。因此，某个混沌系统一旦选择了某个初值，便会沿着这初值所包含的特定轨道发展下去，直至它产生的效果被成倍地放大。

“蝴蝶效应”就是这类非线性现象的典型表述。“蝴蝶效应”是美国气象学家洛伦茨 1963 年在一篇论文中提出的。他根据大气运动的规律，建立了一个简化的数学模型。他经过研究发现，当这个方程组的参数取某些值的时候，轨线运动会变得复杂和不确定，具有对初始条件的敏感依赖性，也就是初始条件最微小的差异都会导致轨线行为的无法预测。1979 年洛伦茨在公开讲演中提出：一只蝴蝶在巴西扇动翅膀，有可能会在美国的得克萨斯引起一场龙卷风。这就是所谓“蝴蝶效应”。这种“蝴蝶效应”应用到社会学界就是：一个坏的微小的机制，如果不加以及时地引导、调节，会给社会带来非常大的危害。

国家重大安全问题的演变同样具有指数放大效应。在生死攸关的重大历史关头，各国决策者最初采取的政策措施，在实践中达到的效果可能远远超出政策制定者当初的想象。例如，16 世纪初，西班牙利用先进航海技术首先到达新大陆，并成为世界性殖民大国，西班牙将黄金和白银等贵金属视为财富源泉，美洲的黄金和白银大量涌入，非但没有成为启动西班牙工业化进程的原始资本，反倒引发严重的通货膨胀和民族工业衰落。相反，在西班牙强大购买力的刺激下，英国工业生产反倒进入发展快车道，铸就了后来的“日不落帝国”。西班牙与英国兴衰更替的史实表明，初始条件选择的不同，其后发展产生的效果便有天壤之别。

3. 共振效应（多米诺效应）

在自然界中，如果两个物质系统的振幅相同，在一定场合下，一个物质系统的振荡往往带动另一个物质系统按照相同的频率进行振动。这就是一种共振现象。这里必须指出两点：（1）引起共振的不同物质系统之间具有相同的振动频率；（2）处于静止状态的物质系统的振动不是内在因果律作用的结果，而是由于与外部系统的振幅相同，而被引发的。国家安全领域同样存在共振现象。这里的共振可以理解为示范、感染、播散、仿效。塞缪尔·亨廷顿在《第三波》一书就谈到了民主化浪潮中的示范效应的运行机制。首先，示范效应向一个社会中的领袖和社会团体示范另一个社会中的领袖和社会团体在结束威权体制方面和建立民主体制方面的能力；其次，示范效应表明了如何做到这一点；最后，让后来者学会如何避免危险，克服困难。①

20 世纪 90 年代东欧剧变就是共振效应的典型例证。20 世纪 80 年代末，在戈尔巴乔夫“新思维”外交的影响下，东欧国家不同程度地出现要求改革、实现民主化的呼声。这次剧变首先从波兰开始，随后迅速波及整个东欧地区。各国几乎都是沿着“政治多元化→自由选举→反对派上台”这样的发展轨迹发生演变的。在这一举世瞩目的易帜过程中，有些国家政局本来还是很稳定的，政权基础十分牢固（如保加利亚和阿尔巴尼亚），但在这场声势浩大的资本主义化浪潮中仍未能幸免。究其原因，东欧各国地域相连，政治、经济、文化结构十分相似，因而它们的“振动频率”也是大致相同的。因此，这一地区一旦出现重大变故，往往会引发连锁反应。使那些相邻同时又存在稳定隐患的国家出现类似的振荡。当这种振荡冲击波达到一定强度，便会波及那些结构相似但政治安定的国家，使之也出现政局动荡现象。2011 年中东剧变中，突尼斯、埃及等国相继出现“政权垮台潮”，除了国家治理等内部原因外，一个重要原因就是阿拉伯国家间政治、经济、文化结构等相似度高，很容易出现同频共振现象。

4. 临界慢化效应

在坐标系中，发展曲线越接近系统质变的临界点，越呈现出发展速度放慢的趋势。这种现象便是临界慢化。它关注的实际是一个物质系统从量变到质变的发展过程中，如何突破临界，完成飞跃的问题。通常说的“行百里者半九十”讲的就是一种临界慢化现象。临界慢化是国家安全领域经常遇到的一类现象。一般来说，在系统发展的早期阶段，由于起点低，束缚少，因而前进速度相对较快，越到后来，才逐渐认识到系统本身的复杂性和问题解决的难度，因而使前行的阻力越来越大，并由此出现临界慢化现象。认识到这一点，有助于我们更好地理解哲学上常讲的，事物发展是

① ［美］塞缪尔·亨廷顿著，刘军宁译：《第三波：20 世纪后期民主化浪潮》，上海三联书店 1998 年版，第 113—114 页。

前进性和曲折性相统一的观点。学会用辩证的观点来看待，即一方面看到事物发展的光明前景，同时也应认识到事物自身发展的复杂性，以避免在事物发展较为顺利时盲目乐观，而在发展陷入困顿时又盲目悲观。

三、维护国家安全必须见微知著，防微杜渐

安全问题发展演变是从量变到质变的漫长过程。每一次社会变革到来之前，总要经历一个较长的准备时期。沙粒虽小伤人眼，小雨下久会成灾，量的积累最终会带来质的改变。许多重大安全问题的发生，起因都是看似微不足道的小事。

国家安全问题的演变更是如此。就拿“颜色革命”问题来说。近年来发展中国家出现的“颜色革命”看似突兀，实则是西方国家长期渗透后的临界质变。“和平演变”是“颜色革命”前提和基础，“颜色革命”是“和平演变”的最终结果。正如个人从生病到死亡要经历潜伏期、恶化期和毁灭期一样，文化渗透从植入病毒到发挥作用，本身就是一个从量变到质变的渐变过程。只有当各种矛盾积累达到质变临界点时，便可能爆发“颜色革命”。它相当于足球场上反复传球和运球后的临门一脚，目的就是实现绝杀。

国家安全问题的发展演进大多数是个不可逆过程。国家一旦发生重大变故（如政变、政权垮台、内战、战争等），整个社会就不可能完全恢复如初，有些危机甚至会自动升级。研究表明，一旦某个国际系统开始出现指数级扩散趋势，往往会使国家和国际社会的控制难度加大，乃至使整个事件的发展无法控制。在国际现实中，对诸多具有良性发展趋势的国际事件的忽略和对各种具有不良征兆事件的纵容，长此以往，会引发灾难性的后果。

因此，要想做好国家安全工作，必须不断增强底线思维和忧患意识，厘清重大安全问题的底线和红线，密切关注、提前识别和预警影响国家安全的各类风险和挑战，坚持把防范化解国家安全风险摆在突出地位。这一任务要求体现在操作层面，就是防微杜渐，将危险苗头扼杀在萌芽阶段。古人讲“勿以恶小而为之，勿以善小而不为”“明者防祸于未萌，智者图患于将来”，都是在强调防微杜渐的重要性。

参考文献：

[1] 毛泽东：《毛泽东选集》第1卷，人民出版社1991年版。

［2］中共中央文献研究室编：《毛泽东年谱》（一九四九—一九七六年），中央文献出版社 2013 年版。

［3］邓小平：《邓小平文选》第 3 卷，人民出版社 1993 年版。

［4］习近平：《习近平谈治国理政》，外文出版社 2014 年版。

［5］中共中央宣传部、中央国家安全委员会办公室：《总体国家安全观学习纲要》，学习出版社、人民出版社 2022 年版。

［6］苗东升：《系统科学精要》，中国人民大学出版社 1998 年版。

［7］［唐］刘兢著，骈宇骞译注：《贞观政要》，中华书局 2011 年版。

［8］［美］巴林顿·摩尔著，拓夫、张东东等译：《民主和专制的社会起源》，华夏出版社 1987 年版。

［9］［美］大卫·科兹、弗雷德·威尔著，曹荣湘、孟鸣歧译：《来自上层的革命：苏联体制的终结》，中国人民大学出版社 2008 年版。

［10］［俄］亚·舍维亚金著，李锦霞、孙斌、宋祖敏译：《苏联灭亡之谜》，东方出版社 2011 年版。

第三章　国家安全思维

国家安全既是一种客观上不受到威胁的现实状态，也是一种认知上免于恐惧的主观感受。与此同时，国家安全是一个主观见之于客观的实践过程。这种客观性与主观性相统一的复杂特征，决定了国家安全治理是科学更是艺术。要想做好国家安全工作，必须掌握科学的思维方法。

第一节　唯物论与辩证法结合

国家安全具有特定的规律性，这种规律的哲学体现就是唯物辩证法。要想提升国家安全治理水平，必须坚持将唯物论与辩证法有机结合。从唯物辩证法出发，国家安全目标只能追求相对安全，制定国家安全战略必须遵循“适可而止”原则。

一、从唯物论角度看，资源有限性决定了国家安全目标的相对性

唯物论强调物质决定意识，经济基础决定上层建筑。马克思认为，人类生存每天都离不开衣、食、住、行等物质必需品，只有吃饱穿暖，然后才能追求更高层次的精神生活。马克思说过：“任何一个民族，如果停止劳动，不用说一年，就是几个星期，也要灭亡。”[①] 国家的生存和发展遵循同样的逻辑。能源、粮食、领土等基本要素得到保障，国家才能长治久安，民众才能安居乐业。就此而言，安全是硬道理，发展更是硬道理。发展本身就是最大安全。进一步看，人类生存发展需要消耗的物质资源具有

① 中共中央马克思恩格斯列宁斯大林著作编译局编译：《马克思恩格斯选集》第4卷，人民出版社1995年版，第580页。

有限性特征。国家实力再强大，可供其调配、使用的资源总量总是给定和有限的，而不可能无限供给，更不可能“取之不尽，用之不竭”。

国家本身总体资源的有限性，以及国家安全领域总体投入的有限性，决定了国家安全战略目标只能追求相对安全，最终达到的安全效果也只能是相对性的。有学者指出，衡量一个战略目标是否具有可行性，一是看这种目标是否与其国家利益相符合，二是看这一目标是否与其实力和自愿相适合，三是看是否与其他战略目标相冲突。[①] 判断一个国家安全目标是否具有可行性，关键是看该目标与国家的力量和资源是否相称。只有那些国家有能力实现的目标才是现实目标。否则，如战略目标是国家能力所不及的，则很容易因成本大于收益，导致国家利益受损。

在世界历史上，大国兴衰的基本规律就是看其目标与手段之间是否匹配，也就是目标设定是否超出自身实力范围。纵观历史，任何帝国最终由盛转衰，一个共性规律就是过度扩张导致边际成本大于边际收益，最终使帝国因此陷入衰落，甚至灭亡。古罗马帝国、拿破仑时期的法国、希特勒时期的德国、20世纪六七十年代的苏联，几乎都是因同样的问题而走向毁灭。爱德华·吉本在《罗马帝国的衰亡史》指出，帝国要想长期生存下去，其统治者必须注意不要过度扩张其边界。罗马人的“狂妄自大和虚弱无知”，导致他们“轻视和经常遗忘那些正在享受独立的快乐的野蛮国家”。结果，傲慢的罗马人在麻痹中犯下了使罗马帝国卷入全球太多地区的泥沼。

因此，战略目标必须量力而行，学会适可而止，否则很容易因过度扩张导致自身的衰落。罗伯特·吉尔平曾指出，如果帝国扩张超过能力范围，将会因霸权统治成本超过收益而导致霸权国的衰落。“由持续的政治、领土和经济扩张产生的岁入，不足以负担一个帝国或霸权地位的开支。……现状越来越小的获利性使帝国和霸权国家背上了沉重的财政负担。如果这一财政问题得不到解决，他就将损害帝国或霸权国家的经济和军事地位。”[②]

国家间博弈某种程度上说就是“博傻游戏”，谁的战略思维差，战略

---

① 李少军主编：《国际战略报告》，中国社会科学出版社2005年版，第132页。

② ［美］罗伯特·吉尔平著，武军、杜建平、松宁译：《世界政治中的战争与变革》，中国人民大学出版社1994年版，第168页。

水平低，谁就容易遭遇“战略忽悠”，犯下颠覆性错误，最终成为大国博弈中的输家。因此，国家间竞争实际是战略境界——哲学思维方式的竞争。在国际舞台上，国家间竞赛乃至存亡兴衰，不是由某次具体战役，而是由战略水平的优劣决定的。一个国家战略水平高低，首先取决于对国际政治基本规律的把握程度；能在多大程度上认识和把握这些规律，又取决于用何种哲学思维做指引。尤其在核时代，大国间直接爆发战争可能性空前下降，大国间竞争日趋转向战略竞争，因此哲学指导变得更加重要。这种理论思维优劣之争首先就是唯物论与唯心论之争。唯心论就像从镜子中观察世界：表面上看，它所观察到的东西与现实世界无限逼真，实则是水中月，镜中花。用这种歪曲现实的唯心主义指导外交战略，只会南辕北辙，开启通往衰亡之路。相比之下，唯物主义的理论更贴合现实生活，因而更接近客观规律。

二、从辩证法角度看，矛盾相互转化决定了国家安全治理效果具有自反性

辩证思维就是承认矛盾、分析矛盾、解决矛盾，善于抓住关键、找准重点、洞察事物发展规律。在唯物辩证法看来，任何事物都是由各种矛盾构成的，每个矛盾又包含相互对立的正反两方面内容。正如《道德经》中所说，“难易相成，长短相形，高下相倾，音声相和，前后相随”。进一步看，矛盾的对立面是相互依存、相互转化的关系。矛盾自身的发展变化推动事物本身不断发展变化（尤其主要矛盾和矛盾的主要方面）。

进一步看，矛盾的发展变化是依照辩证逻辑运动（对立统一、否定之否定、量变引起质变），总是不断走向自身反面。中国哲学强调“过犹不及”“反者，道之动”等，都是强调事物运动的对立统一特性。矛盾既对立又统一，并不断向对立面转化，由此决定了要想使矛盾朝有利于自己的方向发展，必须学会从问题的反面去理解和解决问题。把握辩证思维，就是在一帆风顺时如履薄冰，在按部就班中举轻若重，在山雨欲来前防微杜渐。①

体现到国家安全领域，国家安全风险无处不在。面对诸多风险和挑

---

① 辛鸣：《把握辩证思维，善于化危为机》，《中国纪检监察报》2020 年 5 月 28 日。

战，正确做法就是敢于直面矛盾，并善于解决矛盾。这要求我们必须敢于斗争，善于斗争。毛泽东处理国内外问题始终贯穿着辩证唯物主义和历史唯物主义，提出了一系列充满辩证法的战略思想：在战略哲学上奉行“绝不做空想的革命的现实主义”①；在战略态势上，不信邪，不怕鬼，“越怕就越有鬼，不怕鬼就没有鬼了”②，“凡是反动的东西，你不打，他就不倒”③，并提出“帝国主义和一切反动派都是纸老虎”的著名论断；在战争艺术上，敢于斗争也善于斗争，提出“战略上藐视敌人，战术上重视敌人”，“以革命的两手对付反革命的两手”，“人不犯我，我不犯人，人若犯我，我必犯人”；在斗争目标上，坚持以斗争求和平，“以斗争求团结，则团结存，以妥协求团结，则团结亡”；在民族大义上，坚持爱国强国思想，坚决捍卫国家尊严和安全，毅然出兵朝鲜，并在极端艰苦的条件下成功研制“两弹一星”等。这种卓越的战略思想不仅帮助中国共产党赢得了革命的胜利，而且为整个国家赢得了几十年的和平局面。

三、维护国家安全要遵循适可而止的原则

将唯物论与辩证法相结合得出的规律性结论就是，国家安全的目标只能是追求相对安全，而不是绝对安全；国家安全战略投入也要适可而止，避免用力过猛。

从唯物论角度看，资源的有限性决定了国家安全战略的目标设定只能是有限性目标，即追求相对安全，而不是绝对安全。原因很简单，追求绝对安全需要资源的绝对支撑，而任何国家的资源总量总是有限的，而且这些有限的资源也不可能都投入到国家安全领域。如果物质资源有限，却又将追求绝对安全设定为基本目标，其最终结果必然是财政入不敷出，战略彻底破产。

从辩证法角度看，矛盾运动的对立统一规律，决定了我们在处理国家安全问题时必须适可而止。列宁曾说过“真理向前一小步，便会成为谬误”，中国古代哲学强调“过犹不及”“欲速则不达”“知止不殆”“中庸

---

① 毛泽东：《毛泽东选集》第4卷，人民出版社1991年版，第1132页。

② 中华人民共和国外交部、中共中央文献研究室编：《毛泽东外交文选》，中央文献出版社、世界知识出版社1994年版，第374页。

③ 毛泽东：《毛泽东选集》第4卷，人民出版社1991年版，第1131页。

之道”等，西方经济学也有一条边际效益递减规律。这些思想启示我们，要想做好国家安全工作，必须把握分寸和火候，考虑性价比，避免资源过多投入导致事倍功半，投入与效果不成比例。

这些唯物论与辩证法思想，体现在国家安全治理之中，就是国家安全目标只能是相对安全，而非绝对安全；国家安全投入必须适可而止，无限投入资源并不会实现无限性目标。具体地说，一方面，要高度重视国家安全问题，避免淡化安全问题重要性；另一方面，又要避免将安全问题绝对化。指望完全消除威胁和威胁的感觉只会物极必反。一切为安全让路，最终只会挤压乃至牺牲掉其他重要目标，使国家最终陷入死气沉沉的萧条和肃杀局面。对安全目标的追求如果超过合理限度，必然会使成本陡然上升，收益急剧下降，最终得不偿失。

在世界历史上，许多西方国家为实现国家绝对安全，动辄诉诸战争手段，结果适得其反，付出不成比例的代价。据统计，1871 年到 1914 年，英国人一共打了 30 场殖民地战争。在这段时期，英国人、法国人和荷兰人至少打了 100 场战争。这些殖民地战争死亡的欧洲人总计达到 28 万至 30 万，被征服地区丧生的民众则达到 5000 万至 6000 万。[①] 西方列强热衷于通过战争解决问题，最终也使自己陷入自我毁灭的境地。一战中，欧洲有数百万青壮年死于战场，大量人类文明成果毁于战火。二战给人类社会造成的劫难远大于一战。二战结束时，德国国内生产总值回到 1890 年水平，英国生产水平下降 1/3。1946—1947 年，约有 1 亿欧洲人只能靠领取 1500 卡路里的口粮来维持生活。[②]

在现当代，因追求“绝对安全”导致国力受损的案例很多。例如，美国对“国家安全”的理解是本国处于完全有保障（免于任何威胁）的安全状态。从这一目标出发，美国的对外政策就以实现“绝对安全”为目标追求。在政策实践中，这一诉求体现为凭借自身超强实力，通过针对其他国家的全面和无限的扩张和打压，试图消除所有的不确定的威胁，确保自身处于不受任何威胁或免于所有危险的状态。最典型的做法就是在“9・11”

---

① ［英］迈克尔・曼著，郭台辉、茅根红、余宜斌译：《社会权力的来源：全球诸帝国与革命（1890—1945）》（第 3 卷）上，上海人民出版社 2015 年版，第 51 页。

② ［英］巴里・布赞、乔治・劳森著，崔顺姬译：《全球转型：历史、现代性与国际关系的形成》，上海人民出版社 2020 年版，第 143 页。

事件后，美国在中东推行“反恐战争”和“民主改造”。这种追求绝对安全的最终结果就是美国国力透支，软硬实力严重受损，从单极霸权的权力巅峰跌落下来。事实表明，“只顾一个国家安全而罔顾其他国家安全，牺牲别国安全谋求自身的所谓绝对安全，不仅是不可取的，而且最终会贻害自己”①。

以色列追求“绝对安全”陷入困境的案例也很典型。以色列生活在敌对的阿拉伯世界汪洋大海之中，因此将军事安全置于优先地位，并将实现“绝对安全”视为政策目标。然而，军事优先的安全战略固然有其特定优势，但先天缺陷也十分明显：一是“只会做加法，不会做减法”。该战略过分重视局部区域的成本收益，而看不到整体利益和自身的能力极限，结果往往导致军事行为缺乏节制，出现局部利益理性化，整体利益非理性化的悖论。二是暴力手段缺乏灵活性，它只能用于惩罚，因此存在招致被惩罚者反抗的可能。三是战争具有极大不确定性。近年来，以色列屡屡对黎巴嫩、巴勒斯坦发动越境军事打击，但自身安全形势并未根本缓解。一味依靠军事手段谋求绝对安全，最终导致边际效益递减。2023 年 10 月巴以冲突升温的案例表明，以色列越是追求安全，最后反而越来越不安全。

第二节　战略思维与策略思维结合

国家安全治理具有很强的实践性，必然是结果导向的，并依据实践性标准展开。要想将国家安全认知和战略目标化为可操作性的政策与实践，必须将战略思维与策略思维相结合，做到“大处着眼，小处着手”“既要低头拉车，又要抬头看路”。

一、维护国家安全离不开战略思维②

战略思维是指高瞻远瞩、统揽全局，从全局视角和长远眼光把握事物

---

① 中共中央党史和文献研究院编：《习近平关于总体国家安全观论述摘编》，中央文献出版社 2018 年版，第 249 页。

② 在国家安全学相关著述中，“战略思维”与“系统思维”混用情况较多。总体看，两个概念含义接近，但“战略思维”内涵更加丰富，因此本书采用“战略思维”的表述。

发展总体趋势和方向。有学者将战略思维的特点概括为三个方面：一是善于从全局视角谋划问题。二是善于从长远眼光思考问题。三是善于从整体思路上把握问题。[①] 网络上有人将战略思维概括为八个维度：一是战略思维要看得更“远”，强调长期性和预见性。二是战略思维强调更“广”，用全球视野和世界眼光分析问题和处理问题。三是战略思维强调更“高”，立足高位来确定国家的方向和目标。四是战略思维要求更“全”，强调整体性、全局性和全面性。五是战略思维强调更“透”，要求对事物本质认识透彻。六是战略思维要求更“准”，即善于抓住主要矛盾和矛盾的主要方面。七是战略思维强调更“特”，强调在已有基础上进行创新。八是战略思维要求更“敏”，强调动态性、直觉性和敏锐性。这八个维度既相互联系又相互作用，共同构成了完整意义上的战略思维。

国家安全的内容构成、内在关系和总体目标，决定了战略思维是做好国家安全工作的基本要求。从内容构成来看，总体国家安全观的最基本特征就是总体性。也就是说，国家安全各领域之间以及国家安全与其他领域之间，都存在相互影响的复杂因果关系。从内在关系看，总体国家安全观提出要处理好“五对关系”和“五大统筹”的要求。从总体目标看，总体国家安全观的最终目标是实现整体安全、综合安全和可持续安全。这一目标决定了解决安全问题不是“头痛医头，脚痛医脚”，也不能“只见树木，不见森林”，必须从全局和整体视角出发考虑国家安全问题。总体国家安全观的内容构成和总体目标，决定了战略思维是做好国家安全工作的基本素质要求。

战略问题事关国家的生死存亡。战略上判断得准确、战略上谋划得科学、战略上赢得主动，党和人民事业就大有希望。坚持战略思维，务必明确目标、把握全局、抓住重点、着眼长远。尤其是牢固树立国家安全工作全国“一盘棋”观念，自觉在大局下想问题、做工作。要全面地、普遍联系地观察事物，妥善处理好各种重大关系。思考和处理国家安全问题，要讲究“十个指头弹钢琴的艺术”，通盘考虑基本国情、发展阶段、综合实力水平以及大国博弈关系“四个维度”。[②]

---

① 陈杏年：《培育科学思维促进能力提升——深入学习贯彻习近平总书记系列重要讲话精神》，《党建》2016 年第 9 期，第 21—23 页。

② 《国家安全知识百问》编写组：《国家安全知识百问》，人民出版社 2020 年版。

二、策略问题是维护国家安全的"最后一公里"

战略确定之后，策略问题的重要性就凸显出来。策略具有可操作性，战略设计的预期目标就有可能实现。如果没有策略或没有正确的策略做支撑，再英明正确的战略决策也很难落地生根。正是在这个意义上，毛泽东反复强调"政策和策略是党的生命"。从基本特征看，如果说战略问题具有很强的稳定性，那么策略问题就具有极强的灵活性。制定正确的策略，实际就是具体问题具体分析、因地制宜，最终解决主要矛盾和矛盾的主要方面。

唯物辩证法告诉我们，世界上矛盾无处不在，正视矛盾并设法化解矛盾，才可能使事态向有利方向转换。面对各种矛盾和安全威胁，正确做法就是正视矛盾的艰巨性、复杂性，并充分发挥主观能动性，通过伟大斗争化解矛盾，使矛盾向有利于自己的方向发展。在具体方法上，遵循"发现问题—分析问题—解决问题"的次序：发现问题是第一步，"哪里有没有解决的矛盾，哪里就有问题"；[①] 分析问题是第二步，主要是通过分析主要矛盾和矛盾的主要方面，洞悉事物本质和规律，唯此才能纲举目张；解决问题是第三步，它强调一切从实际出发，具体问题具体分析，注意把握"时、度、效"。[②]

矛盾的解决不外乎三种结果：一是对立面一方压倒另一方，要么是东风压倒西风，要么是西风压倒东风；二是对立面双方势均力敌，形成胶着状态；三是对立面双方同归于尽。不管出现哪种情况，指望仅靠政治说教就使矛盾自动消失是不可能的。正视矛盾是解决矛盾的开端，解决矛盾是正视矛盾的结果。回避矛盾只会使问题变得越发不可收拾。毛泽东曾举过一个例子：1936 年党中央总部设在保安（今陕西省志丹县）时，共产党政治影响可谓大矣，但距离保安四五十里有个地主豪绅的土围子，里面的反动派就是死不投降，直到红军围攻，他们才举手投降。因此毛泽东得出结论："凡是反动的东西，你不打，他就不倒。这也和扫地一样，扫帚不到，灰尘照例不会自己跑掉。"所以，马克思主义者应该是革命的现实主义者，绝不能幻想矛盾凭空消失。

---

① 毛泽东：《毛泽东选集》第 3 卷，人民出版社 1991 年版，第 839 页。

② 就此而言，强调现世的儒家文明比重视来世的外来宗教更先进。

维护国家安全特别强调“勿以恶小而为之，勿以善小而不为”。在事关国家安全的重大事件中，对诸多具有良性发展趋势事件的忽略，以及对各种具有恶性征兆事件的纵容，长此以往会引发灾难性后果。尼克松曾指出，“对侵略行径的一次默认将会引发另一场侵略。及时地在某种水平上做出反应，可以避免在较高的水平上做出更大的反应”①。战略学者哈特也指出，“对侵略成性的对手，如果想以收买的办法去对付，那实在是太天真了。……但是侵略者毕竟欺软怕硬。由于迷信实力的作用，侵略性国家对于实力比自己雄厚的对手，总是有所畏惧的。这样就对侵略者产生了一定的制约作用”②。20 世纪 30 年代，正是英法等国对希特勒德国一系列扩张举动一味采取绥靖政策，结果才使法西斯德国的实力和野心越来越大，以致到了几乎将整个人类文明毁灭的程度。因此，面对强大的外部异己力量，“如果不是在整体上藐视敌人，我们就会犯机会主义的错误”③。

三、提升国家安全的维护能力应将战略思维与策略思维相结合

国家安全领域的斗争既是科学，更是艺术，需要将战略思维与策略思维有机结合。战略思维是以现实为依据，以理论为指导，制定出具有前瞻性、整体性、方向性的国家安全战略。而策略思维则是从具体情境出发，基于可操作性原则，贯彻和实施既定战略。可以说，战略是策略的方向和目标，策略是战略的支撑和检验。缺乏任何一环，或战略与战术有一环蹩脚，国家安全治理必然是事倍功半乃至前功尽弃。良性循环的国家安全治理必然是战略思维与战术思维的有机结合。

将战略思维与策略思维有机结合，需要遵循若干基本原则。如坚持增强忧患意识和保持战略定力相统一，坚持战略判断和战术决断相统一，坚持斗争过程和斗争实效相统一。要学抓主要矛盾、抓矛盾的主要方面，坚持有理有利有节，合理选择斗争方式、把握斗争火候，在原则问题上寸步不让，在策略问题上灵活机动。要根据形势需要，把握“时、度、效”，

---

① ［美］理查德·尼克松著，萧啸、昌奉译：《真正的战争》，世界知识出版社 2000 年版，第 57 页。

② ［英］利德尔·哈特著，中国人民解放军军事科学院译：《战略论》，战士出版社 1981 年版，第 491 页。

③ 中华人民共和国外交部、中共中央文献研究室编：《毛泽东外交文选》，中央文献出版社、世界知识出版社 1994 年版，第 299 页。

及时调整斗争策略。要团结一切可以团结的力量，调动一切积极因素，在斗争中争取团结，在斗争中谋求合作，在斗争中争取共赢。①

在中国革命实践中，毛泽东等老一辈领导人在十分险恶的国内外环境中，形成了一套行之有效的高超斗争哲学。毛泽东领导的中国共产党人先后经历了解放战争、抗日战争、抗美援朝、援越抗美、金门炮战（实际针对美国）、中印自卫反击战等一系列不同的冲突和对手，但毛泽东一生与强敌作战，却屡屡以弱胜强。“哪个领袖能像他这样在这么多不同类型的冲突中长期立于不败之地”②，并最终使一盘散沙的中国巍然屹立于世界民族之林。毛泽东等历史伟人高超的斗争哲学和丰富的斗争实践，是我们分析当前国际形势，制定和实施国家对外战略的有力思想武器和案例借鉴。当前，中国面对来自美国为首的西方国家的强力打压，国内面临矛盾多发期带来的种种困难。面对前所未有的困难与挑战，中国更需要强化斗争精神，敢于斗争、善于斗争，逢山开道、遇水搭桥，勇于面对并战胜一切风险挑战。

第三节　底线思维与极限思维结合

底线思维与极限思维是相辅相成的关系，是“一个硬币的两面”。坚持底线思维与极限思维相结合，实际就是将“防止最坏结果”与“争取最好结果”相结合，将从严评估客观威胁与最大限度发挥主观能动性相结合。将底线思维与极限思维相提并论，可见于2023年5月习近平总书记在主持召开二十届中央国家安全委员会第一次会议时的讲话：“要坚持底线思维和极限思维，准备经受风高浪急甚至惊涛骇浪的重大考验。”

一、底线思维是维护国家安全的思维起点

所谓底线思维，就是指客观地设定最低目标、立足最坏情况、争取最

① 中共中央宣传部、中央国家安全委员会办公室：《总体国家安全观学习纲要》，学习出版社、人民出版社2022年版，第38页。

② 李际均：《毛泽东的军事战略思想》，转自郭树勇主编：《战略演讲录》，北京大学出版社2006年版，第232页。

大期望值来思考、谋划和推动工作的思想方法。这一思维方法在国家安全治理中具有至关重要的地位。唯物辩证法告诉我们，矛盾普遍存在，世界上没有不包含矛盾的事物。“矛盾是普遍的、绝对的，存在于事物发展的一切过程中，又贯穿于一切过程的始终。”[①] 没有矛盾的“大同世界”是不存在的。矛盾无处不在，且不以人的意志为转移。与此同时，矛盾自身的运动发展构成了事物向前发展变化的关键变量，尤其是主要矛盾和矛盾的主要方面。

国家安全领域同样存在各种矛盾和挑战。在国内层面，政治、经济、军事、文化、社会、网络等各领域均存在威胁国家安全的威胁和隐患；在国际层面，地缘政治、世界经济、价值文化、网络空间等领域同样存在各种国家安全风险和威胁，其中既有类似裁军与军备竞赛、国家竞争、地缘政治这类的“高级政治”矛盾，也有贸易摩擦、资源争夺、恐怖与反恐等“低级政治”问题。

近年来，各国经济相互依存度的增加，以及国家间合作的增多，使很多人对当前国际政治产生了诸多不切实际的幻想：一是认为全球化会自动实现国家间互利双赢；二是认为全球化会使国家利益淡化，并使世界更加和平。《世界是平的》一书更是认为，世界正日益平面化，全球化已成为一种取代冷战体系的国际体系。[②] 事实上，全球化早在哥伦布发现新大陆时期就已开始，但五百多年的历史表明，全球化不可能平息国家间纷争，更不会自动实现“共同发展”。

当前世界已进入百年未有之大变局。这一时代最突出的特点就是国际力量对比南升北降趋势。一方面，以美国为首的西方国家虽然在经济、军事、文化等领域仍占据主导性优势，但西方国家不同程度产业空心化趋势日趋明显；另一方面，以中国为代表的新兴经济体经济得到长足发展，相对崛起态势明显。历史经验表明，权力转移期也是地缘矛盾多发期，历史上霸权国与新崛起国家之间的战争比比皆是。当前百年未有之大变局导致世界上各种结构性矛盾凸显，其中最突出的特点就是中美矛盾日趋升温。美国对中国的围堵打压使整个世界正在隐然出现两大阵营：一边是以美国

---

① 毛泽东：《毛泽东选集》第 1 卷，人民出版社 1991 年版，第 307 页。

② ［美］托马斯 · 弗里德曼著，赵绍棣、黄其祥译：《世界是平的》，东方出版社 2006 年版。

为代表的西方世界，另一边是以俄罗斯与中国为代表的新兴经济体。双方的利益诉求、价值观念差异甚大。中国国家安全形势的突出特点就是：大国竞争长期化、安全威胁多元化、周边风险复杂化。“当前我国国家安全内涵和外延比历史上任何时候都要丰富，时空领域比历史上任何时候都要宽广，内外因素比历史上任何时候都要复杂。”①

中国正处在实现中华民族伟大复兴的关键期，面临的机遇前所未有，风险与挑战也空前严峻：在国内，改革开放已进入矛盾多发期，各种风险与挑战明显增多；在国际上，随着大国权力转移加快，美国日趋加大对中国的围堵和打压。中国希望走和平发展道路，但西方大国从内心不愿意中国顺利崛起，并想方设法阻挠、迟滞这一进程。中国内外环境日趋严峻，安全领域矛盾空前突出。中国越是向前发展，中国面临的掣肘与安全威胁就越大。

国家安全问题最主要的特征就是它的不可逆性，国家安全相关领域一旦出现重大问题，往往悔之晚矣。例如，当年苏联政治安全出现重大问题，体现出的结果就是政权解体。在苏联解体后再谈论“政治安全”问题，对苏联人来说为时已晚，基本上已经没有任何意义。国家安全的这一特征决定了国家安全工作的出发点，就是“防止最坏情况发生”，其主要任务就是提前识别各种威胁国家安全的潜在风险，并着力防范和化解风险。

正所谓“生于忧患，死于安乐”。对国内外各种威胁保持警惕和警醒，是一个国家走向成熟的重要标志。如同健康是个人生存的前提，平安是家庭幸福的前提，国家安全也是国家繁荣的前提。因此，防范和化解国家安全风险，前提就是增强底线思维和忧患意识。正如只有初生牛犊才不怕老虎，只有幼稚天真的“傻白甜”才会对潜在危险毫无知觉和戒备。我们过去常说“提高警惕，保卫祖国”，只有对外部危险保持警惕，并在此基础上采取防范举措，才能转危为安，化危为机。

底线思维就是维护国家安全的思维起点。国家安全问题的不可逆特征，决定了国家安全工作必须立足于底线思维，凡事从最坏处思考，向最好方向努力。底线思维作为一种思维方式，恰好是一种“客观地设定最低

---

① 中共中央文献研究室编：《习近平关于社会主义社会建设论述摘编》，中央文献出版社 2017 年版，第 170 页。

目标，立足最低点，争取最大期望值”的思维方法。底线思维包含两个层次的目标：“做好最坏处打算”是出发点，“争取最好结果”是落脚点。底线思维的这一含义和特征，使之天然成为做好国家安全工作的基本思维方法。尤其在国际安全环境日趋恶化的背景下，保持敌情意识和底线思维显得尤为重要。

从维护国家安全的角度看，“宁可十防九空，不可失防万一”。没有风险意识是最大的风险，没有底线思维是最大的缺陷。近年来，承平日久加上教育缺失，很多人至今对西方大国抱着不切实际的幻想，对日趋迫近的危险视而不见。当有识之士对日趋迫近的危险征兆发出预警，马上就有人给你扣上“阴谋论”的帽子。事实上，“阴谋论”本身就是美国刻意炮制出来的意识形态陷阱。1967 年美国中情局提出“阴谋论”的概念，目的是让民众不信任官方的话语。① 他们将那些对西方种种暗战手段保持警惕性的想法和做法，统统斥之为贬义色彩浓厚的“阴谋论”，并由此固化为似乎是不证自明的原理性观念。许多人本能地想要避免被污名化，避免被扣上“阴谋论者”的帽子，由此便自动打消了这些人从保持警惕角度思考问题的方法论基础。恰恰是在这一过程中，这些人坠入了西方国家精心设置的意识形态陷阱。

中国共产党始终强调忧患意识和底线思维的重要性。在历史上，中国共产党本身就是在内忧外患中诞生、在历经磨难中成长、在攻坚克难中壮大的，底线思维和忧患意识贯穿中国共产党的整个奋斗历程。底线思维始终是中国共产党维护自身安全、不断发展壮大不可或缺的制胜法宝。1945 年，毛泽东在党的七大上作结论报告时，列举了党可能遭遇的“十七条困难”，并提出“要在最坏的可能性上建立我们的政策”，高级干部要有“对付非常的困难，对付非常的不利情况”的准备。邓小平讲改革和开放的时候也强调：“我们要把工作的基点放在出现较大的风险上，准备好对策。这样，即使出现了大的风险，天也不会塌下来。”② 当前，习近平总书记也反复强调，凡事从坏处准备，努力争取最好的结果，这样才能有备无患、

① Chris Kanthan，“Military，Deep State and the American Innocence”，Nation of Change，20 July 2018.

② 辛鸣：《把握辩证思维，善于化危为机》，《中国纪检监察报》2020 年 5 月 28 日。

遇事不慌，牢牢把握主动权。在当前背景下，中国要想有效识别并提前防范化解各种国家安全风险，有必要强化底线思维，增强忧患意识。

二、维护国家安全离不开极限思维

极限思维原本是数学中使用的分析方法。用极限思想解决问题的一般步骤可概括为：对于被考察的未知量，先设法构思一个与它有关的变量，确认这变量通过无限过程的结果就是所求的未知量；最后用极限计算来得到这结果。在社会科学领域，所谓极限思维，就是把所研究的问题或事物推至极限状态下进行思考的一种思维方法。①

树立和坚持极限思维，可以最大限度地发挥人的主观能动性，克服和完成许多看似不可能的重大任务和挑战。人类生活经常会遭遇各种极限考验与挑战，需要人们在一次次“挑战与应战”中寻求突破，在一次次突破中实现新的超越。英国历史学家汤因比曾经从“挑战与应战”的视角，揭示文明的起源、发展与衰落。他认为，文明产生于人类对各种困难与挑战的应战。如果一种文明能够有效克服应战，就有可能走向繁荣，如果应战失败，这种文明将趋于消亡。② 这表明，任何民族和国家只有直面矛盾，勇于克服各种风险和挑战，才能浴火重生，迎来更大发展机遇。这就需要培养、树立和坚持极限思维，确立起一种超前看待事物的角度、方式和方法。

从国家安全角度看，极限思维包含两方面含义：一方面是料敌从严，将当前和未来可能面临的各种国家安全风险和威胁尽可能提前想到，并设想出这些国家安全威胁可能造成的后果；另一方面是最大限度地发挥主观能动性，尽可能地提前防范化解各种国家安全风险挑战，将威胁和风险消除在萌芽状态。这种极限思维，体现在认识论上，就是相信人定胜天，相信党和人民中蕴含的巨大潜能，并充分调动和发挥整个国家的主观能动性；体现在方法论上，就是弘扬斗争精神，面对各种风险挑战，敢于进行伟大斗争。

在运用马克思主义方法论改造客观世界方面，毛泽东及其领导下的中

---

① 徐文秀：《为什么强调极限思维》，《学习时报》2023 年 6 月 9 日。

② ［英］汤因比著，曹未风等译：《历史研究》上册，上海人民出版社 1987 年版，第二部第七章。

国共产党作出了卓越表率。凭借直面问题的现实问题意识，以及对唯物辩证法的娴熟运用[①]，中国共产党及其领导下的人民军队，屡屡以弱胜强，先后赢得抗日战争、解放战争和抗美援朝战争的伟大胜利。毛泽东曾说过一句很著名的话："与天奋斗，其乐无穷；与地奋斗，其乐无穷；与人奋斗，其乐无穷。"这里的"斗争"并非"好斗"之意，而是发现矛盾、分析矛盾、解决矛盾的斗争过程，这个过程当然其乐无穷。[②]

极限思维特别强调主观能动性，强调伟大斗争的重要性。正所谓"狭路相逢勇者胜"。在重大风险和强大对手面前，唯有直面挑战，敢于斗争、敢于胜利，才能在艰难困境中闯出一条新路。总想回避矛盾、不想斗争是不切实际的；而妥协退让、逃避退缩，只会导致更大的失败和屈辱。尤其在国际政治博弈中，斗争是和平的手段，和平是斗争的目的；和平是相对的，而斗争是绝对的；只有经过斗争才能有真正的和平。以斗争求团结，则团结存；以妥协求团结，则团结亡。无原则的妥协非但不会被理解为大度宽容，反而会被视为软弱无能的象征。以妥协求和平，非但不会赢得和平，反而会引火烧身，激起对手更大的贪欲和杀心。

这方面案例很多。二战期间，英国的张伯伦政府对德国推行绥靖政策，在慕尼黑会议上出卖捷克给德国，以为此将为英国赢得几十年和平，结果没几年便遭到德国猛烈打击。伊拉克的萨达姆主动消除大规模杀伤性武器，结果使美国打击起来无所顾忌。相反，在伊核问题上，正是因为顾忌伊朗的报复能力和坚定的国家意志，美国才一直迟迟不敢下动武决心。正是由于当年中国毅然出兵朝鲜并赢得胜利，才为中国赢得持续六十年的和平，并使美国后来在越南战争中畏首畏尾。

当前中国要想实现中华民族伟大复兴，必然面临各种艰险和挑战，甚至是惊涛骇浪的冲击和考验。实现中华民族伟大复兴目标，不可能在敲锣打鼓中完成，而必须克服各种挑战。无论是国内的脱贫攻坚、打击腐败、深化改革，还是国际上与境内外反华势力斗争，争取公正合理的国际新秩序，都需要我们正视矛盾，进行具有许多新的历史特点的伟大斗争。党的

---

① 例如，毛泽东强调"战略上藐视敌人，战术上重视敌人"，"藐视"与"重视"是反义词，但恰恰是这组相反范畴构成了解决矛盾的完整链条。

② 同样的道理，党的十九大报告反复强调"伟大斗争"，同样是直面问题、解决问题的科学方法论的体现。

十九届六中全会审议通过的《中共中央关于党的百年奋斗重大成就和历史经验的决议》指出："面对来自外部的各种围堵、打压、捣乱、颠覆活动，必须发扬不信邪、不怕鬼的精神，同企图颠覆中国共产党领导和我国社会主义制度、企图迟滞甚至阻断中华民族伟大复兴进程的一切势力斗争到底。"①

要想通过伟大斗争实现国家独立自主，最关键的就是相信和依靠广大人民群众。人民是历史的真正创造者，只有立足人民、依靠人民，使人民群众充分发挥主观能动性，才能使国家安全治理获得源源不断的动力源泉。如果背弃群众路线，奉行"向上看"的精英路线，其在国际体系中必然畏惧强权，不敢斗争，倾向于走依附性发展道路。而将妥协退让作为与强者的相处之道，结果就是损害民族尊严和多数民众利益，最终导致国家危机四伏乃至政权垮台。

三、维护国家安全应将底线思维与极限思维有机结合

（一）底线思维与极限思维相结合是客观规律的必然要求

底线思维与极限思维既有差异性，也有共通性。

底线思维与极限思维的差异性体现在多个方面。有人曾梳理出这两种思维方式的区别。一是目标导向不同。极限思维是强调将潜能发挥到极致，目标是追求完美和极致；底线思维则是在确保底线的前提下完成任务，追求的是保守和稳妥。二是动力来源不同。极限思维主要受内部动力驱动，即自我激励、自我发现、自我实现等；底线思维则更多依赖外部压力，如任务要求、社会规范等。三是适用范围不同。极限思维适用于需要冒险、创新、突破的场合，底线思维则适用于相对安稳的场合。四是挑战程度不同。极限思维的挑战程度相对较高，需要快速反应和突破创新；底线思维的难度相对较低，需要的是维护稳定和规避风险。五是风险意识不同。极限思维为达到目标而降低自我保护意识，风险意识相对较少；底线思维则是为避免风险而加强自我保护，风险意识相对较强。六是思维方式不同。极限思维是一种进取创新型思维方式，它能够唤起人们潜在的能力，提高人们的成就感和自我实现感；而底线思维则是一种相对安全、相

---

① 《中共中央关于党的百年奋斗重大成就和历史经验的决议》，人民出版社 2021 年版，第 56 页。

对稳妥的思维方式。

与此同时，极限思维与底线思维又是相辅相成的关系。二者本质上是“一个硬币的两面”，分别对应的是事物发展运动的两个侧面。事物生存与发展总是在底线与极限之间的范围内运动变化。底线代表事物生存的前提条件，极限代表事物发展的极限条件，底线与极限相互结合，共同构成了事物存在的基础性条件。毛泽东曾指出：“一切事物总是有‘边’的。事物的发展是一个阶段接着一个阶段不断地进行的，每一个阶段也是有‘边’的。不承认‘边’就是否认质变或部分质变。”[①] 打个形象的比喻，马路上行驶的汽车只有保持在两个马路边沿之间，才能够正常行驶。一旦越过这两个边界中的任何一个，必然危险重重乃至车毁人亡。

在维护国家安全的过程中，将底线思维与极限思维有机结合，实际就是将“防止最坏打算”与“向最好方向努力”有机结合，将从严评估客观风险与充分发挥主观性有机结合。二者缺一不可。只有底线思维没有极限思维，国家安全治理很容易变成草木皆兵、处处防守，最终导致整个局面变成一潭死水；只有极限思维，没有底线思维，则可能使国家安全治理有攻无防，安全底线形同虚设，安全底线一旦被突破，整个国家便会陷入混乱无序状态。成熟的国家安全治理总是在“维护底线”与“避免极限”之间的合理区间内运行。

事实上，国家治理同样需要将底线思维与极限思维有机结合起来。近年来，中国改革开放之所以能取得斐然成就，一个重要秘诀就是将坚持底线思维与极限思维有机结合。改革开放之初，邓小平就提出了“一个中心、两个基本点”的重要表述。“一个中心”（“以经济建设为中心”）是总体目标，“两个基本点”（“坚持四项基本原则”和“坚持改革开放”）是实现总体目标的战略性方法，更具体地说，就是为中国实现国家崛起划定了具有可操作性的底线与极限。其中，“坚持四项基本原则”是底线。正是有了这条底线，才使中国的改革开放事业总体坚持了社会主义方向，没有走上“改旗易帜”的邪路，没有像西方大国预期的那样因对外开放而蜕变成资本主义国家（苏联的改革就是因为没有设置底线，最终导致其在改革中彻底解体）。

---

① 中共中央文献研究室编：《毛泽东年谱》（一九四九——一九七六）第 4 卷，中央文献出版社 2013 年版，第 263 页。

当前总体国家安全观中特别强调“统筹安全与发展两件大事”，这一思想就体现出国家安全治理中“底线”与“极限”思维：发展的逻辑是一种极限思维，要求的是“更高、更快、更强”；安全的逻辑则是一种底线思维，目的是划定不可逾越的底线和红线。与此同时，安全与发展又是相辅相成的关系，安全是发展的前提条件，发展是安全的物质基础，二者缺一不可。处理安全问题必须统筹好安全与发展两件大事，要避免因偏执一端导致系统失衡和功能紊乱。

（二）底线思维与极限思维相结合的最终目标是实现自主可控

从哲学上看，内因在事物发展过程中起决定作用，外因通过内因才能发挥作用。这一哲学原理对我们的启示就是，做好国家安全工作的关键是做好自己的事情，以不变应万变。当前中国面临的威胁和挑战数不胜数，一味被动应对，只会草木皆兵，防不胜防。国家安全治理要想化被动为主动，必须不断增强自身韧性和抗震能力，最终做到自主可控，由此具备“任凭风浪起，稳坐钓鱼台”的战略主动性。

要想做到自主可控，最关键一条就是将底线思维与极限思维有机结合。只有立足最坏打算，才能实现最好结果。华为就是将底线思维与极限思维有机结合的正面案例。华为董事长任正非很早就认识到，华为在通信领域不断取得进步，未来必然会遭遇美国极限打压，因此华为很早就未雨绸缪，从“宁可备而不用，不可用而不备”的底线思维出发，提前布局研发海思芯片、鸿蒙操作系统等备用工具。待到 2017 年特朗普上台后，美国开始对华为、中兴等中国高科技公司痛下杀手，华为因提前做好了准备，最终得以化险为夷乃至浴火重生。

在当前复杂艰巨的国际斗争中，要想切实维护国家长远利益，必须自主掌握国家命运，这同样需要将底线思维与极限思维有机结合。在国际社会中，国际政治的无政府状态和国家利益的恒定性，决定了这个世界上没有永久的敌友之分。“朋友”与“敌人”身份在一定条件下可以互相转换。“如果需要的话，盟友或同盟是可以在一夜之间发生改变的。”因此，国家安全战略必须立足于防止和应对“最坏情况发生”，尽可能将命运掌握在自己手中。正所谓“自强者无敌，自辱者无友”。在错综复杂的国际政治博弈中，没有不经努力自动实现的安全，依靠强者恩赐不可能真正实现安全。一厢情愿地将国家安全寄托于外部大国，注定其随时会成为大国的牺牲品，降低国家自主行动能力。

在国家治理中，将底线思维与极限思维有机结合，体现到政策领域就是统筹好安全与发展两件大事，力求在安全的基础上谋求发展。新中国和平建设的历史已经证明了这点。当年新中国第一代领导人正是从底线思维出发，在条件非常艰苦的情况下研制出“两弹一星”，由此才使中国真正摆脱了落后挨打局面。正如毛泽东所说：“在今天的世界上，我们要不受人家欺负，就不能没有这个东西（原子弹）。”① 正是在根本解决了军事安全的基础上，中国凭借自力更生、艰苦奋斗精神，在一穷二白基础上建立起自主工业体系，由此为当前中国成为世界第二大经济体奠定根基。当前，随着世界进入百年未有之大变局，中国要想有效应对各种危机和挑战，同样需要将底线思维与极限思维有机结合，以新安全格局保障新发展格局，最终实现自主可控的高质量发展。习近平总书记一再强调的“要把造不如买的逻辑倒过来”“中国人的饭碗要牢牢端在自己手中”等表述，都是新时代弘扬独立自主精神的体现。

第四节　历史思维与创新思维结合

国家安全问题始终处在不断发展演进中，因此要想更好应对和化解相关问题，需要将历史思维与创新思维有机结合。历史思维是“向后看”，强调以史为鉴，古为今用；创新思维是“向前看”，强调推陈出新。二者的共性特征就是均以时间为参照系。将这两种思维方式相结合，实际就是将继承与发扬、不变与可变有机结合，最终通过“扬弃”做好国家安全治理工作。

一、维护国家安全需要历史思维

历史思维是指通过研究历史事件、人物和过程，学会利用历史知识去分析、理解、评价和解读当下社会现象与问题，从而对未来做出一些预测和判断的思维能力。历史思维包括三方面的内容：一是具有历史纵深，基于长时段历史而不是暂时性历史现象得出分析结论；二是具有空间广度，

① 中共中央文献研究室编：《毛泽东年谱》（一九四九——一九七六）第 2 卷，中央文献出版社 2013 年版，第 567 页。

基于人类历史整体而不是局部考察问题；三是具有发展的眼光，即从发展变化角度而不是静止的角度看待事物，并力争找到发展变化的规律。

关于历史思维的特性，中国的中东史大家彭树智认为，历史意识包含几方面的含义：一是通古今之变的长时段。只有长时段看问题，才有长远、稳定、深入的历史意识。二是变中求常的动态视角。研究问题不能简单地回到过去。简单地回归是一种静态的思维方式和偷懒的心态。动态视角是从过去找支点、寻借鉴，迂回转到当今的视角。三是交往互动的联系观念。动向有纵向、横向和多向交往。历史如同网络互织把各种因素联系在一起。交往互动的规律性就隐藏在这个网络之中。四是经验教训总结思路。研究者不能只游离于过程，也不能只满足于结局和终点，而要从过程、结局、终止处总结历史经验教训。五是对历史传统的继承与创造精神。历史意识一定程度上讲，可以说是尊重传统。六是历史交往的文明自觉。①

在当前现实社会中，历史思维具有多方面的作用和功能。其中最重要的就是以史为鉴，从历史中汲取当前治国理政的经验教训。我们常说“实践出真知”，但个人实践提供的经验总是有限的，历史作为一种人类社会的普遍性实践，其可以提供的经验近乎无穷无尽。毛泽东曾指出：“规律自身不能说明自身。规律存在于历史发展的过程。应当从历史发展过程的分析来发现和证明规律。”②

树立历史思维、掌握历史分析方法，就可以从既往历史中找出许多有用的经验教训。英国学者哈特指出，有两种不同的“实际经验”：一种是直接的，一种是间接的。而且间接经验可能具有更大的价值，因为它的范围毫无疑义要广阔得多。即令在最有利的工作领域内，要取得直接经验，其范围和可能性总归是极其有限的。③

在维护国家安全的过程中，树立和强化历史思维，可以帮助我们找到许多值得关注的国家安全重大议题，以及对相关问题的基本答案。例如，在政治安全领域，最典型的是“历史周期律”这一问题，以及“水能载

---

① 彭树智：《老学日历》，中国社会科学出版社 2015 年版，第 262—263 页。

② 中共中央文献研究室编：《毛泽东年谱》（一九四九——一九七六）第 4 卷，中央文献出版社 2013 年版，第 316 页。

③ ［英］利德尔·哈特著，中国人民解放军军事科学院译：《战略论》，战士出版社 1981 年版，第 10 页。

舟，亦能覆舟”的历史经验；在经济安全领域，通过学习世界历史可以发现，许多发达国家在发展壮大初期，曾经不同程度实行贸易保护主义措施，待到发展为工业强国之后才转而推行自由贸易政策，这对发展中国家应该实施何种经济战略提供了重要启示。

二、维护国家安全离不开创新思维

创新思维是指善于审时度势、因时制宜、迎难而上，注重发挥新思路、新理论、新方法的引领作用来开展工作。创新是引领发展的第一动力，也是提升国家安全保障能力的战略新支点。形势决定任务，国家安全形势的发展变化对创新国家安全工作提出了新要求。面临对外维护国家主权、安全和发展利益，对内维护政治安全和社会稳定的双重压力，必须打破单纯维护某一领域安全的思维方式，树立维护国家综合安全和战略利益拓展的思想观念，不断创新维护国家安全的方式方法。

总体来看，时代总是在不断向前发展，国家安全风险与挑战会随着时间推移不断涌现。一是国家安全议题会随着历史发展不断丰富（如网络空间的出现带来了网络安全和数据安全方面的挑战；科技探测水平进步导致太空、深海、极地争夺加剧，由此导致相关领域出现安全问题）。二是诸多安全要素的优先顺序会随着历史不断变化。在殖民主义时期，领土争夺在国家间竞逐富强过程中具有无可争议的优先性，相比之下，自二战结束以来，领土兼并的情况越来越少，经济竞争的重要性则相对上升。即使在同一历史时段，通常来说，在战争时期，军事安全是国家安全中最关键的因素，而在和平建设时期，经济安全往往会成为头等大事，军事安全的重要性则相对下降。三是维护国家安全的方式会随着历史变迁不断变化。在工业资本主义时期，西方大国重点是争夺市场和原料，而金融资本主义时期的西方大国则重点是争夺铸币权，并通过制造“可控混乱”谋求利益。

在实现目标的手段上，二战之前，西方大国主要通过暴力和战争手段实现地缘政治利益，在二战后，西方大国则主要通过非暴力手段（如“颜色革命”等）实现政权更替。其中，最典型的就是“颜色革命”日益成为威胁发展中国家政权安全的最大动荡源。据统计，近三十年来，所谓“非暴力革命”推翻的政权占政权垮台总数的90%以上。相比于早期的军事政变，“颜色革命”更加机制化、精细化、标签化。“颜色革命”理论创始人基恩·夏普，曾专门撰写了《非暴力行动策略》（1973年）、《从独裁到民主》（1993 年）等著述，总结出非暴力革命的 198 种策略，并在近年来世界各地的“颜色革命”中广为使用。俄罗斯总参谋长弗拉基米尔·扎鲁德尼茨基曾直言：“颜色革命是一种从国家内部搞破坏的新的侵略手段。”①

在特定历史时期内，国家安全问题具有相对确定性，这使在相当长时期内应对国家安全问题的治理原则和思维方法也是相对固定的。这很容易使国家安全决策者陷入思维定式，即把所掌握的经验性规律神圣化，并抬到形而上学的高度。他们从既定思维框架出发，把符合既定认知模式的问题和现象纳入认知和处理视野，把有悖于既定原则的国家安全现象归为偶发事件而不予理睬。尤其是可能忽视那些潜含着许多新的历史信息，但会冲击和否定原有认知模式的重大事件。老专家遇到新问题，结果往往是采取经验主义态度，沿用既定经验解决现实问题，这就难免会出现时空上的错位感和滞后效应。

1990 年伊拉克入侵科威特就是萨达姆经验主义支配下所犯的致命错误。因为他没有把世界局势的不断变化（尤其是苏联政策剧变和即将解体）计算进去。他是沿袭冷战时期的经验想法，以为两个超级大国依然在进行零和争夺，一个超级大国的军事介入会自动导致另一个超级大国出面保护自己。由于战略判断上的失误，使伊拉克招致以美国为首的多国部队的沉重军事打击，并从此使伊拉克的国家力量遭到严重削弱。

2011 年中东剧变的发生，同样是因为中东国家的应对手段跟不上时代变化而遭遇失败。所谓的“阿拉伯之春”很大程度上是一场“键盘敲击出来的革命”。首先，各种反对势力利用网络媒体提供各种小道消息，最终点燃所谓的“阿拉伯之春”。突尼斯“茉莉花革命”触发点就是维基解密大范围爆料有关阿拉伯政权内部暴行和腐败的电文，特别是详细描述本·阿里政权的腐败，由此点燃民众反抗情绪。其次，利用网络媒体的匿名和全球性特征，先在网络世界彼此传播信息，进行政治动员，然后再冲击现实世界。相关国家对此则鞭长莫及，无可奈何。最后，西方积极为抗议者提供技术帮助，使民众抗议活动愈演愈烈。为帮助中东国家的抗议者保持联络，同时避免被跟踪和抓捕，西方公司研发出许多可以接入网络又不留痕迹的网络技术，目的就是让那些“想动摇本国政府统治的异见青年”在

① William F. Wertz, “‘Color Revolutions’: Obama’s Unconstitutional Wars”, Executive Intelligence Review, 13 June 2014.

搞政权颠覆时躲避政府的审查和监视。对阿拉伯国家统治者来说，他们过去可以通过控制新闻媒体维持社会稳定，但当前网络技术的日趋发达使中东国家日趋失去对信息的控制权。面对这种新型政治动员乃至政权颠覆方式，阿拉伯世界浑然不觉，毫无警觉性，最终导致政权垮台。

国家安全是个纷繁复杂的动态系统，它既有相当的稳定性，也包含着不断否定自我、变异更新的成分。因此，要想做好国家安全工作，必须学会用发展的眼光看问题，使我们的理论认知不断与时俱进，始终与现实相符合。在国家安全面临的议题、重点、方式不断嬗变的情况下，维护国家安全的手段和方式不可能完全照搬过往经验和做法，而必须与时俱进，以变应变。尤其在当前百年未有之大变局的背景下，要想做好国家安全工作，必须树立创新思维。

三、维护国家安全需要历史思维与创新思维有机结合

国家安全威胁的重要特点就是潜伏的长期性与爆发的突然性。这一特点决定了要想做好国家安全工作，前提就是学会提前预判风险，并尽可能化解风险。2020 年 12 月，习近平总书记在中央政治局第二十六次集体学习会议上的讲话中，就贯彻总体国家安全观提出十点要求，其中第七点就是坚持把防范化解国家安全风险摆在突出位置，提高风险预见、预判能力，力争把可能带来重大风险的隐患发现和处置于萌芽状态。

预见性与预警性是国家安全工作的基本特征，增强预见能力是做好国家安全工作的前提和基础，提前发现和化解国家安全风险是做好国家安全工作的基本素质要求。古人讲“凡事预则立，不预则废”，这里的“预”指的就是要提前预判风险，并做好相应准备。只有预见能力提升了，应对和化解风险的能力才能相对提升，由此才能将各种潜在风险化解于无形之中。毛泽东曾指出：“世界的事情总是那样，你准备不好，敌人就来了；准备好了，敌人反而不敢来。”① 要想做好国家安全工作，更加离不开预警和预见能力的提升。

要想增强风险预防和化解能力，前提就是掌握和洞悉事物的本质和客观规律。客观规律“看不见、摸不着”，是隐含在具体事件背后的运行逻

---

① 中共中央文献研究室编：《毛泽东年谱》（一九四九—一九七六）第 5 卷，中央文献出版社 2013 年版，第 492 页。

辑。因此，揭示客观规律绝非易事。“真理往往是隐蔽在现象后面的。如果只是眼睛可以见到的现象就是真理，那就不需要科学了。本质的东西是眼睛看不见的，现象的东西是可以看得见的。本质是需要经过一个长期的过程才能够认识到的。”①

提升认识规律能力，前提就是强化历史思维与创新思维。历史思维与创新思维看似截然不同，实则一体两面，二者都是以时间为参照系来分析问题和解决问题。将历史思维与创新思维有机结合，可以将继承历史传统与发展创新有机结合，通过不断扬弃做好国家安全工作。

强化历史思维，重点是善于从历史中汲取经验教训，避免重蹈历史上出现的失败和错误。学习历史的基本功能之一就是鉴往知来，通过梳理历史预测未来趋势、把握历史规律。历史是必然性与偶然性的结合。总体来看，必然性概率大于偶然性概率。就此而言，历史发展是有规律的，发展轨迹总体是可以预测的。树立历史思维，系统梳理和提炼历史，可以更透彻地理解和指导当下的政治实践。“牢记（并认可）我们的过往，可使我们以一种更清晰抑或更具批判性的视角来看待当下。”② 因此，通过学习历史、强化历史思维，可以从中总结出规律性现象，进而用来指导当前的政治实践。

强化创新思维，重点是不断提高理论水平（尤其是哲学水平），并借助正确的理论指引对事物发展作出前瞻性判断，以发展的观点应对动态风险。恩格斯曾说过：“一个民族想要登上科学的高峰，究竟是不能离开理论思维的。”③ 列宁曾讲过：“没有革命的理论也就不可能有革命的运动。”④ 正确的理论指导可以帮助我们发现规律并按规律办事，最终实现改造世界的目标。马克思主义就是我们认识和改造世界的先进思想武器。习近平总书记强调，马克思主义理论是“我们做好一切工作的看家本领，也

---

① 中共中央文献研究室编：《毛泽东年谱》（一九四九—一九七六）第 5 卷，中央文献出版社 2013 年版，第 246 页。

② ［澳］布雷特·鲍登著，杜富祥、季澄、王程译：《文明的帝国：帝国观念的演化》，社会科学文献出版社 2020 年版，第 14 页。

③ 中共中央马克思恩格斯列宁斯大林著作编译局编译：《马克思恩格斯选集》第 4 卷，人民出版社 1995 年版，第 285 页。

④ 中共中央马克思恩格斯列宁斯大林著作编译局编译：《列宁选集》第 1 卷，人民出版社 1995 年版，第 311 页。

是领导干部必须普遍掌握的工作制胜的看家本领”。① 马克思主义强调唯物论和唯物史观。坚持唯物论，使我们的国家安全工作立足于客观的物质基础之上；坚持唯物史观、强调人民群众是历史的创造者，则使我们的国家安全工作立足人民立场、实现人民安全，由此使我们的国家安全工作就像希腊神话中的安泰那样，只要立足大地，就可以源源不断获得力量。

参考文献

[1] 中共中央马克思恩格斯列宁斯大林著作编译局编译：《马克思恩格斯选集》，人民出版社 1995 年版。

[2] 中共中央马克思恩格斯列宁斯大林著作编译局编译：《列宁选集》，人民出版社 1995 年版。

[3] 毛泽东：《毛泽东选集》，人民出版社 1991 年版。

[4] 中共中央文献研究室编：《毛泽东年谱》（一九四九—一九七六），中央文献出版社 2013 年版。

[5] 中共中央党史和文献研究院编：《习近平关于总体国家安全观论述摘编》，中央文献出版社 2018 年版。

[6] 中共中央宣传部、中央国家安全委员会办公室：《总体国家安全观学习纲要》，学习出版社、人民出版社 2022 年版。

[7] 苗东升：《系统科学精要》，中国人民大学出版社 1998 年版。

[8] [英] 利德尔·哈特著，中国人民解放军军事科学院译：《战略论》，战士出版社 1981 年版。

① 《习近平在中央党校建校 80 周年暨 2013 年春季学期开学典礼上的讲话》，《人民日报》2013 年 3 月 3 日。

第四章　国家安全主要理论流派

世界各国自古以来都重视国家安全，对于国家安全问题的研究也始终是各国学者关注的核心。由于世界各国发展状况不同，在各历史时期面临的国家安全环境也不尽相同，这就使研究者们对于国家安全问题的认知存在着差异。围绕什么是国家安全，如何捍卫国家安全，维护谁的国家安全等问题，各种理论学说存在着不同看法，由此也构成了国家安全的各种理论流派。中国国家安全学在发展过程中借鉴吸收一切人类优秀文明成果，特别是马克思主义国家安全学说、中华优秀传统战略文化和古今中外优秀的国家安全思想与理论。这些理论学说连同中国共产党的国家安全思想，共同构成了国家安全学的思想来源。

第一节　马克思主义学说中的国家安全思想

国家安全是随着国家产生而出现的一种社会存在和社会现象。马克思主义经典理论对国家安全的认识正是源自对“国家”的深刻理解。恩格斯在《家庭、私有制和国家的起源》中全面阐述了马克思主义的国家观，即国家具有鲜明的阶级属性，国家会随着阶级的消失而消失。但在阶级消失前，国家内部所具有的这种冲突与斗争将会持续存在，进而影响到国家安全，列宁为此在《国家与革命》中指出：“只有承认阶级斗争、同时也承认无产阶级专政的人，才是马克思主义者。”①

人民性是马克思主义最鲜明的品格，无产阶级建立的政权根本上就要

---

① 列宁著，中共中央马克思恩格斯列宁斯大林著作编译局译：《国家与革命》，人民出版社 2015 年版，第 35 页。

依靠人民群众，直接代表人民群众。如同列宁在论述布尔什维克人将要建立的政权时所指出的："新政权是大多数人的专政，它完全是靠广大群众的信任，完全是靠不加任何限制、最广泛、最有力地吸引全体群众参加政权来维持的。"[①] 这就意味着维护无产阶级政权根本上就是捍卫人民主权与人民意志。也正因为此，马克思主义经典理论特别关注政权安全、意识形态安全等政治安全问题，并形成了诸多重要论断。

不仅如此，马克思主义经典作家还非常注重对方法论的把握，强调实践性、系统性。马克思在《黑格尔法哲学批判》导言中指出："理论在一个国家实现的程度，总是取决于理论满足这个国家的需要的程度。"[②] 为此，马克思主义经典作家普遍重视将理论联系实际。就维护国家安全而言，马克思、恩格斯的认识很大程度上源自对巴黎公社经验的总结与反思；列宁在苏维埃政权建立后，更是就维护和建设苏维埃政权提出了系统性思想，而这些源自实践的思想也构成了马克思主义视域下国家安全观的核心。此外，系统观也是马克思主义方法论的一大突出特点。恩格斯曾指出："世界表现为一个统一的体系，即一个有联系的整体，这是显而易见的……"[③]"关于自然界所有过程都处在一种系统联系中的认识，推动科学到处从个别部分和整体上去证明这种系统联系"[④]。这种系统观也深刻影响了马克思主义国家安全学说，将内部安全与外部安全、国土安全与国民安全有机统筹起来，形成了对战争与和平等重要问题的经典论述。

一、高度重视政权安全

马克思、恩格斯、列宁等经典作家所处的年代为革命时期或无产阶级政权刚刚建立的时期，他们对于国家安全的关注首先就在于新生政权的安全。一方面，他们意识到掌握国家政权对于无产阶级的重要意义，如同马

---

① 中共中央马克思恩格斯列宁斯大林著作编译局编译：《列宁全集》第 12 卷（第 2 版增订版），人民出版社 2017 年版，第 287 页。

② 中共中央马克思恩格斯列宁斯大林著作编译局编译：《马克思恩格斯选集》第 1 卷，人民出版社 2012 年版，第 11 页。

③ 中共中央马克思恩格斯列宁斯大林著作编译局编译：《马克思恩格斯全集》第 20 卷，人民出版社 1971 年版，第 662—663 页。

④ 恩格斯著，中共中央马克思恩格斯列宁斯大林著作编译局编译：《反杜林论》，人民出版社 2015 年版，第 37 页。

克思在《法兰西内战》中谈到巴黎公社时所指出的："公社——这是社会把国家政权重新收回，把它从统治社会、压制社会的力量变成社会本身的充满生气的力量；这是人民群众把国家政权重新收回，他们组成自己的力量去代替压迫他们的有组织的力量；这是人民群众获得社会解放的统治形式，这种政治形式代替了被人民群众的敌人用来压迫他们的假托的社会力量……"① 列宁也明确指出：无产阶级需要国家。② 但另一方面，在无产阶级政权建立后，面临着一系列问题，甚至关系政权的存亡，巴黎公社的失败就是其中最好的例证。为此，如何确保政权安全就成为马克思主义经典作家关注的一大重点。

在1917年苏维埃政权建立后，列宁一针见血地指出苏维埃政权所面临的一系列关乎政权安全的威胁，突出表现在两个方面：一是国内反革命的攻击。1919年7月，列宁在起草《俄共（布）中央给各级党组织的信》中指出："反革命已被击败，但远未被消灭……那些动摇的、无气节的、靠言语来粉饰自己行动的孟什维克、右派社会革命党人和左派社会革命党人，总是跟着直接的和公开的反革命走，跟着黑帮和立宪民主党人走，这些反革命所以有力量，是因为它们拥有资本，同协约国帝国主义有直接联系……"③ 为此，在政权巩固的过程中，如何应对反革命的攻击关系无产阶级政权的安全。二是来自帝国主义的威胁。在全俄苏维埃第八次代表大会上，列宁在谈到刚刚颁布的租让法令时指出："至于这个政策在一个社会主义苏维埃共和国，而且是一个落后的弱国会引起什么危险，我们决不视而不见。只要我们苏维埃共和国还是紧挨着整个资本主义世界的一个孤立地区，那种认为我国经济安全可以独立和各种各样的危险已经消失的想法，就是十分可笑的幻想和空想。当然，只要这种根本对立还存在，危险也就存在，并且不能避免。"④

---

① 马克思著，中共中央马克思恩格斯列宁斯大林著作编译局编译：《法兰西内战》，人民出版社2016年版，第102页。

② 列宁著，中共中央马克思恩格斯列宁斯大林著作编译局编译：《国家与革命》，人民出版社2015年版，第25页。

③ 中共中央马克思恩格斯列宁斯大林著作编译局编译：《列宁全集》第37卷（第2版增订版），人民出版社2017年版，第54页。

④ 中共中央马克思恩格斯列宁斯大林著作编译局编译：《列宁全集》第40卷（第2版增订版），人民出版社2017年版，第138页。

为了消除无产阶级政权所面临的一系列威胁，马克思主义经典作家们有针对性地提出了富有见地的应对方式。

第一，对国家进行改造，摧毁其原有属性。马克思曾指出：“无产阶级不能像统治阶级及其互相倾轧的各党各派在历次胜利的时刻所做的那样，简单地掌握现存的国家机体并运用这个现成的工具来达到自己的目的。掌握政权的第一个条件是改造传统的国家工作机器，把它作为阶级统治的工具加以摧毁。”① 恩格斯也同样认为：“工人阶级一旦取得统治权，就不能继续运用旧的国家机器来进行管理；工人阶级为了不致失去刚刚争得的统治，一方面应当铲除全部旧的、一直被利用来反对工人阶级的压迫机器，另一方面还应当保证本身能够防范自己的代表和官吏，即宣布他们毫无例外地可以随时撤换。”② 因此，无产阶级政权建立后对国家进行改造是确保政权安全的根本。

第二，加强经济建设，发展同资本主义世界的经济联系。对于一个新生政权而言，掌握生产资料、推动经济发展是确保其生存及维系的关键。恩格斯在谈及巴黎公社时就曾指出：“银行掌握在公社手中，这会比扣留一万个人质更有价值。这会迫使整个法国资产阶级对凡尔赛政府施加压力，要它同公社议和。”③ 在苏维埃政权建立后，列宁也指出：“我们现在落后于而且还将落后于资本主义列强；如果我们不能恢复我国的经济，我们就会被打败……应该充分意识到，从军事任务向经济任务的转变已经到来了。”④ 此后，在 1920 年参加俄共（布）莫斯科省代表会议时，列宁再一次强调了加强经济建设、开展国家间贸易对维护政权安全的重要性：“有一个极大的因素，使我们能够在这种复杂而又十分特殊的情况下存在下去，这一因素就是一个社会主义国家开始同各资本主义国家建立贸易关

① 马克思著，中共中央马克思恩格斯列宁斯大林著作编译局编译：《法兰西内战》，人民出版社 2016 年版，第 126 页。

② 马克思著，中共中央马克思恩格斯列宁斯大林著作编译局编译：《法兰西内战》，人民出版社 2016 年版，第 14 页。

③ 马克思著，中共中央马克思恩格斯列宁斯大林著作编译局编译：《法兰西内战》，人民出版社 2016 年版，第 12 页。

④ 中共中央马克思恩格斯列宁斯大林著作编译局编译：《列宁全集》第 40 卷（第 2 版增订版），人民出版社 2017 年版，第 143—144 页。

系。”[①] 次年召开的全俄工会中央理事会共产党党团会议上，列宁在作租让问题的报告时进一步明确了这一看法：“社会主义共和国不同世界发生联系是不能生存下去的，在目前情况下应当把自己的生存同资本主义的关系联系起来。”[②] 加强经济建设，发展同资本主义世界的经济联系也就成为保障政权安全的手段。

第三，建设强大军队，应对外部威胁。在《法兰西内战》中，马克思曾指出：“要保卫巴黎，就不能不武装它的工人阶级，把他们组织成为一支有战斗力的军事力量，并且就在战争中锻炼他们的队伍。”[③] 在苏维埃政权成立后，列宁也屡次指出军队在维护政权安全上的重要性：“我们在采取和平步骤的同时，也应当全面加强我们的作战准备，绝对不能解除我们军队的武装。我们军队是使帝国主义列强丝毫不敢轻举妄动、不敢侵犯我国的切实保障，因为列强纵然可以指望起初获得某些暂时的胜利，但结果任何一国都不免被苏维埃俄国所粉碎。”[④] 这凸显了建设一支强大的军队对维护无产阶级政权安全的重要意义。

二、强调意识形态安全的重要性

意识形态关系国家政权的合法性基础，马克思主义经典作家高度关注意识形态问题。一方面，他们揭示了意识形态的本质特征，即鲜明的阶级属性。如同马克思、恩格斯所指出的：“统治阶级的思想在每一个时代又都是占统治地位的思想……占统治地位的思想不过是占统治地位的物质关系在观念上的表现，不过是以思想的形式表现出来的占统治地位的物质关系；因而，这就是那些使某一个阶级成为统治阶级的关系在观念上的表现，因而这也就是这个阶级的统治的思想。”[⑤] 另一方面，他们也指出意识

---

① 中共中央马克思恩格斯列宁斯大林著作编译局编译：《列宁全集》第 40 卷（第 2 版增订版），人民出版社 2017 年版，第 25 页。

② 中共中央马克思恩格斯列宁斯大林著作编译局编译：《列宁全集》第 41 卷（第 2 版增订版），人民出版社 2017 年版，第 167 页。

③ 马克思著，中共中央马克思恩格斯列宁斯大林著作编译局编译：《法兰西内战》，人民出版社 2016 年版，第 36 页。

④ 中共中央马克思恩格斯列宁斯大林著作编译局编译：《列宁全集》第 38 卷（第 2 版增订版），人民出版社 2017 年版，第 285 页。

⑤ 马克思、恩格斯著，中共中央马克思恩格斯列宁斯大林著作编译局编译：《德意志意识形态》（节选本），人民出版社 2018 年版，第 44 页。

形态的重要性和工具性，列宁就曾生动地比喻道："所有一切压迫阶级，为了维持自己的统治，都需要两种社会职能：一种是刽子手的职能，另一种是牧师的职能。刽子手的任务是镇压被压迫者的反抗和暴乱。牧师的使命是安慰被压迫者，给他们描绘一幅在保存阶级统治的条件下减少苦难和牺牲的前景……从而使他们顺从这种统治，使他们放弃革命行动，打消他们的革命热情，破坏他们的革命决心。"① 为此，列宁明确地表示："任何行动和任何活动，只有它们是在前进而不是在后退，是从思想上团结无产阶级，提高无产阶级，而不是降低、腐蚀、削弱无产阶级，它们才是有价值的。"②

基于对意识形态的深刻理解，马克思主义经典作家认识到无产阶级必须掌握意识形态领导权。马克思曾指出："共产党一分钟也不忽略教育工人尽可能明确地意识到资产阶级和无产阶级的敌对的对立，以便德国工人能够立刻利用资产阶级统治所必然带来的社会的和政治的条件作为反对资产阶级的武器，以便在推翻德国的反动阶级之后立即开始反对资产阶级本身的斗争。"③ 列宁在谈到无产阶级政党的任务时也强调："它不仅应当领导工人的经济斗争，而且应当领导无产阶级的政治斗争，它应当时刻不忘我们的最终目的，随时进行宣传，保卫无产阶级的意识形态——科学社会主义学说，也就是马克思主义——不被歪曲，并使之继续发展。"④

为了做好意识形态工作，维护无产阶级政权的意识形态安全，马克思主义经典作家提出了若干重要方略：

第一，必须坚持马克思主义在意识形态中的主导地位。列宁认为，马克思主义是非常深刻和多方面的学说，⑤ 他将马克思主义作为毕生捍卫的真理，不断传播和发展。他在写作《唯物主义和经验批判主义》一书时给

① 中共中央马克思恩格斯列宁斯大林著作编译局编译：《列宁选集》第 2 卷，人民出版社 2012 年版，第 478 页。

② 中共中央马克思恩格斯列宁斯大林著作编译局编译：《列宁全集》第 14 卷（第 2 版增订版），人民出版社 2017 年版，第 122 页。

③ 中共中央马克思恩格斯列宁斯大林著作编译局编译：《马克思恩格斯选集》第 1 卷，人民出版社 1995 年版，第 306 页。

④ 中共中央马克思恩格斯列宁斯大林著作编译局编译：《列宁全集》第 6 卷（第 2 版增订版），人民出版社 2013 年版，第 251 页。

⑤ 中共中央马克思恩格斯列宁斯大林著作编译局编译：《列宁全集》第 32 卷（第 2 版增订版），人民出版社 2017 年版，第 407 页。

自己提出的任务就是："探索那些在马克思主义的幌子下发表一种非常混乱、含糊而又反动的言论的人是在什么地方失足的。"① 在十月革命胜利后，列宁在谈到无产阶级文化时又强调："马克思主义这一革命无产阶级的意识形态赢得了世界历史性的意义，是因为它并没有抛弃资产阶级时代最宝贵的成就，相反却吸收和改造了两千多年来人类思想和文化发展中一切有价值的东西。只有在这个基础上，按照这个方向，在无产阶级专政的实际经验的鼓舞下继续进行工作，才能认为是发展真正的无产阶级文化。"② 为此，坚持马克思主义在意识形态中的主导地位对无产阶级政权至关重要。

第二，无产阶级政党要投入到教育工作中去。教育关系无产阶级政权建设者和接班人的问题，列宁就曾指出："无产阶级，通过它的先锋队共产党和所有无产阶级组织，应当作为最积极最主要的力量参与整个国民教育事业。"③ 此后，在1920年全俄省、县国民教育局政治教育委员会工作会议上，列宁再一次强调："我们所处的历史时期是我们同比我们强大许多倍的世界资产阶级进行斗争的时期。我们应当在这个时期内坚持革命建设，用军事的方法，尤其是用思想的方法、教育的方法同资产阶级进行斗争……" 他进一步指出："党在符合本阶级的利益方面可能做得好，也可能做得不够好，党可能有这样或那样的变化或改进，但是，我们还不知道有什么更好的形式。"④ 为此，必须重视承认党的领导作用问题，教育工作也应当服务于这一宗旨。"从原则上说，对于应该有共产党的领导这一点，我们不能有任何怀疑。因此政治文化、政治教育的目的是培养真正的共产主义者……"⑤ 从中不难发现，教育工作是维护意识形态安全、巩固意识形态领导权的重要抓手，无产阶级政党在其中应发挥关键作用。

---

① 中共中央马克思恩格斯列宁斯大林著作编译局编译：《列宁选集》第2卷，人民出版社2012年版，第14页。

② 中共中央马克思恩格斯列宁斯大林著作编译局编译：《列宁选集》第4卷，人民出版社2012年版，第299页。

③ 中共中央马克思恩格斯列宁斯大林著作编译局编译：《列宁专题文集：论社会主义》，人民出版社2009年版，第167页。

④ 中共中央马克思恩格斯列宁斯大林著作编译局编译：《列宁选集》第4卷，人民出版社2012年版，第303—304页。

⑤ 中共中央马克思恩格斯列宁斯大林著作编译局编译：《列宁选集》第4卷，人民出版社2012年版，第306页。

第三，应当加强舆论宣传阵地建设。舆论宣传始终处于意识形态工作的最前沿，直接影响意识形态领导权。马克思、恩格斯曾指出："使报刊变成人民的文化和精神教育的强大杠杆的，正是报刊可使物质斗争变成思想斗争，使血肉斗争变成精神斗争，使需求、欲望和经验的斗争变成理论、理性和形式的斗争。"① 列宁在领导革命的过程中也强调报纸的重要性，并形象地将其称为"巨大鼓风机的一部分"，认为"这个鼓风机能够使阶级斗争和人民义愤的每一点星星之火，燃成熊熊大火"。② 因此，舆论宣传阵地建设直接关系意识形态工作的成效。

三、深刻阐释战争与和平问题

战争与和平是涉及国家安全的核心问题，马克思主义经典作家们深刻分析了战争形成的原因以及消除战争的因素。马克思曾指出："一切历史冲突根源于生产力与交往形式之间的矛盾。"③ 恩格斯则在《家庭、私有制和国家的起源》中通过描述人类发展的进程指出："以前进行战争，只是为了对侵犯进行报复，或者是为了扩大已经感到不够的领土；现在进行战争，则纯粹是为了掠夺，战争成为经常的职业了。"④ 基于上述认知，反对战争、倡导和平成为无产阶级追寻的目标。

对于业已发生的战争，马克思主义经典作家们鲜明地揭露了资本主义国家发动战争的本质。一方面，战争具有掠夺与压迫性。马克思就曾指出："美洲金银产地的发现，土著居民的被剿灭、被奴役和被埋葬于矿井，对东印度开始进行的征服和掠夺，非洲变成商业性地猎获黑人的场所——这一切标志着资本主义生产时代的曙光。这些田园诗式的过程是原始积累的主要因素。接踵而来的是欧洲各国以地球为战场而进行的商业战争。"⑤

---

① 中共中央马克思恩格斯列宁斯大林著作编译局编译：《马克思恩格斯全集》第40卷，人民出版社1982年版，第329页。

② 中共中央马克思恩格斯列宁斯大林著作编译局编译：《列宁全集》第6卷（第2版增订版），人民出版社2013年版，第162页。

③ 中共中央马克思恩格斯列宁斯大林著作编译局编译：《马克思恩格斯选集》第1卷，人民出版社2012年版，第196页。

④ 中共中央马克思恩格斯列宁斯大林著作编译局编译：《马克思恩格斯选集》第4卷，人民出版社2012年版，第181页。

⑤ 中共中央马克思恩格斯列宁斯大林著作编译局编译：《马克思恩格斯文集》第5卷，人民出版社2009年版，第860—861页。

列宁则依据“帝国主义是资本主义发展的最高阶段”这一论断进一步强调：“帝国主义的资本主义，已经由进步变为反动，它使生产力发展到了这种程度，以致使人类面临这样的抉择：要么过渡到社会主义，要么一连几年、甚至几十年地经受‘大’国之间为勉强维持资本主义（以殖民地、垄断、特权和各种各样的民族压迫作为手段）而进行的武装斗争。”① 另一方面，资本主义国家发动战争也是为了转移国内矛盾。列宁在论述沙皇政府对中国的入侵时就明确指出：“凡是只靠刺刀才能维持的政府，凡是不得不经常压制或遏止人民愤怒的政府，都早就懂得一个真理：人民的不满是无法消除的，必须设法把这种对政府的不满转移到别人身上去。”② 这进一步揭示：“战争是资产阶级国家内部主要阶级所推行的政治的继续。”③

正是由于认识到战争的这些特性，马克思主义经典作家们普遍表现出对战争的厌恶以及对和平的渴望。恩格斯在 19 世纪 80 年代写信给德国社会主义政治家奥古斯特·倍倍尔，其中在谈到欧洲日益临近的战争威胁时就明确指出战争的残酷性及忧虑：“一场大战如果爆发，就会有六百万士兵开上战场，并且耗费空前。这将是一场闻所未闻的流血和浩劫，归根到底是前所未有的大伤元气。”恩格斯进而担忧战争的发生将会影响到无产阶级运动的发展。④ 然而，这并不意味着无产阶级否定一切战争，正如列宁在《社会主义与战争》中所指出的，“我们完全承认国内战争即被压迫阶级反对压迫阶级——奴隶反对奴隶主、农奴反对地主、雇佣工人反对资产阶级——的战争是合理的、进步的和必要的”，因为和资产阶级和平主义者不同，“我们懂得战争和国内阶级斗争有必然的联系，懂得不消灭阶级，不建立社会主义，就不可能消灭战争”。⑤

为此，为了避免战争的发生，马克思主义经典作家们都提到无产阶级

---

① 中共中央马克思恩格斯列宁斯大林著作编译局编译：《列宁全集》第 26 卷（第 2 版增订版），人民出版社 2017 年版，第 324—325 页。

② 中共中央马克思恩格斯列宁斯大林著作编译局编译：《列宁全集》第 4 卷（第 2 版增订版），人民出版社 2013 年版，第 322—323 页。

③ 中共中央马克思恩格斯列宁斯大林著作编译局编译：《列宁全集》第 26 卷（第 2 版增订版），人民出版社 2017 年版，第 328 页。

④ 中共中央马克思恩格斯列宁斯大林著作编译局编译：《马克思恩格斯全集》第 36 卷，人民出版社 1975 年版，第 381 页。

⑤ 中共中央马克思恩格斯列宁斯大林著作编译局编译：《列宁全集》第 26 卷（第 2 版增订版），人民出版社 2017 年版，第 322 页。

掌握政权以及全世界无产阶级联合的重要性。马克思指出："如果不就内容而就形式来说，无产阶级反对资产阶级的斗争首先是一国范围内的斗争。每一个国家的无产阶级当然首先应该打倒本国的资产阶级。"① 列宁也谈道："谁希望得到持久和民主的和平，谁就应该拥护反对政府和资产阶级的国内战争。"② 而为了获得世界范围内的和平，马克思则明确提出："全世界工人阶级的联合终究会根绝一切战争。"他在谈及普法战争时具体谈道："法国当局和德国当局把两国推入一场手足相残的争斗，而法国的工人和德国的工人却互通和平与友谊的信息……这个事实表明，同那个阶级贫困和政治昏聩的旧社会相对立，正在诞生一个新社会，而这个新社会的国际原则将是和平，因为每一个民族都将有同一个统治者——劳动！"③ 如同列宁所指明的那样："无产阶级现在正在反对战争而且将来也要坚持不懈地反对战争。但它一分钟也没有忘记，只有完全消灭社会划分为阶级的现象，才可能消灭战争。"④

第二节　中华优秀传统文化中的国家安全思想

中华文明在五千年历史长河中经历了诸多内忧外患以及民族危难的时刻，中国古代先贤们在治国理政时始终保持着强烈的忧患意识。《周易·系辞下》中有云："危者，安其位者也；亡者，保其存者也；乱者，有其治者也。是故君子安而不忘危，存而不忘亡，治而不忘乱，是以身安而国家可保也。"⑤《左传·襄公十一年》中同样提道："居安思危。思则有备，有备无患。"⑥《荀子·大略》则进一步强调："配天而有下土者，先事虑

① 中共中央马克思恩格斯列宁斯大林著作编译局编译：《马克思恩格斯选集》第1卷，人民出版社2012年版，第412页。

② 中共中央马克思恩格斯列宁斯大林著作编译局编译：《列宁全集》第26卷（第2版增订版），人民出版社2017年版，第340页。

③ 中共中央马克思恩格斯列宁斯大林著作编译局编译：《马克思恩格斯选集》第3卷，人民出版社2012年版，第61页。

④ 中共中央马克思恩格斯列宁斯大林著作编译局编译：《列宁全集》第9卷（第2版增订版），人民出版社2017年版，第355页。

⑤ 杨天才译注：《周易》，中华书局2022年版，第622页。

⑥ 李梦生撰：《左传译注》（下册），上海古籍出版社1998年版，第698页。

事，先患虑患。先事虑事谓之接，接则事犹成；先患虑患谓之豫，豫则祸不生。”① 这些思想均反映了古代先哲在思考国家兴亡时所秉持的忧患意识，即使在国内外局势稳定的状态下，也要预防潜在风险的发生。正因为如此，中国历史上涌现出众多维护国家安全的战略思想，并系统地构成了中华传统战略文化，这也为历朝历代维持长治久安提供了宝贵的思想财富。

一、大一统与内部安全的维系

在中国的发展进程中，围绕国家安全长期有两大核心命题：一是对内如何防止生乱，二是对外如何抵御外来的侵扰。这两方面构成了统治者追求的执政目标，归结起来就在于如何维系国家的大一统和社会的稳定。对于统治者而言，对内目标通常更为重要，为此在中国的历史上流传着“中国既安，四夷自服”“攘外必先安内”等说法。《续资治通鉴长编》曾记载道：“国家若无外忧，必有内患。外忧不过边事，皆可预防。惟奸邪无状，若为内患，深可惧也。”② 由此反映出中国古代统治者们将内部安宁置于国家安全的首要位置。

大一统是内部安全最为核心的体现，强调建立强大的中央权威、确保政治上的安全稳定等。《诗经·小雅·北山》中就描绘了一幅大一统的景象：“溥天之下，莫非王土；率土之滨，莫非王臣。”③ 汉武帝封禅泰山，在泰山刻石文中同样勾勒了天下一统、万世太平的图景：“事天以礼，立身以义，事父以孝，成民以仁，四守之内，莫不为郡县，四夷八蛮，咸来贡职，与天无极，人民蕃息，天禄永得。”④ 然而，要想实现大一统的目标，对统治者有着极高的要求。《墨子·尚同上》指出：“察天下之所以治者何也？天子唯能壹同天下之义，是以天下治也。”⑤ 也就是统治者必须以统一的价值标准来规范天下人，满足天下百姓的共同利益，才能治理好天下。为此，历代统治者大多注重从以下几个方面加强建设，以维护“大一

---

① 方勇、李波译注：《荀子》，中华书局 2015 年版，第 437 页。

② ［宋］李焘著：《续资治通鉴长编》（第 2 册），中华书局 2004 年版，第 719 页。

③ 王秀梅译注：《诗经》（下册），中华书局 2015 年版，第 488 页。

④ 孙雪霞、陈桐生译注：《风俗通义》，中华书局 2021 年版，第 76 页。

⑤ 李小龙译注：《墨子》，中华书局 2016 年版，第 64 页。

统”并巩固国家的内部安全。

（一）贯彻民本主义思想

中国历史上流传着诸多亲民、爱民、护民的思想，《尚书·夏书·五子之歌》中提出的“民惟邦本，本固邦宁”[①] 是最为直观的体现，《荀子·哀公》中“水则载舟，水则覆舟”[②] 的论述亦流传了千年。事实上，对于国家如何才能确保安全与稳定，各种思想无不意识到人心向背的首要地位。《管子·牧民》强调：“政之所兴，在顺民心。政之所废，在逆民心。”[③]《孟子·尽心下》也指出：“民为贵，社稷次之，君为轻。是故得乎丘民而为天子，得乎天子为诸侯，得乎诸侯为大夫。诸侯危社稷，则变置。”[④] 北宋理学先驱石介在给宋仁宗上的奏议中同样写道：“善为天下者，不视其治乱，视民而已矣。民者，国之根本也。天下虽乱，民心未离，不足忧也。天下虽治，民心离，可忧也。”[⑤] 以民为本的思想应当说构成了中国几千年来的治国之道。

施行民本主义就需要对百姓行仁政，倾听民意。在《论语·卫灵公》中，孔子就指出：“民之于仁也，甚于水火。水火，吾见蹈而死者矣，未见蹈仁而死者也。”[⑥]《文子·上义》在谈到治国理政所使用的仁义与法度时也提到了仁义的核心地位，“治之本仁义也，其末法度也”，“法之生也以辅义，重法弃义，是贵其冠履而忘其首足也”。[⑦] 施行仁政无疑成为统治者需要遵从的根本原则。为此，统治者要善于听取百姓的意见，让百姓敢于说话，以解决矛盾与问题。如同《国语·周语》中所指出的：“防民之口，甚于防川。川壅而溃，伤人必多，民亦如之。是故为川者决之使导，为民者宣之使言。”[⑧]

（二）发展经济使百姓富足

发展经济使百姓富足是国泰民安的基础。《管子·治国》中有一段关

---

① 王世舜、王翠叶译注：《尚书》，中华书局 2012 年版，第 369 页。

② 方勇、李波译注：《荀子》，中华书局 2015 年版，第 499—500 页。

③ 李山译注：《管子》，中华书局 2016 年版，第 5 页。

④ 方勇译注：《孟子》，中华书局 2015 年版，第 289 页。

⑤ ［明］黄淮、杨士奇编：《历代名臣奏议》（二），上海古籍出版社 1989 年版，第 1421 页。

⑥ 杨伯峻译注：《论语译注》，中华书局 2017 年版，第 241 页。

⑦ 王利器译注：《文子疏义》，中华书局 2000 年版，第 463 页。

⑧ 尚学锋、夏德靠译注：《国语》，中华书局 2007 年版，第 10 页。

于百姓富足与国家安定的经典论述，其核心就是要让百姓先富起来："凡治国之道，必先富民。民富则易治也，民贫则难治也。民富则安乡重家，安乡重家则敬上畏罪，敬上畏罪则易治也。民贫则危乡轻家，危乡轻家则敢陵上犯禁，陵上犯禁则难治也。故治国常富，而乱国必贫。是以善为国者，必先富民，然后治之。"[①]《墨子・非乐上》中也谈到百姓贫寒是影响国家稳定的巨大隐患："民有三患：饥者不得食，寒者不得衣，劳者不得息。三者，民之巨患也。"[②] 因此，要想使国家安定并易于治理，必须让百姓富足。《论语・颜渊》在回答鲁哀公提出的年成不好、国家粮食不够用时就明确指出："百姓足，君孰与不足？百姓不足，君孰与足？"[③]《孟子・滕文公上》也认为："民之为道也，有恒产者有恒心，无恒产者无恒心。"[④]

对于如何使百姓富足，中国历史上普遍认为有两种方式：一是重视农业生产，将农业置于生产体系的核心地位。农业在中国传统社会被看作是国家财富的源泉，保障农业生产是实现社会稳定的重要前提。《尚书・洪范》中指出："八政：一曰食，二曰货，三曰祀，四曰司空，五曰司徒，六曰司寇，七曰宾，八曰师。"[⑤] 也就是治理国家要做好八项政务，其中第一项就是农业。《文子・上仁》中也认为："食者，人之本也；民者，国之基也。故人君者，上因天时，下尽地理，中用人力。"[⑥] 因此，大力发展农业，让百姓从事农业生产，对于国家而言有着极为重要的意义。

二是开源节流，让利于民。除推动农业生产外，统治者也应厉行节约，减少不必要的支出，这样才能减轻百姓负担，避免"苛政猛于虎"的现象发生。《荀子・富国》中就明确指出："足国之道，节用裕民而善臧其馀。节用以礼，裕民以政。彼裕民，故多馀。"[⑦]《黄帝四经・经法・君正》中同样认为，应当适度地使用民力，使百姓富足才能使国家稳固："人之本在地，地之本在宜，宜之生在时，时之用在民，民之用在力，力之用在节。知地宜，须时而树；节民力以使，则财生。赋敛有度则民富；民富则

① 李山译注：《管子》，中华书局 2016 年版，第 263 页。
② 李小龙译注：《墨子》，中华书局 2016 年版，第 148 页。
③ 杨伯峻译注：《论语译注》，中华书局 2017 年版，第 179—180 页。
④ 方勇译注：《孟子》，中华书局 2015 年版，第 90 页。
⑤ 王世舜、王翠叶译注：《尚书》，中华书局 2012 年版，第 147 页。
⑥ 王利器译注：《文子疏义》，中华书局 2000 年版，第 446 页。
⑦ 方勇、李波译注：《荀子》，中华书局 2015 年版，第 140 页。

有佴；有佴则号令成俗而刑伐不犯，号令成俗而刑伐不犯，则守固单朕之道也。”[①] 让利于民有助于政权稳固，正如周文王在问计姜子牙时姜太公所答：“天下非一人之天下，乃天下之天下也。同天下之利者则得天下，擅天下之利者则失天下。”[②]

（三）重视军队与国防建设

在中国历史上，农业与军事被认为是国家安定的两大支柱。《商君书·农战》指出：“国待农战而安，主待农战而尊。”[③] 也就是国家的安定需要依靠农耕和作战，君主的尊贵也要靠农耕和作战。《墨子·七患》中也认为，粮食、军队和城池是保护国家的利器，关系国家的安危：“仓无备粟，不可以待凶饥；库无备兵，虽有义，不能征无义；城郭不备完，不可以自守；心无备虑，不可以应卒。”“故备者，国之重也；食者，国之宝也；兵者，国之爪也；城者，所以自守也，此三者，国之具也。”[④] 为此，各朝代的统治者都普遍重视军事与国防建设，即使不对外发动战争也必须做足准备。如同《鹖冠子·近迭》中所言：“兵者，百岁不一用，然不可一日忘也，是故人道先兵。”[⑤]《管子·参患》更是直言：“主不积务于兵者，以其国予人也。”[⑥] 统治者如果不长期重视军事，无异于把国家送给了别人。

注重军事力量建设并不是鼓励对外发动战争，中国传统思想中提倡以防御为本，流传着“不战而屈人之兵”“止戈为武”等观念。《孙子兵法·火攻篇》在谈到战争时就提醒执政者和将帅必须慎战：“明君慎之，良将警之，此安国全军之道也。”[⑦] 对于以武力夺取天下的唐太宗，在登基后也随即宣布：“朕虽以武功定天下，终当以文德绥海内。”[⑧] 对战争的警惕构成了中国传统战略文化中的一大特征。即使要发动战争，也必须打正

---

① 张景、张松辉译注：《黄帝四经·关尹子·尸子》，中华书局 2020 年版，第 39 页。

② 唐书文撰：《六韬·三略译注》，上海古籍出版社 2006 年版，第 16 页。

③ 陈启天校释，葛红丽校订：《商君书》，商务印书馆 2022 年版，第 26 页。

④ 李小龙译注：《墨子》，中华书局 2016 年版，第 35 页。

⑤ 章伟文译注：《鹖冠子》，中华书局 2022 年版，第 71 页。

⑥ 李山译注：《管子》，中华书局 2016 年版，第 169 页。

⑦ 黄朴民译注：《孙子兵法》，岳麓书社 2020 年版，第 197 页。

⑧ ［后晋］刘昫等撰：《旧唐书》（卷一至卷三三），中华书局 1975 年版，第 705 页。

义之战。《孟子·公孙丑下》有一段分析影响战争胜负的经典论述："天时不如地利，地利不如人和。三里之城，七里之郭，环而攻之而不胜。夫环而攻之，必有得天时者矣；然而不胜者，是天时不如地利也。城非不高也，池非不深也，兵革非不坚利也，米粟非不多也，委而去之，是地利不如人和也。故曰：域民不以封疆之界，固国不以山谿之险，威天下不以兵革之利。得道者多助，失道者寡助。"[①]《鹖冠子·近迭》同样指出军事和战争之正道的重要性："失道，故敢以贱逆贵；不义，故敢以小侵大。"[②]军队若不行正义，力量小者也敢于侵犯力量大者。因此，发动战争不仅要慎重，还要为正义而战。

（四）以德行教化天下

在中国传统思想中，相对于严刑峻法，统治者更需要懂得社会教化，特别是用道德来约束民众从善，以实现社会和谐与稳定。孔子在《论语·为政》中就指出："为政以德，譬如北辰，居其所而众星共之。"他进一步论述道："道之以政，齐之以刑，民免而无耻；道之以德，齐之以礼，有耻且格。"[③] 也就是用道德和礼教来教化民众，民众不仅有廉耻心，且人心归服。《管子·牧民》中也认为："国有四维。一维绝则倾，二维绝则危，三维绝则覆，四维绝则灭。倾可正也，危可安也，覆可起也，灭不可复错也。何谓四维？一曰礼，二曰义，三曰廉，四曰耻。"[④] 意思是维系国家存亡的有礼、义、廉、耻四条，忽视这四条道德方面的教育，将会危及政权稳定。

以德行教化天下，统治者就需要率先垂范提高自己的德行。《尚书·康诰》中指出，"丕则敏德，用康乃心，顾乃德"[⑤]。告诫统治者要因时制宜推行德教，要稳定思想，省察德行，看看施政是否符合德政。《文子·道德》中也谈道："修其德则下从令，修其仁则下不争，修其义则下平正，修其礼则下尊敬。四者既修，国家安宁"；"君子无德则下怨，无仁则下争，无义则下暴，无礼则下乱，四经不立，谓之无道。无道不亡者，未之

① 方勇译注：《孟子》，中华书局 2015 年版，第 65 页。
② 章伟文译注：《鹖冠子》，中华书局 2022 年版，第 71 页。
③ 杨伯峻译注：《论语译注》，中华书局 2017 年版，第 14—15 页。
④ 李山译注：《管子》，中华书局 2016 年版，第 4 页。
⑤ 王世舜、王翠叶译注：《尚书》，中华书局 2012 年版，第 194 页。

有也”。[①] 因此，国家要想长治久安，必须重视德、仁、义、礼这四个治国之道，其中“德”处于最基础的地位。

二、“天下观”与外部安全的维护

尽管中国古代王朝对国家安全的认识主要建立在内部安全的基础上，通常奉行“画疆自守，不事远图”的政策，但面对外部世界的侵扰，中国也无法独善其身。如何处理与外部世界的关系，进而维护国家的外部安全，同样成为先贤们广泛探讨的命题。在西方的认识中，民族国家是世界的最大政治单元，追求的最大目标是国家利益。而中国传统观念中对世界的认识是以“天下”为核心，天下不仅是一种地理意义上的概念，更是一种政治理念。《孟子·离娄上》中指出：“人有恒言，皆曰：‘天下国家。’天下之本在国，国之本在家，家之本在身。”[②] 这表明中国对于世界的认知建立在“家—国—天下”的结构之上，国家并不是中国观念中关于世界的最大政治单元，国家只是天下的重要构成。这也意味着中国对于世界的认识并不是单纯“以国观天下”，而是“以天下观天下”，如同老子所言：“以身观身，以家观家，以乡观乡，以邦观邦，以天下观天下。”[③]“以天下观天下”的眼界显然比“以国观天下”的眼界更加宽广和悠远，看到了西方民族国家所没看到的“属于世界的利益”，[④] 而这一超越国家维度的观念实际上也为谋求共同安全建立了基础。

当然，“天下”中的单元并不是完全同等的，天下也存在着亲疏远近和内外之别。天下的中心是中国，中国之外主要是“四夷”，其后是“外国”。四夷泛指华夏文明周边的少数民族政权，包括夷、狄、戎、蛮。这些少数民族政权自夏商周以来就时常侵扰中原文明，并与中原文明逐渐建立起亲缘、文化和政治上的联系，但在文明上被认为要逊于中原文明，孟子因此直言：“吾闻用夏变夷者，未闻变于夷者也。”[⑤] 而外国则同中原文明距离较远，联系并不紧密，在亲缘、文化和政治上都迥异于中原文明，

---

① 王利器译注：《文子疏义》，中华书局 2000 年版，第 225 页。

② 方勇译注：《孟子》，中华书局 2015 年版，第 132 页。

③ 汤漳平、王朝华译注：《老子》，中华书局 2014 年版，第 217 页。

④ 赵汀阳著：《天下体系：世界制度哲学导论》，中国人民大学出版社 2011 年版，第 33 页。

⑤ 方勇译注：《孟子》，中华书局 2015 年版，第 97 页。

后因经济或实力上的吸引力而建立起羁縻、朝贡等关系。宋朝以后，关于外国的观念不断被改变与明晰，至明朝“佛郎机”“和兰”“意大利亚”等西方国家进入中国的文字记载中，关于外国的观念逐步与当代的理解相一致，[①] 处理与外国的关系也出现了新的变化。

（一）华夷关系与边疆安全的守护

“四夷”是中国古代遭受外部威胁最主要的来源，曾有“南夷与北夷交，中国不绝若线”的说法。[②] 如何应对少数民族政权给中原王朝带来的安全挑战，存在着不同的看法。一种观点主张“夷夏大防”，即强调四夷与中原文明的差别与对立，采取“来则惩而御之，去则备而守之”的策略。这种观点认为夷狄之人野蛮，“贪而好利，被发左衽，人面兽心”，[③] 无法被华夏文明所吸纳，推崇通过武力处理与四夷的关系，防范夷狄进攻，需要时对夷狄发动战争。例如，宋朝著名学问家胡安国就积极主张“夷狄猾夏则膺之”的方略。欧阳修也曾指出：“先王肇分九州，制定五服，必内诸侯而外夷狄，姑务息民，弗勤远略。其来也，调戍兵以御之；其去也，备战具以守之。”[④] 为此，加强对边疆的守护，用武力来应对四夷的侵扰，是当时维护国家外部安全的一种方式。汉武帝击匈奴，唐太宗战突厥，明成祖征漠北，均是用军事手段平息同四夷纷争的代表。

另一种观点即孟子所言的“以夏变夷”，也就是用中原的文化和制度改变这些少数民族，从而建立四夷怀服的华夷秩序。这种观点主张以道德感化、教化四夷，并对四夷采取怀柔政策。在西汉讨论国家政策的盐铁之议中，就有主张以道德感化匈奴人的看法：“夫蛮、貊之人，不食之地，何足以烦虑，而有战国之忧哉？若陛下不弃，加之以德，施之以惠，北夷必内向，款塞自至……”[⑤] 孔子也认为：“远人不服，则修文德以来之。”

---

① 朱小略、叶自成：《“攘夷”与“徕外”——传统社稷安全观的对象与对策》，《世界经济与政治》2016 年第 12 期，第 107—108 页。

② 王维堤、唐书文译注：《春秋公羊传译注》，上海古籍出版社 2016 年版，第 196 页。

③ ［汉］班固著，［唐］颜师古译注：《汉书》（卷六三至卷一〇〇），中华书局 2012 年版，第 2830 页。

④ 潘忠岐主编：《中华经典国际关系辩论手册》，上海人民出版社 2024 年版，第 40 页。

⑤ 陈桐生译注：《盐铁论》，中华书局 2015 年版，第 124 页。

如果远方的人不归服，就用仁义礼乐来教化他们。而要想教化四夷，首先就得行正道，将国家治理好。孔子所提出的教化远人前提就是“均无贫，和无寡，安无倾”。[①]《左传·昭公二十三年》中同样提道：“古者天子守在四夷。天子卑，守在诸侯。诸侯守在四邻。诸侯卑，守在四竟。”[②] 如果天子有道，各族都会为天子守卫疆土。因此，将四夷吸纳进中华文明，追求“夷夏一体”，是另一种巩固国家安全的方式。如同《春秋公羊传解诂》中所言，“至所见之世，著治大平，夷狄进至于爵，天下远近小大若一”。[③] 只有共享文明成果，才能获得太平盛世。

除上述两种观点外，还有持“王者不治夷狄”的看法，也就是对夷狄采取放任的态度。苏轼在《王者不治夷狄》一文中引用公羊学派代表人物何休在《春秋》中的注疏“王者不治夷狄。录戎来者不拒，去者不追也”，认为不应将华夏礼数强加于夷狄，应该对其放任不管：“夷狄不可以中国之治治也。譬若禽兽然，求其大治，必至于大乱。先王知其然，是故以不治治之。治之以不治者，乃所以深治之也。”[④] 这种观点对四夷采取消极的态度，将处理与四夷关系的主动权交到了夷狄之手，在维护国家安全问题上较为被动。但无论采取何种方式，均与当时政权所处的安全环境有着密切关联，这也反映出国家安全的动态性特征。

（二）外部秩序变革与对外方略的调整

从宋朝开始，以中原文明为中心的传统秩序受到了巨大挑战。宋朝时期不仅不再是天下共主，甚至长期受到邻国的战略挤压，出现了欧阳修所言的“四夷不服，中国不尊”的局面。[⑤] 此时的中国尽管依然自视为天下的中心，但也认识到天下之外亦有外国的天下，这也表明中国和外部世界的认识开始出现转变。特别是明清之后，“四夷”的观念逐渐为“外国”的观念所取代，中国成为了夷夏一体的多民族国家，面对的外部世界转变

---

① 杨伯峻译注：《论语译注》，中华书局 2017 年版，第 245—246 页。

② 李梦生撰：《左传译注》（下册），上海古籍出版社 1998 年版，第 1135 页。

③ ［东汉］何休解诂，吴迎龙整理：《春秋公羊传解诂》（上册），商务印书馆 2023 年版，第 26—27 页。

④ ［宋］苏轼著，孔凡礼点校：《苏轼文集》（第 1 册），中华书局 1986 年版，第 43 页。

⑤ 潘忠岐主编：《中华经典国际关系辩论手册》，上海人民出版社 2024 年版，第 69 页。

为真正的世界空间，所受威胁也主要来自于外国。明太祖在对高丽使臣张子温的敕谕里就提道："自古天下有中国，有外国，高丽是海外之国，自来与中国相通，不失事大之礼，守分的好有。"这表明当时的观念中已有中、外之分，外国只要能够"事大""守分"即可相安无事。[①] 而宋朝以后的外部环境也逐渐深刻影响中国国内的安全与稳定，诸如宋朝当时朝贡体系的稳定就直接影响宋朝国内的安全，朝贡关系比较稳定时国内安全受到的威胁就小，朝贡体系遭到破坏时国内安全受到的威胁就大。[②] 因此，如何调整国家的对外方略，维持相对稳定的国际秩序，对于维护中国的国家安全具有重要意义。

在实践中，各王朝在对外方略上通常持两种态度：一种是韬光养晦的态度。明朝初期朱元璋的对外政策就是典型的代表，他提出"不为中国患者不可辄自兴兵"的政策，[③] 对于周边国家的事务并不过多介入。在同高丽的关系上，其作为中国曾经的藩属国，直到洪武二十年（1387 年），朱元璋还是主张高丽"不必强往来，致生衅隙"。即使在洪武二十二年（1389 年）高丽发生王位废立时，朱元璋还让礼部官员告诉来访的高丽使臣，"立亦在彼，废亦在彼，中国不与相干"。[④] 通过这种相对忍让、收缩的政策，保证了周边地区的相对稳定，有利于集中精力巩固明朝这一新生政权。另一种是较为积极进取的态度。清朝尤其在康乾盛世时期经常开疆拓土，康熙三十年（1691 年）康熙帝宣布废除历史上曾长期作为内外划界的标志性建筑物长城，打破了传统上的华夷地理界限，将"外"不断纳入边界之内，并重新进行整合重塑，[⑤] 客观上维护了国家的安全。无论是何种态度，由于当时中国所处的外部环境仍旧较为稳定，中国依然是东亚秩序的中心，并没有出现对国家安全产生颠覆性影响的冲击。直至 19 世纪中

---

① 葛兆光：《蒙古时代之后——东部亚洲海域的一个历史关键时期（1368—1420）》，《清华大学学报》（哲学社会科学版）2021 年第 4 期，第 4 页。

② 黄纯艳：《朝贡体系与宋朝国家安全》，《暨南学报》（哲学社会科学版）2018 年第 2 期，第 125—126 页。

③ 葛兆光：《蒙古时代之后——东部亚洲海域的一个历史关键时期（1368—1420）》，《清华大学学报》（哲学社会科学版）2021 年第 4 期，第 5 页。

④ 葛兆光：《蒙古时代之后——东部亚洲海域的一个历史关键时期（1368—1420）》，《清华大学学报》（哲学社会科学版）2021 年第 4 期，第 4 页。

⑤ 潘忠岐主编：《中华经典国际关系辩论手册》，上海人民出版社 2024 年版，第 70 页。

叶，欧洲的坚船利炮进入东亚后，中国对世界的认知才被彻底打破，中国的国家安全也陷入巨大危机之中。

面对鸦片战争爆发后外敌的入侵和中国的节节败退，清朝有识之士看到了西方坚船利炮的强大，提出“师夷长技以制夷”的思想。魏源在《海国图志》中指出：“塞其害、师其长，彼且为我富强；舍其长、甘其害，我乌制彼胜败？奋之！奋之！利兮害所随，祸兮福所基，吾闻由余之告秦缪矣。善师四夷者，能制四夷；不善师外夷者，外夷制之。”[①] 李鸿章也表示：“中国欲自强，则莫如学习外国利器，欲学习外国利器，则莫如觅制器之器，师其法而不必尽用其人。”[②] 他们学习西方练兵制器，发展中国自己的近代军事工业，并希望通过引进西方的技术和理念来转变落后挨打的局面。但“自强御侮”“中体西用”依旧没能改变中国在安全上的困境，清朝的志士仁人大多没有认识到造成国家衰败的根源在于腐朽没落的封建制度，没有根本性的变革无法真正改变中国的命运，维护国家的长治久安。经过长期的斗争与摸索，直到中国共产党成立后，以伟大思想指引伟大实践，建立新中国，才打碎一切枷锁，维护起国家的主权、安全与发展，真正掌握自己的命运。

第三节　西方理论流派中的国家安全思想

西方国家安全思想可以追溯至古希腊，诸如修昔底德的作品《伯罗奔尼撒战争史》就蕴含了大量关于安全问题的思考。此后，西方国家安全思想在实践中不断发展演进，黎塞留的《政治遗嘱》、克劳塞维茨的《战争论》、马汉的《海权论》等，均是对国家安全的系统性思考。真正使国家安全研究有较大发展的是在二战之后，一方面经历了两次世界大战的创伤，人们都在普遍思考如何维护世界的和平与安全；另一方面随着冷战的爆发，美苏之间的对抗使西方国家不得不直面国家安全问题。1947 年，美国出台《国家安全法案》，这是美国战后第一部综合性国家安全法律，也

---

① ［清］魏源撰：《海国图志》（三），岳麓书社 2021 年版，第 1124 页。

② 中华书局编辑部、李书源整理：《筹办夷务始末（同治朝）》（卷二十一至卷三十），中华书局 2008 年版，第 1089 页。

是首次将"国家安全"应用于官方法律文件中。自此，"国家安全"成为国际关系、军事战略学等学科的重要概念。[①] 而正是由于冷战这一背景，国家安全研究也被赋予意识形态色彩，研究对象主要涉及对立意识形态的外在威胁以及假想的敌对国家，这也使西方的国家安全研究主要聚焦于国际安全层面，并且同军事安全几乎同义。[②]

然而，随着全球化的发展以及冷战的缓和与终结，对于安全问题的关注逐渐从军事领域扩展至经济、社会、环境等更多方面，西方知识界也更多对传统安全研究提出了反思与批判性思考，这也使国家安全理论涌现出非传统安全的研究范式。但无论是传统安全研究还是非传统安全研究，国家安全研究的理论范式基本是建立在西方视角上，这也在呼唤非西方国家安全理论的发展与成熟。

一、以国家为中心的传统安全理论

冷战结束前，传统安全理论长期居于西方安全研究的核心地位。这些理论有两大突出特点：一是强调主权国家在安全领域的核心地位；二是关注战争与和平的重大议题，着重聚焦军事力量在国家安全中的角色。其中，现实主义是影响力最大的理论范式，一直占据主导地位。直到20世纪70年代中期以后，随着东西方关系的缓和，以及全球化与区域一体化的发展，经济因素在国际关系中变得越来越重要，安全研究领域出现了自由主义范式与现实主义范式的大辩论，进而推动安全研究呈现出多元化的转向，形成了所谓"真正的安全研究"。[③]

（一）安全研究的现实主义范式

作为安全研究中影响力最大的理论范式，现实主义范式中存在着不同理论流派，包括基于人性论的"经典现实主义"，基于国际无政府性的"结构现实主义"，具有"现状取向"的"防御性现实主义"，具有"修正取向"的"进攻性现实主义"，以及重视国内政治、旨在建构外交政策理

---

① 王桂芳主编：《国家安全战略学》，军事科学出版社2018年版，第4页。

② ［英］巴里·布赞、［丹麦］琳娜·汉森著，余潇枫译：《国际安全研究的演化》，浙江大学出版社2011年版，第13页。

③ 王帆、卢静主编：《国际安全概论》（第2版），中国人民大学出版社2016年版，第18—19页。

论的“新古典现实主义”等。尽管理论流派众多，现实主义范式存在着一些共同的基本假定。

第一，国际体系处于无政府状态。在无政府状态下，主权国家之上缺乏共同权威的存在，致使国家始终通过“自助”来获取安全。但由于国家间总是存在着利益冲突，无政府状态又加剧了国家间的相互猜忌和疑虑，一国追求自身安全的意图会增加他国的不安全感，进而导致“安全困境”的出现。而国际制度在无政府状态下发挥的作用有限，国家只有不断增强实力才能维护自身安全，这就使国际规则不太可能被真正遵守，国际社会中国家间的安全竞争成为一种常态。

第二，国家是单一、理性的行为体。在现实主义视角下，国家是国际体系中单一的、相似的行为体，其内部结构常常被忽略，对外行为被认为采取理性的方式，追求安全和利益最大化。权力思维是国家的支配性思维，国家根据权力界定利益，并重视国际收益的相对分配。为了保障自身安全，国家要增加权力，追求利益最大化，通过增加自身安全、降低对手安全以巩固国家的存在。而权力作为现实主义的核心概念，主要指涉国家用来建设军队的资源，关键要素包括财富、人口、先进技术等。通过促进军事力量建设，建立更庞大、更高水平的军队，① 能更好地维护国家安全。

除对基本假定的认同外，现实主义各种理论之间同样存在着一定分歧。一是关于国家应追求多少权力。以汉斯·摩根索为代表的“经典现实主义”把追求权力作为目标，想要获取所有能得到的权力，使国家的相对权力最大化，并以建立霸权作为终极目标。以约翰·米尔斯海默为代表的“进攻性现实主义”也认同上述观点。② 然而，以肯尼思·沃尔兹为代表的“结构现实主义”认为，无政府状态下安全是国家的最高目标，权力只是实现安全的手段而非目的，国家的首要关注不是权力最大化，而是自身在系统中的地位。③ 对于大国而言，应忌讳获取太多的权力，因为“过多的

① ［英］阿兰·柯林斯主编，高望来、王荣译：《当代安全研究》（第3版），世界知识出版社2016年版，第18页。

② ［美］约翰·米尔斯海默著，王义桅、唐小松译：《大国政治的悲剧》，上海人民出版社2003年版，第21页。

③ ［美］肯尼思·华尔兹著，信强译：《国际政治理论》，上海人民出版社2003年版，第167—168页。

力量”会使其他国家联合起来反对它，这比它放弃增加权力更加糟糕。[①]

二是关于国家如何实现安全。现实主义各流派对无政府状态下国家如何实现安全有着不同看法。第一种观点认为应寻求权力制衡或均势，这是大多数现实主义者所持有的观点。肯尼思·华尔兹（也称肯尼思·沃尔兹）指出：国家寻求安全目标的方式是寻求权力的制衡而非权力的最大化。国家很少能够负担得起以实现权力最大化为目标所带来的代价。[②] 均势可以抵消其他国家的优势，减少自身的安全威胁，达到相对稳定的状态。而实现权力制衡主要有两种方式：外部均势和内部均势。所谓外部均势，即同其他国家结盟，使之可以利用其他国家的资源；所谓内部均势，即增加自身经济能力，建立更庞大善战的军队，这也会相应推动军备竞赛的形成。[③]

第二种观点认为应寻求建立霸权，“进攻性现实主义”持有这种看法。约翰·米尔斯海默认为，在无政府状态下，确保自己生存的最佳方式是成为体系中最强大的国家。一国的实力越是强于对手，对手攻击和威胁其生存的可能性就越小。因此，在一个自助世界里，实现安全的理想情况是成为体系中的霸主。[④]

第三种观点认为应寻求安全合作，“防御性现实主义”持有这种看法。对于现实主义理论而言，由于国家对相对收益的关注，国家间合作往往被认为较为困难。“防御性现实主义”尽管并没有指出国家一般应选择合作还是竞争，但认为安全合作是国家自助方式的一种。竞争性政策会有相应的消极影响，在一系列条件下，包括军备控制、单边约束在内的合作政策反而是一个理性国家的最佳选择。它可以改善国家间政治关系，避免代价高昂的冲突与对抗发生，从而增强国家安全。[⑤]

---

① ［美］约翰·米尔斯海默著，王义桅、唐小松译：《大国政治的悲剧》，上海人民出版社 2003 年版，第 19 页。

② ［美］肯尼思·华尔兹著，信强译：《国际政治理论》，上海人民出版社 2003 年版，第 168 页。

③ ［英］阿兰·柯林斯主编，高望来、王荣译：《当代安全研究》（第 3 版），世界知识出版社 2016 年版，第 23 页。

④ ［美］约翰·米尔斯海默著，王义桅、唐小松译：《大国政治的悲剧》，上海人民出版社 2003 年版，第 46 页。

⑤ ［英］阿兰·柯林斯主编，高望来、王荣译：《当代安全研究》（第 3 版），世界知识出版社 2016 年版，第 29—31 页。

除上述差异外，现实主义流派中的一些理论还关注国际体系层次的问题，如以罗伯特·吉尔平为代表的“霸权稳定论”。他认为，国际秩序的稳定与繁荣需要依靠霸权国来维持，只有一个主导性国家对国际事务的管理才能给体系带来秩序。世界霸权的产生会带来一段稳定和平期，但随着时间的推移霸权的实力必然下降，霸权地位受到动摇，国际体系就会重回无序的初始状态，直到大规模战争带来新的霸权产生。[①] 这相应形成了所谓“有霸则稳，无霸则乱”的观点，甚至为西方大国推行单边主义和强权政治提供了理论依据。而正是由于现实主义范式内部的复杂性和多样性，现实主义长期居于安全理论的主流范式，即使在冷战结束后也并未改变其中心地位。

（二）安全研究的自由主义范式

自由主义在西方政治思想中长期处于显赫地位，也蕴含着丰富的关于国家安全的思想。例如，托马斯·潘恩认为国家是“必要的恶”，尽管国家将集体意志强加于社会之上，限制了个人的自由与责任，但因国家至少确立了秩序和安全，能保证契约的执行，保护公民免受他人的侵害，其存在是必要的。[②] 亚当·斯密等代表性人物也长期追求用有助于达到和平与繁荣的制度和习俗来取代那些阻碍它们的制度和习俗，从而借助理性去更可靠地为人类服务。[③] 而将自由主义理念较为系统地融入国际关系以及安全研究中，探寻消除战争、保障各国人民永久和平的理论范式兴起于一战之后。基于一战所带来的巨大创伤，人们开始寻求一种新的维护和平的方式，即强调通过道义和精神教育来唤醒人类的良知，主张恢复国际规范，健全对各国具有约束力的国际法准则，呼吁建立起国际性机构和组织，加强国际合作，以巩固战后稳定的国际社会。[④] 以美国总统伍德罗·威尔逊为代表的理想主义是上述观点的主要支持者。

---

① 倪世雄等著：《当代西方国际关系理论》，复旦大学出版社 2001 年版，第 301 页。

② ［英］安德鲁·海伍德著，张立鹏译：《政治学》（第 3 版），中国人民大学出版社 2013 年版，第 49 页。

③ ［英］戴维·米勒主编，邓正来等译：《布莱克维尔政治思想百科全书》（新修订版），中国政法大学出版社 2011 年版，第 324—325 页。

④ 倪世雄等著：《当代西方国际关系理论》，复旦大学出版社 2001 年版，第 31 页。

理想主义在安全领域最具代表性的观点是提出集体安全的理念。他们以人性善为逻辑起点，认为战争之所以发生是因为无政府状态，如果建立起世界政府，确立一个公共权威，各国的行为就会受到约束，国家间战争就不容易发生。但由于建立世界政府需要长期努力才可以实现，所以可以通过建立集体安全来克服“安全困境”。在集体安全中，安全是所有国家共同的事情，对一个国家的战争或战争威胁将被视为对所有国家的战争或战争威胁，将受到其他所有成员的集体反对和惩罚。[①] 一战后建立的国际联盟就是集体安全理念的产物，但由于国际形势变化，国际联盟并没能阻止二战的爆发，理想主义在二战爆发后影响力就大为削弱，无法撼动现实主义的主导地位。直到 20 世纪 70 年代，随着全球化的发展和经济安全、生态安全、恐怖主义等一系列全球性问题的凸显，以及所谓“第三波民主化浪潮”在全球的兴起，各种非国家行为体大量涌现，关于安全的认识也出现了新的转变，安全研究中的自由主义范式此时获得了新的生机。

根据约瑟夫·奈的观点，自由主义思想有三个分支：一是经济自由主义。经济自由主义特别关注贸易，认为贸易之所以重要，不是因为它可以防止国家介入战争，而是由于它会使国家以特定方式界定自己的利益，从而使其认为没有必要进行战争。二是社会自由主义。社会自由主义认为人与人的交流会增进相互了解，从而减少冲突。三是政治自由主义。政治自由主义又分为两种，一种关注制度，一种关注民主，[②] 涌现出新自由制度主义、“民主和平论”等诸多理论流派。

同现实主义范式相比，自由主义范式在以下四方面存在着一定差异：第一，自由主义范式尽管也将国家视为最重要的行为体，但同时也看到了政府间国际组织、非政府组织、跨国公司等非国家行为体的重要性。第二，自由主义范式赋予国家及其他行为体更灵活多样的动机和目标，并不假定安全或其他利益占据首要位置。第三，自由主义范式认为国家利益的确定来自内部政治过程，即国内政治制度环境下不同国内行为体的相互作用，国家并非单一、理性的行为体。第四，认为各行为体在很多领域存在

① 王帆、卢静主编：《国际安全概论》（第 2 版），中国人民大学出版社 2016 年版，第 22 页。

② ［美］小约瑟夫·奈著，张小明译：《理解国际冲突：理论与历史》，上海人民出版社 2002 年版，第 66—68 页。

明显的共同利益，国家间并非完全是零和博弈，这也为国际合作提供了空间。[①]

新自由制度主义是自由主义范式中最具代表性的理论学说。罗伯特·基欧汉和约瑟夫·奈在《权力与相互依赖》一书中提出了复合相互依赖的概念，创立并构建了新自由制度主义的理论体系。他们提出复合相互依赖的三个基本特征：一是各社会之间的多渠道联系，这种联系使国际社会内部的相互联系和相互依存大大加强；二是越来越多的议程进入国家间关系的议程，国内和国际问题的区别日益变小；三是军事力量在政府间关系中或许起着重要作用，但多元作用日益明显。[②] 这也意味着以军事安全为中心的国家安全越来越难以准确反映现实情况，只有加强国家间合作才有可能实现更大范围的安全。[③]

在复合相互依赖的条件下，要想确保合作与和平，关键在于国际制度。约瑟夫·奈认为国际制度能从四个方面促进人们对和平的期望：第一，国际制度促使人们产生一种连续观念；第二，制度创造了礼尚往来的机会，各国没有必要过于计较每一次交易；第三，制度促进了信息的流动；第四，制度可以提供解决冲突的方法。[④] 因此，国际制度有利于国家摆脱在无政府状态下的"安全困境"，从而实现国家间的安全。

此外，自由主义范式中的"民主和平论"在冷战结束后也获得了较多关注。这一理论的源头可以追溯至康德提出的"永久和平"思想，即认为具有民主法治思想的共和国所构成的共同体，可以在国际法的原则下达到永久和平的状态。冷战结束后，随着苏联的解体和"历史的终结"等观点的提出，关于民主和平论的研究又成为一大热点。这一理论主要建立在两条原则之上：一是自由民主制度的约束，即国内政治制度的制衡性，使战争不容易发生；二是相关规范和文化形成的自律（或戒律），即根据自由民主价值观，人们通过协商、选举来决定国家事务，养成了民主协商、尊

---

① 陈拯编著：《国际安全导论》，复旦大学出版社 2023 年版，第 43 页。

② 倪世雄等著：《当代西方国际关系理论》，复旦大学出版社 2001 年版，第 155 页。

③ 王帆、卢静主编：《国际安全概论》（第 2 版），中国人民大学出版社 2016 年版，第 22 页。

④ ［美］小约瑟夫·奈著，张小明译：《理解国际冲突：理论与历史》，上海人民出版社 2002 年版，第 69 页。

重他人的传统，这种传统也会延伸到对待其他民主国家的人民身上。[①] 然而，这种理论观点并不能经受住历史的推敲，以至于有一派观点提出只有成熟的民主国家才具有和平的倾向，但这也无法改变理论本身所具有的意识形态色彩和致命缺陷。

二、超越军事—国家的非传统安全理论

如果说 20 世纪 70 年代后自由主义范式的复兴是对现实主义范式的一种挑战，那这种挑战并不是颠覆性的，无论是对国家的中心地位还是对军事的重要作用，自由主义范式并没有根本性的否定，而只是根据新变化进行了调整。然而，随着冷战的缓和，基于现实主义范式指导的实践受到越来越多的质疑，世界各国在安全观念上也出现了新的想法。例如，在遭受石油危机带来的冲击后，1978 年 11 月，时任日本首相大平正芳把“综合安全保障战略”列为日本的基本政策之一，强调把经济力量、外交力量、文化创造力量等全部力量都综合聚集起来保障安全。而到了 20 世纪 80 年代，裁军与安全问题独立委员会又推出《共同安全：一个生存蓝图》报告，呼吁将以军事为基础的安全观转化为通过国际合作、非军事化、裁军等途径实现更广泛的“共同安全”概念。[②] 在这些变化的影响下，安全研究也出现了更多对现实主义范式的批判，原本以国家为中心的、以军事—政治为核心的安全理解转向了更广泛的、相互竞争的安全理解方式，这也标志着安全研究领域的大大拓展，并从传统安全研究扩展至非传统安全研究。[③]

事实上，从 20 世纪 60 年代起，就出现了一些有别于传统安全研究的理论流派，如以约翰·加尔通为代表的一些北欧学者和以迪特尔·森格哈斯为代表的一些德国学者所从事的和平研究。至 20 世纪 80 年代，对传统安全研究的批评便已渐成规模，非传统安全研究的路径开始形成体系。非传统安全研究同传统安全研究的差别主要表现在四个方面：第一，传统安全研究主要研究国家间的安全问题或安全互动，而非传统安全则指向跨国

① 王逸舟：《国际关系与国内体制——评“民主和平论”》，《欧洲》1995 年第 6 期，第 4—13 页。

② 陈拯编著：《国际安全导论》，复旦大学出版社 2023 年版，第 20—21 页。

③ 余潇枫等著：《非传统安全理论前沿》，浙江大学出版社 2020 年版，第 28 页。

的安全互动，以及国家内部的安全威胁。第二，传统安全研究关注“国家行为体”之间的安全互动，非传统安全还关注各种“非国家行为体”所带来的安全挑战，包括恐怖主义、人口走私等。第三，传统安全研究侧重安全议题中的军事安全，非传统安全研究则关注各种非军事因素对国家安全造成的影响。第四，传统安全研究倾向于将“国家”视为安全主体，而非传统安全则希望完成对安全观念的重构，更多将“人”视为安全的主体和实现安全的目的。① 当然，非传统安全研究内部同样包含庞大的理论分支，形成了诸多新的理论流派，根据其对传统安全研究的调整与重构，大致可以从三个层面来加以认识。

（一）超越物质主义认识论的研究

传统安全研究一般以物质主义认识论为基础，强调安全的客观性以及利益的物质属性。但随着 20 世纪 80 年代后越来越多哲学家、社会学家、人类学家等研究力量加入安全研究中，安全研究的视角、概念和理论建构也出现了新的变化，比较具有代表性的是建构主义、哥本哈根学派等范式的涌现。

建构主义范式主要来源于社会学思想，不再强调利益的物质来源，而是关注思想、文化、语言、规范等社会性因素和理念的作用。建构主义范式的代表性学者亚历山大·温特强调了建构主义的两条基本原则：一是人类关系的结构主要是由共有观念而非物质力量决定的；二是有目的的行为体的身份和利益是由这些共有观念建构而成的，而不是天然固有的。前者强调的是解释社会生活的理念主义原则，强调共有观念，以社会为本源，与强调生命存在、技术或环境的物质主义相对。后者表达了一种“整体主义”或曰“结构主义”的研究方法，强调社会结构的层创进化力量，这是与把社会结构还原为个体的个体主义方法不同的。②

建立在这两条原则基础上，建构主义认为国际社会中行为体的利益并不如现实主义所言的那样，是给定的，而是被国际体系结构所建构的。以国家为中心的国际体系既是物质结构，又是文化结构，存在三种不同类型：霍布斯文化、洛克文化和康德文化，并对应敌人、竞争对手和朋友三

---

① 陈拯编著：《国际安全导论》，复旦大学出版社 2023 年版，第 22 页。

② ［美］亚历山大·温特著，秦亚青译：《国际政治的社会理论》，上海人民出版社 2000 年版，第 1 页。

种身份。身份决定利益，利益决定行为。不同的体系文化塑造了国家不同的角色身份，不同的身份又确定了不同的国家利益属性，进而影响国家的行为。[①] 与此同时，建构主义也认为国家之间的互动同样会对国际结构产生作用，国家不同的初始行为通过互应机制会生成不同逻辑的无政府文化，即亚历山大·温特提出的三种无政府文化。也正因为此，所谓的“安全困境”和无政府状态都是社会建构的产物。如果国家之间的共同期望使其具有高度的猜疑，使它们总是对对方作出最坏的估计，那么双方就会形成相互感到威胁的关系，从而形成安全困境；相反，如果国家之间的共有知识使它们能够建立高度的相互信任，那么它们就会以和平的方式解决彼此的问题，进而形成所谓的“安全共同体”。[②]

当然，建构主义也拥有不同的理论分支，其中一些学者将其宽泛地划分为常规建构主义和批判建构主义。两者的差异包括：第一，在方法论和认识论上，常规建构主义既支持实证主义的认识论和方法论，也支持后实证主义的认识论和方法论，而批判建构主义主要采用社会学的、叙事型的后实证主义方法。第二，在研究对象上，常规建构主义依然聚焦于对国家行为的研究，通过观念因素而非物质因素来解释国家安全和国家军事安全；而批判建构主义虽然关心军事安全，但研究对象主要面向其他集体组织而非国家，并批评常规建构主义把国家作为具体分析对象，是从规范层面上给予国家特殊地位，使之成为安全研究的优先指涉对象。第三，在同其他理论关系上，常规建构主义同自由主义保持着密切联系，但批判建构主义对自由主义假设抱着更为批判的态度，不承认西方民主制度和规范的解释力。同时，批判建构主义更多借鉴语言学理论和后结构主义，认为现实主义的关键概念并非来自客观现实，而是来自语言要素和指涉对象的话语建构。[③] 因此，外交和安全政策被认为并非来自客观的国家利益，而是通过建构一系列特殊的游戏规则来合法化的。[④]

---

① ［美］亚历山大·温特著，秦亚青译：《国际政治的社会理论》，上海人民出版社 2000 年版，第 244—301 页。

② 王帆、卢静主编：《国际安全概论》（第 2 版），中国人民大学出版社 2016 年版，第 25—26 页。

③ 余潇枫等著：《非传统安全理论前沿》，浙江大学出版社 2020 年版，第 46—49 页。

④ ［英］巴里·布赞、［丹麦］琳娜·汉森著，余潇枫译：《国际安全研究的演化》，浙江大学出版社 2011 年版，第 209 页。

如果说建构主义属于非传统安全研究的美国路径，那么在欧洲同样形成了超越物质主义认识论的欧洲路径，哥本哈根学派就是其中较为突出的代表。哥本哈根学派同威尔士学派、巴黎学派并称为欧洲批判安全研究的三大分支。2006年，欧洲25位学者以“欧洲批判的安全研究团体”的缩写“凯斯团体”为笔名，宣布确立批判的安全研究理论，即一种典型的欧洲安全理论。同美国的安全研究不同，美国路径同传统安全研究思路保持了较大的连续性，对安全概念的讨论并没有渗透到整个安全研究中。而欧洲关于安全概念的大讨论带来了欧洲安全研究理论和方法多样性的迅速发展，尤其是对元理论问题进行反思的广义批判研究在欧洲安全研究中异军突起，哥本哈根学派就是其中的一支。①

哥本哈根学派的代表性人物是巴里·布赞、奥利·维夫等，他们希望超越传统安全研究的军事—国家主义逻辑，探寻“安全的意义”而不是所谓的客观现实威胁。② 这一学派贡献了两个有价值的概念：“社会安全”和“安全化”。社会安全起初被用于应对一系列的国家冲突，但随着欧洲一体化进程带来了人们对丧失政治主权、文化特性以及对移民问题的担忧，认为这将对国家认同造成威胁，社会安全因此被定义为“在变化条件中以及在面临潜在或实际的威胁下，一个社会保持其基本社会特征的能力”。在国家作为政治、军事、经济和环境安全指涉对象的同时，“社会”也成为社会安全的指涉对象，并开辟了“认同安全”的研究。③“安全化”被认为是一个政治过程，呈现出的是“标明某些问题为安全问题，它就成了安全问题”。也就是一个问题的安全化并不基于它们是否是实际威胁，而是基于确定的问题能否被社会或政治建构为威胁的主观过程。一旦一个问题被安全化，它就会产生特定的处理方式，包括资源聚集、军队介入、立法等。④ 也正因为如此，哥本哈根学派对安全的价值持

---

① 罗天虹：《欧洲批判的安全研究：理论探索、研究纲领及其欧洲特性》，《中国人民大学学报》2014年第6期，第30—31页。

② 刘胜湘等著：《国家安全：理论、体制与战略》，中国社会科学出版社2015年版，第23页。

③ 余潇枫等著：《非传统安全理论前沿》，浙江大学出版社2020年版，第49—50页。

④ ［菲律宾］梅里·卡巴莱诺－安东尼编著，余潇枫、高英等译：《非传统安全研究导论》，浙江大学出版社2019年版，第31页。

怀疑论的态度，认为去安全化应被当作长远目标，因为这意味着人们不再需要采取超常应对措施来处理某一事件，[①] 而是将其带回到妥协、辩论和解决的正常政治逻辑。

（二）超越国家中心主义的研究

除了对物质主义认识论的批判外，对传统安全研究更为根本的批判集中在“安全是什么”以及“谁的安全”的问题上。传统安全研究极力强调“军事威胁和需要强烈对抗”“以国家为中心”“偏好现状”，军事和战略一直处于“高政治”地位，其他议题诸如饥饿、疾病、环境等都被认为是“低政治”范畴，这就使公民的安全总是依赖并由国家来保卫。[②] 然而，随着冷战的结束，一方面安全威胁不再仅来源于无政府世界，国家本身也会成为个人安全的威胁来源；另一方面因饥饿、环境退化、种族清洗等因素对公民造成的威胁不断发生，关于“安全是什么”以及“谁的安全”的问题再一次受到广泛关注。1994 年，联合国开发计划署完成的《人类发展报告》正式提出“人的安全”的概念，并给出操作性定义。报告列出“人的安全”的七大要素，分别是经济安全、食品安全、卫生安全、环境安全、人身安全、社群安全和政治安全，并指出“人的安全”最核心的内容在于两个方面，即“免于恐惧”和“免于匮乏”。[③] 在此背景下，安全研究中出现了超越国家中心主义的研究范式，比较具有代表性的有威尔士学派、女性主义安全研究等。

威尔士学派又称阿伯里斯特威斯学派，是具有“解放”精神的安全研究，代表性人物包括肯·布斯、理查德·琼斯等，还包括他们在阿伯里斯特威斯大学的学生及合作者们。该学派认为，对于综合安全理论来说，安全的最终指涉对象应该是“作为个体的人”而非国家。由于现存的国家太过多元化，国家并非安全的可靠提供者，甚至国家会导致个人不安全。因此，在追求安全的过程中，国家安全只是个体安全的手段，而人民才应当

---

① 罗天虹：《欧洲批判的安全研究：理论探索、研究纲领及其欧洲特性》，《中国人民大学学报》2014 年第 6 期，第 31 页。

② ［菲律宾］梅里·卡巴莱诺 - 安东尼编著，余潇枫、高英等译：《非传统安全研究导论》，浙江大学出版社 2019 年版，第 24 页。

③ United Nations Development Programme, “Human Development Report 1994”, New York: Oxford University Press, 1994, pp. 24 - 25.

是安全的目的。[①] 此外，他们还对安全概念进行了重构，认为“安全是世界政治中的一种工具性价值，它使得人们能够选择以何种方式生活的机会。个人与集体可以通过这种方法去创造和塑造身为人类的不同观念”[②]。他们将安全几乎等同于“解放”，认为安全研究的核心就是解放。肯·布斯指出：“安全意味着没有威胁。解放是使人类（个体和集体）免于那些阻止他们自由选择的物质上和人为的束缚。战争与战争的威胁是一种束缚，贫穷、缺乏教育、政治压迫等都是这样的束缚。安全和解放是一枚硬币的两面。不是权力或秩序，而是解放创造了真正的安全。理论上，解放就是安全。”[③] 他进而认为，如果人解放了，则人所做的自由选择将是平和的，这也意味着个人安全层面的解放有利于集体安全层面的解放。只有当所有的个人与群体都得到解放，以及一个更为有序的政治共同体取代了国家时，全球安全才能够实现。[④]

如果说威尔士学派的观点是以个体的人为核心，那么女性主义安全研究的核心则是性别。早期的女性主义研究认为女人的天性给予了她们对战争、和平和安全不同的看法，同时认为性别不是固定的生物性认同，而是由社会化中的实践所建构的，如同一个男孩不是天生的士兵，而是成长为了士兵。[⑤] 到20世纪90年代后，女性主义研究者开始对现实主义范式质疑，认为国家在为个体提供安全保障时并非中立的，妇女的体验通常被认为是无足轻重的，或只有在与男性或男性经常关心的问题相关时才显得稍具意义。[⑥] 然而，尽管女性在历史上被描绘为“看护者”，但时常被称作“被战争糟蹋的人”。许多安全问题不是针对男性的，而是更直接地针对女

---

① ［菲律宾］梅里·卡巴莱诺－安东尼编著，余潇枫、高英等译：《非传统安全研究导论》，浙江大学出版社2019年版，第25页。

② 刘胜湘等著：《国家安全：理论、体制与战略》，中国社会科学出版社2015年版，第50页。

③ Ken Booth, “Security and Emancipation”, Review of International Studies, Vol. 17, No. 4, 1991, p. 319.

④ ［英］巴里·布赞、［丹麦］琳娜·汉森著，余潇枫译：《国际安全研究的演化》，浙江大学出版社2011年版，第218页。

⑤ 余潇枫等著：《非传统安全理论前沿》，浙江大学出版社2020年版，第45页。

⑥ ［英］巴里·布赞、［丹麦］琳娜·汉森著，余潇枫译：《国际安全研究的演化》，浙江大学出版社2011年版，第220—221页。

性的，如女性是战时受到严重伤害的性侵对象。[①] 为此，对于许多女性主义者来说，其重要的目标是要明确有力地表达被边缘化和受压迫的人，特别是女性的利益。性别以其所有形式，包括一切复杂性，影响了安全之外的许多东西，而不论如何理解，安全本身也依赖于性别之外的许多东西。[②] 女性主义理论对安全研究的贡献就在于发现了安全男性化的逻辑和语法，安全研究的两分法（内部/外部、保护者/被保护者）映射了男性和女性的性别化画面，使得国家的最高价值被建构为男性，位于女性价值至上，从而对外交和安全政策有切实影响。[③]

（三）超越西方中心主义的研究

非传统安全作为安全研究中的一种观念和研究路径，其演进源于“后殖民”路径和第三世界安全思想，其发展也源于一些发展中国家学者的推动。[④] 自 20 世纪 70 年代起，安全研究的学者开始逐渐关注第三世界的特殊性，审视安全研究中居于核心地位的西方中心主义国家安全观。一方面，传统安全范式中的国家中心主义模式并不适用于第三世界或去殖民化国家，许多第三世界的国家是后天构建的产物，甚至是殖民遗产，而非自发形成的过程；另一方面，安全的主流概念也并不能抓住第三世界国家的困境，因为西方国家的大多数安全威胁是外在的，而第三世界国家威胁主要来自国内。为此，他们渴望将安全研究紧密地关联或使之能代表当前的安全挑战状况，而这些挑战密切影响着第三世界人们的安全。

安全研究中的后殖民主义是超越西方中心主义最具代表性的理论范式，他们提出了一种对“非西方主体”的不同理解，对安全本身进行了重构。他们在三个方面反对传统的安全理解。

一是反对聚焦于作为安全威胁元起点的国家间层次。后殖民主义者认为最重要的关注应给予欠发展或发展中经济状态下的人民，关注其所面临

---

① ［英］阿兰·柯林斯主编，高望来、王荣译：《当代安全研究》（第 3 版），世界知识出版社 2016 年版，第 180—181 页。

② ［英］阿兰·柯林斯主编，高望来、王荣译：《当代安全研究》（第 3 版），世界知识出版社 2016 年版，第 195 页。

③ ［英］罗兰·丹罗伊特著，陈波、池志培等译：《国际安全的当代议程》（第 2 版），社会科学文献出版社 2021 年版，第 51—52 页。

④ ［菲律宾］梅里·卡巴莱诺－安东尼编著，余潇枫、高英等译：《非传统安全研究导论》，浙江大学出版社 2019 年版，第 5 页。

的不确定安全威胁，而非他们的国家所面临的不确定安全威胁。同时，第三世界国家内部威胁的扩散是导致第三世界安全困境的根本原因，而传统安全理论并不能很好地抓住它们的困境。

二是批判在安全研究议题中的遗漏非军事问题。后殖民主义者认为，第三世界国家的安全之所以一直处于危机之中，其原因不仅是军事威胁，还是“相对贫困、自治缺乏、脆弱性，以及缺少政治、经济、军事上的空间”①。特别是经济问题和生态问题，常常是引发第三世界冲突的原因，但传统安全研究主要关注军事领域的问题。

三是不认同现实主义范式的权力制衡假定是国际秩序的合法与有效途径。后殖民主义者认为，第三世界国家的安全危机根本在于第三世界国家的能力被资本主义权力体系所扼杀，人民难以有效应对大量安全挑战。而非西方国家的“失败”或“不发达”是“西方殖民主义的不平等竞争所带来的后遗症”，因此应进行物质和意识形态的斗争。后殖民主义的研究路径还对西方政界和学界构造的“南方”“东方”“不发达”“失败”等他者意象进行了批判，这些身份被认为是落后国家的文化特性，西方借此来反对第三世界核扩散，非西方的精英同样借此来提高他们自身在国内外的地位。②

应当说，非传统安全研究将关注点从国家转移，包含了迄今被边缘化的声音，引入了对明确解放的规范承诺，贡献了不同视角，对安全研究是极大的补充。但传统安全研究者对其最简单的批评是：即便非传统安全研究拒绝了解决问题的理论，但仍有问题需要解决。同时，非传统安全研究尽管尖锐地分析了当前体系中所存在的问题，但对于解放了的世界会是什么样的，回答依然十分模糊。③ 然而，无论是传统安全研究的西方中心主义、军事—国家主义色彩，还是非传统安全研究的批判性、理想主义色彩，均折射出西方安全理论的时代困境，这也就需要新的安全理论来指导实践，以实现世界的持久和平与安全。

---

① ［菲律宾］梅里·卡巴莱诺－安东尼编著，余潇枫、高英等译：《非传统安全研究导论》，浙江大学出版社 2019 年版，第 34 页。

② 余潇枫等著：《非传统安全理论前沿》，浙江大学出版社 2020 年版，第 54—55 页。

③ ［英］罗兰·丹罗伊特著，陈波、池志培等译：《国际安全的当代议程》（第 2 版），社会科学文献出版社 2021 年版，第 53—54 页。

参考文献：

[1] 中共中央马克思恩格斯列宁斯大林著作编译局编译：《马克思恩格斯选集》，人民出版社2012年版。

[2] 中共中央马克思恩格斯列宁斯大林著作编译局编译：《列宁选集》，人民出版社2012年版。

[3] 陈翠玉编著：《先秦诸子国家安全经典论说解析》，知识产权出版社2023年版。

[4] 陈拯编著：《国际安全导论》，复旦大学出版社2023年版。

[5] 刘胜湘等著：《国家安全：理论、体制与战略》，中国社会科学出版社2015年版。

[6] 潘忠岐主编：《中华经典国际关系辩论手册》，上海人民出版社2024年版。

[7] 王帆、卢静主编：《国际安全概论》（第2版），中国人民大学出版社2016年版。

[8] [英] 阿兰·柯林斯主编，高望来、王荣译：《当代安全研究》（第3版），世界知识出版社2016年版。

[9] [英] 巴里·布赞、[丹麦] 琳娜·汉森著，余潇枫译：《国际安全研究的演化》，浙江大学出版社2011年版。

[10] [英] 罗兰·丹罗伊特著，陈波、池志培等译：《国际安全的当代议程》（第2版），社会科学文献出版社2021年版。

第五章　中国共产党的国家安全思想

中国共产党在马克思主义的指引下，秉持“为中国人民谋幸福、为中华民族谋复兴”的初心使命，在国家内忧外患、民族危亡之时起航，从“站起来”到“富起来”再到“强起来”，始终把维护和塑造国家安全工作紧紧抓在手上，在不同历史时期作出了正确的国家安全战略决策，在不同的历史阶段留下了丰富的国家安全战略思想。特别是党的十八大以来，以习近平同志为核心的党中央全面加强党对国家安全工作的集中统一领导，创造性地提出总体国家安全观，我们党历史上第一次形成了系统的国家安全理论，成为马克思主义国家安全理论中国化时代化的最新理论成果，是中国共产党国家安全思想的一次系统集成和重大理论飞跃。系统理解中国共产党的国家安全思想的发展脉络特别是总体国家安全观的深刻内涵、理论要义，不仅对落实加快推进国家安全体系和能力现代化，坚决维护国家安全和社会稳定，实现中华民族伟大复兴有着重要意义；也对我们理解和发展中国特色国家安全理论有着重要的指导作用。

第一节　“站起来”阶段的国家安全思想

中国共产党诞生于国家内忧外患之际，与生俱来地肩负着“救亡图存”的时代责任，肩负着建立一个主权独立的现代国家的责任，对国家安全的重要性有着刻骨铭心的认识。中国共产党自成立以来，带领中国人民打败了日本帝国主义，推翻了国民党反动统治，完成了新民主主义革命，成立了中华人民共和国，彻底结束了半殖民地半封建社会的历史，废除了列强强加给中国的一系列不平等条约和帝国主义特权，改变了近代以来国家危亡、生灵涂炭的悲惨命运，使中国真正成为一个独立自主的主权国家。从新中国成立到党的十一届三中全会召开的“站起来”阶段（1949—1978 年），党的国家安全思想主要集中体现于毛泽东思想之中，其核心是以斗争求生存，谋求国家独立自主，坚定捍卫国家的政治安全、国土安全和军事安全。

一、独立自主，坚定捍卫政治安全与主权安全

“站起来”阶段，中国共产党始终把主权安全作为维护国家安全的根本出发点，这客观上是由新中国当时所处的发展阶段和综合国力状况决定的，是由冷战的时代背景和复杂严峻的内外安全形势决定的；主观上是由“百年国耻”带来的强烈的国家安全意识驱动的，是由中国共产党捍卫红色政权的战略自觉驱动的。

坚持独立自主、自力更生，坚定维护政治安全与主权安全。政治上，把捍卫新生的人民民主专政政权作为国家安全的核心任务，中国坚定地走自己的发展道路，“中国的事情必须由中国人民自己作主张、自己来处理，一切从国家利益出发，坚决反对外来干涉”①。经济上，一方面强调经济、科技自主权，坚决抵制苏联提出的“国际分工论”，坚定推动发展自己的工业体系，掌握关乎国家安全的经济命脉；另一方面强调自力更生，不依靠外援，要独立自主地发展最前沿科技，不跟在他国身后亦步亦趋。外交上，新中国外交“另起炉灶”“打扫干净屋子再请客”等基本原则，从根本上结束了旧中国半殖民地的屈辱外交史，在处理同美苏两个超级大国的关系时，中国坚持自己的原则和底线、坚定维护自己的安全利益，不屈服于任何霸权主义的压力，从 20 世纪 50 年代到 70 年代，中国外交经历了从“一边倒”到“两个拳头打人”再到“一条线”的调整，虽然外交战略的形式和内容变了，但独立自主维护国家安全的思想内核始终没有变。

二、敢于斗争，将军事安全置于突出位置

这一时期，中国共产党将军事安全置于国家安全的最突出位置，敢于斗争、敢于亮剑。新中国脱胎于半殖民地半封建社会，近代遗留下来的边界问题、边疆问题十分复杂，幅员辽阔、陆海复合型的国土形态使海空军

① 毛泽东：《毛泽东选集》第 4 卷，人民出版社 1991 年版，第 1461 页。

力不足的新中国面临着巨大的国防压力。这一时期，国家安全突出强调保卫国家的主权独立和领土完整，以及保卫人民胜利果实和革命成果。这一时期，我国国内面临着肃清匪特、旧势力残余，解放全中国的任务；外有以美国为首的西方势力的敌视、颠覆、封锁和包围，同时频繁遭到一些周边国家对我国领土主权的挑衅，安全形势十分严峻。一穷二白的新中国维护国家安全的手段十分有限。

为应对上述挑战，毛泽东将军事安全置于国家安全的首要位置，坚持积极防御战略，坚决以军事手段维护国家安全。一是加强人民军队建设，毛泽东高度重视人民军队建设，在新中国成立之初就指出要建设强大的陆军、海军、空军。二是加强先进武器研究，推动军事装备现代化发展，并成功研制了以“两弹一星”为代表的高科技军事装备，大幅提升了国家安全保障能力。三是经济建设服务于军事安全，毛泽东认为发展工农业生产是加强国防建设的物质基础，即经济建设是国防军事建设的手段。尽管军事建设是国家安全的核心，但是军事建设终究是为了维护中国国家安全和世界和平，而不是用于侵略他国。为此，毛泽东提出了反霸和永不称霸的国家安全思想，这一思想赢得了国际社会尤其广大第三世界国家的认可和称赞。①

这一阶段，中国先后进行了抗美援朝战争、金门炮战、中印边境自卫反击战、抗美援越战争、珍宝岛战役及西沙海战等多场战争，均取得了胜利。特别是抗美援朝战争“打得一拳开，免得百拳来”，使美国等“帝国主义再也不敢作出武力进犯新中国的尝试”，② 显示了中国人民解放军强大的战斗力，极大震慑了外部侵略者，有力地捍卫了我国的国土安全。中国在战争中学习战争，全面加强诸兵种建设，推进国防和军队现代化，贯彻人民战争思想，以安全为优先考虑推动“三线建设”，建立独立完整的国防工业体系，大力发展尖端科技。“两弹一星”研制成功彻底粉碎了核大国的核讹诈、核垄断图谋，实现了军事安全的重大突破，改变了国际战略态势；毛泽东“不首先使用核武器”“反对核战争”“核不扩散”“研制核

---

① 肖晞、王一民：《中国共产党百年国家安全思想发展析论》，《太平洋学报》2021 年第 11 期，第 14—25 页。

② 习近平：《在纪念中国人民志愿军抗美援朝出国作战 70 周年大会上的讲话》，《人民日报》2020 年 10 月 24 日。

武的目的是最终消灭核武”等思想奠定了我国核安全的理论基础。

三、灵活运用统一战线思想，调动国际力量维护国家安全

毛泽东一贯重视统一战线，且把统一战线看作战胜敌人的锐利武器。新中国成立前夕，在美苏冷战的两极格局下，面对复杂的国际形势，以毛泽东同志为核心的中国共产党果断地采取了“一边倒”政策，即新中国在国际斗争中选择与苏联为首的社会主义阵营国家站在一边，有力地捍卫了新生的社会主义人民政权，对新中国在国际舞台站稳脚跟发挥关键作用。20 世纪 50 年代，中国提出了和平共处五项原则——互相尊重主权及领土完整、互不侵犯、互不干涉内政、平等互利、和平共处，为更好地维护国家安全划定了外交“边线”。20 世纪 50 年代末至 60 年代初，北面中苏关系恶化，南面美蒋伺机侵犯，毛泽东通过对国际局势的深刻分析，敏锐地捕捉到了两大阵营同步离散化的趋势，提出了“两个中间地带”理论，紧紧依靠“第一中间地带”的亚非拉国家，积极争取“第二中间地带”的欧洲、北美和大洋洲国家，反对帝国主义阵营的侵略和战争政策，构建国际反霸统一阵线，支持被压迫民族争取独立和解放，共同牵制美苏的霸权主义行径。在“两个中间地带”理论指导下，到 20 世纪 60 年代中期，中国与大批撒哈拉以南非洲国家建立了外交关系，与西方大国法国建交，与澳大利亚、意大利建立了贸易关系，有力地拓宽了新中国的外交空间，维护了外部安全。20 世纪 70 年代，中国恢复了在联合国的合法席位，面对苏攻美守的新态势，毛泽东又提出“三个世界”理论，明确中国属于第三世界国家，全面加强了同广大发展中国家合作。其后，通过“一条线、一大片”战略，中国进一步拓展了外交空间，实现了中美关系正常化，在美苏对立的格局中构建了中美苏大三角关系，大幅提升了中国的战略影响力，也为“富起来”阶段中国的大战略调整营造了良好的国际安全环境。

总体而言，毛泽东的国家安全思想是在长期革命斗争中逐渐形成的战略思想，是毛泽东思想的重要组成部分。其具有科学性，从客观实际出发，通过对国际政治、经济形势的深刻分析提出国家安全战略思想；具有灵活性，主张必须以变化的时间、地点、条件为转移看待事务，结合不同时期的国际斗争需要灵活调整国际统一战线的具体形式和内容；具有普遍性，即其将中国革命看作世界无产阶级革命组成部分，对各国人民的革命斗争，争取民族独立和解放具有普遍指导意义；具有旗帜鲜明性，开诚布

公地指出“谁是我们的敌人”“谁是我们的朋友”的问题，确保在国际舞台上具有清晰的斗争方向。[①]

第二节 “富起来”阶段的国家安全思想

“富起来”阶段（1978—2012 年），党的国家安全思想主要集中体现于邓小平理论、新安全观、科学发展观之中，其核心是以经济建设为中心，以发展求安全、以合作求安全。在“站起来”阶段，严峻的国家安全形势、连续的战争与备战、相对封闭的外部环境给我国发展带来制约，中国错失了参与第三次科技革命“黄金期”，中国共产党人强烈的忧患意识再次驱动着国家安全观念的革新，党中央推动以经济发展为中心、全面实施改革开放，全面快速提升工业化能力和中国的综合国力，创造性地维护国家安全，这一时期党的国家安全思想进一步丰实和发展。

一、以经济发展为中心

党的十一届三中全会召开、中美正式建交以后，邓小平敏锐地察觉到国际战略形势发生的新变化，作出了“世界大战是可以避免的”“和平与发展是时代主题”的战略判断。[②] 邓小平在 1985 年 3 月提出，“现在世界上真正大问题，带有全球性的战略问题：一个是和平问题，一个是经济问题或者叫发展问题”[③]。同年 6 月，邓小平在中央军委扩大会议上提出：“世界战争的危险是存在的。由于两个超级大国正在进行军备竞赛，战争因素还会发展。但是，人民是要求和平、反对战争的。世界和平力量的增长将超过战争力量的增长。”[④]

这一时期，中国共产党深刻认识到国家安全实质上是国家利益的安全，“丢城失地”意味着国家安全被侵犯，经济上被遏制同样意味着国家安全被侵犯。综合利益的安全才是国家真正意义上的安全，国家安全与否

① 巨永明：《从“中间地带”到“三个世界”——兼论毛泽东国际统一战线思想》，《河南师范大学学报》1993 年第 20 卷，第 20—23 页。

② 邓小平：《邓小平文选》第 3 卷，人民出版社 1993 年版，第 105 页。

③ 邓小平：《邓小平文选》第 3 卷，人民出版社 1993 年版，第 105 页。

④ 邓小平：《邓小平文选》第 3 卷，人民出版社 1993 年版，第 126 页。

主要看国家、民族的利益是否被侵犯。[①] 随着时代主题的转变，以经济实力为基础的综合国力竞争成为国际较量的主要手段。邓小平紧紧把握国际形势变化趋势，确定了经济建设的中心任务，这一时期党的国家安全思想强调发展是安全的基础，注重通过提升综合国力，夯实国家安全的物质基础。就国内而言，富国才能强军，强军才能卫国，落后的经济实力不仅严重制约了中国维护国家安全的能力，还成为社会稳定问题复杂难解的症结所在。邓小平指出，"贫穷不是社会主义""发展才是硬道理""不搞现代化，科学技术不提高，社会生产力不发达，国家实力得不到加强，人民的物质文化生活得不到改善，那么我们的社会政治制度和经济制度就不能充分巩固，我们的国家安全就没有可靠的保障"。[②] 就全球来看，以经济、科技实力为主的综合国力比拼已成为国际竞争的核心，能否快速提升综合国力也成为彰显社会主义制度优势的关键，"中国能不能顶住霸权主义、强权政治的压力，坚持我们的社会主义制度，关键就看能不能争得较快的增长速度，实现我们的发展战略"[③]，"科技是第一生产力"[④]，"没有先进科技，军事安全和政治安全都谈不上"[⑤]。正是这种对国家安全的新认识推动着我们以经济发展为核心，全面提升我国的综合国力，全面实施科教兴国战略，加快了对发达国家科技、先进制造能力的追赶，为实现中国的经济快速崛起奠定了重要的思想基础。

二、为发展营造良好的外部安全环境

同时，安全是发展的条件。这一时期中国共产党坚持坚定而灵活地维护国家安全，为发展营造良好条件。一方面，坚定维护国家主权和政治安全的底线，如在处理香港回归的问题时，邓小平坚决要求在1997年收回中国对香港的主权。1982年9月，英国首相撒切尔夫人访华时，邓小平明确表示，"关于主权问题，中国在这个问题上没有回旋余地"，"主权问题是

① 高争气：《邓小平国家安全战略观》，《西安政治学院学报》1998年8月，第3—5页。

② 邓小平：《邓小平文选》第2卷，人民出版社1994年版，第239页。

③ 邓小平：《邓小平文选》第3卷，人民出版社1993年版，第365页。

④ 邓小平：《邓小平文选》第3卷，人民出版社1993年版，第279页。

⑤ 江泽民：《论科学技术》，中央文献出版社2001年版，第151—152页。

不能谈判的”。[①] 他认为，“必须由爱国者为主体的港人来治理香港”，“爱国者的标准是，尊重自己的民族，诚心诚意拥护祖国恢复对香港的主权，不损害香港的繁荣与稳定”。[②] 在 2008 年西藏发生打砸抢暴力事件后，欧盟轮值国主席、法国总统萨科齐声称，欧洲首脑应根据“北京与达赖对话”的情况决定是否参加北京奥运开幕式，并以法国总统和欧盟轮值主席国的双重身份会见达赖，面对法国干涉中国西藏问题，中国予以坚决反对，严守一个中国立场与底线不动摇。另一方面，处理好发展与稳定的关系，强调为发展创造良好条件，维权手段可更加灵活。这一阶段，中国外交打破了“以意识形态划线”的传统，奉行不结盟政策，以和平共处五项原则推动与所有国家的务实合作；秉持“韬光养晦”“决不当头”等原则，专注于自身发展，不让中国成为国际矛盾的焦点。在解决争端与冲突时优先选择和平、互利共赢的方式，必要时可以创新方式方法，在坚定原则的基础上将矛盾和分歧搁置起来。例如，在处理南海问题上，邓小平提出了“主权在我、搁置争议、共同开发”的重要思想；在国家统一问题上，创造性地提出了“一国两制”构想，为香港、澳门顺利回归祖国，为海峡两岸在和平发展基础上实现统一提供了有利条件。

三、走和平发展道路

改革开放后，邓小平突破了冷战时期意识形态二元对立的思维模式，在国际事务中重视寻求国家安全和利益实现，把坚持反对霸权主义基础上的平等合作、互利共赢作为国家安全战略的基本准则。在这一时期，随着经济全球化进程的加快，世界的普遍安全已成为各国安全的基本保证，任何国家都不能脱离世界安全谋求一国安全。邓小平指出，现在威胁世界和平的主要是霸权主义，霸权主义是战争的根源，因此把反对霸权主义、建立国际和平新秩序作为国家安全战略的主要内容。[③]

这一时期，中国共产党坚持走和平发展道路，倡导“互信、互利、平等、协作”新安全观，谋求共同安全。冷战结束后，面对新一轮经济全球

---

① 邓小平：《邓小平文选》第 3 卷，人民出版社 1993 年版，第 359 页。

② 邓小平：《邓小平文选》第 3 卷，人民出版社 1993 年版，第 61 页。

③ 王亚玲：《邓小平国家安全战略思维及其时代价值》，《邓小平研究》2016 年第 4 期，第 126—132 页。

化浪潮，中国创造性地选择了“同世界经济全球化相联系而不是相脱离的进程中，在同国际社会实现互利共赢的进程中，独立自主地建设中国特色社会主义”。[①] 以共同发展拓展共同利益，推动共同安全的实现，走出了一条无先例可循的和平发展道路。提倡各国“安全上应互信、互利、平等和协作”，[②] 倡导“只有实现全球协调、平衡、普遍发展，才能实现世界的持久和平与稳定”[③] 等，超越了“对方安全就意味着自身不安全”的零和思维，主张“安全必须是各国普遍的安全”[④]；超越了“只维护本国安全而不顾他国安全关切”的单边做法，主张“在共同安全中实现各国的国家安全”；超越了类似“公地悲剧”的全球治理难题，主张“全球性挑战需要各国通力合作应对”。中国提出“以邻为善、以邻为伴”的方针，1994 年与俄罗斯签署《中俄联合声明》，宣布建立在和平共处各项原则基础上的完全平等的“战略协作伙伴关系”，摒弃了不结盟就是对抗的冷战思维，体现了以互信求安全、互利求合作的新型国家关系。对东南亚国家，中国主动增信释疑，积极发展同东盟及各成员国的友好关系，推动建立了“10＋1”（东盟和中国）、“10＋3”（东盟和中日韩）合作机制；2003 年，“非典”疫情高峰期，中国与东盟召开领导人特别会议，积极强调加强国际安全，共同抗击“非典”，维护地区稳定的主张，并设立“非典”专项资金，开辟了与国际社会共同应对生物安全的新路径、新模式。

四、重视非传统安全问题

随着冷战结束和经济全球化、政治多极化、社会信息化和文化多样化的深入发展，国家安全的内涵也在不断扩大，涌现出一些非传统安全挑战。这一时期，党中央密切关注发展中产生的新安全问题，尝试用科学发展的理念去解决这些问题，及时填补安全漏洞。如中国社会信息化和文化多样化加速发展，但相关的安全保障措施没跟上，带来了新的安全风险，党中央及时提出“网络技术涉及国家安全”，大力推进网络文化建设，抢

---

① 郑必坚：《对中国和平崛起新道路与中美关系的十点看法》，《中国报道》2005 年第 9 期，第 17 页。

② 江泽民：《江泽民文选》第 3 卷，人民出版社 2006 年版，第 567 页。

③ 中共中央文献研究室编：《十六大以来重要文献选编》（上），中央文献出版社 2005 年版，第 311 页。

④ 江泽民：《江泽民文选》第 2 卷，人民出版社 2006 年版，第 313 页。

占这个“新的思想文化阵地和思想政治斗争阵地”，并对西方一些敌对势力利用互联网等新手段对中国实施西化分化严加防范。随着国际安全形势的不断演进，党对国家安全的认识也在不断深化，在国际反恐、金融危机等大背景下，对“恐怖主义的危害”“民族宗教矛盾导致的冲突风险”及“信息安全、金融安全，以及粮食、石油等战略物资的安全”更加重视。[①]随着中国发展水平和科技水平的不断提高、“新空间、新边疆”的不断拓展，中国国家利益观和国家安全的“新边界”也在随之延展，维护新兴领域安全的意识不断增强。随着国家走出去的力度不断加大，文化软实力安全、经贸安全、海外利益安全等也逐渐被纳入维护国家安全的重点范畴中，党对非传统安全威胁的重视程度已经逐渐上升到同传统安全一样的水平。

总体而言，在“富起来”阶段，中国领导人作出了把党和国家工作中心转移到经济建设上来、实行改革开放的历史性决策，成为决定当代中国命运的“关键一招”。[②] 自此中国走上了中国特色的发展道路，开启了社会主义现代化建设历史新时期。经过这一阶段三十多年的努力，中华民族实现了从“站起来”到“富起来”的历史性飞跃，为中国“强起来”奠定了坚实的政治基础和经济基础。

第三节 “强起来”阶段的国家安全思想

党的十八大以来，中国特色社会主义进入新时代，中华民族伟大复兴进入“强起来”阶段。在国内，中国社会面临的主要矛盾已经发生了转变——由人民日益增长的物质文化需要同落后的社会生产之间的矛盾转变为人民日益增长的美好生活的需要同不平衡不充分发展之间的矛盾，更好地满足人民群众的安全需求正成为新阶段国家安全工作变革的重要动力。在国际，世界百年未有之大变局加速演进，世界之变、时代之变、历史之变正在以前所未有的方式展开。面对更复杂多变的安全形势，以习近平同

① 江泽民：《江泽民文选》第 3 卷，人民出版社 2006 年版，第 370 页。

② 习近平：《在庆祝改革开放 40 周年大会上的讲话》，《人民日报》2018 年 12 月 19 日。

志为核心的党中央创造性提出总体国家安全观，坚持统筹发展和安全，推进国家安全体系和能力现代化，以新安全格局保障新发展格局，坚决维护国家安全和社会稳定，为强国建设、民族复兴提供坚强安全保障。

一、总体国家安全观的发展脉络

进入新时代，我国面临的国际安全形势更趋严峻复杂，而我国处于中华民族伟大复兴的关键时刻，处于从发展中大国迈向社会主义现代化强国的关键阶段。面对世界百年大变局、世纪大疫情、复兴大跨越，我国国家安全威胁的复杂性、多样性、联动性、跨国性均远超以往，以往的国家安全思想与实践经验已难以适应和满足“强起来”时代的国家安全需求。为此，以习近平同志为核心的党中央创造性地提出总体国家安全观并将其不断发展完善，标志着我们党对国家安全工作基本规律的认识达到了新的高度。作为新时代中国国家安全工作的指导思想，总体国家安全观从2013—2014年酝酿和提出，到2020—2021年成熟完善，经历了不断发展和丰富的过程，总体可分为三大阶段。

（一）习近平总书记创造性提出总体国家安全观

党的十八大开启了中国特色社会主义新时代。2013年11月1—12日召开的党的十八届三中全会通过了《中共中央关于全面深化改革若干重大问题的决定》，历史性地提出“设立国家安全委员会，完善国家安全体制和国家安全战略，确保国家安全”。习近平总书记就此作出进一步说明，明确指出国家安全和社会稳定是改革发展的前提。只有国家安全和社会稳定，改革发展才能不断推进。当前，我国面临对外维护国家主权、安全、发展利益，对内维护政治安全和社会稳定的双重压力，各种可以预见和难以预见的风险因素明显增多。而我们的安全工作体制机制还不能适应维护国家安全的需要，需要搭建一个强有力的平台统筹国家安全工作。设立国家安全委员会，加强对国家安全工作的集中统一领导，已是当务之急。[①] 党的十八届三中全会决定成立中国共产党中央国家安全委员会，其主要职责是制定和实施国家安全战略，推进国家安全法治建设，制定国家安全工作方针政策，研究解决国家安全工作中的重大问题。设立中央国家安全委

---

① 中共中央文献研究室编：《十八大以来重要文献选编》（上），中央文献出版社2014年版，第506页。

员会填补了中国国家安全工作的体制空白，同时也标志着中国国家安全工作新时代的开启。

2014 年 4 月 15 日，中央国家安全委员会第一次会议召开，中共中央总书记、国家主席、中央军委主席、中央国家安全委员会主席习近平主持会议并发表重要讲话，开创性地提出“总体国家安全观”，是我国对本阶段国家安全利益认知的首次完整、系统地表述，为新时代国家安全工作提供了根本遵循。习近平总书记强调，当前我国国家安全内涵和外延比历史上任何时候都要丰富，时空领域比历史上任何时候都要宽广，内外因素比历史上任何时候都要复杂，必须坚持总体国家安全观，以人民安全为宗旨，以政治安全为根本，以经济安全为基础，以军事、文化、社会安全为保障，以促进国际安全为依托，走出一条中国特色国家安全道路。[①] 这五个“以……为……”逻辑严密、思想深邃，共同构成总体国家安全观的“五大要素”，彰显中国特色国家安全理论的原创性与开拓性。同时，习近平总书记还指出，贯彻落实总体国家安全观，必须既重视外部安全，又重视内部安全，对内求发展、求变革、求稳定、建设平安中国，对外求和平、求合作、求共赢、建设和谐世界；既重视国土安全，又重视国民安全，坚持以民为本、以人为本，坚持国家安全一切为了人民、一切依靠人民，真正夯实国家安全的群众基础；既重视传统安全，又重视非传统安全，构建集政治安全、国土安全、军事安全、经济安全、文化安全、社会安全、科技安全、信息安全、生态安全、资源安全、核安全等于一体的国家安全体系；既重视发展问题，又重视安全问题，发展是安全的基础，安全是发展的条件，富国才能强兵，强兵才能卫国；既重视自身安全，又重视共同安全，打造命运共同体，推动各方朝着互利互惠、共同安全的目标相向而行。[②] 这五个“既”和“又”即为总体国家安全观的“五对关系”，彰显国家安全工作的辩证法与统筹性。

2015 年 7 月 1 日，《国家安全法》公布实施，开启了国家安全法治建设的崭新篇章。其第二条明确了“国家安全”一词的定义，即国家安全是

① 习近平：《在中央国家安全委员会第一次会议上的讲话（2014 年 4 月 15 日）》，《人民日报》2014 年 4 月 16 日。

② 习近平：《在中央国家安全委员会第一次会议上的讲话（2014 年 4 月 15 日）》，《人民日报》2014 年 4 月 16 日。

指国家政权、主权、统一和领土完整、人民福祉、经济社会可持续发展和国家其他重大利益相对处于没有危险和不受内外威胁的状态，以及保障持续安全状态的能力。① 其第三条指出，国家安全工作应当坚持总体国家安全观，以人民安全为宗旨，以政治安全为根本，以经济安全为基础，以军事、文化、社会安全为保障，以促进国际安全为依托，维护各领域国家安全，构建国家安全体系，走中国特色国家安全道路。②

设立全民国家安全教育日。《国家安全法》第十四条明确将每年 4 月 15 日设为全民国家安全教育日。③ 2016 年 4 月 15 日，在首个全民国家安全教育日到来之际，习近平总书记强调，要以设立全民国家安全教育日为契机，以总体国家安全观为指导，全面实施国家安全法，深入开展国家安全宣传教育，切实增强全民国家安全意识。要坚持国家安全一切为了人民、一切依靠人民，动员全党全社会共同努力，会聚起维护国家安全的强大力量，夯实国家安全的社会基础，防范化解各类安全风险，不断提高人民群众的安全感、幸福感。④

2017 年 2 月 17 日，习近平总书记主持召开国家安全工作座谈会并发表重要讲话，强调要准确把握国家安全形势，牢固树立和认真贯彻总体国家安全观，以人民安全为宗旨，走中国特色国家安全道路，努力开创国家安全工作新局面，为中华民族伟大复兴中国梦提供坚实安全保障。习近平总书记强调，认清国家安全形势，维护国家安全，要立足国际秩序大变局来把握规律，立足防范风险的大前提来统筹，立足我国发展重要战略机遇期大背景来谋划。⑤ 这三个“立足”为国家安全认识论，并在日后不断丰富，构成了习近平治国理政思想的“三论”，即世界大变局论、防范重大风险论、历史机遇期论。

---

① 《中华人民共和国国家安全法》（主席令第二十九号）第二条，中国政府网，2015 年 7 月 1 日，https://www.gov.cn/zhengce/2015-07/01/content_2893902.htm。

② 《中华人民共和国国家安全法》（主席令第二十九号）第三条，中国政府网，2015 年 7 月 1 日，https://www.gov.cn/zhengce/2015-07/01/content_2893902.htm。

③ 《中华人民共和国国家安全法》（主席令第二十九号）第十四条，中国政府网，2015 年 7 月 1 日，https://www.gov.cn/zhengce/2015-07/01/content_2893902.htm。

④ 习近平：《习近平在首个全民国家安全教育日之际作出的指示》，《人民日报》2016 年 4 月 15 日。

⑤ 习近平：《习近平在国家安全工作座谈会上的讲话》，《人民日报》2017 年 2 月 18 日。

（二）习近平新时代中国特色社会主义思想的“国家安全篇”

2017 年 10 月 18 日，党的十九大胜利召开，习近平总书记作《决胜全面建成小康社会　夺取新时代中国特色社会主义伟大胜利》大会报告，提出了新时代坚持和发展中国特色社会主义的十四条基本方略，其中第十条即为“坚持总体国家安全观”。具体包括统筹发展和安全，增强忧患意识，做到居安思危，是我们党治国理政的一个重大原则；必须坚持国家利益至上，以人民安全为宗旨，以政治安全为根本，统筹外部安全和内部安全、国土安全和国民安全、传统安全和非传统安全、自身安全和共同安全，完善国家安全制度体系，加强国家安全能力建设，坚决维护国家主权、安全、发展利益；标志着总体国家安全观上升到党治国理政基本方略的新高度。

2018 年 4 月 17 日，习近平总书记主持召开十九届中央国家安全委员会第一次会议并发表重要讲话，就全面贯彻落实总体国家安全观创造性地提出“五个坚持”，即必须坚持统筹发展和安全两件大事，既要善于运用发展成果夯实国家安全的实力基础，又要善于塑造有利于经济社会发展的安全环境；坚持人民安全、政治安全、国家利益至上的有机统一，人民安全是国家安全的宗旨，政治安全是国家安全的根本，国家利益至上是国家安全的准则，实现人民安居乐业、党的长期执政、国家长治久安；坚持立足于防，又有效处置风险；坚持维护和塑造国家安全，塑造是更高层次更具前瞻性的维护，要发挥负责任大国作用，同世界各国一道，推动构建人类命运共同体；坚持科学统筹，始终把国家安全置于中国特色社会主义事业全局中来把握，充分调动各方面积极性，形成维护国家安全合力。“五个坚持”是对总体国家安全观的重要深化，尤其是“坚持人民安全、政治安全、国家利益至上的有机统一”，将人民、执政党、主权国家三个安全主体统一起来，打造“三位一体”的国家安全，是对总体国家安全观的重大发展，彰显其根本性、先进性和中国特色。①

2019 年 10 月 28—31 日，党的十九届四中全会召开，会议审议通过《中共中央关于坚持和完善中国特色社会主义制度、推进国家治理体系和治理能力现代化若干重大问题的决定》，提出要“完善国家安全体系”，包

---

① 总体国家安全观研究中心：《总体国家安全观透视：历史长河、全球视野、哲学思维》，时事出版社 2023 年版，第 16—17 页。

括：坚持总体国家安全观，统筹发展和安全，坚持人民安全、政治安全、国家利益至上有机统一。以人民安全为宗旨，以政治安全为根本，以经济安全为基础，以军事、科技、文化、社会安全为保障，健全国家安全体系，增强国家安全能力。这一论述在原有的“五大要素”基础之上及时补充了“科技安全”这一重要保障手段，顺应了当前世界大国科技竞争日益激烈的新形势及对维护国家安全工作提出的新要求。

2020 年 12 月 11 日，中共中央政治局就切实做好国家安全工作举行第二十六次集体学习，习近平总书记就贯彻总体国家安全观提出十点要求，即“十个坚持”，标志着以习近平同志为核心的党中央对国家安全工作规律性认识的深化、拓展和升华，体现了理论与实践的结合、认识论和方法论的统一。“十个坚持”包括坚持党对国家安全工作的绝对领导；坚持中国特色国家安全道路；坚持以人民安全为宗旨；坚持统筹发展和安全；坚持把政治安全放在首要位置；坚持统筹推进各领域安全；坚持把防范化解国家安全风险摆在突出位置；坚持推进国际共同安全；坚持推进国家安全体系和能力现代化；坚持加强国家安全干部队伍建设。

2020 年 10 月，党的十九届五中全会将统筹发展和安全作为“十四五”时期经济社会发展指导思想的重要内容，并历史性地将安全置于同发展并重的位置。2021 年 11 月 11 日，党的十九届六中全会通过的《中共中央关于党的百年奋斗重大成就和历史经验的决议》，把维护国家安全列为党的十八大以来十三个方面重大成就之一，并提出“统筹发展和安全，统筹开放和安全，统筹传统安全和非传统安全，统筹自身安全和共同安全，统筹维护国家安全和塑造国家安全”，即“五个统筹”，总体国家安全观得到进一步升华。

党的十九届六中全会闭幕一周后，中共中央政治局于 2021 年 11 月 18 日召开会议，审议通过《国家安全战略（2021—2025 年）》，提出了构建“新安全格局”的重大课题。会议指出，新形势下维护国家安全，必须牢固树立总体国家安全观，加快构建新安全格局，要做到“五个坚持”，即必须坚持党的绝对领导，完善集中统一、高效权威的国家安全工作领导体制，实现政治安全、人民安全、国家利益至上相统一；坚持捍卫国家主权和领土完整，维护边疆、边境、周边安定有序；坚持安全发展，推动高质量发展和高水平安全动态平衡；坚持总体战，统筹传统安全和非传统安全；坚持走和平发展道路，促进自身安全和共同安全相协调。[①] 作为新中国成立以来的首部国家安全战略，其反映出统筹构建新发展格局和新安全格局的时代新要求，表明中国国家安全战略规划体制机制更加健全和成熟。

（三）以高水平安全护航高质量发展的时代新篇

2022 年 10 月 16 日，中国共产党第二十次全国代表大会胜利召开，习近平总书记作出题为《高举中国特色社会主义伟大旗帜　为全面建设社会主义现代化国家而团结奋斗》的报告，首次以专章形式对国家安全工作进行了阐述和部署，阐明了国家安全的新定位，凝练了国家安全的新思想，提出了国家安全的新要求，明确了国家安全的新任务，进一步丰富和提升了总体国家安全观。

习近平总书记指出，国家安全是民族复兴的根基，社会稳定是国家强盛的前提；必须坚定不移贯彻总体国家安全观，把维护国家安全贯穿党和国家工作各方面全过程，确保国家安全和社会稳定；进一步明确了保障国家安全对于实现中华民族伟大复兴的战略意义。

以“五个统筹”新表述发展了总体国家安全观方法论。报告提出要坚持以人民安全为宗旨、以政治安全为根本、以经济安全为基础、以军事科技文化社会安全为保障、以促进国际安全为依托，统筹外部安全和内部安全、国土安全和国民安全、传统安全和非传统安全、自身安全和共同安全，统筹维护和塑造国家安全。并将统筹发展和安全提升到了总纲的新高度，使总体国家安全观得到进一步升华。统筹发展和安全是纲，是新时代我们党治国理政的一条重要原则，也是我国国家安全思想的一次重大理论飞跃。新的“五个统筹”表述更加紧凑、更加精准、更具可操作性。

大会明确提出“以新安全格局保障新发展格局”。报告提出，必须坚定不移贯彻总体国家安全观，把维护国家安全贯穿党和国家工作各方面全过程，确保国家安全和社会稳定；健全国家安全体系、增强维护国家安全能力、提高公共安全治理水平、完善社会治理体系，以新安全格局保障新

① 中共中央政治局会议审议《国家安全战略（2021—2025 年）》《军队功勋荣誉表彰条例》和《国家科技咨询委员会 2021 年咨询报告》，中国政府网，2021 年 11 月 18 日，https：//www. gov. cn/xinwen/2021 - 11/18/content_5651753. htm。

发展格局。"以新安全格局保障新发展格局"是总体国家安全观理论的最新发展和实践的最新要求，是新征程上顺应世界之变、时代之变、历史之变的必然需要，是驾驭世界百年未有之大变局、护航中华民族伟大复兴新征程的战略举措，彰显了中国特色国家安全理论的继往开来。

二、总体国家安全观的核心要义

总体国家安全观是应对国家安全环境新变化的客观要求，是对中国国家安全战略文化思想的传承和发展，是党的十八大以来以习近平同志为核心的党中央加强统筹协调国家安全工作的必然结果，标志着我们党对国家安全工作基本规律的认识达到了新的高度。总体国家安全运用系统思维，从战略全局高度看待国家安全，实现了国家安全多方面内容和要求的有机统一。总体国家安全观的提出与不断发展，已经成为"强起来"阶段中国最鲜明的理论标识。"五大要素""五对关系""十个坚持""五个统筹"共同构成了总体国家安全观的核心内涵。

（一）"五大要素"的系统论

总体国家安全观的"五大要素"揭示本质属性。"五大要素"指以人民安全为宗旨，以政治安全为根本，以经济安全为基础，以军事、文化、社会安全为保障，以促进国际安全为依托。

以人民安全为宗旨是新时代国家安全的根本立场。国家安全工作归根结底是保障人民利益。人民立场是中国共产党的根本政治立场，是马克思主义政党区别于其他政党的显著标志。以人民安全为宗旨就是始终把人民安全放在最高位置，坚持以民为本、以人为本，坚持国家安全一切为了人民、一切依靠人民，夯实国家安全的群众基础，为群众安居乐业提供坚强保障。

以政治安全为根本是新时代国家安全的生命线，政治安全的核心是政权安全和制度安全，最根本的就是维护中国共产党的领导和执政地位。维护政治安全就是坚持党的领导和中国特色社会主义制度不动摇；就是把制度安全、政权安全放在首要位置，为国家安全提供政治保证。历史已经证明，如果政治安全得不到保障，国家必然会陷入四分五裂、一盘散沙；没有中国共产党的领导，中华民族伟大复兴必然是空想，因此应始终将政治安全摆在首要位置。

以经济安全为基础，就是确保国家经济发展不受侵害，保证基本经济制度安全，促进经济持续健康稳定发展，提高国家经济实力，为国家安全提供物质基础。以经济安全为基础是历史唯物主义基本原理的体现，符合国家安全的内在规律，立足于中国作为最大发展中国家需要保持经济可持续发展的基本国情，也是坚持“以经济建设为中心”这一党的基本路线的需要。

以军事、科技、文化、社会安全为保障，就是注意这些领域面临的新情况新问题，遵循不同领域的安全规律，建立固本强基、化险为夷的对策措施，为维护国家安全提供硬实力、软实力和公共安全三方面保障。对于军事安全保障，就是要加快国防和军队现代化，实现富国和强军相统一；对于科技安全保障，就是要把科技自立自强作为国家发展的战略支撑，加快科技强国，打好关键核心技术攻坚战；对于文化安全保障，就是要坚持马克思主义在意识形态领域的指导地位，坚持文化自信，推进社会主义文化强国建设；对于社会安全保障，就是要维护社会稳定和安全，健全社会综合治理机制，坚决防范恐怖主义、黑恶势力、网络犯罪等风险。

以促进国际安全为依托，就是始终不渝走和平发展道路，在注重维护本国利益的同时，注重维护共同安全，打造人类命运共同体。各国安全相互作用，国际安全休戚与共，维护国家安全需要适度平衡本国利益与他国关切，统筹应对内忧和外患，坚持统筹国内和国际两个大局，协调推进内部和外部安全。这体现了总体国家安全观不仅致力于维护中国自身安全，还致力于促进国际共同安全，力求国家安全与国际安全的良性互动、中国安全与世界和平的相互促进，体现了中国对国际安全的高度重视与大国担当。

总体而言，作为国家安全的“宗旨”“根本”“基础”“保障”“依托”，“五大要素”环环相扣、缺一不可、密不可分，共同构成总体国家安全观的基本原理和理论内核，彰显了总体国家安全观强大的理论穿透力与逻辑说服力。

（二）“五对关系”的辩证法

“五对关系”蕴含着总体国家安全观的科学辩证方法。“五对关系”是指既重视外部安全又重视内部安全；既重视国土安全，又重视国民安全；既重视传统安全，又重视非传统安全；既重视发展问题，又重视安全问题；既重视自身安全，又重视共同安全。首先是“既重视国土安全又重视国民安全”。与传统西方安全理论相比，中国更强调国民安全的重要性，彰显了以人民安全为宗旨的理念。这一理念在历次海外撤侨行动中、在抗击自然灾害过程中、在2020年以来新冠疫情防控战中都得到了充分体现。“既重视外部安全又重视内部安全”，与西方以“霸权、均势”等概念为内核的安全观念相比，中国更强调内部安全的重要性，这既体现了中国的和合文化传统，也体现了以政治安全为根本的理念——坚定捍卫中国特色社会主义制度、道路和文化，强调维护安定团结的社会环境。“既重视发展问题，又重视安全问题”，把“经济安全是基础”以更形象的方式加以阐述，打破了西方就安全谈安全的思考框架；发展是安全的基础，安全是发展的条件，给“统筹发展和安全”不断理论化、系统化奠定了基础。“既重视传统安全又重视非传统安全”，是对“以军事、科技、文化、社会安全为保障”的进一步总结，同时为把更多涉及“新边疆”领域的安全子系统纳入大安全系统中预留了充足空间。“既重视自身安全又重视共同安全”，对应的是以国际安全为依托，超越了西方传统安全理论以自身安全为出发点的思考范式，一定程度地从理论上破解了西方只顾自己绝对安全、不顾他国安全所导致的“安全困境”“公地悲剧”。与人类命运共同体等理念相辅相成、相得益彰，集中体现了中国特色国家安全理念的时代性、先进性和普世价值。“五对关系”体现了马克思主义唯物辩证法用联系的观点看问题的主张，在认识事物的过程中注重把握矛盾的对立统一，系统地阐明了维护国家安全十个重要方面的内在联系。

（三）“十个坚持”的战略布局

2020年12月11日，中央政治局就切实做好国家安全工作举行第二十六次集体学习，习近平总书记指出“要把国家安全贯穿到党和国家工作各方面全过程，同经济社会发展一起谋划、一起部署，坚持系统思维，构建大安全格局”，就贯彻总体国家安全观提出了“十个坚持”的全面系统论述，即坚持党对国家安全工作的绝对领导；坚持中国特色国家安全道路；坚持以人民安全为宗旨；坚持统筹发展和安全；坚持把政治安全放在首要位置；坚持统筹推进各领域安全；坚持把防范化解国家安全风险摆在突出位置；坚持推进国际共同安全；坚持推进国家安全体系和能力现代化；坚持加强国家安全干部队伍建设。

“十个坚持”系统梳理了“强起来”阶段党的国家安全思想创新，将总体国家安全观的“五大要素”“五对关系”以更科学的方式加以呈现。

具体而言，就是要坚持党对国家安全工作的绝对领导，走中国特色的国家安全道路，发挥党总揽全局、协调各方的领导核心作用。只有这样，才能不断强化国家安全工作的顶层设计和基层落实，为全面建设社会主义现代化国家提供坚强安全保障。要坚持以人民安全为宗旨，一切为了人民、一切依靠人民，始终把人民安全放在最高位置，归根到底就是要在党的领导和中国特色社会主义制度下，为人民群众安居乐业提供坚实保障，充分体现了以人民为中心的国家安全理念。要坚持统筹发展和安全，坚持系统思维和科学统筹，突出大安全理念，塑造新发展格局，着力构建集各领域安全为一体的国家安全体系。要坚持把政治安全摆在首位，防范化解重大安全风险，要从政治安全角度统筹各领域安全，防范和化解影响我国现代化进程的各种风险，坚持底线思维，打好主动仗，确保国家政治安全与社会大局稳定。还要坚持推进国家安全体系和能力现代化，坚持党中央对国家安全工作的集中统一领导，完善高效权威的国家安全领导体制，强化国家安全工作协调机制，增强维护国家安全能力，加强重点领域安全能力建设，坚定捍卫国家主权、安全、发展利益。要坚持加强国家安全干部队伍建设，努力打造一支坚不可摧的国家安全队伍，不断提升维护国家安全和社会稳定的能力水平。此外，还要坚持推进国际共同安全，高举合作、创新、法治、共赢的旗帜，推动树立共同、综合、合作、可持续的全球安全观，完善全球治理体系，共同构建普遍安全的人类命运共同体。

“十个坚持”是对中国如何既解决好大国发展进程中面临的安全共性问题，又处理好中华民族伟大复兴关键阶段面临的特殊安全问题的一次系统回答，是党的国家安全创新理论发展进程中的里程碑，进一步丰富和发展了党对国家安全工作的规律性认识，既是重大战略思想，又是重要战略部署，具有重大的理论意义、实践意义、时代意义和世界意义。

（四）“五个统筹”的方法论

“统筹发展与安全”既是新时代中国共产党治国理政的重要原则，也是全面建成社会主义现代化强国的应有之义。发展是第一要务，安全是头等大事，必须抓好二者的统筹协调，不可偏废。统筹外部安全和内部安全、统筹国土安全和国民安全、统筹自身安全和共同安全、统筹维护国家安全和塑造国家安全，则是在新时代条件下，构建与新发展格局相适应的新安全格局的方法引领。其中，“统筹外部安全和内部安全”是构建新安全格局的战略框架，随着经济全球化的发展，国家间相互依赖程度日益增强，全球性挑战也日渐增多，国家安全的外部化趋势和内部化趋势都得到了加强。尤其是在中美战略竞争日益激烈的背景下，中国国内利益和海外利益安全相互交织，联动性上升，[①] 对统筹外部安全和内部安全提出了更高要求。“统筹国土安全和国民安全”体现了总体国家安全观既注重捍卫国家主权、领土完整和安全发展利益，又坚持以民为本、以人为本，夯实国家安全的群众基础，二者相辅相成、休戚一体。“统筹传统安全与非传统安全”充分体现了当前随着全球化的深入发展及新兴技术的快速涌现，国际国内环境不断发生着深刻变化，非传统安全威胁日益严峻复杂，与传统安全风险相互交织，一旦处理不当就会严重威胁国家安全与社会稳定。而“统筹传统安全与非传统安全”即体现了总体国家安全观与时俱进的时代性。传统安全主要指政治安全、军事安全和国土安全，非传统安全则涉及经济、金融、重大基础设施、科技、网络、数据、人工智能、生物、资源、粮食、核、太空、生态、海洋、极地等安全领域，二者相互影响、紧密交织，非传统安全如果处理不当会演变成传统安全问题，而传统安全出了问题也会滋生非传统安全问题，因此需要对二者统筹应对。“统筹自身安全与共同安全”既体现了中国的大国胸怀与世界眼光，也体现了我国追求的安全格局是公道正义的共同安全格局。中国既要通过维护世界共同安全为自身安全创造条件，又通过解决自身安全问题为世界共同安全做出贡献，努力做世界和平与安全的推动者、建设者和引领者。“统筹维护和塑造国家安全”是党的十九届六中全会通过的《中共中央关于党的百年奋斗重大成就和历史经验的决议》和党的二十大报告中出现的一对关系。中国既要有防范风险的先手，也要有应对和化解风险挑战的高招；既要打好防范和抵御风险的有准备之战，也要打好化险为夷、转危为机的战略主动战。新的“五个统筹”表述更加紧凑、更加精准、更具可操作性，彰显了中国特色国家安全理论的继往开来、守正创新。由此，“五大要素”“五对关系”“十个坚持”“五个统筹”共同构成了总体国家安全观的核心内涵。

---

① 赵可金：《统筹国家安全体系和能力现代化的十大关系》，清华大学社会科学学院官网，2022 年 12 月 20 日，https：//www. sss. tsinghua. edu. cn/info/1074/6427. htm。

三、总体国家安全观的理论飞跃与战略指引

党的十八大以来，世界之变、时代之变、历史之变正以前所未有的方式展开。百年未有之大变局加速演进，世界进入新的动荡变革期，国际环境日趋错综复杂，国际力量对比深刻调整，全球安全面临严峻挑战，国际形势的不确定性与不稳定性明显增加。在总体国家安全观的指引下，中国共产党准确识变、科学应变、主动求变，带领全国人民下先手棋、打主动仗，通过自身的改革和发展赢得了更好的安全环境，解决了许多长期想解决而没有解决的难题，办成了许多过去想办而没有办成的大事，在国家安全领域取得了一系列历史性成就，运用法律手段维护国家安全的能力显著提高，形成了中国特色国家安全道路的比较优势，为新时代的发展塑造了更好的战略机遇，为在世界百年变局下更有力地捍卫国家安全奠定了坚实的基础。

总体国家安全观理论体系的形成和发展是马克思主义基本原理同中国具体实际、同中国传统文化相结合的典范，它系统地回答了中国特色社会主义进入新时代，如何既解决好大国发展进程中面临的共性安全问题，同时又处理好中华民族伟大复兴阶段面临的特殊安全问题这个重大时代课题，在我们党的历史上第一次形成了系统完整的国家安全理论，标志着我们党对国家安全基本规律的认识达到了新高度。总体国家安全观是中国特色国家安全理论的一次重要的历史性飞跃，是习近平新时代中国特色社会主义思想的重要组成部分，是当代中国对世界的重要思想理论贡献，为中国特色国家安全学的设立奠定了政治基础和理论基础。总体国家安全观的三个特质也为我们在如何推动中国特色国家安全学学科体系、学术体系、话语体系建设上提供了基本的路径指引。

其一，总体国家安全观是中国共产党国家安全思想百年演进的系统集成，它决定了这一理论的思想底色是马克思主义，也决定了中国特色国家安全学科建设的“底色”。“人民是历史的创造者”“经济基础决定上层建筑”“内因外因”“矛盾的对立统一”“运用普遍联系和发展的眼光看问题”等马克思主义世界观、方法论为我们理解“以人民安全为宗旨”“统筹发展和安全”“以政治安全为根本”“危与机的相互转化”“坚持底线思维、防范化解重大风险”等提供了基本遵循，中国特色国家安全学的三大体系建设需要以马克思主义为指导，这是中国哲学社会科学有别于西方哲

学社会科学的根本所在。

其二，总体国家安全观汲取了中华优秀传统文化的精髓，体现了中华文化的底蕴，彰显了中华民族的风骨，它指引我们从中华五千多年文明宝库中去挖掘中国国家安全理论的思想缘起，理解中国特色国家安全道路的历史脉络。它指引我们要真正以中国国家安全本身为思考的原点、遵循中华文明发展的基本事实与逻辑去推动中国特色国家安全学的发展，摒弃“西方中心主义”，立足于西方理念无法解释的“中国和平崛起”等新问题，充分运用“民为邦本、本固邦宁”“生于忧患、死于安乐”“好战必亡、忘战必危”等传统智慧去阐释中国的对外政策主张、破解西方理念下的“安全困境”、传播新时代中国的国家安全理念，真正以中国为关照、以中国五千年文明史为参考去解决中国特色国家安全学的主体性的问题，破除对西方国家安全理论的盲目迷信，去建构中国国家安全学自主的知识体系，在本体论上构建出符合中国国情和历史发展规律，更有解释力、说服力，更具适用性和实用性的国家安全思想与理论。

其三，总体国家安全观根植于中国特色社会主义新时代，是指导我们应对世界百年未有之大变局和运筹中华民族伟大复兴战略全局的思想武器。中国特色国家安全学同样源于新时代，不仅担负着为我们维护和塑造国家安全提供更强智力支持的时代重任，也担负着传播中国国家安全理念、不断增强中国国际话语权的历史使命。我们需要以总体国家安全观为指导，以中国国家安全的现实需求为驱动力来研究大国战略博弈与国家安全实战中需要解决的“真问题”，需要摆脱西方国际政治思想谱系和思维框架的束缚，有针对性地在防范化解重大安全风险的战略问题、关键问题上钻研和发力，用中国智慧推动全球安全观、全球安全倡议的推广和落地，不断提升中国在国际安全问题上的议程设置能力，把论文写在新时代的中国大地上，写在维护塑造国家安全的具体实践和实战中。

抚今追昔，在百年前的那场变局中，没有国家独立、没有国家安全的中国所充当的不过是列强战利品的角色；在当今这场世界百年变局中，强起来的中国不仅牢牢掌握着自身的前途命运，而且成为塑造变局的关键，获得了前所未有的历史机遇。当前，中国已经从世界经济的依赖者转变为主要贡献者，从国际战略格局中的弱势者转变为强势者，从国际体系的被动适应者转变为全球治理的主要推动者中国继续保持经济稳定发展，硬实力不断增强，在国际上推动安全合作，积极引领全球治理，软实力加速提升，牢牢掌握着引领和塑造百年变局的主动权。与前三次科技革命失之交臂的中国，终于迎来了充分参与并引领新一轮革命的契机，但“船到中流浪更急，人到半山路更陡”，越是接近中华民族的伟大复兴，我们面临的风险挑战就越大，若我们在这场历史性的较量中扛不住、攻不下，我们很可能会遭遇“半渡而击”，功亏一篑。“中华民族伟大复兴，绝不是轻轻松松、敲锣打鼓就能实现的，实现伟大梦想必须进行伟大斗争”，世界变局之下，总体国家安全观成为我们保持战略定力、有效因应百年变局的新的理论武器，也推动着党的国家安全思想的不断创新发展。

总体国家安全观继承了中国共产党维护国家安全的理论成果和实践经验，体现了中华文化的底蕴，彰显了中华民族的风骨，是立足中华民族伟大复兴战略全局和世界百年未有之大变局的理论创新，标志着中国特色国家安全思想体系和理论体系的形成，是中国国家安全学学科建设的指导思想。只有深刻学习和理解中国共产党的国家安全思想百年演进的历程，更好地把握总体国家安全观，才能更好地理解中国特色国家安全理论形成与发展的基本脉络，才能更好地推动理论创新和实践创新，更好地推动中国国家安全学的“三大体系”建设。

参考文献：

[1] 中共中央党史和文献研究院编：《习近平关于总体国家安全观论述摘编》，中央文献出版社 2018 年版。

[2] 中共中央宣传部、中央国家安全委员会办公室：《总体国家安全观学习纲要》，学习出版社、人民出版社 2022 年版。

[3] 中国现代国际关系研究院编：《百年变局与国家安全》，时事出版社 2021 年版。

[4] 总体国家安全观研究中心：《总体国家安全观透视：历史长河、全球视野、哲学思维》，时事出版社 2023 年版。

[5] 陈文清：《牢固树立和践行总体国家安全观 谱写新时代国家安全新篇章》，《求是》2022 年第 8 期。

[6] 董春岭：《中国共产党国家安全思想的百年演进》，《现代国际关系》2021 年第 3 期。

[7] 董春岭：《系统思维视域下的总体国家安全观》，《国家安全研究》2022 年第 4 期。

［8］袁鹏：《对总体国家安全观理论体系的战略思考》，《现代国际关系》2021 年第 7 期。

［9］袁鹏：《关于中国特色国家安全道路的战略思考》，《国家安全研究》2022 年第 1 期。

［10］钟国安：《深入把握新时代国家安全伟大成就》，《求是》2022 年第 6 期。

第六章 国家安全环境

国家安全环境是国家所处的客观存在，对国家安全环境的研究是国家制定安全战略、开展安全治理的前提条件。只有深入而全面地研究国家安全环境，理解国家安全环境的内涵，识别影响国家安全环境的各类因素，并对国家安全环境的性质作出基本的评估判断，才能够综合统筹国家安全资源分配，合理应对国家安全环境面对的各类风险与挑战。

第一节 国家安全环境的内涵

本节主要介绍国家安全环境的概念、国家安全环境的演进以及总体国家安全观下的国家安全环境。

一、国家安全环境的概念

作为国家安全学研究的核心议题之一，国家安全环境引起了学界的广泛关注和热烈讨论。无论是在国内还是在国外，学者们对国家安全环境的探究均取得了较为丰富的研究成果。然而，关于国家安全环境的概念界定这一基础性问题，学界迄今为止尚未形成统一权威的共识，大致存在以下两种主要的观点。

一种观点主张以外部安全为视角来界定国家安全环境。在“冷战和外部侵略的威胁甚于萧条与社会变革的影响”的背景下，[①] 当代西方主流国

---

① 张宇燕、冯维江：《新时代国家安全学论纲》，《中国社会科学》2021 年第 7 期，第 140—162 页。

家安全理论把战争现象视为安全研究的核心问题,[①] 认为与有政府权威的国内社会不同，国际社会处于无政府状态，故而一国的国家安全没有必要关注国家内部，而是应聚焦于如何在国际社会中防御外部威胁和攻击，确保国家主权和领土完整。哈罗德·布朗在《思考国家安全：危险世界中的国防与外交政策》一书中提出，国家安全就是要维护国家统一和领土完整，基于合理的条件保持它与世界其余部分的经济来往，防止外部力量干预打断自身的制度和统治并控制本国的边界。[②] 同时，政策界对国家安全的认知也是以外部安全为核心。不难发现，无论是美国定期发布的《国家安全战略》，还是日本间隔近十年公布的《国家安全保障战略》，都重点关注外部安全议题。因此，在当代西方主流国家安全理论的研究路径下，有一些学者对国家安全环境依旧保持着以外部安全为视角的研究传统，着重考察一国所面临的外部环境，将国家安全环境等同于国际形势、发展趋势和外部威胁。[③] 有学者提出：可以把这种安全环境分作总的国际态势和中国周边地带状况两个层面……狭义的安全环境主要指我们周边和平与稳定的状况；[④] 也有学者认为：要将安全环境视作影响国家安全的外部总体状况，包括制度结构、实力结构与地缘结构；[⑤] 还有学者表示：国家安全环境是一个由各种足以影响国家安全的外部因素有机构成的综合体，它是一个复杂的巨系统，涉及的对象众多、领域宽广、互动关系纷繁复杂，由国际政治行为体之间互动产生的各种动态特征更是千变万化。[⑥]

另一种观点则强调从外部安全和内部安全两个维度来定义国家安全环境。随着全球化进程的不断推进，各国相互联系和相互依存的日益增强，

---

① Walt, Stephen M., "The Renaissance of Security Studies", International Studies Quarterly, Vol. 35, No. 2, 1991, pp. 211 -239.

② Harold Brown, "Thinking about National Security: Defense and Foreign Policy In A Dangerous World", Westview Press, 1983, p. 4.

③ 钟飞腾：《中国周边安全环境：分析框架、指标体系与评估》，《国际安全研究》2013 年第 4 期，第 64—82 页。

④ 王逸舟：《中国的安全环境》，《世界经济与政治》1993 年第 6 期，第 34—35 页。

⑤ 方柏华：《论国际环境：基本内容和分析框架》，《世界经济与政治》2001 年第 3 期，第 4—9 页。

⑥ 陆俊元：《中国安全环境结构：一个地缘政治分析框架》，《人文地理》2010 年第 2 期，第 140—143 页。

在国家安全上，来自国际的安全威胁与来自国内的安全威胁之间的界线更加模糊，国际与国内社会更加处于一个互动的系统之中。国内问题国际化和国际问题国内化的趋势已不可改变。在此形势下，从事安全研究的一些学者逐渐拓展深化国家安全的内涵，将内部安全纳入国家安全的范畴之内，打破了内部安全和外部安全的固有樊篱，经历了从完全注重外部威胁到内外平衡，再到内部决定外部的认识转变。① 在这些学者眼中，一国的国家安全不仅要抵御外部的入侵，还要应对解决国家内部的经济、社会、自然界等方面的诸多安全风险。其中，特别是对弱小国家或发展中国家来说，内部安全风险往往比外部安全风险更加严峻。此外，还有学者探析了内部安全和外部安全的关系，认为两者是不断相互作用与相互融合的，并将这一现象称之为“莫比乌斯安全带”。② 有鉴于此，在开展研究时，部分学者强调要从外部安全和内部安全两个维度把握国家安全环境，认为国家安全环境是一个内外并存的综合系统。例如，有的学者将国家安全环境分为内部环境与外部环境两大类：内部环境是指一国内部影响国家安全的因素，其中既包括国家制度、传统文化、国民素质、民族宗教等社会因素，也包括人口数量、地理条件、矿产资源等自然因素；外部环境则是指一国之外影响该国安全的因素，既包括国际形势、地区安全、周边关系等社会因素，也包括他国自然环境、全球生态环境、外层空间环境及地缘关系等自然因素。③

综上所述，立足时代发展大势，在一国国家安全内涵和外延比历史上任何时候都要丰富，时空领域比历史上任何时候都要宽广，内外因素比历史上任何时候都要复杂的大背景下，必须树立大安全理念，坚持系统思维，运用马克思主义普遍联系与不断发展的辩证认识论，将国家安全环境置于内外统一的有机整体中去科学审视、理解和把握。基于此，可以将国家安全环境定义为：在某一特定阶段内，影响一国国家政权、主权、统一

① 钟飞腾：《中国周边安全环境：分析框架、指标体系与评估》，《国际安全研究》2013 年第 4 期，第 64—82 页。

② Bigo D. , “Internal and External Security（ies）: The Möbius Ribbon”, In Albert M. , Lapid Y. , Jacobson D. , editors, “Identities, Borders, Orders”, University of Minnesota Press, 2001, pp. 91 – 116.

③ 刘跃进：《试论国家安全学的对象、任务和学科性质》，《山西师大学报》（社会科学版）2003 年第 2 期，第 132—136 页。

和领土完整、人民福祉、经济社会可持续发展和国家其他重大利益的各类交织联动的内外要素与条件的系统总和。

二、国家安全环境的演进

国家安全环境随着人类社会的演进而不断变迁。从原始部落的孤立自足到国家形态的出现，再到国家间交往的日渐频繁和科技革新下全球化的大发展，国家安全环境的内涵日益变得复杂，人类对安全问题的认识也不断深化。

在人类社会早期，当国家这种组织形态尚未出现时，先民们关注的主要是个体的生命安全。这一时期，人们的生活仰仗自然，安全环境的构成无外乎获取足够的食物、抵御野兽的威胁以及应对气候变化。部落间的冲突虽然也时有发生，但考虑到低生产力下武器装备和活动范围的局限性，冲突主要集中在有限的资源争夺和领土争端上。

随着原始部落向更为复杂的社会组织演进，个体的生命安全逐渐融入更宏观的安全议题中。国家形态出现后，个体的生存不再是国家安全环境最主要的或者唯一的构成要素，安全问题从此与政治权力紧密相连，政权的稳固成为社会安定的先决条件。同时，社会安定也是政权稳固的基础。因此，国家的内部安全成为国家安全环境最重要的构成部分。为了维护国内秩序，国家治理，具体来说包括政治和社会制度、经济政策以及法律法规等扮演着至关重要的角色。国家的治理水平直接影响着国家的发展走向和政权的稳定性。

在一个国家开始与邻国的交往后，国家安全环境的内涵进一步变得复杂，国家不仅需要关注国内安全，还需要关注外部安全。首先，在无法明确他国的意图的情况下，发展强大的军事力量成为维护国家安全的迫切任务。军事力量既是一种威慑，也是国家应对外部侵略威胁的物质保障。然而，需要注意到，对军事力量的过度投入可能导致国内经济发展失衡，还可能使他国感到“被威胁”，从而引发军备竞赛。其次，制定合适的对外政策，建立外交关系，通过和平方式解决国际争端，也是维护国家外部安全的重要方式。

地理大发现以来，全球日渐成为一个整体。国家安全不再只受到本国和邻国的影响，远在万里之外的微小波动也可能改变一个国家的安全环境。国际力量格局成为国际秩序的基础。在世界大战期间，临近战场的无关小国也难以避免被卷入战争；在两极格局下，追随哪一极成为世界各国不得不做的抉择。国际机制的建立能够一定程度上缓解无政府状态带来的无序格局，国际协调机制的存在和国际法等规则规范的运行为各国提供了相对稳定的行为框架，降低了不确定性，使国际秩序也更为稳定可预测，减轻了国家外部安全环境的压力。通过国际合作，不同国家得以共同应对全球性安全威胁，如气候变化、传染病大流行等。

信息化时代科技水平的大提升使得国家安全环境发生巨大变革，国家安全环境面临的威胁变得前所未有的复杂。首先，信息和通信技术的飞速发展使得网络攻击、数据泄露和信息战成为常态，国家安全不再仅仅局限于传统的军事威胁，应对信息和网络安全成为国家面临的新挑战。其次，人工智能的广泛应用、自主无人系统、智能决策支持系统等技术的发展，使得战争的性质发生变化，如何降低人工智能带来的安全风险成为国家需要关注的重点。最后，生物技术的进步带来了病毒泄漏、生物武器、基因编辑等新的风险点，如何平衡生物技术创新和安全之间的关系成为各国需要解决的难题。

综上所述，随着人类历史的发展演进，国家安全环境的内涵不断丰富，安全问题的层次逐渐增加。发展到现在，国家安全环境的关注重点不再仅仅包括国家内部治理和来自邻国的军事威胁，国际格局的变迁和技术水平提升造成的安全环境的变化亦不容小觑。面对这些威胁，国际社会的携手合作显得尤为重要。只有各国共同努力，才能更有效地维护各自的安全环境，从而实现全球范围内的普遍安全。

三、总体国家安全观下的国家安全环境

在国家安全领域，长期以来，政策界与学界均侧重于研究外部威胁的国际安全，习惯在国际安全视域下考察国家安全环境，较少有文献把外部和内部安全环境结合起来进行论述。然而，随着全球化的快速发展，国家安全的外部化趋势和内部化趋势得到了加强，尤其是对于广大发展中国家来说，国内快速发展过程中积累的各种复杂矛盾导致的内部安全挑战更具威胁性。[①]这使得国际安全研究范式的局限性愈加凸显。在此背景下，以习近平同志为核心的党中央依据国家安全形势变化新特点新趋势，从世界百年未有之

---

① 赵可金：《统筹国家安全体系和能力现代化的十大关系》，《国家治理》2022年第23期，第8—16页。

大变局和中华民族伟大复兴的战略全局出发，统筹外部安全和内部安全、统筹国土安全和国民安全、统筹传统安全和非传统安全、统筹自身安全和共同安全、统筹维护国家安全和塑造国家安全，创造性提出一种蕴含着系统性战略安排的总体国家安全观，强调必须既重视外部安全，又重视内部安全，主动塑造于我有利的国家安全环境。因此，本部分将在总体国家安全观视域下，从内部和外部两个方面对我国的国家安全环境进行阐释。其中，外部安全环境又分为周边安全环境和国际安全环境。可以认为，我国的国家安全环境大致由三个同心圆构成，内部安全环境处于内环，周边安全环境居于中间，国际安全环境处在外缘。①

（一）内部安全环境

马克思主义发展观认为，内因是事物发展的根本原因，规定着事物的本质和发展方向。因而，在国家安全环境中，内部安全环境往往是重中之重，攸关一国的生死存亡。进入新时代，我国内部安全环境总体呈现出向好的发展态势，但由于我国正处于改革攻坚期、矛盾凸显期与风险叠加期，内部安全环境中的不确定难预料的危险因素显著增多，越发艰巨繁重。

在政治安全环境方面，我国政治秩序整体稳定，政治大局团结和谐。在以习近平同志为核心的党中央坚强领导下，中国共产党的领导和执政地位得到有力保障，中国特色社会主义制度全面完善，社会主义意识形态的凝聚力显著提升。但是，我国内部政治安全环境仍面临着前所未有的挑战，主要有：执政党党内“四种”危险长期存在，增添了政治安全环境中的不确定因素；反动分裂势力日益猖獗，特别是在反华势力支持下，频繁地开展破坏祖国统一和民族团结的活动；西方大国热衷于在中国策划“颜色革命”，妄图达成颠覆我国政权的目的；在社会思潮趋于多元和西方意识形态不断渗透的叠加共振下，以马克思主义为核心的主流意识形态地位遭到削弱。

在经济安全环境方面，我国经济发展稳步向前，经济实力持续提升。中国特色社会主义进入新时代后，我国继续坚持以经济建设为中心，充分发挥社会主义基本经济制度的优势，不断壮大国家的整体经济实力以及防

① 王宝付：《应对世界局势变化　着力周边安全稳定》，中国共产党新闻网，2017年3月2日，http：//theory. people. com. cn/n1/2017/0302/c40531－29119169. html。

范化解重大经济风险的能力。然而，随着经济进入新常态，我国经济安全环境中的困难越发突出：在“增长速度换挡期、结构调整阵痛期、前期刺激政策消化期三期叠加”阶段内，我国经济下行压力较大；国民经济血脉的金融仍存在行业结构不够均衡等问题；作为经济安全的重要基础，守好粮食安全只是守住了底线，粮食供需仍处于“紧平衡”状态。

在社会安全环境方面，我国社会治理不断完善，社会运行安定有序。社会安全环境与人民群众切身利益关系最密切。因此，我国始终注重改进社会治理方式，强调以保障和改善民生为重点加强社会建设。但不容忽视的是，在我国社会结构深刻变动的背景下，我国社会矛盾呈现出易发多发的特点：突发公共事件频繁发生，对社会的和谐安全构成严重威胁；城乡区域发展和居民收入分配差距较大，加剧城乡二元社会矛盾；劳动力供大于求的矛盾长期存在，就业形势依然严峻；人口老龄化速度加快，生育水平长期走低，人口与资源环境之间的矛盾越来越尖锐。

（二）周边安全环境

周边不靖，国将不宁。作为中国安身立命之所、发展繁荣之基，周边地区的安全环境是中国和平发展与崛起的战略依托。① 同其他国家相比，中国是世界上陆海邻国最多的国家，而且多陆海强邻，这种与生俱来的复杂性是中国周边安全环境最显著的特点。② 世纪之交，中国外交便呈现出“大国是关键、周边是首要、发展中国家是基础、多边是重要舞台”的总体布局。③ 党的十八大以来，置身于世界百年未有之大变局，站在迈向发展振兴的新起点，我国的周边安全环境进入了战略机遇和风险挑战并存的时期。

在战略机遇层面，我国的周边安全环境保持了相对平稳的大方向。在

---

① “周边”作为学术概念在其定义上存在一些模糊性。关于“周边”所指的地理范围，学界目前存在“小周边”和“大周边”等不同看法，本书所述的周边安全环境与后者较为接近。具体而言，在本书中，周边安全环境不仅仅局限于与中国地理毗邻的国家地区，而是延伸到对中国安全与发展具有重要影响的、不直接相邻但地理上相近的国家与地区。这一概念与地区安全形势的内涵相似，与全球安全形势相对。

② 朱听昌主编：《中国周边安全环境与安全战略》，时事出版社 2002 年版，第 3 页。

③ 钟飞腾：《“周边”概念与中国的对外战略》，《外交评论》2011 年第 4 期，第 118 页。

双边关系上，中国秉持“亲诚惠容”周边外交理念，致力于打造周边伙伴关系网络，深入推进了周边命运共同体的建设。截至2023年，中国已同周边28国和东盟建立了形式多样、内涵丰富的伙伴关系、合作关系或战略互惠关系。① 这种伙伴关系网络的构建对周边安全环境的塑造产生重大价值，不仅增加了中国周边政策的可信性，还有助于应对美国战略压力和周边重点安全问题。在多边机制上，中国遵循亚洲安全观，倡导多边安全合作，不仅参与完善了现有的安全机制，还发起搭建了新的安全机制，为中国周边地区的和平安宁注入更多的稳定性。

在风险挑战层面，我国的周边安全环境也面临着历史遗留问题与现实利益矛盾交织叠加的双重压力。一方面，历史遗留问题持续发酵，严重恶化了周边地区的安全环境。当前，我国周边安全环境主要存在三大历史遗留问题：部分国家政局动荡问题、领土主权与海洋权益争端问题，以及地区安全热点问题。长期以来，这三类问题此起彼伏，导致我国周边安全环境中的不确定性明显增加。特别是近年来，由于部分国家采取恶意激化矛盾的做法，中国周边地区的冲突风险陡然升级。另一方面，现实利益矛盾日益突出，严重损害了周边地区的安全环境。随着中国的快速崛起，部分周边国家对中国产生了疑惧和担忧，更有甚者，一些国家直接把中国当成主要战略竞争对手，给中国外部安全环境带来负面影响。② 同时，以美国为代表的域外国家也开始大幅增加对周边地区的战略投入，试图形塑中国的周边战略环境，构筑孤立中国的战略包围圈，以加大中国周边的安全战略压力。

（三）国际安全环境

新时代以来，百年未有之大变局加速演进，世界进入新的动荡变革期，国际安全环境发生广泛而深刻变化，日趋复杂严峻。③

从时代主题来看，和平与发展仍是当今世界的时代主题，但也遭遇了

---

① 《新时代中国的周边外交政策展望》，外交部，2023年10月24日，https：//www.mfa.gov.cn/web/ziliao_674904/1179_674909/202310/t20231024_11167069.shtml。

② 黄大慧、刘佳妮：《打造“能战国家”：日本国家安全战略的转型与影响》，《国家安全论坛》2023年第1期，第3—7页。

③ 从广义来看，周边安全环境也是国际安全环境的组成部分，但本部分所述的国际安全环境将周边安全环境排除在外，主要强调全球范围内整体的国际格局与安全形势。

一系列前所未有的新问题与新挑战的冲击。所谓时代主题，主要是指一个时代下最重要、最突出、最活跃的基本矛盾和根本问题。[①] 自邓小平首先作出“和平与发展是时代主题”的科学判断以来，随着以中国为代表的追求和平力量的不断壮大，“和平、发展、合作、共赢的历史潮流不可阻挡”。[②] 但在新的形势下，和平与发展的时代主题正在遭受猛烈的冲击：一是霸权主义和强权政治对全球安全稳定的威胁不断上升，个别国家肆意挑起战争、粗暴干涉他国内政等行径有增无减；二是单边主义与保护主义回潮，逆全球化现象愈演愈烈；三是极端主义、恐怖主义等非传统安全威胁盛行蔓延，世界正处于多事之秋；四是各种“黑天鹅”“灰犀牛”事件层出不穷，使得国际安全环境中的危险性和不可预测性急剧增加。

从国际格局来看，国际力量对比正在朝着更加均衡的方向演化，但与之而来的还有大国竞争博弈的激化。国际格局是指在一定时期内，主要国家或由国家集团的实力直接相互作用、相互影响而构成的具有全局性和相对稳定的一种结构。[③] 在多极化浪潮中，包括中国在内的新兴市场国家和发展中国家实力相对上升，而以美国为首的西方国家实力地位则相对下降。国际格局呈现出“东升西降”的特点，国际力量对比更趋均衡。面对新兴市场国家和发展中国家的群体性崛起，固守冷战思维的美国加紧对这些国家围堵遏制，最终以中美战略竞争的形式呈现出来——美国将中国视作最大战略竞争对手，持续升级对华遏制打压，动用“全政府”“全社会”资源对中国展开“全天候”“全领域”围堵，在众多领域拉拢盟友建立孤立中国的“小圈子”，为我国带来系统性安全风险。

第二节　国家安全环境影响因素

国家安全的影响因素众多，可以按照不同的标准进行分类，例如可以

---

① 张骥：《跨世纪中国的国际环境与对外战略》，中共中央党校出版社 1998 年版，第 1 页。

② 《习近平：高举中国特色社会主义伟大旗帜　为全面建设社会主义现代化国家而团结奋斗——在中国共产党第二十次全国代表大会上的报告》，中国政府网，2022 年 10 月 25 日，https：//www. gov. cn/xinwen/2022 – 10/25/content_5721685. htm。

③ 杨毅主编：《国家安全战略理论》，时事出版社 2008 年版，第 41 页。

根据区域和范围将其分为国际因素和国内因素，也可以根据属性分为自然因素和社会因素，还可以根据其对国家安全环境作用的性质分为积极因素和消极因素等。① 本节依据第一节所述国家安全环境的演进逻辑分析影响安全环境的因素，主要包括自然因素、国家治理水平、军事与组织能力、技术水平、国家间相互作用和国际结构。

一、自然因素

自然因素涉及地理禀赋和自然灾害，其中前者强调先天的地理空间与资源环境，这些因素会对国家安全产生增益或者形成约束；后者则强调突发的、难以预期或即使预期到也难以规避的灾害，这些因素通常会损害国家安全。

（一）地理禀赋的影响

地理禀赋是指一个国家或地区天然条件的集合，包括地形、气候、土壤、自然资源分布等。这些因素在很大程度上决定了一个国家或地区的可持续发展能力、经济潜力以及对外部威胁的抵抗力，在人类社会发展初期，地理禀赋对社会发展的约束作用尤为显著。即使随着科技的发展，人类改造自然的能力逐步增强，地理禀赋也仍是影响国家安全最重要的因素之一，给国家发展带来复杂而深远的影响。

我们可以大致从三个层次来理解地理禀赋的内涵，并分析这些因素是如何影响国家安全的。②

地理禀赋的第一个层次是区位特征，即国家所处的地理位置及与他国的相对距离。

国家所处的地理位置直接影响其气候。低纬度地区的国家通常更容易受到热带气候和热带风暴的影响，而高纬度的国家可能更容易受到极端寒冷天气的影响。这些气候条件直接关系国家的农业生产、基础设施的抗灾性以及人民的生存条件，从而对国家安全构成威胁。气候的差异还会给早期国家发展带来巨大影响。例如，温度和降水的差异造成了古代中国内部

---

① 刘跃进：《国家安全学》，中国政法大学出版社 2004 年版，第 201 页；李文良：《国家安全管理学》，吉林大学出版社 2014 年版，第 172 页。

② 对三个层次的划分参见叶成城：《地理禀赋与国家发展：政治地理学的脉络、发展与新趋势》，《社会科学》2023 年第 9 期，第 96—101 页。

发展的巨大差异，“胡焕庸线”（亦称“黑河—腾冲线”）两侧的人口、文化、制度和生活方式差异巨大，部分差异甚至延续至今。地理环境同样对欧洲的发展带来重要影响，其特殊的区位、地理位置和资源禀赋带来了政治多样性、资本积累和发达的贸易。

国家所处的位置及与其他国家的相对距离还直接影响到一个国家的邻国关系和地缘政治地位。与他国相对距离较近的国家更容易感受到来自邻国的安全威胁，而处于地缘政治交汇点的国家可能需要更复杂的外交政策来维护国家安全。由于地理位置不同，某些国家得天独厚，不易遭受外部势力的入侵，而某些国家则比其他国家更易遭到外国的入侵。一般来说，四面环海的岛国，在人类驾驭海洋的能力尚未高度发达的情况下，海洋成了岛国与其他国家之间的天然屏障，因而岛国比大陆国显得较为安全。与此相反，由于某些国家地理位置特殊，特别是那些与实力悬殊的大国相接壤的国家，它们的国家安全时常处于威胁之下。例如，波兰是东、西欧来往的必经之地，交通、军事地理位置至关重要。在漫长的历史进程中，波兰总是沦为列强对垒的战场和瓜分的对象。[①]

地理禀赋的第二个层次是国家所处的场域，即在地图投影中的空间形状，包括总体的面积、形状和国界线分布等。

空间是一个国家生存和发展最基本的条件。国家空间的大小通常用国土面积来表示，国土面积的大小与国家的生存能力和发展潜力具有密切的关系。在久负盛名的克莱因方程中，国土面积是评估国家综合实力的重要指标之一。[②] 国土面积决定着国家战略回旋余地的大小，对一个国家的国土安全有着重要影响。从军事防御角度出发，国土面积越大，国家战略力量的机动性和回旋余地就越大。国土面积还影响着国家的战略力量配置。幅员狭小的国家战略力量分布相对集中，在外敌入侵时容易遭到毁灭性打击，使国家瘫痪；幅员辽阔的国家则可以有效避免这一问题。

需要注意的是，并非国土面积越大越安全。国土面积须同国家的人口规模、资源拥有量等成正比，国土面积过大会造成防守密度低、管理与控

---

① 沈伟烈、陆俊元主编：《中国国家安全地理》，时事出版社 2001 年版，第 40—41 页。

② 克莱因方程是指美国学者克莱因提出的对国家权力进行综合评估的公式：$Pp = (C + E + M) \times (S + W)$。其中 C 代表国家基本实体（critical mass），包括人口（population）和领土（territory）。

制不便，引起内部分裂倾向等政治问题，导致国力减弱，国家受外来攻击和突破的可能性增加。①

地理禀赋的第三个层次是国家的地形特征，包括其交通条件、地理屏障以及资源分布与占有。

地理条件如山脉、河流、海洋等地形特征可能对一个国家的军事战略和国土安全产生深远影响。边境地区的高山、大河、密林等复杂地貌可以成为一个国家最有力的安全屏障，地形复杂的国家往往易守难攻，而平原地区更有利于侵略军的长驱直入。

对煤炭、油气、贵金属等关键资源的占有直接影响国家的经济和军事实力，从而影响国家安全。资源是国家经济发展至关重要的基础，是人民生活必需的物质来源。如果缺乏某些关键资源，国家可能会面临能源危机、经济衰退和社会动荡等一系列问题。由于世界资源分布的不均，历史上围绕资源展开的战争时有发生。

（二）自然灾害的影响

自然灾害是指由地球自然过程引起的、对人类社会造成的严重破坏和威胁的事件。这些事件包括但不限于地震、火山爆发、飓风、洪水、干旱、暴雨、森林火灾、生物灾害等。自然灾害对国家安全产生深刻而广泛的影响，它们可能导致大规模人员伤亡、基础设施瘫痪、经济崩溃以及社会动乱。

首先，自然灾害会直接威胁人民的身体健康和生命安全。在远古时代，人类对自然灾害的了解和防范能力相对较弱，因此，地震、洪水、火山爆发等灾害可能导致大规模的人员伤亡甚至族群灭绝，对国家安全产生难以估量的影响。随着人类适应自然和改造自然能力的提高，人类应对自然灾害的能力有了一定程度的增强，但严重的自然灾害仍然会对社会秩序和公共安全构成直接挑战。

其次，自然灾害会对国家的基础设施和产业经济系统造成破坏。自然灾害可能会使得交通通信和能源等关键基础设施受损，使农田、工厂等设施遭到毁坏，这将导致社会经济瘫痪，对国家经济的稳定与发展造成威胁，并进一步影响人民生活，对国家的整体经济安全构成重大挑战。

---

① 沈伟烈、陆俊元主编：《中国国家安全地理》，时事出版社 2001 年版，第 44 页。

二、国家治理水平

在国家运行过程中，存在着许多影响其内部安全环境的问题，琐碎而庞杂。极端的社会思潮、不同族群的文化冲突、反对派挑起的社会骚乱、宗教间的争议及邪教的传播、人口结构的恶化、落后的生产制度、政治运动等。我们难以将所有的问题都罗列出来分析其对国家安全环境的影响，需要找到一个将这些问题统一起来的概念，国家治理水平这一概念似乎是个可行的尝试。国家治理水平内涵丰富，既包括一个国家采用的社会制度与倡导的意识形态，也涉及政府对于少数民族、宗教信仰、人口规模和社会治安等关键社会议题的治理政策与方法。国家治理水平的高低对于国家安全环境有着直接而深远的影响，具体如下。

（一）社会制度和意识形态

国家治理水平与社会制度密切相关。高效的治理体系有助于建立健康的社会结构，促进公正、公平和法治。良好的社会制度有助于社会的稳定和国家的统一，从而降低内部冲突和动荡的可能性。相反，不良的社会制度可能导致社会撕裂和不满情绪，加剧社会矛盾，对国家安全构成威胁。

在人类历史的早期，意识形态问题对国家安全环境的影响微乎其微。然而，近现代以来特别是二战结束后，意识形态领域成为大国博弈的主要领域之一。国家内部的意识形态冲突、他国对于不同意识形态的推广、世界主流政治思潮的传播等都可能影响国家的意识形态安全和政治安全，从而影响国家安全环境。国家对于意识形态领域的有效治理有助于维护社会稳定，营造良好的安全环境。反之，如果治理不善，国家安全环境也将随之恶化。

（二）民族和宗教

人类历史上因民族和宗教问题导致的冲突与战乱不计其数。部分宗教信徒对本教派的极端追求，加之外部宗教和政治势力的参与、引导和利用，使得部分宗教意识形态可能成为暴力行动的思想基础，对国家安全造成威胁。[①] 单一民族和宗教的国家往往无须受其困扰，但在多民族多宗教的国家，民族和宗教问题常常相互交织、相互影响，共同威胁着国家统一

---

① 徐以骅、章远：《试论宗教影响中国国家安全的路径和范式》，《复旦学报》（社会科学版）2009 年第 4 期，第 111 页。

和领土完整。因此，对于民族和宗教实行有效地治理、处理好不同族群之间的关系对维护国家安全至关重要。有效地治理可以促进不同群体的和谐共处，降低民族和宗教矛盾的爆发风险。相反，治理不善可能导致民族和宗教冲突，危及国家安全。

（三）社会治安

国家治理水平的高低还反映在社会治安状况上。高水平的治理通常伴随着完备的法治体系、高效的执法体系和完善的公共服务体系，有助于促进社会秩序的良性运行和协调发展，减少犯罪事件的发生，从而维护社会安全，提升国家的整体安全水平。如果一个国家的治理水平低下，则可能面临社会失序、经济失衡等问题，为犯罪行为提供温床，对人民安全和社会安全构成直接威胁。

（四）人口

人口数量和质量对于国家安全都有不同程度的影响，适量的人口对于国家安全具有积极的作用，而人口过少或过多都不利于国家的稳定与安全。[①] 国家治理水平在人口规模塑造和素质培养上发挥着重要影响。较高的治理水平使得社会资源得到合理分配，良好的教育、医疗、就业机会和完善的社会保障体系促进人口规模的适度增长和人口结构的合理发展。反之，在治理水平欠佳的情况下，资源分配不均和社会服务缺失可能导致人口的健康、教育水平下降，影响人口的稳定性，对国家安全带来负面影响。此外，近年来，世界范围内、特别是许多经济较为发达的国家都面临着人口老龄化的挑战，这使劳动力市场面临困境，并使得养老保健、医疗等社会福利支出增加，从而导致国家财政压力的增加。如果国家的治理水平不足以应对这些挑战，便可能导致经济低迷和社会风险增加，危害国家安全。

三、军事与组织能力

军事与组织能力涉及两个关键方面：军事力量和组织能力。军事力量是国家能够直接用于或经过动员能够用于军事斗争的军队以及其他各种力量的统称，是进行战争的主要物质基础，这涉及军队的规模、装备水平

---

① 刘跃进：《国家安全学》，中国政法大学出版社 2004 年版，第 206 页。

等。在人类历史上，技术发展下装备水平的提升会促成战争模式的变革。从以石为主的防御堡垒，到战车和马成为战争的武器，到火药的广泛运用，再到核武器的出现，战争的规模和杀伤力都不断提升，国家的安全环境也随之改变。军事技术的发展和军队装备水平的提升还使得国家有能力超越地理屏障，改变安全环境。①

然而，单纯的军事力量是不足以应对危机的，国家还需要能够有效协调和管理军队，制定有远见的国防战略，并在面临紧急情况时作出迅速而明智的决策。因此，国家的组织能力对国家安全也至关重要，有助于国家应对复杂的安全挑战和不断变化的地缘政治环境。保罗·肯尼迪在《大国的兴衰》一书中指出："在国际社会中，领先国家的相对力量从来不是一成不变的，主要因为各国的增长速度不平衡，以及技术上和组织上的突破可使一国比另一国具有更大优势。"② 军事与组织能力的强弱直接关系到一个国家在面对各种安全挑战时的应对能力，强大的军事与组织能力有助于确保国家的安全稳定，维护国家的国防利益。

具体来看，军事与组织能力对国家安全的影响主要体现在以下两方面。

（一）军事力量是国家最基础的自卫手段，是国家生存的物质基础

军事力量是国家确保领土完整和国家安全的基础。在和平时期，强大的军事力量使国家能够对潜在对手实施可信的威慑，慑止潜在进攻者的激进行为，抑制国家间冲突的爆发，从而维护本国的国家安全。在打击恐怖主义与跨国犯罪等非传统安全问题上，国家军事力量也扮演着重要角色。在面临外部侵略等紧急状况时，强有力的军事力量能够维护国家的主权独立与领土完整，高效的组织能力使国家能够迅速有序地进行决策、调动资源，应对安全威胁，维护国家的安全利益。

（二）军事力量和组织能力对维护国内治安秩序的稳定具有重要作用

强大的军事力量可以对国家内部的潜在威胁产生威慑效应，军事力量

---

① 唐世平：《国家安全环境的系统理论》，《世界经济与政治》2001 年第 8 期，第 18 页。

② ［美］保罗·肯尼迪著，蒋葆英等译：《大国的兴衰》，中国经济出版社 1989 年版，序言第 1 页。

的存在本身便可以降低内部动荡的可能性。在面对暴力冲突、恐怖主义活动以及自然灾害等导致的紧急状况时，军事力量还可以帮助维持社会秩序，协助紧急救援，确保国家迅速从危机中恢复。

四、技术水平

随着世界范围内新兴科技的不断发展和技术变革的迅速推进，技术水平对国家安全的影响变得前所未有的重要。保罗·肯尼迪也曾写道："20世纪到来时，由于各国技术改革的速度和增长率的不平衡，国际体系比50年前更加动荡，更加复杂。"① 他进一步指出，在两极世界的时代，增长率和技术改革的差异导致全球经济均势的变动，而这些变动又反过来冲击政治和军事均势。② 正如保罗·肯尼迪所提及的，技术水平对国家安全的影响涵盖了军事、经济、信息等多个领域。

首先，在军事领域，技术水平的提升直接作用于国家的军事实力。技术的变革将推动武器装备的革新，直接影响国家的作战能力。高精度的导弹系统、无人机智能化武器的装备可以增强军队的威慑力和打击力，提高军队对复杂作战环境和新的战争形态的适应性。信息技术的发展还会推动军事指挥和控制系统的变革。卫星通信、实时数据分析、机器学习、虚拟增强现实等前沿技术有助于作战指挥手段实现跃升、形成决策优势。

其次，在经济领域，技术水平的高低决定了国家在国际分工中的位置，影响着国家经济增长的上限和经济安全。科学技术是第一生产力，先进的技术水平可以提高国家的生产力和效率，推动产业升级和经济增长，拥有领先技术的国家更容易在全球市场中取得竞争优势。一个国家的技术创新能力决定了其是否有能力应对他国的经济霸权、经济胁迫等挑战。在数字化、信息化时代，掌握人工智能、芯片等关键技术的国家才有机会在全球供应链中扮演核心角色，而技术落后的国家不仅要接受全球产业链中的低端定位及对其他国家的技术依赖，还随时可能遭受来自他国的"卡脖子"风险。因此，不断提升技术水平成为确保国家长期繁荣和持久安全的

---

① ［美］保罗·肯尼迪著，蒋葆英等译：《大国的兴衰》，中国经济出版社1989年版，序言第4页。

② ［美］保罗·肯尼迪著，蒋葆英等译：《大国的兴衰》，中国经济出版社1989年版，序言第6页。

必然要求。

最后，在信息时代，网络空间、人工智能技术等将对国家安全产生颠覆性影响。人工智能等技术的研发和应用是一把“双刃剑”，在提升生产力、竞争力和国防军事实力的同时，也对国家安全和社会稳定造成严峻的挑战。[①] 在整个社会都高度依赖网络技术的情形下，网络攻击的目标变得前所未有的广泛，而被攻击的后果也变得难以承受。网络攻击可能导致政府机构、军事系统、重要企业和关键基础设施的瘫痪，信息安全漏洞可能被用来窃取国家机密，干扰国家决策过程，甚至威胁社会的稳定运行。因此，网络技术水平的高低将直接作用于国家安全。高水平的网络攻防技术使国家在面对网络威胁时能够进行有效的防御和反制，维护社会秩序的稳定。领先的人工智能和数据分析技术使国家能够更快速、精准地获取和处理情报信息，及时识别潜在威胁、制定有效决策，为制定国家安全战略提供有力支持。

五、国家间相互作用

从一个国家开启对外交流，接触到其他国家的那一刻起，国家就不再是孤立存在的安全主体，国家间相互作用成为国家安全环境的重要影响因素。

在与其他国家交往的过程中，其他国家即成为本国外部安全环境的组成部分，相应地，本国也成为其他国家外部安全环境的组成部分。任何一个国家的国内发展和对外政策变化都可能使其他国家的安全环境受到影响，由于无法明确其他国家的意图，国家必须对其他国家的发展变化作出反应，以确保自身环境的安全。国家为应对变化而作出的反应又会引起他国安全环境的变化，这形成了一个动态的相互作用过程。例如，甲国与乙国是相邻的两国，甲国出于维持内部秩序的原因突然将大量军队派遣至两国相邻的某地区，乙国因为难以确定甲国的意图而感到恐慌，也不得不派兵驻守相关地区。此时，如果没有有效的沟通渠道，甲乙两国便可能陷入军备竞赛和军事冲突的旋涡。

国家间的相互依存和相互作用使得一国的安全感变化可能影响另一国

---

① 刘国柱、尹楠楠：《美国国家安全认知的新视阈：人工智能与国家安全》，《国际安全研究》2020 年第 2 期，第 155 页。

的安全感，一国的经济滑坡可能导致另一国经济的衰退并进而引发政局的波动。[①] 这提醒我们，国家的安全不可能建立在单一地追求本身的安全上，它只能建立在国家间的动态相互作用上。任何片面地追求本身的安全，特别是“绝对安全”都是注定要失败的，因为这只能建立在完全征服其他国家的基础上。[②]

随着全球化的发展，国家间相互作用不再仅限于邻国之间。二战结束后，美苏两国跨越大洋成为对方安全环境最重要的影响者。一些研究指出，与大国之间的双边关系是安全环境最重要的内容。例如，张蕴岭认为稳定的大国关系、稳定的周边关系和稳定的国内发展变革是构成中国在亚太地区实现一个稳定政治安全环境的基本支架。[③]

国家间相互作用对国家安全的影响在信息时代越发显著。信息流动的全球化和传播的快速性使得各国安全形势更加敏感和易受外部干扰，一国的政治、经济或社会动荡可能在本地区甚至全球范围内引发连锁反应，这使得国家在制定对外政策时面临更为严峻和复杂的要求。

六、国际结构

国际结构是肯尼思·沃尔兹提出的国际政治概念，可以界定为“无政府状态下国家间的能力分配”。[④] 一个国家在国际结构中所处的位置很大程度上影响其基本的外交政策和安全战略，而国家行为又通过国家间相互作用来影响安全环境，因此国际结构在很大程度上影响着国家安全环境。[⑤]

---

① 王勇：《论相互依存对我国国家安全的影响》，《世界经济与政治》1994 年第 6 期，第 65 页。

② 唐世平：《国家安全环境的系统理论》，《世界经济与政治》2001 年第 8 期，第 17—18 页。

③ 张蕴岭：《如何认识中国在亚太地区面临的国际环境》，《当代亚太》2003 年第 6 期，第 3—10 页。

④ 沃尔兹（又译华尔兹）用三个原则给“国际结构”这一概念做出界定，参见［美］肯尼思·华尔兹著，信强译：《国际政治理论》，上海人民出版社 2003 年版，第 133—134 页。此处使用了宋伟依据沃尔兹研究对“国际结构”这一概念作出的提炼，参见宋伟：《国际结构与国际格局：核心概念的比较及启示》，《国际政治研究》2014 年第 4 期，第 14 页。

⑤ 唐世平：《国家安全环境的系统理论》，《世界经济与政治》2001 年第 8 期，第 17 页。

那么，哪种国际结构下国家的安全环境最好呢？关于这一问题尚无定论。国际政治学界对于权力分配状况与国际稳定性间关系的看法可以大概分为三类：第一类观点认为，如果单极体系中的主导行为体能够确立为整个体系所广泛接受的基本规则，那么这种单极体系更有可能显示出稳定性；第二类观点认为两极体系最稳定，代表性人物有肯尼思·沃尔兹、约翰·米尔斯海默等；第三类观点主张多极体系战争倾向最低，代表性人物有卡尔·多伊奇等。①

此外，值得注意的是，即便是在同一国际结构下，不同国家面临的安全环境也并不相同。国家的安全在受国际结构影响的同时也受到地区结构的影响。在同一时期同一国际结构下，各个地区的结构可能有许多差异。美洲地区的国家面临的是美国主导的单极结构，而亚太地区的国家更多受到中美两极竞争的影响。围绕哪种国际结构最为稳定这一问题国际关系学界争论不休，但可以确定的是，没有任何一种国际结构是永远稳定的，无论是追随强国还是自主发展，这些选择都会直接影响一国国家安全走向。

第三节　国家安全环境评估

在明确国家安全环境内涵及其影响因素的基础上，本节主要讨论如何对国家面临的安全环境进行评估，以及现有评估方法面临的困难与局限性。

上一节指出了影响国家安全环境的六个因素。这六个因素通常不是孤立存在的，而是相互交织、相互影响的。如果对六个因素分别进行评估，则无法考虑到因素间的相互作用，得到的结果必然是分散的、片面的。将影响国家安全环境的因素系统地整合在一个评估框架中并不容易，一些学者对此进行了尝试，具有代表性的框架主要有两个：一是唐世平在《国家安全环境的系统理论》一文中提出的框架，该框架运用“安全困境”理论将影响国家安全环境的五种因素联系到一起，使我们能对国家安全环境有

---

① 房乐宪：《国际体系结构与国际稳定：理论争论及思考》，《教学与研究》2006年第6期，第83—85页。

一个整体的把握；[①] 二是钟飞腾在《中国周边安全环境：分析框架、指标体系与评估》一文中提出的框架，该框架设计了包括政治安全、军事安全、大国格局、发展安全环境与舆论安全环境五个方面在内的周边安全环境指标体系，使得用具体的数据来评估安全环境成为可能。[②] 考虑到钟飞腾的评估体系更多侧重于中国的安全环境，下面内容将主要参考唐世平提出的国家安全环境的系统理论，讨论国家安全环境的评估。

一、基于"安全困境"理论的国家安全环境评估

影响国家安全环境的六个因素涉及自然、人文、国内、国外等不同方面，跨度较广，差异极大，将这些因素有机地联系起来，并找出其相互作用的规律，是系统评估国家安全环境的重点与难点。"安全困境"理论可以有机地将六个因素联系起来，有助于我们理解因素间的相互作用以及这些因素相互作用后作为一个整体对国家安全环境的影响，为系统地评估国家安全环境提供了理论基础。

在考察影响因素之间的相互作用之前，有必要首先明确各个安全环境因素的衡量尺度。

自然因素涉及国家的地形地貌、边界情况、气候条件、资源禀赋与灾害程度等，自然条件的脆弱性可以衡量其对国家安全的影响。自然条件的脆弱性涉及国家是否有抵御他国入侵自然屏障、是否有频繁的自然灾害等。自然条件越脆弱，则国家的安全环境越差，国家对安全环境变化的敏感性就越高，对国家治理水平的要求也越高。

与自然因素相比，国家治理水平的衡量较为容易，需要考虑到政府的政策执行、法治水平、腐败程度等。一般来说，国家治理水平越高，国家对各项安全威胁的应对与处置能力就会越高，相应地，国家面临的安全环境就会越好。[③]

---

① 唐世平：《国家安全环境的系统理论》，《世界经济与政治》2001 年第 8 期，第 16—22 页。

② 钟飞腾：《中国周边安全环境：分析框架、指标体系与评估》，《国际安全研究》2013 年第 4 期，第 64—82 页。

③ 一些研究机构提出了国家治理指数的测量方法，例如华东政法大学政治学研究院自 2015 年以来每年都会发布《国家治理指数报告》，这类报告中的测量方法可以作为评估国家治理水平的参考。

要对军事与组织能力进行衡量需要考虑国家的军事预算规模、军队规模、装备水平、演习频率和战备状态等。然而，并非军事与组织能力越高，国家的安全环境就会越好。一国军事力量的过度发展可能使他国感受到被威胁，从而陷入安全困境。为了避免这种衡量方式的缺陷，军事和组织能力对安全环境的影响可以用防御/进攻平衡来衡量：如果一个国家的军事力量对防御越有利，那么其安全环境越好。这是因为发展防御力量可使他国感受到的威胁程度相对较低，并且足够的防御力量可使国家有能力在面对他国进攻时保护自己。

技术水平涉及国家在科技研发中的投入、专利数量以及先进技术在产业和军事中的应用情况等。一般来说，国家的技术水平越高，国家越能超越地理因素对安全环境的限制。对关键技术的掌握也有益于国家的安全环境。

要具体评估国家间相互作用对安全环境的影响，需要考虑到国家的实力对比、意图的清晰度、意识形态一致性和经济依赖程度等，衡量指标的复杂性使得评估的难度增加。从安全困境理论出发可以降低评估的复杂性。一方面，国家越理解安全困境的存在，国家的政策就越会有意识地试图塑造或维持良好的安全环境；而国家越强大，相对于其他因素变化所带来的安全环境的影响的脆弱性就越低，国家的安全环境也越好。但许多时候，平衡力量发展和降低安全困境之间的微妙关系往往是很困难的。①

对于国际结构与国际秩序的关系，或者说权力分配状况与国际稳定性之间的关系的问题，各派学者莫衷一是。因此，在衡量国际结构对安全环境的影响时，将不以国际结构中极的数量为依据讨论其稳定性。讨论国际结构对国家安全环境的影响，可以评估现存的国际结构是否有能力制衡国家面临的潜在威胁，当然这种威胁往往是来自其他国家。更明确地说，便是要评估国际结构能否制衡体系内任何国家的侵略意图。国际结构对体系内国家的制衡作用越强，一个国家面临的安全环境就越好。

那么，如何将这六个因素联系起来呢？

首先，自然条件的不同可能会缓解或加剧“安全困境”，从而影响一

---

① 唐世平：《塑造中国的理想安全环境》，中国社会科学出版社 2003 年版，第 68 页。

个国家的安全环境。例如，自然条件脆弱的国家常常会有更强烈的不安全感，对来自邻国的威胁也更为敏感。但如果两个国家之间存在着山川、大海、河流等天然屏障，两国的“被威胁感”就会相对较弱；如果两国之间一马平川，没有任何用以缓冲的屏障，那么两国感受到的“安全困境”将会更强。

国家治理水平的差异可能导致对“安全困境”的不同反应。高水平的治理使国家有机会缓解“安全困境”，治理水平不足可能使“安全困境”更为复杂。军事和组织能力的发展会改变国家力量的对比，继而影响国际结构和国家行为而影响安全环境。技术水平的进步会超越地理因素对安全环境的限制，从而缓解或加剧安全困境。

国家间相互作用通过“安全困境”对安全环境的影响更为明显。如果一个国家处在远离其他国家的孤岛上，那么便无须受到来自他国的安全困扰；一个邻国众多的国家与邻国寥寥的国家感受的安全环境截然不同，一个强邻环伺的国家与一个周边仅有小而友善邻国的国家面临的“安全困境”也大有差异。国际结构对安全环境的影响也通过“安全困境”起作用。事实上，“安全困境”的存在就是源于国际结构的无政府状态。在现代国际关系中，国际制度的存在一定程度上可以缓解无政府状态，但国际制度的性质和能力也会影响国家的安全环境。

综合来看，影响国家安全环境的六个因素之间的相互作用规律可以概括成以下几点。

（一）自然因素的基础性影响

影响安全环境的最重要的因素是什么？政治地理学坚持地理禀赋的决定性影响，许多国际关系学者则认为力量格局与大国关系才是影响安全环境的决定性因素，本书无意卷入这场争论，因此避免使用“决定性”这一果断的词。一个国家先天的自然条件决定了它的生存环境，在生产力和技术水平低下的年代，其他因素几乎难以超越自然因素的决定性力量；在信息化的现代社会，自然因素也是国家安全环境的基础性条件，对国家安全环境发挥着基础性影响。

（二）其他因素的塑造性影响

在特定情况下，一些其他因素或者其他因素的结合，如技术水平等可能会超越自然因素的限制，重新塑造国家的安全环境。

(三) 国家的双重角色

国家既是塑造安全环境的主体，又是消费安全环境的客体。国家的对内对外政策既能直接影响其安全环境，也能通过影响国家的发展来间接影响国家安全环境。此外，一个国家的政策及其发展水平也会影响其他国家的安全环境。

(四) 对国际结构的作用与反作用

国家的政策调整和力量变化能够塑造国际结构，从而影响整体的安全格局。

这些因素间的相互作用和最终对安全环境的影响可以用图 2 来简略表示。这些规律体现了安全环境形成和演变的复杂性，强调了自然因素的基础性作用，同时展现了各因素相互交织的影响机制。

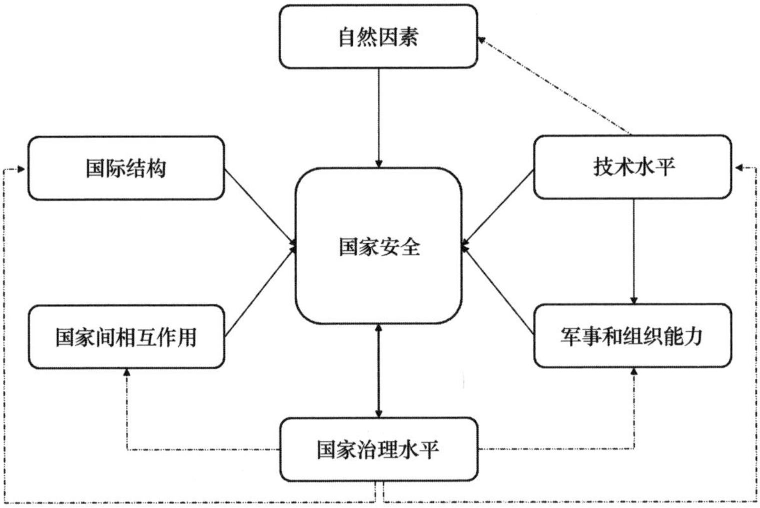

图 2　国家安全环境的影响因素相互作用示意图

二、安全环境系统的脆弱性和稳定性

国家安全环境作为一个系统，既表现出了较为明显的脆弱性，又表现出了在一定时期和一定地域范围内的稳定性。①

① 本部分主要参考唐世平《国家安全环境的系统理论》，参见唐世平：《塑造中国的理想安全环境》，中国社会科学出版社 2003 年版，第 73—75 页。

如何理解安全环境的脆弱性呢？首先，如前文所分析的，能够对安全环境产生影响的因素众多，由于安全环境的系统性存在，任何一个看似微小的变化都有可能引发蝴蝶效应，对安全环境产生极大的影响。其次，国家可能对安全环境的变化作出过度反应。他国意图的不明确可能使整个系统处于不确定性之中，一旦一个国家作出使安全环境恶化的举动，在绝大多数情况下，其他国家为了维护本国安全，将不得不采取应对措施。这可能导致“安全困境”螺旋上升，最终使得所有国家的安全环境都面临恶化。

如何理解安全环境的稳定性呢？一方面，安全环境作为一个系统，有其系统的惯性。在系统内，各个因素是相互制约的，个别因素的改变难以单独深刻地改变国家的安全环境。因此，一些看似严重的危机实际影响是相对有限的。另一方面，国家既是安全环境的消费者，又是安全环境的塑造者，因而一个国家对其面临安全环境有相当的控制能力。换言之，国家有多种方式可以谋求自身安全环境的改善。通过建立高效的国内治理机制，采取和平稳定的对外政策，国家可以维护安全环境的稳定性，减缓系统的脆弱性。具体来说，首先，一国可以发展本国的威慑能力，使那些想对本国构成威胁的对手在强大的威慑能力面前放弃原来的打算。其次，国家可以通过建立或者加入联盟等方式谋求一定意义上的力量平衡或威胁平衡，从而改善自身的安全环境。最后，在面对共同的威胁或挑战时，不同国家之间可以进行协调合作，通过开展新型安全合作，如建立信任措施、开展多边安全合作等来降低“安全困境”带来的不确定性，从而使合作各方的安全环境都因此而改善。在实践中，国家通常会将这些方法结合使用。例如，中国和俄罗斯通过吸取中苏相互敌视而付出巨大代价的历史教训，致力于改善关系并最终形成新时代全面战略协作伙伴关系，大大改善了彼此的安全环境。

总体而言，“安全困境”理论为理解安全环境系统的脆弱性和稳定性提供了一个有利的框架。在这一框架下，我们可以更好地理解安全环境系统的动态演变。

三、国家安全环境评估的局限性

尽管上文简要介绍了国家安全环境的评估方法，学界还存在一些其他评估方法，但现有的方法仍有着其自身的局限性，主要体现在评估框架的适用性和可操作性等方面，具体如下。

（一）评估的理论立场

在进行国家安全环境评估时，理论立场的选择至关重要，因为不同理论观点往往导致对各个影响因素的权重分配存在显著差异，进而影响国家安全环境评估的结果。现实主义观点通常关注传统安全问题，着重强调军事实力等物质性力量对国家安全的决定性影响；自由主义则信奉经济联系和国际制度的积极作用，认为经贸往来和国际制度的建立可以降低国际冲突的可能性；建构主义强调认同在国家间关系中的决定性影响；而政治地理学则坚持地理禀赋对国家安全的决定性影响。此外，体系理论下国内政治几乎退出了国际关系理论的研究视野，[①] 是国内政治决定国家安全环境，还是外部世界会对国家安全环境产生更大影响？这一问题也没有得到统一的结论。选择何种立场，或者如何调和这些立场都是建立评估方法时需要仔细考量的问题。

然而，无论以何种理论为依据，国家安全环境评估都面临着一系列挑战。首先，评估过程中可能受到研究者主观判断的影响。建立评估框架的研究者可能受其知识结构和理论偏好的影响，难以做到完全客观和中立。其次，评估框架的确定性可能限制对于复杂多变的安全因素的全面理解。国家安全环境是动态的，无时无刻不在发展变化，[②] 静态的评估方法可能导致评估结果的失真。

（二）国家安全环境评估与国家的主体性

安全环境既是一种客观存在，也是一种主观感受。[③] 对安全环境的评估归根结底是以国家及政府为主体的，每个国家对于安全环境的感受都会因其历史文化背景、政治体制和社会发展阶段等而存在显著差异。

首先，国家的历史背景塑造了其对安全环境的感受。例如，那些曾经历外敌入侵并为此付出代价的国家可能会更加注重军事力量，将其视为影响国家安全环境的最重要因素；而自然环境恶劣、灾害频发的国家则会更

---

① 李巍、王勇：《国际关系研究层次的回落》，《国际政治科学》2006 年第 3 期，第 115 页。

② 李文良：《国家安全管理学》，吉林大学出版社 2014 年版，第 171 页。

③ 杨明杰：《重视反恐带来的环境变化》，《现代国际关系》2002 年第 11 期，第 15 页。

关注自然灾难对国家安全环境的影响。其次，各国的发展阶段也是影响安全环境主观感受的因素之一。较为落后的地区或发展中国家通常更加关注贫困、犯罪等经济与社会安全问题，注重内部环境的安全，发达国家更可能将金融风险、气候变化等非传统议题纳入其对国家安全环境的考量。最后，国家政治体制及领导人性格特质也会影响国家对安全环境的感受，不同领导人对安全问题的关注重点和应对方式会有所差异。

总而言之，研究者在建立国家安全环境的评估框架时需要考虑这些差异，采取合理的方法处理国家的主体性问题。

（三）评估的可操作化问题

如何使国家安全环境的评估变得可操作化也是评估中面临的重要问题。首先，一些影响国家安全环境的因素是难以被直接观测的，这导致评估过程中会存在信息缺失问题，从而使评估结果充满了不确定性。以第二节中提到的影响因素——国家间相互作用为例，虽然从“安全困境”理论出发可以降低评估这一影响因素的复杂性，但“国家在多大程度上理解安全困境的存在”这一指标是否可以被观测到，观测结果的信度与效度如何，这些都尚待解决。

其次，即使影响因素是可观测的，也需要寻找有效的测量方式，并将不同变量之间的相互作用关系考虑在内，这不是项容易的工作。在确定测量方法后，数据源的选择不同可能也会使评估结果有所偏差。西方国际关系理论的论点常常建立在完备的数据库基础上，但数据的定义、赋值及各变量的权重可能受到特定价值观的影响。[①] 这可能导致对一些地区或因素的忽视，从而影响评估的全面性。

为了解决这些问题，在评估国家安全环境时需要综合考虑各种理论视角，理解各个国家实际情况的差异，并采取科学的测量方法。在理论框架的选择和权衡中，必须认识到每种理论的优势和局限性，以建立更为全面、客观和实用的评估方法。只有如此，国家安全环境评估才能更有效地为政策制定和决策提供有力支持。

---

① 钟飞腾：《中国周边安全环境：分析框架、指标体系与评估》，《国际安全研究》2013 年第 4 期，第 82 页。

参考文献：

[1] 刘跃进：《国家安全学》，中国政法大学出版社 2004 年版。

[2] 李文良：《国家安全管理学》，吉林大学出版社 2014 年版。

[3] 沈伟烈、陆俊元主编：《中国国家安全地理》，时事出版社 2001 年版。

[4] 唐世平：《塑造中国的理想安全环境》，中国社会科学出版社 2003 年版。

[5] 张骥：《跨世纪中国的国际环境与对外战略》，中共中央党校出版社 1998 年版。

[6] 朱听昌主编：《中国周边安全环境与安全战略》，时事出版社 2002 年版。

[7] 唐世平：《国家安全环境的系统理论》，《世界经济与政治》2001 年第 8 期。

[8] 张宇燕、冯维江：《新时代国家安全学论纲》，《中国社会科学》2021 年第 7 期。

[9] 钟飞腾：《中国周边安全环境：分析框架、指标体系与评估》，《国际安全研究》2013 年第 4 期。

[10] [美] 保罗·肯尼迪著，蒋葆英等译：《大国的兴衰》，中国经济出版社 1989 年版。

第七章　国家安全认知

人类历史是认知世界和改造世界的历史。维护、保障和塑造国家安全离不开对国家安全的认知。因此，有必要对国家安全认知进行单独讨论。本章主要介绍并探讨国家安全认知的一般性理论，包括国家安全认知的定义、国家安全认知的环境与主体，以及国家安全认知的内容与过程。在此基础上，本章还会介绍可能造成国家安全认知偏差的多种因素与改进方法。

第一节　国家安全认知定义

国家安全认知是国家对其安全环境、自身安全状况与安全能力的综合研判。国家安全认知是一种社会认知，受到社会认知规律的影响，同时，国家安全认知还具备特殊性，受到微观个人认知的一般规律的影响。国家安全认知是国家中的个人和组织受环境的约束，在与多主体的互动中产生的。国家安全认知来源于国家安全实践，并反作用于国家安全实践。准确的国家安全认知能够识别威胁到国家安全的因素，并为国家安全实践提供指导，而不准确、错误的国家安全认知则会给国家安全实践造成负面影响。国家安全认知是维护、保障和塑造国家安全的先决条件。

一、认知与社会认知

认知，是主体对客观实在的能动的主观反映，是在获取客观世界的信息后再对其加工所产生的知识和经验。[①] 认知是一个过程，是指人们获得

---

① 《马克思主义哲学》编写组：《马克思主义哲学》（第 2 版），高等教育出版社 2020 年版，第 235 页。

知识或应用知识的过程，也是信息加工的过程，这是人的最基本的心理过程。这一心理过程包括感觉、知觉、记忆、思维、想象和语言等。认知也是这一过程的结果。知觉是认知的基础，是人体感知器官对主体以外的事物散布的信号的收集与整合，是个体对作用于感觉器官的客观事物的主观反映，是个体经过对外部刺激信息的主动加工所形成的对客观事物各个部分以及各个属性的整体性反映，在此过程中还伴随个体对外部刺激信息的选择、组织、解释、加工，需要主观经验的参与，并形成一定的意义。[①] 以认知为对象的研究被称为认知科学。认知科学的研究涉及心理学、神经学、社会学、组织行为学等多个学科。

人的认知具有选择性、整体性、理解性与恒常性。认知具有选择性是因为人的认知资源不是无穷无尽的，无法在同一时间处理过多的信息，因此只能将认知资源分配给一部分信息，而回避其他信息。认知的整体性是指，相对于零散的小信息，认知会倾向于通过整体处理的方式，将零散信息加工成一个整体。认知的理解性是指会依据事先的经验与偏好，将信息加工成具有一定意义的信息。认知的恒常性指对事物的认知会有一定的稳定性，并不会因为在一定范围内事物的位置和运动状态的改变而改变。这四种特性之间也存在相互关联。这些特性是个人认知的基础形式。[②] 在此基础上，认知的反映不仅仅是单纯的主观再现，而且可以创造出新的东西，对实践进行指导。“人的意识不仅反映客观世界，并且创造客观世界”[③] 这点在国家安全领域十分重要，因为评估国家安全，时常需要评估主观意图。意图也就成了客观世界的一部分。

认知会受到认知主体、认知对象和认知环境影响。认知主体本身会具有一定的知识与经验，通过认知的四种特性而发挥作用，特别是针对需要运用主观判断的事物；认知主体的思维方式、态度、兴趣、情绪动机等因素会形成主观偏好，这些偏好会直接影响认知的信息筛选过程与加工过程，从而影响认知；关注度也会影响认知，对“有趣的”“重要的”往往会比较关注，同时忽略一些因素。认知对象的刺激程度会影响认知，也就

---

① 郑建君编著：《政治心理学》，北京师范大学出版社 2020 年版，第 15、80 页。

② 郑建君编著：《政治心理学》，北京师范大学出版社 2020 年版，第 81—82 页。

③ 中共中央马克思恩格斯列宁斯大林著作编译局编译：《列宁全集》第 55 卷，人民出版社 1990 年版，第 182 页。

是对认知主体的短时间高烈度冲击会引起更多的关注，但是长期同一强度的刺激可能不能达到效果；认知对象的差异度对认知的影响体现在“人们通常对那些具有新颖、独特艺术性的事物更容易知觉，因为这样的刺激信息更容易给个体的感官留有深刻印象……不仅易于激发、调动个体的探究动机和兴趣，同时也容易获得个体更为持久的关注”[①]。认知环境，即客观物理环境与社会文化环境都会对认知产生重大影响。认知对象、认知主体与环境的差异性以及参考系直接影响到主观效果。相对于不同的参考背景，同样长短的线段就会使人们对长度认知产生影响，从而认为线段或长或短。物理环境对认知有重要影响，因为人们的认知是通过感知和处理来自周围环境的信息来构建的。物理环境中的感官刺激可以直接影响人们的感知和感觉。例如，光线、声音、气味、触觉和味道都是物理环境中的刺激，它们会触发感官器官，然后通过神经系统传递到大脑，影响人们对环境的感知和感觉。物理环境的空间和布局可以影响认知的组织和导向。

在认知的基础上，人们会形成社会认知。社会认知是指个体对于自身与现实世界关系的思考，主要关注人们如何利用社会信息进行判断与决策，其中包括利用已有的知识和社会经验对各类信息进行选择、比较、归纳、概括、加工、反思、推理等一系列主动的认知和思维活动。社会认知影响着人们的社会行动，因为人们的社会行动总是在一定的社会认知的指导下完成的。[②] 在这种情况下，认知已经从主体—客体，转变为社会环境中的人与社会环境中的客体。在这一过程中，个体的自我认知与他我认知相互作用。个体会通过直觉与认识的方式来满足理解和感知客观社会秩序的需要。社会环境也会影响个人的认知以及社会认知。文化影响了人们对所感觉到的信息以及与其他事物和既有认知的关系的解读，并由此对其所观察到的事物产生有意义的理解。文化环境、记忆与经历、个体偏好等主观因素，都会在认知的不同环节发挥影响。因此，不同文化环境、不同记忆与经历下的认知也会有所不同。[③]

社会认知包括对自我的认知、对他人的认知、对角色的认知，并由此综合而成为人际的认知。这四种认知不是独立存在的，其重点只有在相互

---

① 郑建君编著：《政治心理学》，北京师范大学出版社 2020 年版，第 84 页。
② 郑建君编著：《政治心理学》，北京师范大学出版社 2020 年版，第 84 页。
③ 侯玉波编著：《社会心理学》，北京大学出版社 2018 年版，第 59—73 页。

运动中才能够完成对彼此的认知。自我认知是个体在与他人体会的互动中对自己的行为和心理逐步形成的解释，通过对自己和他人的观察、体会和比较中对自身能力、角色等形成认知，“还会对其所处的社会政治环境、制度法规等客观因素予以理解、分析”①。对他人的认知是相对于自我认知，对他人的基本特征和行为，包括外貌、语言、神态、动作等进行综合归纳分析，并形成对他人的综合的看法。社会角色是社会对个体或群体在特定情境中期望的行为和责任的规定。每种社会角色都有相应的行为规范和期望，个体需要根据这些规范来履行自己的角色。对角色的认知也是对自己应该在什么样的环境中采用怎样的心理和行为模式的综合判断。对角色的认知也是自我认知和对他人认知的重要组成部分。这些认知综合起来成为人际认知，并且可以上升为族群认知、国际认知等。社会认知是国家安全认知的微观基础，国家安全认知离不开社会认知的基本要素，但两者也有重要区别。② 个人的认知是基于既有认知的基础上的，在此过程中，个体会使用图式这种认知工具以帮助人们快速理解。③

图式指人类用来为他们透过感觉器官接收的信息分配含义的辅助工具。理论上，通过这种工具，人们能够在任何情况下快速轻松地找到自己的思绪出路，并作出相对理性的行为。所接收的信息也会被综合性地判断并分类为某种图式，并且在一般情况下，重复的图式会加强，相近但又有不同的信息则会对图式进行逐步的修正。只有在信息冲击特别大或在特别重要的情境下，人们才会有意识地使用单独的认知图式与先入为主的心理结构。图式是基于对既有信息的分类加工，进而转化为对世界某些观点的认知框架，或是用于组织和感知新信息的系统。图式主要包含自我图式、角色图式、事件图式、社会图式等。人们的认知与判断也会筛选图式。人们在互动中抽象出的一系列特质，可以让人们在遇到类似的特征时快速筛选、判断出是“哪一类人”。自我图式是对“我是谁”“我是怎样的人”的框定。角色图式指人们对社会中的角色的规范和行为的预期。事件图式则是对事件发生的顺序和意义的“认知脚本”，用于“预测未来、设定目

① 郑建君编著：《政治心理学》，北京师范大学出版社 2020 年版，第 85 页。

② 郑建君编著：《政治心理学》，北京师范大学出版社 2020 年版，第 85 页。

③ 夏凌翔、耿文超：《个人自立与自我图式、他人图式》，《心理学报》2012 年第 4 期，第 478—488 页。

标和制定计划”。社会图式则主要包括对社会事件、社会人物和社会中的角色的认知，是个人的认知在社会层面的升华。①

二、国家安全认知的定义

国家安全学中的认知并不是认知学科简单地加上了定语，而是借鉴了相关概念、研究方法，在一些时候还会利用认知科学的成果以完善国家安全认知。虽然人的认知不能简单放大为国家认知，但两者之间存在密切关系。同时，人的认知，特别是处于关键岗位的人的认知可能会对国家安全产生重要影响。国家认知可以部分借用人的认知和社会认知等心理学、认知科学等方面的学科成果，加强对国家安全认知的理解与研究。国家安全认知不是个人认知的机械相加或者累进，而是一个系统过程，也是一个体系。

有学者认为国家安全认知是“国家安全主体在从事国家安全工作过程中对国家安全问题及其现象的判断并形成规律性的认识和看法，主要表现为主流国家安全认知和全民国家安全意识”②。也有学者认为，国家安全认知既是一种客观的需求，也是一种多主体认知的互动，包括自我安全认知与他者威胁认知的互动。③ 国家安全认知的多主体参与意味着需要一定的国家安全认知流程与机制以确保国家安全认知的总体一致性。在国家安全中，客观环境和物质性的现实因素固然存在，但只有当决策者对其进行主观认知加工并嵌入社会化的政策语境中进行阐释后，特定因素才能被赋予相应的社会价值认同，并成为影响特定物质资源支配和使用方式的政策行动依据。

国家安全是指国家政权、主权、统一和领土完整、人民福祉、经济社会可持续发展和国家其他重大利益相对处于没有危险和不受内外威胁的状态，以及保障持续安全状态的能力。④ 因此，国家安全认知是国家对其安

---

① 郑建君编著：《政治心理学》，北京师范大学出版社 2020 年版，第 86—87 页。

② 李文良：《国家安全学基础理论框架构建研究》，《国际安全研究》2022 年第 5 期，第 3—29 页。

③ 尹继武：《国家安全的认知逻辑：一项理论性分析》，《当代世界与社会主义》2023 年第 4 期，第 14—21 页。

④ 《中华人民共和国国家安全法》，中国政府网，2015 年 7 月 1 日，https：//www.gov.cn/zhengce/2015－07/01/content_2893902.htm。

全环境、自身安全状况与安全能力的综合研判。国家安全的主体是国家，最根本的是以政权安全和制度安全为核心的政治安全。[①] 对不同层次的认知都会影响到综合的判断，也有针对具体领域、具体问题的判断。国家安全认知既是对自我的认知，也是对环境的认知，是自我与环境的互动中的动态认知。所有认知都存在偏差的可能性，国家安全认知也不例外。国家安全认知会受到认知过程、环境干扰、思维偏见等多种因素的影响，并因此产生不符合客观情况的安全认知，严重的会影响战略判断从而导致重大损失。国家安全认知具有一定的共性，但不能够忽略其在不同领域的特殊性。

三、国家安全认知的特征

首先，国家安全认知是客观与主观因素互动的过程与结果。国家安全的客观因素主要包括国家的地理位置、资源禀赋、经济发展水平、军事以及科技实力等。这些因素决定了一个国家在国际舞台上的地位和影响力，以及其在面对各种安全挑战时的应对能力。客观因素还包括能够威胁或者损害国家安全的多种因素的实际状况，例如敌对国家的综合实力或者对本国的某些方面的相对优势、敌意以及其他存在潜在危险的各种因素。国家安全的主观因素则涉及国家决策者、政策制定者及执行者的安全观念与对国家安全问题的理解、民众的安全意识等。这些因素影响着一个国家在面对安全威胁时的态度和决策过程。解决或者缓解国家安全问题需要经过在多种主观因素影响下，对客观因素的主观把握才能够进行。一个具有强烈安全意识的民众会支持更加坚决和有效的安全政策，而能够准确把握国家安全问题的决策者和政策制定者则能够制定出更加周全和适应时代发展的安全战略与政策。国家安全执行者需要准确把握政策意图，并且精准施策，对症下药。国家安全的客观和主观因素是相互作用、相互影响的。例如，国家的科技实力（客观因素）可以通过提高网络安全防护能力，来应对网络攻击、避免科技上的“卡脖子”等安全威胁。同时，国家安全决策者、政策制定者及执行者和民众的安全意识（主观因素）也会推动国家在科技发展上的投入，从而提高国家的整体安全水平。不准确，甚至是错误

---

① 中共中央宣传部、中央国家安全委员会办公室：《总体国家安全观学习纲要》，人民出版社、学习出版社 2022 年版，第 58 页。

的认知则会带来消极后果，一方面可能会导致真正应该得到关注的国家安全问题得不到应有足够的投入，另一方面也可能造成资源的错配，或者是“自我实现的预言”。

国家安全认知是过程与系统的统一。首先，国家安全认知的过程性体现在安全观念的演变和政策制定的连续性上。随着国际形势的变化和科技的发展，国家安全面临的威胁也在不断变化。这要求国家安全认知必须是一个动态的、持续发展的过程。例如，冷战时期的国家安全重点是军事和意识形态的对抗，而在当前全球化和信息化的背景下，网络安全、经济安全、环境安全等新的领域也成了国家安全的重要组成部分。因此，国家安全政策的制定和实施需要不断地根据时代的发展和安全环境的变化进行调整和更新。其次，国家安全认知的系统性则体现在安全问题的多元性和互联性上。国家安全不仅仅是军事安全的问题，还包括政治安全、经济安全、社会安全、文化安全等多个方面。这些不同领域的安全问题往往相互关联，相互影响。例如，经济安全直接关系国家的发展和民众的生活水平，而社会安全又与民众的稳定生活密切相关。国家安全政策的制定和实施必须考虑到这些不同领域之间的联系和相互作用，以确保全面和长期的安全。在国家安全认知的过程中，信息的收集和分析至关重要。这不仅包括对国内外形势的监测，还包括对潜在威胁的预测和评估。有效的信息收集和分析可以帮助国家及时识别和应对安全威胁，从而更好地制定和调整安全政策。同时，国家安全政策的制定和实施是一个涉及多个部门和机构的复杂过程。这要求各个部门和机构之间要有良好的协调和合作机制，以确保安全政策的有效实施。例如，军事、外交、经济、内政等不同部门需要共享信息、协调行动，共同应对安全挑战。此外，国家安全政策的制定还需要考虑国内外的法律和道德约束。在确保国家安全的同时，还要遵守国际法和国内法的规定，尊重人权和公民自由。这既有助于提高政策的合法性和道德性，也有助于提升国家的国际形象和影响力。最后，国家安全政策的实施和评估也是一个持续的过程。政策的实施效果需要不断地进行监测和评估，以便及时调整和完善。这要求建立一个有效的反馈机制，确保政策能够适应不断变化的安全环境和需求。①

① 尹继武：《国家安全的认知逻辑：一项理论性分析》，《当代世界与社会主义》2023 年第 4 期，第 14—21 页。

国家安全认知是全局与局部的互动。全局与局部有两层含义，一方面是指认知主体的认知范围的局部与全局，另一方面是指认知对象的全局与局部。认知主体的全局性在国家安全认知中指的是对国家安全整体状况的理解和把握，涉及国家的政治、经济、文化、社会、军事等各个方面。这种全局性视角要求决策者不仅要关注单一领域的安全问题，也要将国家安全视为一个整体，考虑不同领域之间的相互影响和相互制约。例如，一个国家的经济安全直接影响其军事和政治安全，而文化安全又对社会稳定和国家认同有深远的影响。局部性在国家安全认知中则是指对特定安全问题或领域的关注，这包括对特定地区的安全状况、某一特定安全威胁（如恐怖主义、网络攻击等）的分析，或是对某一特定群体（如少数民族、边境居民等）的安全需求的考虑。局部性视角有助于深入理解和解决具体的安全问题，确保特定领域或特定群体的安全需求得到满足。国家安全认知中的全局性与局部性是相互依赖、相互影响的。

全局视角有助于理解局部安全问题在整体国家安全策略中的位置和作用，避免在处理局部安全问题时忽视了局部安全对整体安全的影响。例如，对边境地区的安全管理不仅关乎该地区的稳定，也直接影响国家整体的边疆安全和国际形象。同时，对局部安全问题的深入研究和有效管理也是实现全局安全的重要组成部分。局部安全问题的解决往往需要特定的策略和措施，这些策略和措施在提高局部安全的同时，也为全局安全的维护提供了经验和支持。例如，有效的网络安全管理不仅保护了网络空间的安全，也为维护国家数据安全和经济安全提供了重要支撑。在国家安全认知过程中，平衡全局与局部的关系是一个关键的挑战。这要求决策者、政策制定者和执行者既要有宏观的视角，了解和把握国家安全的整体状况，又要有微观的洞察力，关注和解决具体的安全问题。这种平衡需要基于对国家安全环境的深入分析，结合国家的实际情况和安全需求来实现。此外，国家安全政策的制定和实施也需要在全局与局部之间找到恰当的平衡点。这意味着既要制定符合国家整体安全利益的政策，又要考虑局部安全问题的特殊性和紧迫性。例如，在打击恐怖主义时，既要考虑国家整体的安全战略，又要针对特定地区和特定形势制定具体的对策和措施。国家安全认知的过程还应包括对全局与局部关系的持续监测和评估。随着国际、国内形势的变化，全局与局部之间的关系可能会发生变化。通过对这种关系的持续监测和评估，可以及时调整安全策略和措施，确保国家安全认知和政策始终适应当前的安全环境。

第二节　国家安全认知的环境与主体

国家安全认知的根本任务是达到在国家安全领域的主观与客观的统一。[①] 国家安全认知需要国家安全主体在纷繁复杂的环境中，获取、筛选并解读出相关且重要的信息，并在这个基础上综合形成国家安全认知。

一、国家安全认知的环境

国家安全认知是在特定的国际与国内安全环境中得到塑造的，国家安全认知的基础信息也是从一定的环境中获取的。国家安全认知环境包含以下几个方面。

一是全球与地区格局中安全竞争的基本结构，即“国际环境对安全认知内容的重要趋势、方向的规定与限制”[②]。在19世纪的帝国主义时代，国家间的弱肉强食让社会达尔文主义成为主流的政治思潮。在这种政治思潮中，安全只有通过武装侵略与征服才能够完成。进入冷战时期，“美苏两个超级大国的全球全面竞争让世界范围内国家的国家安全不得不在两极的架构下进行，各个国家的包括政治安全、经济安全、文化安全等多种安全在内的国内安全同样也受到美苏竞争的影响，在这个时间最主要的国家安全认知是本国在冷战架构中的站位问题”[③]。地区安全局势则直接影响着相关国家安全认知偏好的轻重缓急排序。国家所处的地区安全局势与国家安全直接相关。首先因为这是国家的直接外部环境，其成员也是国家的主要互动对象。例如，在中东地区，每个国家的国家安全都需要考虑地区局

---

① 《马克思主义哲学》编写组：《马克思主义哲学》（第2版），高等教育出版社2020年版，第239页。

② 尹继武：《国家安全的认知逻辑：一项理论性分析》，《当代世界与社会主义》2023年第4期，第14—21页。

③ 尹继武：《国家安全的认知逻辑：一项理论性分析》，《当代世界与社会主义》2023年第4期，第14—21页。

势问题，阿拉伯之冬[①]时期国家的政权安全成为最主要的。地区间的民族、宗教和能源等问题也是国家安全的优先项。[②]

二是多种类型的行为体。行为体是指能够主动作出行为的主体，包括国际组织、国家、跨国公司、非政府组织等国际层面的行为体，也包括组成国家和组织的有重要影响力的个人、行政机构等次国家层级或次组织层级的行为体。这意味着国家安全认知需要同时处理大量来自各种方向和各种层次的信息。行为体的复杂多样产生了大量的信息，而信息源过多会影响到国家安全认知体系的认知资源分配，增加了从各种各样的繁杂的信息中提取情报的复杂度。次国家和次组织行为体是有意识地参与国家和组织的运作和战略规划。因此，如何能够总体性把握国家和组织的综合意图这一主要矛盾的同时，掌握关键次国家行为体的动机、意图、偏好等关键信息这一主要方面，是国家安全认知的重点。[③]

三是国家需要对环境信息进行甄别，并且通过组织的协助进行横向整合以及纵向整合。环境中的信息包括不定向信息和定向信息。不定向信息是由认知对象无意间发出的信息，也包括其他环境中各种能够被感知到的信息。定向信息是指认知对象有意发出的信息以及环境中能够被专门识别的信息。国家需要对这些信息进行不同来源、不同问题的信息融合，形成一个连贯、全面的画面，即横向的整合。信息的纵向整合则是指决策过程中所有与决策相关的信息的融合，以形成一个统一的认知。

四是技术因素。国家安全认知需要有技术基础，特别是通信技术。因为国家安全认知是有组织的认知，组织内的协调需要技术支撑，对威胁的探知同样也需要技术。当通信技术进步后，对外探知的效率大大提高。新的技术一方面会产生新的感知手段，从而探知之前所不能探知的信息；但是在另一方面，新的技术也会改变安全认知环境。新的技术会导致新的安全脆弱性，同时也会产生新的安全议题。例如，在互联网时代，网络攻击是一个重大问题。那么，如何保障互联网安全就成了新的议题，这就需要

---

① 西方称其为“阿拉伯之春”，但鉴于事件的实际后果，称“阿拉伯之冬”更为合适。

② 尹继武：《国家安全的认知逻辑：一项理论性分析》，《当代世界与社会主义》2023 年第 4 期，第 14—21 页。

③ Vertzberger, Yaacov Y. , “The World in Their Minds: Information Processing, Cognition, and Perception in Foreign Policy Decisionmaking” , Stanford University Press , 1990.

对这些议题进行认知。新技术还会造成认知环境的进一步复杂化。新探知的信息可能会因更高效而取代旧有的手段，有时候则会成为新手段新信息，从而增加了信息流和处理信息的负荷。新技术也可能会被对手用于刻意干扰认知。例如，人工智能技术可以通过深度伪造等手段干扰认知。新技术还会改变认知途径。一方面，新技术拉近了决策和对象，使得实时监控成为可能；另一方面，新技术可能改变认知形式。数字信息技术让曾经以图片、声音为信息载体的认知转为以数字为载体的认知。①

五是国内环境。国家安全认知主体时刻处于国内环境的笼罩之中，并且自身也是国内体制机制的一部分。国家安全的传统概念主要聚焦于军事和政治领域，这涉及国家的政治稳定以及军队的绝对忠诚。只有这样，国家安全认知主体才能有效地识别自身体系以外的各种风险和威胁。在缺乏政治稳定的情况下，准确的安全认知不容易实现，因为信息处理过程可能受到行政官僚与利益集团私利等因素影响而被歪曲。一方面，由于政治安全是根本，军队是维护国家安全的强力手段，国（境）内政治稳定与否也将影响到安全认知中的优先度。在经济安全方面，国家的经济体系和金融稳定性对于国家安全至关重要。经济危机、市场动荡不仅影响国家的经济发展，从而影响国家安全认知的技术以及资源。国内的社会文化影响国家安全认知的框架以及图式。多元文化和多元认同可能会让文化氛围显得活跃，但是会在整合和统一国家安全认知时造成阻碍。另一方面，单调的文化又容易出现思维僵化等问题。开放的文化更容易活跃，并且有利于理解外部文化底色从而准确判断外部行为体的意图，但是开放的社会文化氛围也容易被渗透利用。②

二、国家安全认知的主体

国家安全认知体系中的主体由个人与组织构成，其中最重要的是国家安全决策者的认知，而与国家安全认知相关的组织的核心组成部分包括信息收集与分析体系、评估体系、认知决策体系、认知散发与执行体系。信

---

① Vertzberger, Yaacov Y.,"The World in Their Minds: Information Processing, Cognition, and Perception in Foreign Policy Decisionmaking", Stanford University Press, 1990.

② Vertzberger, Yaacov Y.,"The World in Their Minds: Information Processing, Cognition, and Perception in Foreign Policy Decisionmaking", Stanford University Press, 1990.

息收集与分析体系主要由各部门、系统的情报机构和一线人员担任。评估体系是介于收集信息与确定国家安全认知（关于国家安全认知的决策）之间，承前启后，将收集的信息进行处理和赋予合适的意义后交给决策者判断。在国家安全认知形成后需要经过一系列的程序和体系，如认知决策体系、认知散发与执行体系为解决具体问题提供方针指导。

（一）关键个人

国家安全认知的主体是国家，但国家的运作离不开一个个具体的人和由人组成的机构。国家安全认知需要关注关键个人的认知，关键个人的认知也可以社会化为组织的认知、国家认知。国家安全认知是社会中、组织中的个人认知与个人组成的社会认知的结合。我们需要准确把握这一辩证关系。

国家安全认知中的关键个人是指国家安全决策者、相关组织负责人以及具体处理国家安全问题的人员。关键个人通过国家安全的信念体系形成国家安全认知。国家安全的信念体系是一种思想和态度的配置，其中各个元素通过某种形式的约束或功能相互依存而联系在一起。信念体系代表了个体观点和态度的结构方式、这些元素如何相互联系，以及信念体系中各组成部分的一致性和相互联系的程度。在高度约束的信念体系中，改变一个元素将需要改变其他元素以保持内部一致性。核心信念是深刻持有的，不太可能改变，而边缘信念更容易改变，不太可能影响信念体系的核心结构。①

国家安全中的信念体系（belief systems）是指国家领导人、决策者和政策制定者在处理国际关系时所持有的一系列信念、观念和价值观。这些信念体系影响着他们对国际事件的理解、解释以及对外交政策的制定和执行。关键个人的信念体系包括但不限于以下几个方面：一是居于信念体系基础层（或最深层）的基础性观念，或称为“价值观”。价值观是基础的和持久的信念，且蕴含着关于“好”与“坏”的价值判断。二是关键个人对世界运作方式的基本理解，包括对国际体系的认识（如多极世界、单极世界）、对国际法和规范的态度等。三是战略信念。这涉及对国家安全、军事力量、国际冲突和合作的认识，以及如何使用军事力量、经济手段和

---

① 马得勇、陆铭：《公众外交政策倾向的心理根源——基于中美网民外交信念体系的比较》，《世界经济与政治》2023 年第 9 期，第 144—166 页。

外交策略来达成国家目标。四是政治和经济理念，即对专制、民主、社会主义、市场功能等政治和经济制度的理解与信仰，以及它们对国家和国际政治的影响。信念体系还包括国家的文化和历史观，即历史经验、文化传统和身份认同，这些也会影响关键个人对国家安全的看法和决策。①

关键个人国家安全认知需要借助事件图式、身份图式和行动图式。事件图式以经验案例为参考，旨在帮助关键个人通过类比形成对新情势本质的全方位判断；身份图式旨在帮助关键个人在有限数量的抽象模型中框定特定对象的具象化身份标签以缩小政策选择范围，提升政策针对性和精准度；行动图式是指基于对既往政策实践的类型化梳理和效果评估而形成的政策手段体系。其中，图式在群体认知层面主要通过信念投射机制强化群体内形成共识的价值理念和行为准则，为决策过程划设“观念红线”，提醒关键个人在“任何情况下都不应做什么”。在个体认知层面，图式则通过图式演绎机制发挥作用，在决策者遵循图式原则的前提下赋予其有限的行动自由，允许关键个人针对具体情势进行政策发挥、自主思考“特定情况下应该做什么”②。国家安全的决策者准确的认知和判断是至关重要的，他们需要对国家安全的大局有一个全面的把握，包括理解国际形势、国内安全挑战以及可能的应对措施。这种能力要求领导者不仅要有广泛的知识，还要有敏锐的洞察力和判断力。

关键个人的角色不同，认知需求也有差异。对于决策者而言，对图式的演绎可以在结构和内容两个维度上展开。决策者在面对现实的政策需求时，会将不同类型的信息以及决策框架结合起来，形成一个复杂的体系，以此确保政策过程的每个环节都能被准确地对应和处理，从而维护政策逻辑的完整性，进而形成总体性认知。在总体性认知的基础上，还需要对关键问题的相关内容有一定的理解和判断，从而能够给予最准确的方针性的

---

① Castano, Emanuele, Alain Bonacossa, Peter Gries, “National Images as Integrated Schemas: Subliminal Primes of Image Attributes Shape Foreign Policy Preferences”, Political Psychology, Vol. 37, No. 3, 2016, pp. 351 –366.

② 马得勇、陆铭：《公众外交政策倾向的心理根源——基于中美网民外交信念体系的比较》，《世界经济与政治》2023 年第 9 期，第 144—166 页；Castano, Emanuele, Alain Bonacossa, Peter Gries, “National Images as Integrated Schemas: Subliminal Primes of Image Attributes Shape Foreign Policy Preferences”, Political Psychology, Vol. 37, No. 3, 2016, pp. 351 –366.

指示。由于关键个人日常需要处理大量的事务，因此，提供给他们的信息需要简短精悍，使他们能够掌握全局性的认知，也能够指导局部性的认知和实践。①

相关组织的负责人需要具备几个关键能力：首先是上下沟通的能力，即能够有效汇报、精确把握领导的指示和信息，同时也要能够向下级传达和执行这些决策。这意味着领导者需要具备强大的沟通和协调能力。其次，领导者需要对具体事务有深入的理解。这包括对当前发生的事件、潜在的威胁以及可能的应对策略有清晰的认识。这样的了解不应该是表面的，而是深入到每个事件的具体细节，以确保能够作出最合适的决策。相关组织的负责人还需要深入了解本部门的认知和能力。这意味着了解部门的资源、优势、限制以及团队成员的专业技能和工作态度。通过深入了解本部门，领导者可以更有效地利用资源，制定适合部门特点的策略，从而提高整体的工作效率和效果。②

对于国家安全领域中的具体执行者来说，他们的工作职责和所需技能也非常关键。首先，执行者需要对其负责的具体事务有全面和深入的了解。这包括掌握相关政策、程序、技术和操作细节。这种熟练程度确保他们能够在各种情况下有效地处理问题，并且能够迅速适应新的挑战和变化。其次，执行者能够精确地理解和领会上级决策者的意图和国家安全的总体认知。这不仅仅是理解决策的文字内容，更关键的是要理解其中的深层意图和背后的战略考虑。这样的理解能够帮助他们在执行任务时，不是机械地执行指令，而是能够更有针对性和灵活性地应对各种情况。此外，执行者还需要具备严谨的工作态度和良好的判断能力。国家安全领域往往涉及复杂且敏感的情况，因此执行者需要在压力下保持冷静，作出合理且迅速的判断。同时，他们还需要保持高度的警觉性和安全意识，确保在任何情况下都能保护国家的安全和利益。

（二）国家安全相关组织

国家安全组织认知是指国家安全相关部门和相关团体的认知。团体认

---

① Vertzberger, Yaacov Y. , "The World in Their Minds: Information Processing, Cognition, and Perception in Foreign Policy Decisionmaking" , Stanford University Press , 1990, p. 119.

② 《行为组织学》编写组：《行为组织学》，高等教育出版社 2019 年版，第 88—178 页。

知介于基层个人认知和国家安全决策者认知之间，起到承上启下的作用，以及辅助国家安全决策者认知国家安全问题。一般情况下，每个部门或团体都是建立在执行某种特定任务的基础上的人与人的有层级的相互依赖，并且或多或少地体现了一套明确的或隐性的信念和价值观、一种行为习惯，以及根据其职能任务和过去的经验而发展起来的组织记忆。组织认知中会影响到国家安全认知的因素包括组织文化、信息流通机制以及关键个人与组织的关系。

组织中存在着认知亚文化，并提供了一个共享的认知参考框架和认知规范。框架和规范能够组织和引导每个个体成员的认知过程，减少成员之间的基础概念差异。同时，框架和规范也约束每个个体的认知行为，在一定程度上使其去个性化。[①] 框架和规范包含了大多数成员对群体和组织的目标、利害关系和承诺的共同信念和规范，对信息处理的风格和质量有直接的影响。有的组织在商讨阶段欢迎不同的观点，有的则更加强调组织思想的统一性，因此难以对与传统观点大相径庭的信息进行合理解读，而倾向于拒绝承认其真实性、相关性和重要性，进而增强了组织对控制和稳定的固有偏见。但统一的思想更有利于遵照执行，“心往一处想，劲往一处使”。

组织中的信息流通首先取决于组织架构等行政管理一般规律。一般情况下，组织有横纵两个方向的划分。纵向的层级以领导、分管领导和具体办事人员的命令链条为单位；横向的以总体上平行的分管领域，如国内事务、国际事务等为单位。[②] 在横纵两个基础上发展出辐辏式、网格式、金字塔式等多种架构。层级越多，每位成员和分管领导所需要掌握和处理的信息就越少，不容易出现信息过载的情况，但是也会导致信息在层层上报的时候出现损失和歪曲。由于国家安全的特殊性，部门之间的信息流动需要遵循一定的流程。这些组织的标准操作程序通常与从经验中学习并结晶出的做法相联系，这些标准操作程序在不同场合下被一贯且通常无意识地使用。因此，组织可以通过启动先前学习的程序来迅速应对环境中的挑

① Albert, S., Whetten, D. A., Cummings, L. L. and Staw, B. M., “Organizational Identity”, Research in Organisatinoal Behavior, No. 7, 1985, pp. 263 – 295.

② 《行为组织学》编写组：《行为组织学》，高等教育出版社 2019 年版，第 88—178 页。

战，包括成员间的角色分配。由于标准操作程序的改变可能会干扰现有的角色分配和权力结构，因此需要一个稳定的环境，使得既定的程序能够处理这种变化。需要注意的是，组织在认知和操作上对环境的变化反应迟缓，并表现出防御性的保守主义，认为未来与过去和现在的差别不大。任何表明需要重大改变和重新定位的信息通常被忽视、轻视或解释掉。预设的标准操作程序通过对信息处理的影响来构造一个符合它们假设的现实。因此，标准操作程序不只是行为指导，它们也限制和塑造我们的认知过程。[①] 组织标准程序的复杂程度，可以让信息传递的每一个步骤由专人负责。

信息流通机制包括信息获取权限和保密制度。在庞大的国家安全机构中，信息获取权限和保密制度是一个复杂且关键的议题。信息访问在这一领域比在其他决策领域受到更加严格的控制，主要是出于保密和防止信息泄露的重要性。这种控制不仅涉及谁可以访问信息，还涉及他们可以访问哪些信息。信息的保密性意味着只有授权人员才能接触到某些数据。这种做法旨在保护敏感信息不被未经授权的人员获取，但同时也可能导致信息共享和决策效率的降低。信息的模糊性和不确定性增加了理解和解释信息的难度，决策者可能需要在不完整或不确切的信息基础上作出决定。此外，信息的复杂性和大量性也是重要考量因素。在现代信息时代，国家安全机构需要处理和分析的数据量巨大且多样，这要求有高效的信息处理系统和专业的分析人员，以确保重要信息不被忽视，并从海量数据中提取关键洞察。信息的跨部门流动也受到管控，这出于保密的需要，但信息的过分局限则可能导致思维局限。[②]

由个人组成的组织与组织中的个人揭示了关键个人与组织的关系。人们常常把组织比作机器，每个齿轮都会按照既定的设计运行，当出现问题时，把相应的部件修理或者更替。但人不是齿轮，在组织中不能被完全消除个性。但同时，由于组织特有的塑造能力，个人在一些结构中也未出现"在其位，谋其政"以及所谓的"位置决定态度"等现象。领导人在组织

---

① ［美］格雷厄姆·艾利森、［美］菲利普·泽利科著，王伟、王云萍译：《决策的本质：还原古巴导弹危机的真相》，商务印书馆 2021 年版。

② Vertzberger, Yaacov Y. , "The World in Their Minds: Information Processing, Cognition, and Perception in Foreign Policy Decisionmaking" , Stanford University Press , 1990, p. 119.

认知中至关重要。领导人负责为组织设定愿景、目标和方向。他们通过确立清晰的愿景和战略目标，引导组织向着既定的方向发展。领导在组织认知过程中扮演核心角色，他们需要在不确定性和复杂情况下作出关键认知，并对其结果承担责任。领导人负责在组织内部和外部有效地进行沟通，确保信息的透明度和及时性。但是领导人也受到一般个人的认知规律的影响，其偏好等都会对组织认知产生影响。与个人认知不同的是，领导有组织协助其认知并为其提供信息。但一般情况下，领导的认知并不会完全被组织框住，因为领导也有其他的途径获取塑造其认知的信息，包括与社会环境和认知对象接触、大众媒体等。领导在内部有协调统一部门认知的责任，其行事风格会对组织的信息流以及组织内的其他成员产生影响。领导在组织外可以一定程度上代表组织的整体认知。①

第三节　国家安全认知的内容与过程

取决于问题的本质，问题主要有两种类型：一类是事实性的智力问题，这类问题有正确答案。在安全领域，特别是防范危险、安全生产等领域的具体措施等是可以有办法的。另一类是判断类问题，这类问题没有固定答案，而是与每个人的价值观、审美及内在需求有关，依赖主观的权衡，有时是因为在一些方面没有办法彻底做到绝对安全，而必须在多项价值中取得平衡，统筹考虑。处理这类问题，面临着取舍，如何取舍恰恰能够反映出对安全的根本性认知以及各项利益与价值的优先程度。②

一、国家安全认知的议题

在国家安全领域中，政治安全是一个核心组成部分。对政治安全的认知涵盖了几个关键的方面。第一，政权安全。这涉及保护国家的政治领导和管理结构免受内部和外部威胁。政权安全确保国家的领导机构能够稳定运作，不受颠覆、暗杀、政变或其他形式的非法干预。第二，国体、政体

① 《行为组织学》编写组：《行为组织学》，高等教育出版社 2019 年版，第 88—178 页。

② 侯玉波编著：《社会心理学》，北京大学出版社 2018 年版，第 59—73 页。

安全。保护国体、政体安全意味着维护国家的政治组织形式和治理原则，防止它们被非法改变或破坏。第三，意识形态安全。意识形态是指一套关于政治、经济和社会结构的信念和价值观。保护意识形态安全是指确保国家主导的政治和社会理念不受到有害的外部影响或内部分裂。这包括防止外来的意识形态渗透和维护国家的文化和社会凝聚力。在处理这些方面时，国家安全机构需要密切监测和评估各种内部和外部因素，这些因素可能对国家的政治稳定和安全构成威胁。此外，他们还需要制定和实施相应的策略和措施，以保护国家免受这些威胁。这通常涉及情报收集、政策制定、法律执行以及与其他国家和国际组织的合作。①

国家对军事安全的认知主要涉及以下几个关键方面。一是本国军队的绝对忠诚，只有忠诚的军队才能够保卫国家。二是国防能力。这涉及建立和维持一个强大、有效的军事力量，以保护国家免受外部攻击和威胁，保卫国家主权和领土完整。这不仅包括传统的陆海空军力量，还包括网络战、空间能力和其他现代军事技术。三是国际军事合作与安全联盟或伙伴。与其他国家建立军事合作关系，参与国际安全联盟，以促进区域和全球安全稳定。四是应对恐怖主义、网络战争、内部冲突等非常规安全威胁。这包括加强情报收集、反恐行动和网络安全措施。五是军事科技的研发，以保持国家军事力量的现代化和竞争力。这包括新型武器系统、通信技术和人工智能在军事领域的应用。②

国家对经济安全的认知涵盖了一系列关键领域，这些领域对于维持国家的稳定和发展至关重要。第一，自身经济的稳定性，即确保国家经济体系的稳健运行，包括控制通货膨胀、避免严重的经济波动和危机。这也涉及实施有效的宏观经济政策，以维持经济增长和稳定。第二，能源安全是否得到保障，即能否保障国家对关键能源如石油、天然气和电力的稳定供应。能源安全包括多样化能源来源、提高能效和发展可再生能源。第三，金融安全，即维护国家的金融体系安全和稳定，防止金融危机和金融欺诈行为。这包括监管金融市场、维护金融机构的健康运作和保护消费者免受

---

① 中共中央宣传部、中央国家安全委员会办公室：《总体国家安全观学习纲要》，人民出版社、学习出版社 2022 年版。

② 《新时代的中国国防》，国务院新闻办公室，2019 年 7 月 24 日，http://www.mod.gov.cn/gfbw/fgwx/bps/4846424.html；刘强：《国际军事安全论》，时事出版社 2010 年版。

金融风险。第四，供应链安全，即确保关键商品和服务的供应链不受干扰，尤其是在食品安全、医疗保健和关键基础设施领域。国家对经济安全的认知需要适应全球化逆流和双循环的经济环境以及不断变化的国际形势。维护经济安全不仅对国家的内部稳定至关重要，也是其国际影响力和全球竞争力的关键因素。通过全面的策略和政策，国家能够保护其经济利益，促进可持续发展。①

二、威胁感知

一般情况下，只有在对手有意图且威胁到己方国家安全的情况下，才会出现真的威胁，因此需要准确理解对手的意图。对手有可能通过多种手段刻意误导国家安全认知。首先，国家安全的对手可能采取欺骗的手段。国家安全的内外对手可能会试图通过操纵信号来误导和影响目标国家。例如，利用不正确或只有部分正确的事实和解释，以促使目标产生不切合实际的观感和期望。其次，对手可能有意无意地制造噪声，影响对信息的捕捉和分析。噪声在问题的背景下不具有相关性和重要性，但常常容易被国家安全认知主体视为包含相关和重要的信息。噪声可以掩盖真实的信号，可能是国家安全的对手有意造成的干扰，也可能只是众多环境信息之一。再次，国家安全的对手可能会干扰、分散决策者对相关事件、信号和指标的注意力，掩盖其实际意义或重要性。令国家安全认知主体分心的来源可能是内部事件，比如人事异动、主导决策者时间的重大活动，以及其他部分发生的引人注目的事件。因为任何国家安全认知主体的认知资源都是有限的，因此对手引起国家安全认知主体分心会导致主体不能，或者没有及时将应有的资源投入到正确的信息上。最后，对手还可能选择静默。静默是在某一特定问题上不传送任何信息，而不主动传递信息也是信息。静默可以让国家安全认知主体缺乏判断依据，从而更依赖自身的偏好和过往经验。一些信息被对手探知常常会对国家安全产生重大负面影响，而关键性信息的泄露会极大威胁国家安全。因此，对手常常会将一些信息保密，以防国家安全认知主体探知。通常情况下，信息的保密范围越紧，也就是越少人知道，则保密的安全性越高，反之则安全性低，但关键是在于掌握信

---

① 中国现代国际关系研究院经济安全研究中心：《国家经济安全》，时事出版社2005年版。

息的人是否能够保密。

安全威胁指的是一个国家或实体对另一个国家或实体造成伤害或不利后果的潜在可能性。在主观层面，“威胁纯粹是一个心理学概念，是个体对情境的解释”。在极端情况下，无论甲在做什么，乙都可能受到甲的威胁。在心理学家的定义中，威胁是甲的（未来）活动被乙所感知（或想象）的结果。① 因此，安全威胁是一种认知建构的过程，并认为其本质是决策者基于过往经历、价值取向和利益诉求而对本国接收的威胁信号作出的主观预期。威胁感知的影响因素可被概括为：（1）综合实力，包括国家总体资源，尤其是可以用于进攻的资源（进攻实力）；（2）地缘毗邻性，即国家力量的投送距离；（3）对手的进攻性意图，包括历史记忆、情绪焦虑；（4）意识形态的相似性等。② 这些因素有可能在国家安全认知层面被解读为安全威胁，但是这些因素不是决定性的。

就算对手有意图有实力，但是己方是否有实力应对，会影响自身对威胁程度的判断，因此需要对自身的国家安全能力有准确的评估，一方面需要结合对手的实力与意图，另一方面也要根据本国的实际情况和国家战略目标评估自身的军事力量、经济实力、政治稳定性、技术创新能力以及国际联盟和伙伴关系。这种能力评估帮助确定己方在面对潜在威胁时的实际能力。还需要考虑己方在面对危机时的响应速度和效率，包括应急计划、资源的调动和协调，以及决策流程的有效性。由于国际关系和区域动态也会影响评估，国家需要考虑自身的地理位置、周边国家的安全态势和国际政治环境。

三、国家安全认知过程

国家安全认知的过程基本上与信息流的方向一致，总体上是从捕捉、收集信息到分析、处理信息，再到形成认知，如图 3 所示。决策者、政策制定者会根据他们既有的认知，发布国家安全相关的信息的需求，这种需求通常是总体性的指示，也可能是具体的。相关部门和个人依照指示，利

---

① Baldwin, David A. , “Thinking about Threats”, The Journal of Conflict Resolution, Vol. 15, No. 1, 1971, pp. 71 – 78.

② ［美］斯蒂芬·沃尔特著，周丕启译：《联盟的起源》，上海人民出版社 2018 年版；韩萌、姜峰：《俄乌冲突下中东欧经济政策差异化动因：威胁感知与相互依赖》，《欧洲研究》2023 年第 3 期，第 65—98 页。

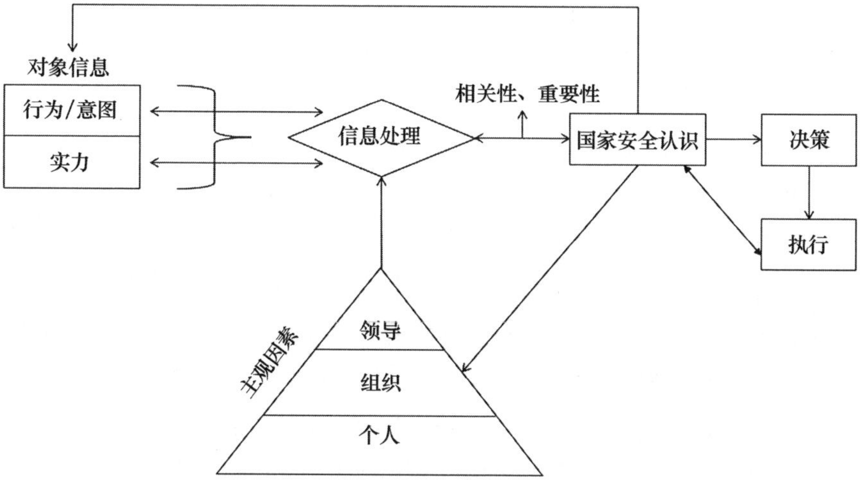

图3　国家安全认知过程示意图

用多种方法捕捉、收集相关的信息。收集涉及各种来源的信息。这些来源可能包括公开渠道（如新闻报道、公开的政府信息）、技术手段（如卫星和网络监控），以及人工来源（如专门情报人员、外交官和二轨对话的参与者）。收集的信息可能是文本语言、图像、声音或其他数据形式。

在捕捉、收集信息阶段的关键是确定哪些信息对于解决特定的问题或满足特定的需求是必要的，相关人员需要根据相关性和重要性，对繁杂的信息进行筛选。接着，信息进入初步处理阶段，对收集到的原始数据进行整理和初步分析。这可能包括翻译、解码、分类和概括信息，目的是将大量、混乱的数据转化为更加结构化和易于分析的材料。在这个阶段，也会进行初步的可信度和相关性评估，以便确定哪些信息值得进一步分析。分析员会对处理过的信息进行深入研究，试图识别信息的模式以及信息关联和潜在的含义。这一过程可能包括对历史情况的回顾、对不同信息源的比较，以及运用专门的分析方法，最终目的是提炼出对决策者有价值的参考意见，并转化为内参或报告。政策制定者的国家安全认知流程则大致上与个人的认知流程一致，但是决策者有专职机构提供支持。①

国家安全认知的过程是从感性到理性，从具体到抽象，再到具体的过程。毛泽东同志指出："认识有待于深化，认识的感性阶段有待于发展到

① 高金虎：《军事情报学》，江苏人民出版社2018年版。

理性阶段——这就是认识论的辩证法……要完全地反映整个的事物，反映事物的本质，反映事物的内部规律性，就必须经过思考作用，将丰富的感觉材料加以去粗取精、去伪存真、由此及彼、由表及里的改造制作工夫，造成概念和理论的系统，就必须从感性认识跃进到理性认识。”① 国家安全认知把感觉为认知主体所提供的关于国家安全问题和现象的分散、片段信息结合起来，形成国家安全事务的完整信息。表象是指国家安全认知的参与者在大脑中关于国家安全问题及与之相关现象所感知而再现的形象。表象与感性安全认知有关。感性安全认知是一个自发的过程。理性安全认知包括一系列概念、判断和推理等思维活动并形成特定的观点和看法。“跃升”到理性阶段是需要国家安全认知主体把所感觉到、收集到的国家安全问题和现象的共同特点抽象出来加以概括的思维过程。理性安全认知是一个观念体系和理论体系。一种较为完备的理性安全认知包含对国家安全工作中的各种国家安全问题和现象“是什么”“为什么”“应该怎样”的三个方面，具备指导国家安全实践的作用。“理性安全认知包括一系列国家安全认识、国家安全判断和国家安全推理，构成国家安全观念体系。”②

国家安全认知的扩散与统一是“二度四向”的。其一，自上而下传递与统一。所谓“自上而下”，是指国家安全决策者在形成认知后，通过行政体制层层下达。各行政层级的组成人员都需要学习领悟并贯彻落实决策者的认知。在这个模式中，决策者首先要对国家安全认知有明确的定性，并形成应对国家安全问题的总方针、总路线。各相关机构以及各行政层级的组成人员需要主动向这个方向上靠拢，调整自己关于国家安全的认知。在这个过程中，国家安全决策者的认知得到了落实，从而真正地从个人认知转化为国家认知。同时，这个过程也让国家这个“大组织”中的人形成了一定意义上的统一思想。

其二，自下而上传导。感知和评估国家安全问题是从感性到理性的过程。一线人员可能“像神经末梢一样，比身处办公室的最高领导人更容易感受到真实的威胁”③。处于国家安全认知主体中的低层级，但直接处理具

---

① 毛泽东：《毛泽东选集》第 1 卷，人民出版社 1991 年版，第 291 页。

② 李文良：《国家安全认知的由来及其内涵研究》，《国家安全论坛》2023 年第 2 期，第 49—57 页。

③ 左希迎：《威胁评估与美国大战略的转变》，《当代亚太》2018 年第 4 期，第 4—50 页。

体问题的人员可以通过层层上报的途径，将自己在处理具体事务中的问题和在与相关对手的接触中形成的印象，交由所在行政部门形成意见并按规定上报。每一级都会对上报信息进行重要性和相关性的筛选，继续上报。相关信息在汇集后，如果具有相当的重要性和相关性，引起国家安全决策者的注意，则有可能成为国家安全认知，再分发至相关部门。

其三，由内而外。“由内而外”指的是由国家安全的核心认知主体向外传播国家安全认知，也指国家向国外传播。核心认知主体主要是国家领导人、相关政府部门和一线工作人员。核心认知主体依靠核心部门通过政策报告、公开演讲、吹风会和媒体采访等，向外界释放国家安全认知。在国际层面，一个国家的国家安全认知也可能向外传播。例如美国通过盟伴机制、全球媒体机制、智库串联等途径将其自身常常夸大了的安全威胁认知传播给其他国家。①

其四，由外及内。核心认知主体以外的行为体都可以将认知传给核心认知主体。媒体、智库、利益集团、普通公民都可以通过舆论监督、建言献策等方式丰富国家安全认知。在国际层面，外国的认知也会传入本国，对本国国家安全认知产生影响。②

第四节　国家安全认知的偏差与改进方法

国家安全认知是一个复杂且至关重要的过程，它往往涉及高度的不确定性和重大的风险。在这个过程中，决策者的思维误区可能导致严重的后果。本节接下来将探讨几种常见的思维误区，并通过国家安全相关的实际案例来分析这些误区的影响，同时提出避免这些误区的策略。思维误区是影响个人和组织决策质量的主要障碍。了解并采取有效策略来避免这些常见的认知偏差对于提高决策质量至关重要。

---

① 左希迎：《威胁评估与美国大战略的转变》，《当代亚太》2018 年第 4 期，第 4—50 页。

② ［美］约翰·R. 扎勒著，陈心想、方建锋、徐法寅等译：《公共舆论》，中国人民大学出版社 2013 年版。

一、造成偏差的原因

在危机和高压环境下，组织对信息的搜寻活动通常会加强，但这也可能导致沟通渠道的过载。由于组织严重依赖于标准操作程序和过往处理及解释信息的方法，以及沟通的低复杂性，因此收到的信息往往与以往类似。在这种情况下，更多的信息被传递到高层管理者手中，而在初期阶段对信息的筛选则较少。同时，在高威胁、复杂和不确定的情境中，较低层次的员工可能因害怕失败而试图避免承担责任，较高层级的管理人员可能担心还没有掌握足够的信号，这无形中加剧了信息集中的趋势。在危机时期，用于交流和传递信息的通信渠道及检查站的数量往往减少，这进一步加强了信息集中的现象。然而，正如之前指出的，由于环境因素导致对信息的搜寻加剧，信息的总量实际上是增加的。这种矛盾情况可能导致信息处理的效率降低，同时也增加了错误解读信息的风险，因为重要信息可能会在传递过程中被忽略或误解。这一现象凸显了在危机管理中平衡信息流动和沟通效率的重要性。①

国家安全问题越来越复杂，不仅涉及多目标，还具有不确定性、时间动态性，单靠个人的能力已远达不到要求时，需要发挥集体的智慧。群体成员在群体认知中，会表现出一些和个体单独情况下不一样的行为。在组织认知中，个人的表现和作用是多方面的，主要体现在以下三个方面：（1）个人在组织中扮演关键的信息处理角色。他们收集、分析、解释信息，并根据这些信息做出决策。个人的认知能力和经验水平直接影响到他们处理信息的方式以及从中得出的结论，其对信息的理解和解释、个人观点、价值观和偏好在这个过程中起着重要作用。（2）当出现不同想法时，面对一致的多数人的个人，会处于一种极大的从众压力中，更有可能表现出从众行为。（3）有时，拥有一种新观点或者一种新见解的少数派，会有效地改变多数派的立场。少数人的坚持会给多数人带来异议观点，激发认知冲突。一般情况下，多数人在一开始不会明显地向少数人作出让步，但

---

① Vertzberger, Yaacov Y. , "The World in Their Minds: Information Processing, Cognition, and Perception in Foreign Policy Decisionmaking" , Stanford University Press , 1990, p. 119.

是他们经过认知重建，可能先有私下的观点改变，然后转向公开的观点转变。①

可能造成国家安全认知偏差的原因除了前文所述的环境、对手干扰和国家安全认知组织之外，更为重要的原因还是人的一般性认知规律中的三种基本负面特征，即自恋情结（如过度自信）、愿望思维与思维惰性。

第一种是人对自己理解、控制自然、社会的能力总是过于自信。社会科学家相信自己能找到所有社会现象的因果关系，因而能够理解、掌握社会规律。心理学家的实验表明，人对自己的判断能力总是过于自信。这样的自负心理可能表现为拒绝承认思维和能力的有限性，对“规律”过于信任，从而找到实际上并不存在的“规律”。在安全认知领域，自恋情结会表现为三个方面：第一，相关人员过高地评价自己作出的判断；第二，消费者过低地评估情报报告；第三，对情报失误进行评估的监督人员过度认为预测能更容易做出来。一个国家在认识自己和别国时总是采取双重标准，对自己的评价高，对别国评价低。②

第二种是所谓的愿望思维，也就是所谓的“鸵鸟心态”。愿望思维是指人们只看见愿意看见的，只听到愿意听到的，根据偏好避免负面信息或只关注负面信息。在选取信息时，分析员往往忽视不符合本人思维模式的证据，对符合思维模式的证据却非常敏锐，对分析者认为是“正确”的信息更乐于接受，排斥“不正确”的信息。这是由于人们认知通常是通过图式，而图式的一种副作用便是对不符合的图式的信息的排斥，这在国家安全认知中则会表现为对一些“不利的”证据的忽视，同时也可能增加受到对手迷惑的可能性。因为对手进行的战略欺骗往往是顺着己方的认知图式，从而利用这种认知偏见而实现出其不意，攻其不备。

第三种是思维惰性，对已经形成的观点不易变，对现状不愿变。一方面，是因为人们认知的资源都是有限的，而调整既有观点需要较多的认知资源以及主动做功。另一方面，人们认知也是通过“代表性”，即对某些特征的把握。对代表性的认知同样也可以节省认知资源，减少能量消耗，

---

① Vertzberger, Yaacov Y.,“The World in Their Minds: Information Processing, Cognition, and Perception in Foreign Policy Decisionmaking”, Stanford University Press, 1990, p. 200.

② 牛新春：《战略情报分析：方法与实践》，时事出版社 2016 年版，第 304 页。

有助于快速判断，但是代表性往往会造成一些其他重要信息被忽略。此外，越是长期形成的观点，就越不容易改变。这是因为认知给予了一定的确定性，同时人们的认知是相互关联的，对其他事物的理解可能也建立在旧认知上，因此更改则会需要重新审视更多的问题。再一方面，人们的认知也是对不确定性的一种把握。但是不确定性在国家安全认知中不容易处理，同时政策压力往往也需要“是”或“否”的确定性答案。70% 可靠的信息会被当成 100% 正确处理，而低于 30% 的则会被当成 0% 处理。①

二、常见的认知偏差与应对方法

以上多种因素会结合起来，形成多种认知偏差。本章在此列举六种常见的认知偏差，并针对每一种认知偏差，提供一些相应的应对方法。应对方法并不能够保证问题被完全解决，但能在一定程度上避免或者减少认知偏差带来的危害。

（一）确认偏差：忽视重要的情报信息

确认偏差（confirmation bias），或称“确认偏误”“证实偏差”“肯证偏误”“验证性偏见”“我方偏见”，指的是无论合乎事实与否，个人都倾向于支持自己的成见。由此，人们在脑中选择性地回忆、搜集有利细节，忽略矛盾的资讯，并加以片面诠释。这是“鸵鸟思维”和过于自信的表现之一。换言之，人们总是趋向于看见我们想看见的，相信我们愿意相信的。即当我们认定一个观点后，我们大脑会持续、有选择地寻找证据来证明我们的观点是对的，同时对那些证明我们是错的证据，则有选择地忽略和无视。②

在国家安全认知中，确认偏差可能导致相关人士只关注支持其已有观点的情报，而忽视与之相悖的重要信息。例如，在伊拉克战争前夕，美国对伊拉克持有大规模杀伤性武器的情报评估可能受到了确认偏差的影响，即已经认为伊拉克拥有了大规模杀伤性武器，为证明这一观点而搜集证据，并且刻意朝着既定方向解读。为避免这种偏误，重要的是多元化信息

---

① 牛新春：《战略情报分析：方法与实践》，时事出版社 2016 年版，第 300—311 页。

② 吴修良、徐富明、王伟等：《判断与决策中的证实性偏差》，《心理科学进展》2012 年第 7 期，第 1080—1088 页。

来源和培养批判性思维。例如，在研究一个问题时，主动寻找和评估与自己观点相反的证据，可以帮助平衡不同的观点，并形成更全面的理解。

（二）可得性启发式：过度重视近期安全威胁

可得性启发式（availability heuristic），又被称为“可用性启发”或“易得性启发法”。在不确定的环境中，人们的认知选择具有非理性特征。为了降低繁复信息的搜寻成本，行为主体会通过过去相似事件或经验来判断，这是思维惰性的体现。可得性启发式是指人们倾向于根据事件在记忆中的可获取程度，以及容易回想起的程度进行重要性排序的信息反馈机制。人们在对事物或事件进行评价时，总是倾向于依赖事件在记忆中的可调取程度，来评价其出现的相对频率。也就是说，在脑海中易于出现的记忆常被赋予更高的权重，会被判断为更常出现；相反地，对于一些不熟悉的、难于读取的信息也较少作为判断依据，或被认为不常见。[①]

在面对紧急的国家安全问题时，相关人士可能会受到最近发生事件的影响，如恐怖袭击后，可能会过度估计这类事件的发生概率。这可能导致资源的不合理分配，忽视其他长期但同样重要的安全威胁，尤其是在紧急情况下，人们更容易通过下意识的方式认知事物，并作出反应，因此这种认知偏差更容易出现。值得注意的是，许多国家安全相关部门都长期处在紧急状态，随时都有可能出现需要进行快速认知并提出解决方案的事。既然可得性启发式使人们倾向于依赖最容易回忆的信息，那么要克服这一偏误，关键在于依赖事实和数据，而不仅仅是记忆或直觉。在决策时，进行数据分析和利用历史数据可以提供更准确的信息基础。并且在面临紧急情况的时候，需要刻意提醒认知需要全面性以及基于客观事实和数据。

（三）锚定效应：初始印象影响过大

锚定效应（anchoring effect），又被称为“沉锚效应”或“锚定陷阱”，描述了人们在做决定时过分依赖提供的第一份信息，也就是所谓的“锚”。一旦设定了锚点，其他的判断就会通过与该锚点的调整来进行，而且人们会围绕锚点解释其他信息。也就是说，在没有明确的“好”与“坏”的情

---

① 刘畅：《“可得性启发式”理论对个人所得税税收遵从的影响研究——基于问卷调查的分析》，《税收经济研究》2017 年第 4 期，第 73—80 页。

况下，人们对很多事物的判断都是相对的，是围绕锚点进行的。[①]

国家安全认知的许多内容都是相对的，不管是对手的意图、实力、己方的实力以及综合的威胁感知等方面，都需要通过围绕某个基点进行。因此，先入为主的情况并不罕见。在危机初期获取的情报可能成为决策的“锚点”，影响后续所有决策。例如，在古巴导弹危机期间，最初对苏联意图的判断在很大程度上影响了美国的应对策略。[②] 减少锚定效应的一个重要方法是意识到初步信息的局限，并且尽可能全面地进行信息收集与解读。了解锚定效应可以帮助人们认识到自己的决策可能受到非理性因素的影响，从而采取措施减少这种偏差。例如，通过获取更多信息、从多个角度考虑问题，或者意识到并质疑自己的初步假设，并主动寻求额外的信息和观点，以确保决策不受早期信息的负面影响。

（四）聚光灯效应：单一维度的安全评估

聚光灯效应（spotlight effect），又被称为“焦点效应”或“聚焦效应”，指个人在做决定或评估时过分关注某一特定信息或特征，而忽视了其他同样重要的信息或整体情境。这种认知偏差影响人们如何看待、解释和预测事件。当面临选择时，人们往往会集中注意力在最显著或最近提供的信息上，这可能导致忽视其他关键因素。这是人们认知中的愿望思维和思维惰性等因素相互作用产生的。[③]

国家安全领域的许多问题都是局部与整体性的综合统筹判断。但是在另一方面，相关人士和部门并不能够对所有问题领域的所有细节都拥有充足的认知与把握。专门的部门则会对直接相关的问题有更多的关注，因此容易产生聚光灯效应，对单一领域有所夸大，可能会过分关注某一特定领域的威胁，如军事或网络安全，而忽视其他领域，例如经济或社会稳定，从而导致制定出不平衡的安全策略。聚光灯效应可以通过采取一个更全面的视角来克服。这意味着国家安全认知要考虑所有相关的因素和可能的后果，而不仅仅是最显著或最直接的因素，需要从总体的视角看待具体

---

① ［美］小理查兹·J. 霍耶尔著，张魁译：《情报分析心理学》，金城出版社2015年版。

② ［美］格雷厄姆·艾利森、菲利普·泽利科著，王伟、王云萍译：《决策的本质：还原古巴导弹危机的真相》，商务印书馆2021年版。

③ ［美］小理查兹·J. 霍耶尔著，张魁译：《情报分析心理学》，金城出版社2015年版。

问题。

（五）群体迷思：团队决策中的一致性

群体迷思（groupthink），也被称为“小集团思维”或“集体错觉”，即在高度凝聚的团队中，成员为了维持团队的和谐与统一，而压制异议和批判性思维，从而导致认知质量下降的现象。容易出现群体迷思的团队成员会对自己的道德正确性和决策能力过于自信，忽视了外界的反对意见和潜在风险，成员忽视或抵制与团队共识相悖的信息和警告，甚至将偏差决策“群体合理化”，压制异议，并假设绝大多数人都同意团队的决策。①

为了维持团队一致性，国家安全认知主体可能会压制异议和批评，导致重要的反对意见被忽视。历史上的猪湾事件是一个群体迷思导致的安全失误例子。为了防止群体迷思，组织应鼓励思想的多样性和开放的交流。在团队决策中，应该鼓励成员表达不同的观点，并对不同意见给予足够的考虑。同时，应该广开言路，听取圈子以外的意见和建议。

（六）镜像思维：以己度人

镜像思维（mirror thinking），或称为“镜像效应”，是指个体在理解和预测他人行为、意图和决策时，倾向于以自己的观点、信念和偏好为基础的认知现象。这种思维方式假设其他人或团体会以类似于自己的方式思考和行动，从而忽略了他们真实的动机、情感和决策过程。镜像思维使个体难以真正理解他人的观点和情感，因为他们总是从自己的框架出发去推测他人的意图和行为。②

国家安全认知中，镜像思维可能导致对对手或伙伴的误解，因为政策制定者错误地假设其他国家或领导人会像他们一样思考和行动。某些国家自身倾向于维持霸权、争取霸权，时常也会认为其他国家也有称霸的野心，并基于这样的认知制定政策；有的国家实行发展主义，认为经济关系紧密能使两国关系紧密，但其他国家可能不认为经济发展是最重要的价值，从而使得政策失效、资源浪费。减少镜像思维的三种方法包括：建设同理心，即通过努力理解他人的背景、文化和个人经历，减少镜像思维的

---

① ［美］欧文·L. 贾尼斯著，张清敏、孙天旭、王姝奇译：《小集团思维：决策及其失败的心理学研究》，中央编译出版社 2016 年版。

② ［美］小理查兹·J. 霍耶尔著，张魁译：《情报分析心理学》，金城出版社 2015 年版。

影响，更准确地理解他人；采用多角度思考，考虑多种可能性，不仅局限于自己的观点和经验；加强与对象的直接沟通。

综上所述，国家安全是一个涉及多个领域的综合性问题，它要求国家具有全面和深刻的安全认知。通过加强国家安全机制和策略，提升国家对内外威胁的应对能力，我们可以更好地保障国家的安全和稳定。正确的国家安全认知是国家安全工作的行动指南。国家是国家安全的主要行动者。国家安全认知是理解和应对国内外安全威胁的基础。它不仅影响政策制定者的决策过程，也是提高国家安全能力的关键因素。在一个快速变化的全球环境中，国家安全认知的提升对于建立和维护一个强大、灵活的安全体系至关重要。国家安全认知不仅包括对外部的认知，也包括对自身国家安全能力的认知。全面的安全认知能够指导国家在这些领域中均衡发展，确保安全策略的综合性和有效性，为建设可靠、高效的国家安全体系提供指导。

国家安全认知对于安全政策的制定极为关键。正确的国家安全认知是在国家安全层面的主客观的统一，能够帮助相关政策制定者更准确地识别和评估潜在的安全威胁，从而制定出更加有效的策略和措施。对新兴威胁的深刻理解能够促进更加前瞻性和应对性的政策制定。错误的国家安全认知不仅仅会损害本国的国家安全，还会损害他国的国家安全，甚至会破坏整个国际安全格局以及人类的共同安全。

世界百年未有之大变局加速演进，中国特色社会主义进入新时代，中国国家安全面临更为丰富、更为复杂的格局，这就要求国家具备正确和全面的安全认知，以确保国家的稳定和繁荣，以保障民族复兴。正确的国家安全认知对于预测、识别和应对各种安全挑战至关重要，有助于维护国家的长期稳定和促进国家的长期发展。

参考文献：

[1] 侯玉波编著：《社会心理学》，北京大学出版社 2018 年版。

[2] 牛新春：《战略情报分析：方法与实践》，时事出版社 2016 年版。

[3] 郑建君编著：《政治心理学》，北京师范大学出版社 2020 年版。

[4] 李文良：《国家安全学基础理论框架构建研究》，《国际安全研究》2022 年第 5 期。

[5] 尹继武：《国家安全的认知逻辑：一项理论性分析》，《当代世界

与社会主义》2023 年第 4 期。

［6］左希迎：《威胁评估与美国大战略的转变》，《当代亚太》2018 年第 4 期。

［7］［美］格雷厄姆·艾利森、菲利普·泽利科著，王伟、王云萍译：《决策的本质：还原古巴导弹危机的真相》，商务印书馆 2021 年版。

［8］［美］小理查兹·J. 霍耶尔著，张魁译：《情报分析心理学》，金城出版社 2015 年版。

［9］Vertzberger, Yaacov Y. , "The World in Their Minds: Information Processing, Cognition, and Perception in Foreign Policy Decisionmaking", Stanford University Press , 1990.

第八章　国家安全体系

国家安全体系是国家安全主体发挥作用的组织和制度形式。国家依法设置国家安全组织并进行制度、体制机制建设，其目的就是化解或预防国家安全问题，维护国家安全。国家安全体系在化解国家安全问题、实现国家安全目的过程中具有不可或缺的主体地位。

第一节　国家安全体系的内涵

所谓国家安全体系是指国家安全主体为了实现国家安全目标，在预防和化解国家安全问题过程中所设立的组织实体和制度以及工具选择的总和。

一、国家安全组织

所谓国家安全组织，是指国家安全主体为了实现国家安全目标，在预防或化解国家安全问题过程中所设立的组织实体，主要包括国家安全领导机关、国家安全保障机关、国家安全审判机关、国家安全监督反馈机关。

（一）国家安全领导机关

依据我国《宪法》和《国家安全法》，我国国家安全领导机关主要有：一是全国人民代表大会。其有权决定战争和和平的问题。二是全国人民代表大会常务委员会。其有权决定战争状态的宣布，决定全国总动员或者局部动员，决定全国或者个别省、自治区、直辖市进入紧急状态。《国家安全法》第三十五条规定，全国人民代表大会依照宪法规定，决定战争和和平的问题，行使宪法规定的涉及国家安全的其他职权。全国人民代表大会常务委员会依照宪法规定，决定战争状态的宣布，决定全国总动员或者局部动员，决定全国或者个别省、自治区、直辖市进入紧急状态，行使宪法规定的和全国人民代表大会授予的涉及国家安全的其他职权。三是国家主席。《国家安全法》第三十六条规定，中华人民共和国主席根据全国人民代表大会的决定和全国人民代表大会常务委员会的决定，宣布进入紧急状态，宣布战争状态，发布动员令，行使宪法规定的涉及国家安全的其他职权。四是国务院。《国家安全法》第三十七条规定，国务院根据宪法和法律，制定涉及国家安全的行政法规，规定有关行政措施，发布有关决定和命令；实施国家安全法律法规和政策；依照法律规定决定省、自治区、直辖市的范围内部分地区进入紧急状态；行使宪法法律规定的和全国人民代表大会及其常务委员会授予的涉及国家安全的其他职权。五是中央国家安全委员会。《国家安全法》第五条规定，中央国家安全领导机构（中央国家安全委员会）负责国家安全工作的决策和议事协调，研究制定、指导实施国家安全战略和有关重大方针政策，统筹协调国家安全重大事项和重要工作，推动国家安全法治建设。六是中央军事委员会。《国家安全法》第三十八条规定，中央军事委员会领导全国武装力量，决定军事战略和武装力量的作战方针，统一指挥维护国家安全的军事行动，制定涉及国家安全的军事法规，发布有关决定和命令。

（二）国家安全保障机关

根据我国《宪法》和《国家安全法》，我国国家安全保障机关主要有：一是国家安全专门保障机关，主要指国防、公安、武警和情报等强力部门，全面负责国家安全工作。《国家安全法》第四十二条规定，国家安全机关、公安机关依法搜集涉及国家安全的情报信息，在国家安全工作中依法行使侦查、拘留、预审和执行逮捕以及法律规定的其他职权。有关军事机关在国家安全工作中依法行使相关职权。《反恐怖主义法》第八条第二款规定，中国人民解放军、中国人民武装警察部队和民兵组织依照本法和其他有关法律、行政法规、军事法规以及国务院、中央军事委员会的命令，并根据反恐怖主义工作领导机构的部署，防范和处置恐怖活动。从以上法律规定可以看到，国家安全机关、公安机关和军事机关以及武装警察部队虽然各有分工，但都是专门从事国家安全工作的机关，被称作国家安全专门保障机关。二是国家安全专责保障机关，主要指中央国家机关各部门，专门担负“管理指导本系统、本领域国家安全工作”。《国家安全法》

第三十九条规定："中央国家机关各部门按照职责分工，贯彻执行国家安全方针政策和法律法规，管理指导本系统、本领域国家安全工作。"可见，中央国家机关各部门按照法律规定，除了履行好本职工作外，还要负责"管理指导本系统、本领域国家安全工作"，被称为国家安全专责保障机关。

（三）国家安全咨询协调机关

国家安全咨询协调机关主要负责国家安全工作中的重大问题，为国家安全领导机关决策提供咨询，并协调贯彻执行其决策。依据《国家安全法》有关规定，中央国家安全委员会"负责国家安全工作的决策和议事协调"。中央国家安全委员会既是国家安全领导机关也是国家安全咨询协调机关。

（四）国家安全监督反馈机关

国家安全监督反馈机关主要负责对从事国家安全工作的所有公职人员监督监察，分为党内监督和行政监督。就党内监督而言，中央纪律检查委员会是中国共产党最高纪律检查机关，对包括国家安全机关在内的所有党员领导干部进行监督。就行政监督而言，依据《监察法》，国家监察委员会是行使国家监察职能的专责机关，有权对国家安全机关在内的所有行使公权力的公职人员进行监察，调查职务违法和职务犯罪，开展廉政建设和反腐败工作，维护宪法和法律的尊严。

（五）国家安全司法机关

国家安全司法机关主要负责依照法律规定行使审判权和检察权，惩治危害国家安全的犯罪。我国《刑法》列有"危害国家安全罪"专章，充分表明国家对于维护国家安全的坚强意志。对于危害国家安全罪，人民法院拥有审判权，人民检察院拥有检察权，二者共同惩治危害国家安全的犯罪，维护国家安全。

二、国家安全制度

国家安全制度是指国家安全主体在化解和预防国家安全问题、实现国家安全目标的过程中，逐渐形成有关国家安全机关进行国家安全工作活动的规则、程序和方式的制度性规定，主要包括国家安全领导制度、国家安全一般制度和国家安全专门制度。中国实行统分结合、协调高效的国家安全制度。

（一）国家安全领导制度

所谓国家安全领导制度是指国家安全领导机关进行国家安全决策和决定等活动的规则、程序和方式的制度性规定。主要包括以下制度。

1. 国家安全集体负责制

在我国，对于包括涉及战争、紧急状态、总动员等重大国家安全问题事项，在坚持党对国家安全工作绝对领导的前提下，由全国人民代表大会、全国人民代表大会常务委员会和国家主席共同行使决策权并共同负责，这种制度性规定被称作国家安全集体负责制。依照《宪法》和《国家安全法》有关规定，全国人民代表大会及其常委会依法行使国家安全决定权。《宪法》第六十二条第十四项和《国家安全法》第三十五条都规定全国人民代表大会“决定战争和和平的问题”。战争和和平问题是政治的最高形式，其一是决定是否向某一国或某一国家集团宣战，其二是决定是否与交战国达成协议，双方停战，结束战争。战争和和平问题直接关系国家的根本利益，对国家的生存与发展生死攸关。因此必须由最高国家权力机关即全国人民代表大会来决定。在全国人民代表大会闭会期间，《宪法》第六十七条第十八项和《国家安全法》第三十五条都规定全国人民代表大会常务委员会“决定战争状态的宣布”。也就是说，当国家遭受武装侵犯时，难以迅速召集近3000名代表开会作出应战的决定，而全国人民代表大会常务委员会作为全国人民代表大会的常设机关，决定战争状态的宣布，既体现最高国家权力机关的意志，也有利于国家迅速采取应对措施，进行自卫和反侵略，维护国家安全。另外，全国人民代表大会常务委员会也有权决定全国总动员或者局部动员和决定全国或者个别省、自治区、直辖市进入紧急状态。当全国人民代表大会和全国人民代表大会常务委员会作出宣布战争状态、进入紧急状态、进行全国总动员或者局部动员的决定后，由于涉及对外关系、涉及国家进入一种非常状态、涉及公民和组织的权益保障或克减，因此必须以一定形式向社会公布，才能对社会或相关利益攸关方产生拘束力。依据《宪法》和《国家安全法》有关规定，国家主席依法行使国家安全宣布权，国家主席有权宣布进入紧急状态，宣布战争状态，发布动员令。

2. 国家安全主席负责制

国家安全主席安全负责制是指除涉及战争、紧急状态、总动员等以外的重大国家安全问题事项由中央军委主席或中央国家安全委员会主席行使决策权并承担责任的制度性规定。具体包括：中央军委主席负责制，即中央军委主席负责涉及国家军事安全问题重大事项的决策，并领导全国武装力量，决定军事战略和武装力量的作战方针，统一指挥维护国家安全的军事行动，制定涉及国家安全的军事法规，发布有关决定和命令等；中央国家安全委员会主席负责制，即中央国家安全委员会主席统筹协调涉及国家安全的重大事项和重要工作，中央国家安全委员会主席负责制是党对国家安全工作绝对领导的制度设置。

3. 国家安全总理负责制

所谓国家安全总理安全负责制是指涉及省、自治区、直辖市的范围内部分地区进入紧急状态以及国家安全行政管理等国家安全问题事项由国务院总理行使决策权并承担责任的制度性规定。

（二）国家安全一般制度

所谓国家安全一般制度是指国家安全机关从事一般性国家安全工作和活动的规则、程序和方式的制度性规定。

1. 国家安全协调机制

国家安全工作涉及军事、外交、国防、情报、安全、内政、经济发展等众多部门，在工作配合中，常常产生部门利益化、情报信息沟通不畅、协调不力甚至相互掣肘等问题，因此，建立协调机制，将各责任主体相互配合、相互协作共同完成维护国家安全任务的方式予以制度化，对于确保顺利完成维护国家安全任务是十分必要的。《国家安全法》第四十五条规定，国家建立国家安全重点领域工作协调机制，统筹协调中央有关职能部门推进相关工作。

2. 国家安全会商工作机制

当中央有关职能部门和地方有关部门相互之间就国家安全形势的评估，对国家安全风险的预警，国家安全危机的应对和管控，维护国家安全的体制机制建设，国家安全能力建设，国家安全保障体系建设，以及国家安全重大工作部署、资源配置、力量分配等重大问题进行会商研判时，提出意见和建议的过程，就是国家安全会商工作机制发挥作用的过程。《国家安全法》第四十八条规定，国家根据维护国家安全工作需要，建立跨部门会商工作机制，就维护国家安全工作的重大事项进行会商研判，提出意见和建议。

3. 国家安全协同联动机制

协同是指国家为使中央与地方之间、部门之间、军地之间、地方之间能分工合作、协同一致地开展维护国家安全工作所进行的各类活动。协同的作用在于，使得每一个具有维护国家安全职能的部门、人员和其他参与主体都能成为国家安全工作的一部分，从而保证整个国家安全工作体系有条不紊和井然有序地运行。联动是指国家安全工作各参与主体联合行动、步调一致、互相配合，以实现共同的维护国家安全的目标。协同的目的是联动，协同是过程和手段，联动是目的和结果。依据《国家安全法》第四十九条规定，国家建立中央与地方之间、部门之间、军地之间以及地区之间关于国家安全的协同联动机制。

4. 国家安全决策咨询机制

国家安全作为治国理政的头等大事，关乎政权、主权、领土和国家统一等国家核心利益和重大利益。在国家安全体系和能力现代化建设过程中，建立健全国家安全领域的决策咨询机制，提升国家安全决策的科学化水平，既是国家安全形势发展的客观需要，也是国家安全工作自身规律的必然要求。《国家安全法》第五十条规定，国家建立国家安全决策咨询机制，组织专家和有关方面开展对国家安全形势的分析研判，推进国家安全的科学决策。

（三）国家安全专门制度

所谓国家安全专门制度是指国家安全机关从事国家安全专门领域活动的规则、程序和方式的制度性规定。

1. 国家安全情报信息制度

我国国家安全情报信息工作由国家安全机关（国家安全部）、公安机关（公安部）、军事机关（国防部）根据职责分工，依法进行，并应当充分运用现代科学技术手段，加强对情报信息的鉴别、筛选、综合和研判分析，建立和完善统一归口、反应灵敏、准确高效、运转顺畅的情报信息收集、研判和使用的国家安全情报信息制度。所谓“统一归口”，主要是指情报信息工作要坚持统一领导、归口管理，不断加强情报信息工作的系统性、科学性、全面性、集成性。所谓“反应灵敏”，主要是指情报信息的收集、研判、使用要紧紧围绕维护国家安全的实际需要，特别是对于时效性要求较高的重大突发事件的情报信息，要根据维护国家安全的需要，作出及时反应，为开展相关处置工作提供情报信息支持和参考。所谓“准确高效”，主要是指情报信息具有很强的客观性、时效性，收集、研判情报信息的过程中，要保证情报信息内容的准确性和流转的效率，确保情报信息及时有效地发挥作用，不得迟报、漏报、瞒报、谎报。所谓“运转顺畅”，主要是指情报信息工作在运转过程中要尊重客观规律，形成并不断完善情报信息顺畅流转的制度机制。

2. 国家安全风险预防、评估和预警制度

国家安全风险是指国家政权、主权、统一和领土完整、人民福祉、经济社会可持续发展和国家其他重大利益所面临的风险。所谓“预警”，是指在各领域国家安全风险发生蔓延并造成现实危害之前，国家安全主体根据以往总结的规律或监测得到的可能性前兆，向有关部门和社会发出紧急信号、报告危险情况，以便及时采取有效响应措施应对安全风险，避免国家重大利益因应对准备不足而造成损失。我国《突发事件应对法》明确规定，“国家建立健全突发事件监测制度”和“国家建立健全突发事件预警制度”。《国家安全法》也明确规定，“国家制定完善应对各领域国家安全风险预案”，要求国家建立“国家安全风险评估机制”和“国家安全风险监测预警制度”，定期向中央国家安全领导机关提交国家安全风险评估报告，并根据国家安全风险程度，及时发布相应风险预警。

3. 国家安全审查监管制度

目前安全审查和监管的范围涉及国家经济、社会、文化发展的各个领域，特别是国防、军事、防扩散，以及经济、科技、通信、电子信息等领域，包括外资并购，军品出口、军民两用物项和技术出口，重要国家机关、军事设施、重点科研单位和军工单位的周边建设项目，电信基础设施等事项。坚持国家安全审查监管制度，是指国家安全机关应依法履行国家安全审查职责，就国家安全审查事项作出国家安全审查决定或者提出安全审查意见并监督执行。充分认识加强国家安全审查制度的构建和完善，加强国家安全审查监管工作，发挥其维护国家安全的防火墙作用，预防和化解国家安全风险隐患，维护国家安全。

4. 国家安全危机管控制度

根据我国宪法及其他法律，国家安全危机主要有以下三种类型：一是战争，一般认为包括对外战争和内战两种情形。其中，对外战争一般是指遇到国家遭受武装侵犯或者必须履行国际间共同防止侵略的条约的情况，而决定采取武装行动的情形。内战一般是指遇到造成分裂国家的事实，或者即将发生国家分裂的重大事变，或者导致国家和平统一的可能性完全丧失的情况，而决定采取武装行动的情形。二是国防动员，依据《宪法》和

《国防动员法》，国家的主权、统一、领土完整和安全遭受威胁时，全国人大常委会依照《宪法》和有关法律的规定，决定全国总动员或者局部动员。国家主席根据全国人大常委会的决定，发布动员令。三是紧急状态，指发生或者即将发生特别重大突发事件，需要国家机关行使紧急权力控制、消除其社会危害和威胁时，有关国家机关依照《宪法》、法律规定的权限决定并宣布局部地区或者全国实行的一种临时性严重危机状态。紧急状态在性质上是一种非常法律状态。我国实行统一领导、协同联动、有序高效的国家安全危机管控制度。所谓“统一领导”，就是由中央国家安全领导机构或法律规定的领导机构，依法开展有关统一决策指挥工作，各部门、各地方要依法履行职责，形成维护国家安全的整体合力。所谓“协同联动”，就是各相关部门、相关地方在危机管控工作中要相互配合、密切协作，形成维护国家安全的有机整体。所谓“有序高效”，是指应对国家安全危机和采取相应管控措施既要符合有关法律法规和规范性文件、政策的流程和要求，又要重效率，二者有机统一不可偏废。

三、国家安全工具选择

2014 年 4 月，习近平总书记在中央国家安全委员会第一次会议上创造性提出总体国家安全观。在总体国家安全观中，习近平非常重视国家安全体系。他说，“构建集政治安全、国土安全、军事安全、经济安全、文化安全、社会安全、科技安全、信息安全、生态安全、资源安全、核安全等于一体的国家安全体系”①。

2020 年 11 月，《中共中央关于制定第十四个五年规划和二〇三五年远景目标的建议》指出：“加强国家安全体系和能力建设。完善集中统一、高效权威的国家安全领导体制，健全国家安全法治体系、战略体系、政策体系、人才体系和运行机制，完善重要领域国家安全立法、制度、政策。”② 2022 年，党的二十大报告在论述“健全国家安全体系”时指出：“坚持党中央对国家安全工作的集中统一领导，完善高效权威的国家安全

---

① 《中央国家安全委员会第一次会议召开 习近平发表重要讲话》，中国政府网，2014 年 4 月 15 日，http：//www.gov.cn/xinwen/2014－04/15/content_2659641.htm。

② 《中共中央关于制定第十四个五年规划和二〇三五年远景目标的建议（全文）》，中国政府网，2020 年 11 月 3 日，http：//www.gov.cn/zhengce/2020－11/03/content_5556991.htm。

领导体制。强化国家安全工作协调机制，完善国家安全法治体系、战略体系、政策体系、风险监测预警体系、国家应急管理体系，完善重点领域安全保障体系和重要专项协调指挥体系，强化经济、重大基础设施、金融、网络、数据、生物、资源、核、太空、海洋等安全保障体系建设。健全反制裁、反干涉、反‘长臂管辖’机制。完善国家安全力量布局，构建全域联动、立体高效的国家安全防护体系。”①

可见，国家安全体系主要包括国家安全法治体系、战略体系、政策体系、人才体系、风险监测预警体系、应急管理体系、保障体系等。

（一）国家安全法治体系

党的二十大报告把“中国特色社会主义法治体系更加完善”作为未来五年全面建设社会主义现代化国家开局起步关键时期的主要目标任务之一，把“建设中国特色社会主义法治体系、建设社会主义法治国家”作为“坚持全面依法治国、推进法治中国建设”工作布局的重要任务。推进国家安全体系和能力现代化必然要求构建与之相适应的国家安全法治体系。当前我国的国家安全法治体系基本形成有关国家安全的《宪法》条文为基础 + 《国家安全法》为基本法 + 具体领域专门性立法为主体 + 散布于各法律中有关国家安全的实施细则或有关规定为补充 + 涉及国家安全的涉外条约、公约”五个层次结构的国家安全法律体系为国家安全体系和能力现代化提供了基本的制度保障。构建国家安全法治体系必须做好以下工作：一是坚持党的领导是实施国家安全法治的政治保障。在国家安全法治建设中坚持中国共产党领导是全面依法治国的直接体现。《国家安全法》第四条明确国家安全工作要坚持中国共产党领导。国家安全事务均与国家的生死存亡有关，涵盖国家安全决策、战略规划、国家制度、安全法治、安全能力建设等重大事项以及影响国家安全重大危机的预防、评估与处置对策等重大事项。这些具有全局性、战略性的重大事项必须在作为执政党的中国共产党领导下，才能作出科学决策、统一部署、强力实施。二是完善中国特色国家安全法律体系。要进一步加强国家安全立法，尤其是重点领域的安全立法，进一步推进我国国家安全立法的科学化、系统化与精细化。要

① 《习近平：高举中国特色社会主义伟大旗帜　为全面建设社会主义现代化国家而团结奋斗——在中国共产党第二十次全国代表大会上的报告》，中国政府网，2020年10月25日，https：//www.gov.cn/xinwen/2022－10/25/content_5721685.htm。

进一步提升国家安全领域的法治化水平，加强太空安全、深海安全和海外利益安全、人工智能和数据安全等新型重点领域的安全立法。同时根据维护国家安全和全面深化改革的需要对现行相关立法进行修改与优化，积极提升国家安全立法在国家法律体系中的地位，不断促进国家安全立法的体系化程度，有效促进国家安全立法与国家法治体系的融贯协调。另外，要从完善中国特色国家安全法律体系入手加快推进涉法法治建设，将国家安全体系建设纳入制度化轨道，真正将国家安全的制度优势转化为治理效能。三是进一步强化国家安全执法力度，加强对危害国家各个领域违法犯罪的预测、预警、预防，严厉防范和坚决打击渗透颠覆破坏活动、暴力恐怖活动、民族分裂活动和宗教极端活动等对危害我国政权安全、制度安全的犯罪。

（二）国家安全战略体系

国家安全战略事关国家政权、主权、领土完整和国家统一、人民福祉和经济社会可持续发展等国家核心利益及其他重大利益，其效能如何，既关系国家安全，更关系中华民族伟大复兴的中国梦。为此，习近平要求“把维护国家安全的战略主动权牢牢掌握在自己手中”[①]。当今世界，任何一个大国都把制定、实施国家安全战略视为国家的头等大事。美国自1987年正式发布第一份《国家安全战略》报告以来，截至2020年共发布17份此种报告。[②] 俄罗斯制定和实施了2009年版、2015年版和2021年版《俄罗斯国家安全战略》，为俄罗斯国家安全和发展提供了战略支撑。2015年1月，中共中央政治局召开会议，审议通过了新中国成立以来首部《国家安全战略纲要》，标志着国家安全战略行为有了战略遵循。“制定和实施《国家安全战略纲要》，是有效维护国家安全的迫切需要，是完善中国特色社会主义制度、推进国家治理体系和治理能力现代化的必然要求。”[③] 2021年11月18日，中共中央政治局再次召开会议，审议通过了《国家安全战

---

① 中共中央党史和文献研究院编：《习近平关于防范风险挑战、应对突发事件论述摘编》，中央文献出版社2020年版，第8页。

② 王守都：《美国网络空间安全的安全叙述建构——基于〈美国国家安全战略〉的话语分析（1987—2017）》，《情报杂志》2021年第3期，第106页。

③ 《中共中央政治局召开会议　审议通过〈国家安全战略纲要〉》，中国共产党新闻网，2015年1月23日，http：//cpc. people. com. cn/n/2015/0123/c64094 - 26440906. html。

略（2021—2025年）》。党的二十大报告明确推进国家安全战略体系战略部署。可见，党和政府高度重视国家安全战略及其体系建设，通过制定国家安全战略及构建战略体系，可以明确维护国家安全的指导方针、中长期目标和重点领域的国家安全政策和工作任务。加快促进国家安全战略体系构建，应基于《国家安全战略纲要》，对标《国家安全战略（2021—2025年）》文件精神，坚持总体国家安全观，坚持党的绝对领导，捍卫国家主权和领土完整，超前筹划中长期我国重点领域国家安全战略目标及措施，明确各领域和各层面国家安全战略方向，推动形成立足国情、体现时代、适应环境、系统科学、中国特色的国家安全战略体系，为推动中国式现代化向前迈进，实现中华民族伟大复兴的中国梦提供国家安全战略支撑。

（三）国家安全政策体系

国家安全政策体系是国家安全体系的重要组成部分。当前和今后一个时期是我国各类矛盾和风险易发期，各种可以预见和难以预见的风险因素明显增多。因此，国家安全政策体系需要与不断更迭的外部环境系统相匹配，以满足不同领域安全的迫切需求。完善国家安全政策体系，一是要不断创新和完善国家安全相关政策，将维护国家安全与创新国家安全政策有机地统一起来，以满足国家安全审查、国家安全评估以及安全风险管控等国家安全决策的需要。二是要以人民安全为宗旨，各级国家安全主体在国家安全事务管理过程中，坚持以人民为中心，把人民满意作为国家安全决策的根本标准，不断优化国家安全政策和国家安全产品供给之间的关系。三是中央国家安全委员会作为我国国家安全工作的高层决策和议事协调机构，标志我国国家安全政策的顶层设计机制更加完善，应进一步发挥国家安全委员会的作用，有效地整合、协调和统筹处理涉及国家安全的重大事项和重要工作的决策，以便满足维护国家安全的需要。

（四）国家安全人才体系

无论是国家安全问题的预防和化解还是国家安全目标的实现都需要国家安全人才体系的支撑。当前中国在军事、国防、公安、情报、外交等传统国家安全领域的人才储备比较充实，人才素质能力过硬，但在经济、社会、文化、科技、生态、生物、人工智能、数据等新兴国家安全领域的专业人才建设相对还比较薄弱，因此，加快构建国家安全人才体系建设迫在眉睫。一是中央国家安全委员会发挥决策、咨询和协调功能，统筹国家安全人才体系构建的顶层设计和贯彻实施，建设一支对党忠诚、业务精湛的高素质国家安全工作专业队伍。国家安全的人才体系的构建，就是要建设高素质的国家安全工作队伍。二是梳理和调查现有国家安全人才资源需求及支撑体系的现状和问题，找出差距，探讨提升国家安全人才队伍素质的策略和途径。在此基础上，形成国家安全人才职业发展和国家安全学科发展调查报告，并向中央国家安全委员会提出政策建议，为推进国家安全人才体系建设夯实底数基础。三是要以政治建设为统领，进行各种形式的教育培训，坚持正负激励相结合，不断提升国家安全人才队伍的综合能力，增强国家安全人才队伍的专业水平和能力素质，不断提升国家安全人才体系的效能。

（五）国家安全风险监测预警体系

党的二十大指出要切实做好维护政治安全、提升网络数据人工智能安全治理水平、加快建设国家安全风险监测预警体系。科技的加速发展深刻影响国家安全，为此，必须加快建设安全监测预警体系，有力支撑我国高质量发展，保障国家安全。一是持续跟踪国际发展动态、重要国家战略、政策等，重点以各国安全领域的发展水平与未来趋势为监测对象，加快完善风险监测预警指标，对相关安全风险实施评估预警。二是深入开展国家安全风险安全监测预警理论方法研究，利用大数据、人工智能等方法对国家安全相关领域进行指标选取、指数计算，研究风险传播机制与回溯过程，提高风险监测预警的科学性、准确性。三是建立国家安全风险预警监测专家库与专家咨询体系，在预警监测领域方向选择、调查内容设计、信息情报分析、模型工具开发，以及安全事件应急处理、信息发布、公众释疑解惑等方面，建立专家全面参与的长效机制，针对国家安全领域重大风险态势，及时准确提出相关咨询建议。

（六）国家安全应急管理体系

党的二十大报告将国家应急管理体系纳入国家安全体系，提出完善国家应急管理体系，坚持安全第一、预防为主，建立大安全大应急框架等要求，为新征程上的应急管理工作明确了行动路径。国家安全管理体系指涉及应急管理、公共卫生、风险监测和预警、指挥和协调等管理领域的工具选择。一是国家安全应急管理体系的建设应立足于以新安全格局保障新发展格局理念，健全相应的国家安全应急管理指挥体系、隐患排查和安全预防控制体系、自然灾害防治能力体系、应急救援力量体系和应急物资保障体系。二是建立大安全大应急框架。党的二十大报告提出“建立大安全大应急框架”，这一创新性重大战略部署，首次将“大安全”与“大应急”并举，并在国家层面建立与之相匹配的框架，是深入贯彻总体国家安全观的具体体现，是直面当下风险形势、聚焦重点问题作出的重大战略部署，为持续推进我国应急管理体系和能力现代化指明了前进方向。三是坚持安全第一、预防为主。党的二十大报告强调“坚持安全第一、预防为主”，这是应对当前复杂严峻公共安全形势的迫切需要。“安全第一”是安全发展理念的精髓，“预防为主”突出强调“防”的重要性，是应急管理工作的重要内容，也是推进应急管理现代化的基本特征和要求。要坚持以防为主、防抗救相结合，坚持常态减灾和非常态救灾相统一，是新时代应急管理体系建设需遵循的基本原则。

（七）国家安全保障体系

国家安全保障体系在国家安全体系中占有重要地位，是国家安全体系正常运行和效能发挥的基础条件。党的二十大报告指出，“完善重点领域安全保障体系和重要专项协调指挥体系，强化经济、重大基础设施、金融、网络、数据、生物、资源、核、太空、海洋等安全保障体系建设”①。《国家安全法》设专章对国家安全保障进行法律规定，其中第六十九条明确指出：“国家健全国家安全保障体系，增强维护国家安全的能力。”② 因此，强化国家安全保障体系建设是维护国家安全的坚强屏障。一是加强国家安全组织保障体系建设，依法履行国家安全保障职能，提高国家安全保障组织及其工作人员的效能。二是强化国家安全人员保障体系建设。国内外历史经验早已深刻表明，人是决定事业成败的最关键因素，我国国家安全保障工作的顺利开展、工作水平的不断提高，都离不开各级各类国家安全保障工作人员的选拔、培养与使用。三是加强国家安全制度保障体系建设。加强和完善国家安全保障制度应坚持中国特色国家安全保障制度建设路径，完善重点领域安全保障制度体系，强化各领域安全保障体系建设，为我国国家安全提供有力支撑。四是加强国家安全技术保障体系建设，大力加强国家安全保障技术研究开发，健全相关法律法规体系，加强人才培

① 《习近平：高举中国特色社会主义伟大旗帜　为全面建设社会主义现代化国家而团结奋斗——在中国共产党第二十次全国代表大会上的报告》，中国政府网，2022年10月25日，http：//www.gov.cn/xinwen/2022－10/25/content_5721685.htm。

② 《中华人民共和国国家安全法》，法制出版社2015年版，第16页。

养和管理，加快提高国家安全保障技术水平。

第二节 国家安全体系的特点

国家安全体系作为国家安全组织、制度和工具选择的集合体，其目的就是预防和化解国家安全问题和实现国家安全的目标。国家安全体系随着国家安全问题的性质、类型、规模和国家安全目标的变化而变化，国家安全体系具有工具性、开放性和整体性等特点。

一、工具性

2019 年《新时代的中国国防》白皮书指出，“‘台独’分裂势力及其活动始终是台海和平稳定的最大现实威胁”，“境外‘藏独’‘东突’等分裂势力活动频繁，对国家安全和社会稳定构成威胁，”“国土安全依然面临威胁”，“中国海外利益面临国际和地区动荡、恐怖主义、海盗活动等现实威胁，驻外机构、海外企业及人员多次遭到袭击。太空、网络安全威胁日益显现，自然灾害、重大疫情等非传统安全问题的危害上升”。[①] 以上诸如传统安全威胁和非传统安全威胁，既涉及中国政权、主权、领土统一、人民福祉，也涉及太空、网络等重大利益，为此，国家安全主体必须采取有效措施加以化解，维护国家安全。实践证明，作为国家安全体系的重要组成部分，中央国家安全委员会的建立和中央国家安全委员会主席负责制的制度设置，对于预防和化解传统安全威胁和非传统安全威胁，维护国家核心利益和重大利益发挥了不可替代的作用，凸显国家安全体系的工具性。也就是说，一旦国家安全主体把国家安全体系运用到预防和化解国家安全问题，实现国家安全目标的过程中，国家安全体系的工具性特征就被凸显出来。

二、开放性

国家安全体系是由若干相互联系、相互作用的国家安全组织、国家安

---

① 《新时代的中国国防》，中华人民共和国国防部网，2019 年 7 月 24 日，http：//www. mod. gov. cn/gfbw/qwfb/4846387. html。

全制度和工具选择等因素构成的一个有机整体，这个有机整体不是封闭的而是开放的。国家安全体系开放性主要表现在以下两个方面：一是国家安全体系随着国家安全问题变化而不断变化，并随之向国家安全新领域扩展。2014 年习近平总书记主持召开中央国家安全委员会第一次会议强调，“构建集政治安全、国土安全、军事安全、经济安全、文化安全、社会安全、科技安全、信息安全、生态安全、资源安全、核安全等于一体的国家安全体系”，涵盖 11 个领域。2020 年，在教育部关于印发《大中小学国家安全教育指导纲要》的通知中，国家安全问题涵盖政治、军事、国土、经济、文化、社会、科技、网络、生态、资源、核、海外利益、太空、深海、极地、生物 16 个领域，国家安全体系随之扩展到以上 16 个领域。2022 年，根据《总体国家安全观学习纲要》的相关精神，国家安全问题涵盖政治、军事、国土、经济、金融、文化、社会、科技、网络、粮食、生态、资源、核、海外利益、太空、深海、极地、生物、人工智能、数据 20 个领域，国家安全体系随之扩展到以上 20 个领域。由此可见，随着国家安全体系由 11 个领域扩展到 20 个领域，必将对于预防和化解这些领域的国家安全问题发挥着不可或缺的重要作用。可以说，国家安全问题延伸到哪里，国家安全体系就拓展到哪里，否则，国家安全问题就不会得到预防和化解，维护和塑造国家安全就会成为一句空话。二是国家安全体系随着国家安全组织管理工具的扩大和国家安全制度完善而不断扩展。随着国家安全领导机关和保障机关不断加大运用法治、战略、治理、保障、技术等工具，预防和化解国家安全问题以及国家安全决策、保障、协调、会商、联动等制度的完善，国家安全体系不断扩展，目前主要包括国家安全法治体系、战略体系、政策体系、人才体系、风险监测预警体系、国家应急管理体系和保障体系等。

三、整体性

国家安全体系效能的发挥及目标的实现是国家安全体系各要素之间相互影响相互作用共同产生的整体效果，这就是通常所说的要素整体产生的效能大于各单个要素的效能之和。如前所述，国家安全组织、国家安全制度和工具选择构成国家安全体系的三大要素。在国家安全工作过程中，当它们分别以个体要素参与国家安全工作时所发挥的效能远远低于它们作为一个整体所产生的效能。

具体地说，国家安全组织没有国家安全制度作为支撑，国家安全组织作为国家安全主体所应遵循的原则、规则和程序就无从谈起，国家安全组织所发出各种国家安全行为既缺少规范性也缺乏权威性，国家安全组织则失去了作为主体存在的意义，或只能说是理论层面的主体。同时，国家安全组织离开了国家安全工具选择的支撑，就无法构建国家安全战略体系、法治体系、政策体系、人才体系、风险监测预警体系、国家应急管理体系和保障体系等，预防和化解国家安全问题，维护国家安全也就成了一句空话。在此情况下，国家安全组织作为国家安全主体的效能强弱具有不确定性。国家安全制度离不开国家安全组织，否则其载体支撑就会大大缺失，国家安全制度就会成了无本之源。虽然国家安全组织的建立和有效运行以遵循国家安全制度为准绳，但国家安全组织也是国家安全制度的构建者和完善者，因此，国家安全制度与国家安全组织之间相辅相成、互相影响、互相关联，国家安全组织对于国家安全制度的效能发挥也具有重要影响。国家安全制度将因国家安全主体对工具选择种类的拓宽而得到进一步的加强。国家安全工具选择既是国家安全组织作为国家安全主体发出的一种国家安全行为的具体体现，也需要国家安全制度提供制度支撑。由此可见，只有国家安全组织、国家安全制度和国家安全工具选择三大要素之间形成有机整体，国家安全体系才能发挥最佳效能。

第三节　国家安全体系现代化

2020 年，习近平总书记在中央政治局第二十六次集体学习时提出“推进国家安全体系与能力现代化”[①] 的战略要求，为国家安全体系和能力建设指明了发展方向和目标。2022 年，党的二十大报告列专章强调“推进国家安全体系和能力现代化，坚决维护国家安全和社会稳定”[②] 对全面建设

---

① 《习近平在中央政治局第二十六次集体学习时强调　坚持系统思维构建大安全格局　为建设社会主义现代化国家提供坚强保障》，新华网，2020 年 12 月 12 日，http：//www. xinhuanet. com/politics/2020 – 12/12/c_1126852702. html。

② 习近平：《高举中国特色社会主义伟大旗帜　为全面建设社会主义现代化国家而团结奋斗——在中国共产党第二十次全国代表大会上的报告（2022 年 10 月 16 日)》，人民出版社 2022 年版，第 52 页。

社会主义现代化国家、实现中华民族伟大复兴具有不可替代的作用。没有国家安全，就没有民族复兴。当前世界处于百年未有之大变局，国际安全环境日趋复杂多变，我国面临的安全风险和挑战日益增多，推进国家安全体系和能力现代化是有效化解国家安全问题、实现国家安全的必由之路。

一、国家安全体系现代化的内涵

国家安全体系现代化是国家安全主体为防范化解国家安全问题，实现国家安全目标，推进国家安全体系结构科学化、回应规范化、效能优化的过程。

国家安全体系结构科学化指国家安全体系要素种类齐全、匹配度高、互动联动性强的科学化过程。结构科学化是国家安全体系现代化的重要标准，处于基础和前提地位。结构科学化效果既关系国家安全体系现代化进程，又影响国家安全体系能否达到防范化解国家安全问题的结果。就国家安全体系现代化而言，结构科学化作为现代性特征之一，主要体现在国家安全组织、制度和工具选择三方面。国家安全体系结构科学化指国家安全组织、制度和工具选择实现种类齐全、匹配度高、互动联动性强的科学化过程。结构科学化过程是国家安全体系现代化的首要目标，其衡量标准包括：一是国家安全组织、制度和工具选择是否建立且种类齐全；二是国家安全组织和制度内部之间是否匹配、互动联动且程度化高和强；三是国家安全组织和制度之间是否匹配、互动联动且程度化高和强；四是国家安全工具选择的种类之间是否匹配、互动联动且程度化高和强。国家安全体系结构科学化过程要求国家安全主体根据防范化解国家安全问题的需要，构建相应的国家安全组织、制度和工具选择，使国家安全组织之间各司其职且有效配合，国家安全制度之间相互协调匹配和工具选择的种类之间相互匹配协调。同时，推动国家安全组织、制度和工具选择之间实现良性互动，国家安全组织依照国家安全制度设置，国家安全制度为国家安全组织提供保障，国家安全工具选择作为国家安全组织发出的国家安全行为，在国家安全制度提供支撑的基础上，为预防和化解国家安全问题，维护国家安全发挥实效。

国家安全体系回应规范化指国家安全组织、制度和工具选择与需要预防、化解的国家安全问题及人民群众安全诉求之间形成规范性回应互动。要表现在两个方面：一是回应时效化，即国家安全体系在第一时间或有效时间内启动回应；二是回应法治化，即国家安全体系依法依规回应，防止回应主观性和随意性。在国家安全组织中对国家安全领导机关和保障机关回应规范化的程度要求最高，国家安全领导机关能否在第一时间依法依规进行决策回应，国家安全保障机关能否在第一时间依法依规进行执行回应，直接关系国家安全问题能否防范化解、人民群众安全需要能否得到满足。国家安全审判机关和国家安全监督机关虽然不直接参与国家安全问题的防范化解，但能否在第一时间依法依规进行审判和监督回应，关系人民群众安全感的提升。就国家安全制度回应规范化而言，国家安全委员会主席负责制作为国家安全领导制度，在国家安全制度回应规范化建设中发挥主导作用，主席负责制在第一时间依法依规启动回应，对预防与化解国家安全问题及满足人民群众安全需要提供决策支撑，对其他国家安全制度在第一时间依法依规启动回应发挥领导、协调等功能。

党的十九届四中全会从国家治理视角审视效能，提出把我国制度优势更好转化为国家治理效能的要求，彰显效能的重要性。就国家安全体系而言，其效能在强调体系和能力目的、手段正确性的同时，更专注结果的有利性，效率、效果、效益是衡量效能的三大指标。国家安全体系效能优化指国家安全体系在防范化解国家安全问题，实现国家安全目标中释放效能最大化的过程。国家安全体系效能优化指国家安全组织、制度和工具选择在防范化解国家安全问题，实现国家安全目标过程中释放效能最大化的过程。效能优化作为国家安全体系现代性的表现形式，具有结果属性的指标。无论结构科学化使国家安全体系集聚多少势能，回应规范化为国家安全体系搭建怎样的媒介，没有效能优化，国家安全体系难以达到防范化解国家安全问题，实现国家安全的目的。一方面，国家安全组织通过结构科学化为效能最大化奠定基础条件；另一方面，通过构建国家安全法治体系、战略体系、政策体系、人才体系、风险监测预警体系、国家应急管理体系和保障体系并共同发力，使国家安全体系效能最大化。国家安全制度效能最大化既在于国家安全制度自身结构配置和回应规范化建设，也在于为国家安全组织及其行为提供制度保障的效果。

二、国家安全体系现代化的特点

现代化是人类社会走向文明的必然过程，也是人类社会现代性的集中体现。中国式现代化作为一种新的现代化模式，凸显了中国智慧、中国方案和中国力量。国家安全体系现代化是中国式现代化的重要组成部分，呈现以人民安全为宗旨、以维护政治安全为核心、以统筹自身安全和共同安全为己任等特点。

（一）以人民安全为宗旨

2014 年，习近平总书记提出总体国家安全观，在阐述国民安全时指出："坚持以民为本、以人为本，坚持国家安全一切为了人民、一切依靠人民，真正夯实国家安全的群众基础。"① 由此可知，以民为本、以人为本是国家安全的题中应有之义。要坚持人民安全、政治安全、国家利益至上的有机统一，达到"实现人民安居乐业、党的长期执政、国家长治久安"三者融合之目的。国家安全体系现代化坚持以人为本的价值理念主要体现在两方面。一是国家安全体系现代化的目的是一切为了人民。把人民福祉作为国家的核心利益，只有人民福祉免受危险和威胁，国家安全状态和安全能力才得以实现，国家安全才得以保证。人民福祉作为国家安全的核心要义之一，凸显国家安全人民性。一切为了人民既是国家安全的题中应有之义，又是国家安全体系现代化的核心要义。国家安全主体通过结构科学化、回应规范化、效能优化等过程，实现国家安全体系现代化，目的是化解人民群众面临的安全问题，为人民群众提供更多的安全产品，增强人民群众的安全感。二是实现国家安全体系现代化必须依靠人民。党的二十大报告将"增强全民国家安全意识和素养，筑牢国家安全人民防线"② 作为推进国家安全体系建设的重要举措，充分揭示了人民群众在国家安全体系现代化中的重要作用。根据《国家安全法》的相关规定，人民群众有维护国家安全的责任和义务，意味着人民群众在国家安全工作中既要履行一定的责任，又要承担相应的义务。实现国家安全体系和能力现代化离不开广大人民群众的支持，人民群众国家安全意识和素养的提升，特别是人民群众对解决国家安全问题评价的优劣，对国家安全体系实现结构科学化、回应规范化以及效能优化产生重要影响，离开人民群众的满意评价，国家安

---

① 《中央国家安全委员会第一次会议召开 习近平发表重要讲话》，中国政府网，2014 年 4 月 15 日，http：//www. gov. cn/xinwen/2014 – 04/15/content_2659641. htm。

② 习近平：《高举中国特色社会主义伟大旗帜 为全面建设社会主义现代化国家而团结奋斗——在中国共产党第二十次全国代表大会上的报告（2022 年 10 月 16 日）》，人民出版社 2022 年版，第 53—54 页。

全体系现代化将失去意义。

（二）以维护政治安全为核心

2011 年 9 月，《中国的和平发展》白皮书将“中国核心利益界定为：国家主权、国家安全、领土完整、国家统一、中国宪法确立的国家政治制度和社会大局稳定经济社会可持续发展的基本保障”①。由此可知，政治安全事关国家主权、国家安全、领土完整、国家统一、政治制度、经济社会可持续发展等中国核心利益。习近平总书记在总体国家安全观中强调“以政治安全为核心”，“要把维护国家政治安全特别是政权、制度安全放在第一位”。② 2020 年 11 月，《中共中央关于制定第十四个五年规划和二〇三五年远景目标的建议》首次列专章阐述国家安全问题，明确将“坚定维护国家政权安全、制度安全、意识形态安全”作为“加强国家安全体系和能力建设”③ 的重要任务。党的二十大报告列专章提出推进国家安全体系现代化，再次强调以政治安全为根本，充分表明推进国家安全体系和能力现代化必须以维护政治安全为核心，事关国家核心利益。

在我国，集体安全负责制、主席安全负责制、总理安全负责制构成国家安全领导制度；国家安全协调机制、会商工作机制、协同联动机制、决策咨询机制等构成国家安全一般制度；国家安全情报信息制度、审查监管制度、危机管控制度和国家安全风险预防、评估和预警制度构成国家安全专门制度。国家安全制度涉及的制度规定与政治制度相互交融，具有双重属性，既是对政治制度的规定也是对国家安全制度的规定，这一集政治和安全于一体的国家安全制度，其结构科学化、回应规范化和效能优化的过程，直接关系国家政治制度安危，以政治安全为核心是国家安全制度现代化的重要内容，国家安全制度现代化为维护政权安全提供坚实的制度支撑。

---

① 《〈中国的和平发展〉白皮书》，国务院新闻办公室，2011 年 9 月 6 日，http://www.scio.gov.cn/zxbd/nd/2011/Document/999798/999798_5.htm。

② 《习近平：全面提升防范应对各类风险挑战的水平　确保国家长治久安人民安居乐业》，光明网，2017 年 1 月 13 日，https://news.gmw.cn/2017-01/13/content_23463739.htm。

③ 《中共中央关于制定第十四个五年规划和二〇三五年远景目标的建议（全文）》，中国政府网，2020 年 11 月 3 日，http://www.gov.cn/zhengce/2020-11/03/content_5556991.htm。

国家安全组织作为国家安全主体的载体，国家安全领导机关和咨询协调机关政治性最强，直接涉及国家最高权力机关全国人民代表大会及其常务委员会、国家主席、国务院总理、中央国家安全委员会主席（国家主席兼任）。作为国家政权机关的重要组成部分，其政治性既涉及国家政权的捍卫机关（例如：国防部、公安部、国家安全部、武装警察部队等），又涉及财政部、发展改革委等关乎国家政权的保障部门。国家安全监督反馈机关和国家安全司法机关从监督反馈和司法审判等维度，维护国家政权机关的权威性、合法性，凸显其政治性。

（三）以统筹自身安全与共同安全为己任

中国作为负责任大国，始终为维护全球共同安全贡献中国智慧和中国方案。中国是现行国际秩序和国际体系的受益者和维护者，中国将努力承担与自身国力相称的国际责任。2015 年，习近平主席强调“中国是现行国际体系的参与者、建设者、贡献者”[①]。

2014 年，习近平总书记把“既重视自身安全，又重视共同安全”列入总体国家安全观的“五对关系”，把自身安全与共同安全相关联，凸显自身安全与全球安全的统一。党的二十大报告再次明确把统筹“自身安全与共同安全”作为新“五大统筹”之一，充分表明推进国家安全体系现代化不仅是维护中国自身安全的需要，也是维护世界共同安全的需要。对统筹自身安全和共同安全的辩证关系，习近平总书记指出：“安全问题早已超越国界，任何一个国家的安全短板都会导致外部风险大量涌入，形成安全风险洼地；任何一个国家的安全问题积累到一定程度又会外溢成为区域性甚至全球性安全问题。”[②] 由此可知，追求自身安全要弥补一个国家的安全短板，特别是化解安全风险洼地；追求共同安全更要直面区域性甚至全球性安全问题。国家安全体系结构科学化意味着组织和制度，国家安全组织和制度之间相互匹配、形成良性互动；国家安全体系回应规范化意味着国家安全组织、制度和能力能够按照相关法律法规和职责要求及时、准确回

---

① 《习近平出席华盛顿州当地政府和美国友好团体联合欢迎宴会并发表演讲》，人民网，2015 年 9 月 24 日，http://cpc.people.com.cn/n/2015/0924/c64094－27626923.html。

② 中共中央党史和文献研究院编：《习近平关于总体国家安全观论述摘编》，中央文献出版社 2018 年版，第 248 页。

应国家安全问题防范化解的需要。国家安全体系回应规范化作为势能状态存在的组织、制度和能力转化为弥补安全短板、填平安全风险洼地、化解区域性甚至全球性安全问题的动能提供契机和实效；国家安全体系效能优化意味着国家安全组织和制度及其能力效能最大化，在弥补国家安全短板和防范化解安全风险洼地、防范化解区域性甚至全球性安全问题过程中发挥作用，实现自身安全和共同安全的有机统一。

综上所述，国家安全体系现代化，经过结构科学化、回应规范化和效能优化等过程，使国家安全组织、制度和能力由势能状态经过回应契机阶段转化为动能实效，达到了防范化解一个国家的安全短板和安全风险洼地以及区域性甚至全球性安全问题的目的，实现追求自身安全和共同安全的统筹。

三、推进国家安全体系现代化的路径

党的二十大报告发出推进国家安全体系和能力现代化的动员令，鉴于国家安全体系结构科学化、回应规范化和效能优化过程的复杂性和艰难性，如何选择实施路径对推进国家安全体系现代化具有重要意义。从当前我国国家安全体系现代化的现状以及国内外安全形势看，坚持党的绝对领导、强化中央国家安全委员会的统合功能、加快国家安全人才队伍建设等是推进国家安全体系现代化的有效途径。

（一）坚持党的绝对领导是国家安全体系现代化的统领

国家安全事关国家政权、主权、统一和领土完整、人民福祉、经济社会可持续发展等国家核心利益，坚持党对国家安全工作的绝对领导是维护国家核心利益的根本保证。

党的绝对领导为国家安全体系现代化指明了目标和方向。中国共产党是中国特色社会主义事业的领导核心，处在统揽全局、协调各方的核心地位。加强国家安全体系现代化离不开党对国家安全的绝对领导。习近平总书记指出“坚持人民安全、政治安全、国家利益至上的有机统一”为国家安全体系现代化指明了方向，明确了要求。我国是人民民主专政的社会主义国家，人民、共产党、国家三位一体，人民是国家的主人，共产党立党为公、执政为民，捍卫国家利益、代表最广大人民的利益。国家安全体系现代化作为维护国家安全的工具性选择，在结构科学化、回应规范化和效能优化的过程中，要贯彻落实习近平总书记的要求，坚持人民安全、政治安全、国家利益至上有机统一，做到以人民安全为宗旨、以政治安全为根本，维护国家利益的同时不损害其他国家合法利益。坚持党的绝对领导是国家安全体系现代化建设目标和方向路径的根本保证。

把党的领导贯穿工作全过程各领域是推动国家安全体系现代化的动力。国家安全体系现代化面临的复杂性、多元性前所未有，离不开党的全面领导。2014 年，中央国家安全委员会第一次会议召开，习近平总书记出席会议并明确提出“构建集政治安全、国土安全、军事安全、经济安全、文化安全、社会安全、科技安全、信息安全、生态安全、资源安全、核安全等于一体的国家安全体系”的战略要求，这次会议的召开，对国家安全体系现代化具有重要意义。设立中央国家安全委员会，意味着党中央开始推进国家安全体系现代化，标志着国家安全组织，特别是国家安全领导机关增添了新成员，这是党中央对国家安全体系结构科学化的构建和推动。设立中央国家安全委员会，是因为国内外安全环境发生诸多变化，需要防范化解的国家安全问题日益增多。中央国家安全委员会的设立是国家安全体系回应规范化过程的阶段性成果，也是党中央推动国家安全体系回应规范化的体现。2015 年《国家安全法》颁布实施，把党中央对国家安全工作的领导上升为国家法律。就国家安全体系现代化而言，伴随国家安全组织，特别是领导机关以及国家安全制度的逐步完善，国家安全体系结构科学化、回应规范化和效能优化得到进一步强化。

（二）强化中央国家安全委员会的统筹是国家安全体系现代化的关键

根据《宪法》和《国家安全法》的规定，在国家安全领导机关体系中，全国人民代表大会及其常委会、国家主席和国务院总理对涉及紧急状态、战争、动员令等重大国家安全事项作出决策和决定；中央军事委员会对涉及的军事事项作出决策和决定；中央国家安全委员会对国家安全工作具有决策、议事和协调等职责，即对涉及国家安全战略和有关重大方针政策行使决策权，对国家安全重大事项和重要工作负有议事（咨询）和协调责任。和平与发展是当今时代的主题，中国已全面建成小康社会，国家综合实力得到前所未有的提升。当前，我国国家安全重大事项主要指除涉及紧急状态、战争、动员令以外的国家安全事项，属于中央国家安全委员会职权范围。党中央将国家安全体系现代化定位为国家安全重大事项，中央国家安全委员会对国家安全体系现代化进行协调统筹既是自身安全职责使然，又由我国国家安全重大事项内涵决定。

（三）加快国家安全人才队伍建设是构建国家安全体系和能力现代化的基础

党的二十大报告强调“人才是第一资源”，把人才与教育、科技一起作为“全面建设社会主义现代化国家的基础性、战略性支撑”。国家安全体系现代化是全面建设社会主义现代化国家的重要组成部分和强大安全保障，需要一批高素质国家安全人才作为基础性和战略性支撑。国家安全人才是国家安全体系现代化的第一资源，加快国家安全人才队伍建设迫在眉睫。

加快国家安全研究人才队伍建设，是构建国家安全体系现代化的基础。自 2018 年设立国家安全学一级学科以来，国家安全学理论研究虽然取得了一定成绩，但不足以支撑学科发展。究其原因，除国家安全学起步晚、基础弱、底子薄外，国家安全研究人员不足是重要原因。现阶段，涉及国家安全体系和能力以及国家安全体系现代化的论文数量较少，质量有待提高，多数论文仅为泛泛之谈，不但未对国家安全体系的内涵进行深刻分析，而且几乎未涉及国家安全体系现代化的内涵。加强国家安全研究人才队伍建设，加大对国家安全体系现代化内涵、逻辑、特点、路径等基础研究，是推动国家安全体系现代化的重要基础。

增强国家安全专门人才队伍建设。习近平总书记提出的“坚定纯洁、让党放心、甘于奉献、能拼善赢”是打造国家安全专门人才队伍的总方针和总原则。国家安全专门人才只有不断强化党性修养，深刻领悟“两个确立”的决定性意义，增强“四个意识”，坚定“四个自信”，做到“两个维护”，才能在推动国家安全体系现代化建设过程中明确政治方向。此外，国家安全体系结构科学化、回应规范化和效能优化过程，需要具有国家安全管理、国家安全法治、国家安全战略等专门知识和能力的人才队伍构建和推进，国家安全专门人才队伍建设是确保国家安全体系现代化实现的人才保障。

参考文献：

[1] 习近平：《关于〈中共中央关于全面推进依法治国若干重大问题的决定〉的说明》，《人民日报》2014 年 10 月 29 日。

［2］习近平：《推进全面依法治国，发挥法治在国家治理体系和治理能力现代化中的积极作用》，《求是》2020 年第 22 期。

［3］习近平：《高举中国特色社会主义伟大旗帜　为全面建设社会主义现代化国家而团结奋斗——在中国共产党第二十次全国代表大会上的报告（2022 年 10 月 16 日）》，《人民日报》2022 年 10 月 26 日。

［4］全国干部培训教材编审指导委员会：《全面践行总体国家安全观》，党建读物出版社 2019 年版。

［5］张蕴岭：《百年大变局：世界与中国》，中共中央党校出版社 2019 年版。

［6］陈文清：《牢固树立总体国家安全观在新时代国家安全工作中的指导地位》，《求是》2019 年第 8 期。

［7］刘跃进：《政治安全的内容及在国家安全体系中的地位》，《国际安全研究》2016 年第 6 期。

［8］马宝成：《统筹发展和安全　筑牢国家安全屏障》，《中国党政干部论坛》2020 年第 12 期。

［9］马宝成、成为杰：《党内法规制度体系的历史演进、基本经验与未来展望》，《中共中央党校（国家行政学院）学报》2021 年第 12 期。

［10］王妍妍、孙佰清：《中国国家安全体系的演变历程、内在逻辑与战略选择》，《社会主义研究》2021 年第 4 期。

［11］徐明：《国家安全治理现代化：伟大变革、战略安排与实现路径》，《理论视野》2022 年第 11 期。

第九章　国家安全能力

国家安全能力是一国实现其国家安全意图，解决实际国家安全问题的素质和本领。国家安全能力可以分为国家安全监测预警力、防范化解力和影响塑造力三个接续的能力范畴，体现了维护和塑造国家安全需要掌握的三种本领，共同构成了国家安全能力的过程性系统框架。国家安全能力需要回应时代需求，在党的二十大对于国家安全能力现代化的要求下，推进结构科学化、回应规范化、效能优化，着力提升维护政治安全和重点领域安全的能力。

第一节　国家安全能力的内涵

国家安全能力是应对整体和各领域的安全威胁和风险，处理内外危机和危险，维护既有秩序和重大利益不受损的国家能力，体现了国家在其实力基础上运用制度手段维护国家安全的本领和素质。国家安全能力是一个动态的过程性概念，以解决实际问题为导向，应该将其按过程分为监测预警力、防范化解力和影响塑造力。国家安全能力应该以政治学，特别是中国学派的国家能力概念为主体进行演绎和定位，并从国家安全实际出发对其内涵作出界定。

一、国家能力

国家能力的核心内涵是国家将自己的意图、目的转化为现实的能力①。

---

① 杨光斌：《政治学导论》（第 5 版），中国人民大学出版社 2019 年版，第 207 页。

20 世纪 50 年代以来，国家能力发展成为比较政治学的核心概念，受到中外学界的关注，被广泛用于解释世界现代化和民主化进程中如何对社会进行更好的统治和治理。

（一）国家能力概念的发展脉络

最初探索国家能力概念的是结构功能主义学派。阿尔蒙德和鲍威尔提出国家能力是政治系统同国内外环境互动的结果，表现为资源提取、行为管制和利益分配。① 在其之后，“新国家主义”肇始者塞缪尔·亨廷顿在其《变化社会中的政治秩序》开篇指出，国家之间的最大差别不在于政体而在于政府的能力和统治程度，② 将国家能力与国家权力结构区分开来。

20 世纪 70 年代以后，“回归国家学派”在国家自主性理论③的基础上推动国家能力理论走向繁荣和系统化。代表人物西达·斯考切波指出，国家不仅仅是社会冲突的舞台，而且是以行政和强制为基础的组织系统和宏观结构，相对于社会具有一定的自主性，并非被支配的统治阶级完全掌握。④ 西达·斯考切波将国家能力归结为国家通过实施政策达成目的的能力，并以政策领域作为区分标准对国家能力进行分类，通过对不同国家相同领域的国家能力对比分析得出能力强弱的原因。⑤ 这种比较公共政策的研究思路在经济、法制、税收、外交等诸多具体政策领域取得了不俗的研究成果。与比较公共政策的研究思路相区别，乔尔·米格代尔从国家社会关系出发定义，认为国家能力是指国家决定社会生活按何种方式组织起来的能力，以类型学的分类方式分为四大能力：国家对社会中人财物的汲取

---

① ［美］加布里埃尔·A. 阿尔蒙德、小 G. 宾厄姆·鲍威尔著，曹沛霖、郑世平、公婷、陈峰译：《比较政治学：体系、过程和政策》，东方出版社 2007 年版，第 7 页；［美］小 G. 宾厄姆·鲍威尔等著，杨红伟等译：《当代比较政治学：世界视野》（第 10 版），人民出版社 2017 年版，第 43 页。

② ［美］塞缪尔·亨廷顿：《变化社会中的政治秩序》，上海人民出版社 2008 年版，第 8 页。

③ 有关国家自主性理论的概念性和综述性论述，参见杨雪冬：《国家的自主性与国家能力——组织现实主义国家理论述评》，《马克思主义与现实》1996 年第 1 期，第 109 页；张勇、杨光斌：《国家自主性理论的发展脉络》，《教学与研究》2010 年第 5 期，第 46—52 页。

④ ［美］西达·斯考切波著，何俊志、王学东译：《国家与社会革命——对法国、俄国和中国的比较分析》，上海人民版社 2007 年版，第 30 页。

⑤ ［美］西达·斯考切波著，方力维等译：《找回国家》，生活·读书·新知三联书店 2009 年版。

能力，对社会各个阶层的渗透能力，使民众遵从规则的规制能力，以及按自身计划和意愿配置使用资源的分配能力。[①]

迈克尔·曼认为人类社会的四种独特的权力资源——意识形态权力、经济权力、军事权力和政治权力，随社会发展而依次形成。迈克尔·曼将国家能力认定为政治权力，并将其划分为基础性权力和专制性权力。基础性权力实际更贴近我们所讲的国家能力内涵，指的是国家在其领土范围内对社会进行渗透，并有效贯彻其政策的能力。而专制性权力则近乎国家自主性的概念，是国家可以不受社会力量的例行化、制度化约束而进行干涉和强制的范围。在国家向社会渗透、基础性能力增强的过程中，社会力量对于国家权力也有着反作用，通过协商、民主、法律等方式约束着国家自主性的范围，从而弱化专制性权力，[②] 是一个双向互动过程。

（二）中国学派的国家能力概念

受到西方学界影响，国内学界在 20 世纪 90 年代社会主义市场化转型浪潮中重视国家与社会的互动关系研究，开始探索国家能力概念。最早有影响力的研究是王绍光、胡鞍钢的《中国国家能力报告》，将国家能力定义为中央政府将自己意志、目标转化为现实的能力，分为财政汲取能力、调控能力、合法化能力和强制能力，其中财政汲取力是最重要的国家能力。国家和社会关系通过综合国力与国家能力的概念关系体现。综合国力是国家在一定时期内可供运用的资源和力量的总和，国家能力则是国家在追求目标时从社会资源中获得份额的能力，即综合国力是可供运用的社会资源，而国家能力是中央政府实际运用的资源。[③]

迈克尔·曼和《中国国家能力报告》中将国家能力和国家权力实际等同，但国家能力和国家权力也是两个不同的概念，[④] 国家权力衡量的是国家管理范围和政府管理形式，而国家能力衡量的是国家管理的有效性和政

---

① ［美］乔尔·米格代尔，张长东等译：《强社会与弱国家》，江苏人民出版社 2012 年版，第 17 页。

② ［英］迈克尔·曼著，刘北成、李少军译：《社会权力的来源》第 1 卷，上海人民出版社 2015 年版，第 34 页。

③ 王绍光、胡鞍钢：《中国国家能力报告》，辽宁人民出版社 1993 年版，第 7 页。

④ 李强：《国家能力与国家权力的悖论：兼评王绍光、胡鞍钢〈中国国家能力报告〉》，《中国书评》1998 年第 11 期。

府的管理能力。章太炎曾言，“民主立宪、君主立宪、君主专制，此为政体高下之分，而非政事美恶之别。专制非无良规，共和非无秕政”,[①]“政事美恶”不由“政体高下”决定，国家权力的集中和增强并不必然带来国家能力的增加。前南斯拉夫和苏联各级政府对其所辖区域的政治、经济、文化全面控制的组织架构完备，国家权力高度集中，但这种控制没有提升国家能力，各行政单位的社会和市场之间存在隔阂，难以对社会进行很好的汲取、渗透和动员。

党的十八届三中全会将“完善和发展中国特色社会主义制度，推进国家治理体系和治理能力现代化”作为全面深化改革的总目标,[②] 国家能力作为同治理能力高度相关的概念受到国内理论和政策界再度青睐，开启了研究国家能力的第二拨高潮。王绍光等提出九项基础性国家能力，并分为两个层次：一是古今中外所有国家都需要的强制、认证、汲取和濡化四种“基础之基础”能力，二是现代国家所需的统领、规管、再分配、吸纳与整合、调适五种能力[③]。杨光斌基于中国历史和现实指出，在国家治理体系和治理能力现代化中，国家治理体系相当于国家权力组织，而国家治理能力相当于国家能力，可以调节国家权力关系。国家能力由“体制吸纳力—制度整合力—政策执行力”的结构关系组成,[④] 并分别对应着不同领域的权力。唐世平等基于资源和能力两方面内容将国家能力定义为国家所掌握的物质和意识形态资源，以及强制能力、汲取能力和行政能力的结果。其中的行政能力包括递送能力和信息决策能力。[⑤]

二、国家安全能力界定

党的二十大提出“国家安全体系和能力现代化”的战略部署，是对国

---

① 章太炎：《章太炎全集》（第 10 册），上海人民出版社 2017 年版，第 396 页。

② 《中共中央关于全面深化改革若干重大问题的决定》，人民出版社 2013 年版，第 3 页。

③ 王绍光、唐磊：《好的民主制度需要强的国家能力》，《政治学研究》2023 年第 5 期，第 74 页。

④ 杨光斌：《关于国家治理能力的一般理论——探索世界政治（比较政治）研究的新范式》，《教学与研究》2017 年第 1 期，第 12 页。

⑤ 唐世平、高岭、李立、陆逸超：《国家能力：走出理论荒野》，《学术月刊》2022 年第 11 期，第 76 页。

家治理体系和治理能力现代化这一总目标的扩展和深化，以适应统筹发展和安全的时代趋势。国家安全学基础理论的国家安全能力概念要放在这一时代背景下加以理解。

（一）国家能力中的安全意图

通过对国家能力既有研究的梳理不难发现，政治学视角下的国家能力研究暗含着对安全价值的追求，即在社会变迁中寻求政治稳定，避免统治或治理危机的出现。托马斯·潘恩称，“安全是政府的真正意图和目的”,[①] 国家是一套具有自主性的结构，具有自身的逻辑和利益,[②] 而安全利益是国家的第一需要，是让其他具体利益得到保障从而免于损失威胁的元利益。[③] 在这种利益之上，产生了维护安全利益的安全意图。现代国家有着安全和发展两个基本意图，发展意图对应着利益的进一步扩张，而安全意图体现为对既有利益的守成，要求国家有效处理困境和危机，以保持秩序和重大利益不受损害。

总体性和各领域的国家能力普遍存在着安全考量。国家安全能力通过安全意图渗透在总体国家能力和具体政策领域的国家能力中，是应对整体和各领域的安全威胁和风险，处理内外危机和危险，维护既有秩序和重要利益不受损害的国家能力。例如，20 世纪 70 年代中期，西方精英在资本主义世界经济危机中察觉出国家能力和政府权威的下降，即“民主的危机”。以布热津斯基为主席的三边委员会组织欧洲、北美、日本的政治学者就此问题展开研究，目的是解决西方国家内部安全威胁的挑战。[④] 这实际体现了西方国家对自身政治安全能力的关切。再举一例，国家汲取人财物的能力偏重于实现发展意图，但同时也存在着安全考量，比如《中国国家能力报告》中所描述的，汲取能力危机带来的中央政府权威丧失。国家

---

① ［英］托马斯·潘恩著，马清槐译：《潘恩选集》，商务印书馆 1981 年版，第 3 页。

② ［美］西达·斯考切波著，何俊志、王学东译：《国家与社会革命——对法国、俄国和中国的比较分析》，上海人民版社 2007 年版，第 27 页。

③ 张宇燕、冯维江：《新时代国家安全学论纲》，《中国社会科学》2021 年第 7 期，第 142 页。

④ ［法］米歇尔·克罗齐、［美］塞缪尔·亨廷顿、［日］绵贯让治著，马殿军、黄素娟、邓梅译：《民主的危机——就民主国家的统治能力写给三边委员会的报告》，求实出版社 1989 年版，第 7 页。

能力和国家安全能力既有联系又有区别。国家安全能力同样包括总体的国家安全能力和具体领域的国家安全能力，前者是其内涵，而后者是其外延。

实力基础和安全文化（战略文化）是影响国家安全能力的关键因素。国家安全能力在冷战结束之前主要以常规军事力量和核战略能力为主要内容，其传统安全的底色并没有改变，常规和非常规军事能力仍然是国家安全最重要的保障基础。因为安全所具有的主观性色彩，国家、国家集团和地区等共同体在一系列共享理念和行动中形成安全的不同风格，即共同体的安全文化。[①] 安全文化影响了国家安全观念和意图，可能是防御性、相对安全、共同安全导向的，也有可能是进攻性、绝对安全、竞争安全导向的。国家安全意图不同，实现意图的能力构建方式也不相同。

（二）国家安全能力定义

国家安全能力作为一个单独的研究范畴在西方学界鲜有出现，而是较多出现在政策文本中。国内学界同样没有形成国家安全能力的概念，只是在早期的书籍中有相似概念出现。1988 年出版的《动荡中的国家安全》一书中指出，“国家安全不仅要有正确的目标，而且要有实现目标的手段。所谓手段，主要指国家安全实力”[②]。但这种说法并不准确。习近平总书记在十九届中央国家安全委员会第一次会议上指出，“要善于运用发展成果夯实国家安全的实力基础”[③]，可见国家安全实力是能力的资源基础，而能力是手段运用的效果。现代国家一般通过制度手段维护国家安全，以问题为导向，国家安全能力体现了国家安全体系在实际国家安全治理中的作用效果。

国内学界对国家安全能力的普遍关注始于总体国家安全观的提出，在党的二十大提出国家安全体系和能力现代化之后迎来高潮。对于国家安全能力的界定可以分为两个脉络。第一种是将国家安全能力以形式逻辑的方式理解为“国家安全 + 能力”，即国家安全能力就是应对危险威胁，维护

---

① ［英］玛丽·卡多尔著，李岩译：《全球安全文化》，金城出版社 2019 年版，第 12 页。

② 孙明明等：《动荡中的国家安全》，解放军出版社 1988 年版，第 54 页。

③ 习近平：《全面贯彻落实总体国家安全观，开创新时代国家安全工作新局面》，《人民日报》2018 年 4 月 18 日。

国家安全的能力。[①] 这种单向度的定义方式体现了这一概念的目的，就是为了维护国家的重大利益不受损害。同时，这种界定方式没有体现国家安全能力的来源及其在国家安全实践中的作用。

第二种是“资源—制度—能力”的界定路径，认为国家安全能力是基于对国内外战略资源的动员，通过国家安全体系，综合运用各种手段实现国家安全的能力。[②] 这种制度中心主义定义方式很好地体现了能力由制度生成这一路径，但难以与国家能力中的体制吸纳力和制度整合力进行区分。资源和制度只是现代国家实现国家安全的必要条件，而并非充分条件。斯大林认为：“常有这样的情形，资源很多，但是使用得极不得当，使优势等于零。除了资源以外，还必须有善于动员这些资源的能力和正确运用这些资源的本领。”[③] 国家安全能力体现的不只是对社会资源的汲取和安全制度的整合，还是在实践中正确、高效运用资源和制度维护国家安全的本领，或者说是解决国家安全问题、维护国家安全和社会稳定的素质。

基于以上对国家安全能力概念的辨析，我们认为，国家安全能力是国家为有效实现安全意图，在国家安全制度体系实际运行中形成的维护既有秩序和重大利益，监测预警风险和威胁，防范化解重大危险，进而影响塑造安全环境的素质和本领。简言之，国家安全能力是实现安全意图，解决实际国家安全问题的素质和本领。同国家权力体系和国家能力的区分类似，国家安全体系是具体的、静态的，是一个国家应对重大风险、威胁和危险的基本制度结构，由不同功能的子体系构成。国家安全子体系越多，国家安全制度工具的选择范围就越大，维护国家安全的手段就越多。而国家安全能力由国家安全体系生成，是抽象的、动态的，衡量的是国家安全体系的有效性，以及解决实际国家安全问题的效果。国家安全体系呈现的

---

① “国家安全＋能力”定义方式的文献有：张宇燕、冯维江：《新时代国家安全学论纲》，《中国社会科学》2021 年第 7 期，第 144 页；刘跃进、宋希艳：《推进国家安全体系和能力现代化》，《前线》2022 年第 11 期，第 122 页；李文良：《国家安全学基础理论框架构建研究》，《国际安全研究》2022 年第 5 期，第 15 页。

② “资源—制度—能力”定义方式的文献有：凌胜利：《百年大变局下的国家安全能力建设》，《当代世界与社会主义》2023 年第 4 期，第 45 页；王秉：《国家安全能力的内涵特征、生成要素及建设维度》，《人民论坛·学术前沿》2022 年第 19 期，第 62 页。

③ 中共中央马克思恩格斯列宁斯大林著作编译局编译：《斯大林文集（1934—1952）》，人民出版社 1985 年版，第 344 页。

是维护国家安全的制度手段多不多，而国家安全能力则体现了这些手段运用得好不好、能不能解决实际问题。

除此之外，国家安全能力衡量国家安全领导机制的有效性，考察国家的行政系统能否准确地作出国家安全决策，整合国家安全制度，部署国家安全战略，执行国家安全政策，以及动员汲取社会资源和力量参与国家安全事业。国家安全能力实际上依赖于一国的国家能力水平，体现了国家能力和国家安全能力两个概念的关联。从这个角度来说，国家能力越强，就能更有效地汲取财政和资源投入国家安全，整合国家安全各子体系，协调相关行政部门更好地执行国家安全战略和政策。但这并不足以说明国家能力与国家安全能力呈现出正相关关系，二者仍有区分。虽然国家能力和国家安全能力都是国家中心主义的概念，但国家能力的对立主体是社会，而国家安全能力主要的对立主体是其他有威胁的国家。即便一个小国有着比国际体系中主导大国还强的国家能力，但是在以军事力量为主要内容的传统安全能力上仍无法与大国相提并论。

三、国家安全能力分类

国家安全能力这一素质和本领的高低需要有标准来评判，指标的选取过程也是我们对国家安全能力分类的过程。指标选取的原则不同，分类方式也不同。

（一）既有研究的分类方式

不同国家建设的国家安全体系不同，但大致有功能相似的子体系。例如，以各国国家安全委员会为核心的国家安全战略政策体系，应对突发事件的公共危机管理或称应急管理体系，涉及情报获取和风险预警的监测预警体系，针对传统安全威胁的军事保障体系，还有多领域国家安全法律形成的国家安全法治体系。按照体系功能进行分类，国家安全能力可以分为国家安全法治能力、国家安全战略政策力、军事保障能力、危机管理能力等。除了按照功能分类，国家安全能力还可以按照风险、威胁和危机应对的过程分类，分为监测预警力、防范化解力和影响塑造力。除此之外，从国家安全管理（治理）的角度出发，可以分为国家安全的领导决策力、政策执行力，以及组织动员能力。

已有研究成果和政策文本大致按上述三种原则对国家安全能力进行分类。第一，从体系功能的角度出发，党的二十大报告国家安全专章以推进国家安全体系和能力现代化为主题，构建重点领域的国家安全体系，形成相应的维护重点安全领域的国家安全能力。① 第二，从应对过程的角度出发，有研究将国家安全能力分为国家安全监测能力、国家安全研判预警能力和国家安全应急处置能力。② 第三，从管理（治理）过程出发，有研究将国家安全能力分为国家安全领导力、保障能力、话语能力、制度能力和韧性能力。③ 还有研究从整体性治理的公共管理逻辑出发，将国家安全能力分为制度能力、总成能力和协同能力。④

除了上述分类外，多数研究将这三种方式叠加，对国家安全能力进行复合分类。有研究将国家安全能力分为 4 项：观念能力、执行能力、基础能力和动员能力。⑤ 还有研究将国家安全能力分为“6 +1”项：独立自主力、威慑能力、交流与对话能力、应变能力、竞争能力、潜在能力，以及对以上诸种能力的控制能力。⑥ 另有研究将国家安全能力分为 7 项：战略能力、领导能力、统筹协调能力、风险防范化解能力、情报信息能力、理论创新能力和保障能力。⑦

复合分类方式的子能力之间并没有清晰的逻辑关系，诸如制度能力、动员能力、统筹协调能力、资源基础能力等实际上与国家能力息息相关。国家能力越强，国家越能更好地整合国家安全制度、执行国家安全政策、吸纳社会资源进行国家安全投入和参与。从这个角度出发，国家安全管理（治理）的分类也与国家能力分不开。国家能力的增强是国家安全制度能力、总成能力和协同能力得以强化的充分条件，行政集权也是各国国家安

---

① 习近平：《高举中国特色社会主义伟大旗帜　为全面建设社会主义现代化国家而团结奋斗——在中国共产党第二十次全国代表大会上的报告》，人民出版社 2022 年版，第 53 页。

② 范维澄等：《国家安全科学导论》，科学出版社 2021 年版，第 130 页。

③ 李文良：《国家安全学基础理论框架构建研究》，《国际安全研究》2022 年第 5 期，第 15 页。

④ 彭勃、杜力：《国家安全的总体性能力：现实逻辑与分析框架》，《行政论坛》2022 年第 3 期，第 41 页。

⑤ 凌胜利：《百年大变局下的国家安全能力建设》，《当代世界与社会主义》2023 年第 4 期，第 45 页。

⑥ 孙明明等：《动荡中的国家安全》，解放军出版社 1988 年版，第 55 页。

⑦ 王秉：《国家安全能力的内涵特征、生成要素及建设维度》，《人民论坛·学术前沿》2022 年第 19 期，第 62 页。

全管理实践中的惯常做法，往往通过国家安全委员会集中国家安全事权，进行统一的国家安全决策。

（二）以问题为导向的过程性分类

体系功能分类的隐含逻辑是国家安全体系越健全，国家安全能力越强。正如全面的国家权力体系不一定产生强劲的国家能力一样，国家安全体系和能力之间也并非完全是正相关关系，国家安全体系功能的完备并不一定产生相应的国家能力。美国在二战后建立起了世界上最复杂而庞大的国家安全制度体系，但是在实际的运行过程中也会受到内外条件的制约，陷入能力捉襟见肘、行为进退失据[①]的境地。

国家安全管理（治理）分类的隐含逻辑是国家能力越强，国家安全能力越强。如上所述，国家能力和国家安全能力并不是正相关关系。例如，新加坡有着很强的国家能力，但因为国家体量的限制，国家安全能力仍存在上限。即使新加坡通过有效的国家安全制度构建形成了较强的非传统安全能力，但是在以军事力量为主的传统安全领域，新加坡的安全能力仍无法跟美俄等传统军事强国相提并论，其间的力量对比是完全非对称性的。

以上两种分类方式存在着适用性的问题，从国家安全能力的界定中我们发现，国家安全能力衡量的是国家安全体系和国家安全领导机制的有效性，这一效果最终取决于实际国家安全问题的解决效果。因此，遵循以问题为导向的原则，体系功能和国家安全管理的分类方式可以被统归过程分类方式中，将国家安全能力分为监测预警力、防范化解力和影响塑造力三个连续的过程性能力范畴。这种分类方式最符合国家安全能力的内涵，换言之，最能体现出国家具不具备应对风险、威胁和危险，维护好国家安全的能力和素质。

第二节　国家安全能力的构成

国家安全能力兼具结构性和过程性的概念。结构性来源于国家安全制度体系与能力之间的关系。国家安全体系是具体的，而国家安全能力是抽

---

① 石斌：《思想 · 制度 · 工具——美国国家安全体系的一种分析框架》，《国际安全研究》2021 年第 2 期，第 3 页。

象的，能力由制度体系生成，依附于体系存在。国家安全体系和领导机制是有着结构和层次的，因此国家安全能力也有着结构性。同时，国家安全能力概念又是过程性的，以实际国家安全问题为导向，被分为监测预警力、防范化解力和影响塑造力，三者存在着过程相关的逻辑关系。并且，每个能力范畴中又包含着不同功能的子能力，各个子能力之间也存在着过程性的逻辑相关关系，从而形成了国家安全能力的结构框架，进一步说，构成了国家安全能力的系统框架。

一、国家安全能力的系统框架

依照实际国家安全问题解决的过程分类，国家安全能力由国家安全监测预警力、防范化解力和影响塑造力三者构成。如图 4 所示，这三种能力是线性相关关系，前两者是维护国家安全的能力，后者是塑造国家安全的能力。第一，国家通过国家安全的监测预警体系对内外安全环境中的风险和威胁进行监测、识别出可能对国家安全造成损害的重大风险和危险，对其危害性和发展态势进行评估，并加以分级预警，形成国家安全监测预警力。第二，在明确国家面临重大风险和威胁的基础上，通过国家安全战略政策体系、法治体系，制定长期的国家安全战略和法律以及短期的国家安全政策和法规加以防范；当国际和国内危机来临时，通过国家安全军事保障体系和危机管理（应急管理）体系做好突发事件应对，及时化解危险，形成国家安全防范化解力。第三，在前两者的基础上，有地区和全球影响力的大国会主动影响和塑造周边和全球的外部安全环境以及社会稳定的内部安全环境，形成国家安全的影响塑造力。

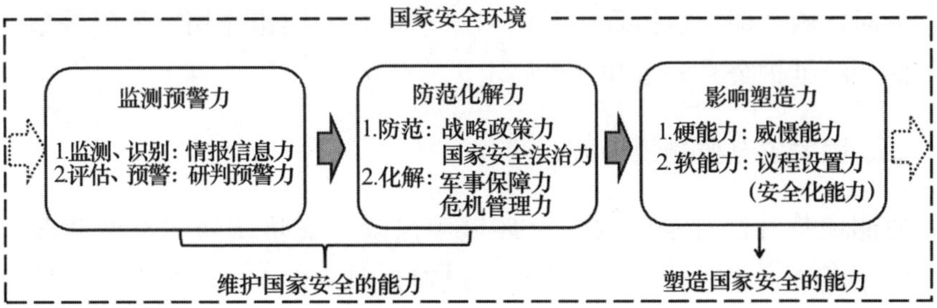

图 4　国家安全能力的系统框架

以上三种接续的过程性能力构成了国家安全能力的整体框架，同时根据体系功能的分类，每种能力还有着子能力。国家安全监测预警力体现了一国对内外安全环境中风险源和威胁的监测、识别、研判和预警，由情报信息力和研判预警力两种子能力构成。情报信息力体现了国家对于情报的收集与分析能力，监测和识别国家安全环境中的重大风险和威胁。在情报信息力收集、鉴别国家安全情报的基础上，研判预警力基于安全情报进行危害性研判和态势评估，分层次、分领域对风险和威胁的危害程度进行分析和趋势判断，并以此为依据进行分级预警。根据预警信息，一国可以明确面临的国家安全问题所在，有针对性地形成国家安全防范化解能力。防范化解又可以分为防范和化解两个方向的能力，其中防范能力分为国家安全战略政策能力和国家安全法治能力，化解能力分为军事保障力和危机管理力。从预防到化解，体现了在危险未到时做好预备，减少损失；在危机来临时抵御住冲击，及时脱险，即从预防到化解是两个接续的过程，共同构成了国家安全防范化解力。

维护国家安全和塑造国家安全是统一的，塑造是更高层次、更具前瞻性的维护。在前两个维护国家安全能力实现的基础上，产生了国家安全影响塑造力。影响塑造力是地区和全球大国才具备的国家安全能力，分为软性的国家安全议程设置力和硬性的威慑能力。议程设置力是一种内外安全化的能力，使其有利于自身安全意图的实现。通过对外设置国家安全议程，大国可以将自身的安全观念通过安全化的过程影响一个地区或者全球的安全文化；对内进行全民国家安全教育，培养国民的国家安全观念。通过威慑能力，大国可以通过在地区和全球的经济、军事、核武器优势，以及在国际制度中权力地位对潜在的威胁形成震慑，保障外部安全环境稳定。同时，威慑能力也体现在对国内敌对势力的震慑作用，依靠警察、武装部队系统维护公共安全和社会稳定。

二、国家安全监测预警力

监测预警力是对于国家安全环境中风险、威胁认知和有效预警的能力。对于风险、威胁和危险的监测和识别是国家安全工作的起点。国家安全情报是抵御威胁的第一道防线。[①] 国家安全的情报信息力体现的是一国获取情报信息、识别各领域、各地区、各层级重大风险和威胁的能力。在此基础上，国家安全需要对国家安全情报和事件进行态势评估和分级预警，形成国家安全的研判预警能力。

（一）情报信息力

钱学森在担任国防科工委副主任时曾刊文指出，必须重视情报工作，强调情报这一门科学技术。[②] 现代以来，情报工作是国家安全工作的重要组成部分，世界各国无不把情报工作看作国家安全工作的不可或缺的部分。作为大国重器，情报工作是国家安全的第一道防线，在整个国家安全工作中发挥着先导和支持作用。《国家安全法》第四章"国家安全制度"在第一节"一般规定"之后便是"情报信息"节，第五十一条到第五十四条分别对于情报信息工作的工作内容、职能分工、工作原则等做了提纲挈领的说明，充分体现了情报工作在国家安全工作当中的重要地位。可以说，没有一流的情报工作，就没有一流的国家安全工作。[③]

1. 情报信息力的定义与功能

所谓国家安全情报能力，广义上指的是对威胁国家安全重大事件和要素的预先发现、准确告知和实时掌控的能力，主要包括国家安全情报获取能力、国家安全情报整合能力、国家安全情报分析判断能力、国家安全情报管理能力，是国家安全战略谋划、决策、实施和调整的重要依据[④]。此处所指的国家安全情报，是有关国家安全全局的情报，以影响国家安全的因素为研究对象、以保障国家安全决策为目的、以全局性和战略性国家安全议题为内容，已经超出一般的军事情报工作和公安情报工作的范畴。《中华人民共和国国家情报法》将国家安全机关和公安机关情报机构、军队情报机构统称为国家情报工作机构。由此观之，国家安全情报工作与军事情报工作和公安情报工作彼此之间具有特异性，不可相互取代而是相互交叉。

我们需要认识到国家安全情报能力在总体国家安全能力体系当中的重

---

① ［美］洛克·约翰逊著，李岩译：《国家安全情报》，金城出版社 2020 年版，第 6 页。

② 钱学森：《科技情报工作的科学技术》，《情报学刊》1983 年第 4 期，第 6 页。

③ 高金虎：《论国家安全情报工作——兼论国家安全情报学的研究对象》，《情报杂志》2019 年第 1 期，第 2 页。

④ 王桂芳主编：《国家安全战略学》，军事出版社 2018 年版，第 253 页。

要地位与角色，并进一步明确国家安全情报能力的适用领域。大体上看，情报信息力基本在下述两个方面发挥功能性作用：国家安全环境评估；国家安全决策辅助和行动支援。第一，在国家安全环境评估阶段，通过发挥情报能力为国家安全机构提供有关战略环境、国际态势、对手、威胁、机遇等方面的信息，尽可能消除认知的不确定性，塑造一个对己方“尽可能透明的”信息环境①；第二，国家安全情报能力能够在国家安全战略决策以及国家安全行动中起到支援国家安全行为主体谋求主动权、强化国家安全手段的效力的作用。

2. 情报信息力的建设路径

国家安全情报能力的形成是一个系统性、长期性的过程，大致上可以关注以下三个方面：一是构建总体国家安全观下完善的国家安全情报体系；二是形成统一归口、集中高效、运转顺畅的国家安全情报信息研判机制；三是对于现代科学技术的充分运用，包括情报搜集与情报管理技术，加强对情报信息的鉴别、筛选与综合。

世界主要国家情报系统大都是由国家综合情报系统、部门情报系统、军事情报系统和外围情报系统几个部分组成。《中华人民共和国国家情报法》第三条至第五条对我国的国家安全情报体系作了基本的界定：（第三条）国家建立健全集中统一、分工协作、科学高效的国家情报体制。中央国家安全领导机构对国家情报工作实行统一领导，制定国家情报工作方针政策，规划国家情报工作整体发展，建立健全国家情报工作协调机制，统筹协调各领域国家情报工作，研究决定国家情报工作中的重大事项。中央军事委员会统一领导和组织军队情报工作。（第五条）国家安全机关和公安机关情报机构、军队情报机构（以下统称“国家情报工作机构”）按照职责分工，相互配合，做好情报工作、开展情报行动。各有关国家机关应当根据各自职能和任务分工，与国家情报工作机构密切配合。特别地，基于我国特殊的历史实践经验，国家安全情报工作“坚持公开工作与秘密工作相结合、专门工作与群众路线相结合、分工负责与协作配合相结合的原则”。

传统的情报工作流程虽然有组织结构严密、安全性强的优势，但许多情报系统间各自为政、反应速度慢、共享不够等弊病也显而易见，必须打

---

① 高金虎：《论国家安全决策中情报的功能》，《情报理论与实践》2019 年第 10 期，第 2 页。

破原有以情报搜集机构为中心的“烟囱”式分工格局，从国家层面进行整合，促进各机构间信息共享，实现情报信息运用的最大效能。《国家安全法》第五十一条及第五十二条对这一问题也作出了明确说明：国家健全统一归口、反应灵敏、准确高效、运转顺畅的情报信息收集、研判和使用制度，建立情报信息工作协调机制，实现情报信息的及时收集、准确研判、有效使用和共享；国家安全机关、公安机关、有关军事机关根据职责分工，依法搜集涉及国家安全的情报信息。

先进的信息技术，不仅驱动情报信息工作产生革命性的变化，还为提升国家安全情报能力提供了强大的技术支撑。通过广泛运用电子侦察、网络通信、航空航天等技术，构成能够全天候、近实时、不间断收集相关信息的情报搜集系统，保证国家在任何时候都能对各种情况迅速作出回应；充分运用现代科学技术手段，能够对浩如烟海的情报信息进行鉴别、筛选、综合和研判分析，有助于战略决策者快速准确作出决断。《国家安全法》第五十三条对此的说明是：开展情报信息工作，应当充分运用现代科学技术手段，加强对情报信息的鉴别、筛选、综合和研判分析。

（二）研判预警力

研判预警力是链接国家安全监测预警力和防范化解力的重要环节，也是监测预警能否成功的关键。研判预警力在获取、整合和分析判断国家安全情报的基础上，通过对各安全领域特定的危险先兆分析和判断危害程度，评估国家安全风险和事件的发展趋势，进行态势分析，及时对潜在的重大风险和威胁作出分级预警。

1. 风险和威胁的危害性研判和态势评估

针对国家安全情报的研究、判断和国家安全态势评估至关重要。通过情报信息系统收集的国家安全情报，需要对其中的风险、威胁进行研判和做出静态的分析，判定其是否能够对国家安全构成危害，并筛选出那些危害性较大的风险和威胁。除了静态的危害研判，还要从动态角度出发，进行国家安全态势分析。所谓国家安全态势分析，指的是对国家安全各个领域面临的形势和状态进行研究，把握其本质内在联系，揭示发展规律和未来可能的状态。[1] 动态的态势评估要求把风险和威胁放在国家安全环境中，

---

① 高金虎：《论国家安全决策中情报的功能》，《情报理论与实践》2019 年第 10 期，第 2 页。

对其发展趋势和潜在的危害进行进一步分析。

国家安全风险研判和态势评估的主体是政府。我国政府高度重视有关社会稳定的风险研判和评估工作。例如，卫生部（现为国家卫生健康委员会）在 2011 年发布《关于建立卫生系统重大事项社会稳定风险评估机制的指导意见》，国务院办公厅和国家发展改革委在 2012 年分别发布《关于建立健全重大决策社会稳定风险评估机制的指导意见》和《国家发展改革委重大固定资产投资项目社会稳定风险评估暂行办法》，重视公共卫生、政府决策、经济发展中的社会稳定风险研判。2013 年 11 月，党的十八届三中全会作出《中共中央关于全面深化改革若干重大问题的决定》，再次强调健全重大决策社会稳定风险评估机制。

在新时代，风险和威胁往往具有跨领域、跨地域联动耦合的特性，研判和评估需要综合运用跨学科手段，自然科学手段和社会科学手段同等重要。在面临人工智能安全、科技安全、生态安全和资源安全等重要新兴战略安全领域时，只有通过跨学科合作的方式，才能更好地回应实际国家安全需要。同时，信息化时代存在着大量的错误和深度伪造信息，需要通过新的技术手段加以甄别，实现对多渠道情报信息的交互印证，还要利用大数据挖掘、信息碰撞、分析比对、交叉影响分析、相关性分析等技术进行分析，生成智能化情报分析和高度战略价值的态势评估，最终汇总成为国家安全国情和加强安全措施建议的报告，提供给相关部门，实现对国家安全相关部门和社会面信息整合。①

对于风险和威胁的危害研判和态势评估要根据国家安全领域的不同来设置评价指标，在不同指标划定红线和阈值，超出这一指标，就可能危害到这一领域的国家安全。以国家经济安全态势评估为例，有四个子指标：（1）国内经济关键领域和重要相关领域安全态势；（2）国际经济领域安全态势；（3）国际国内重大冲突安全态势；（4）一国经济整体抗风险能力。每个子指标下又有细分指标，如战略资源安全、关键产业安全、国有经济安全、财政安全、金融安全等指标。② 这些指标体系共同构成经济安全风险危害性研判标准体系，判断不同子指标是否受到威胁，进而系统加总这

① 范维澄等：《国家安全科学导论》，科学出版社 2021 年版，第 132 页。

② 雷家骕、钟惠波、胥和平：《国家经济安全管理学》，清华大学出版社 2022 年版，第 225 页。

些指标来评估当前的安全状态，并对可能的趋势进行下一步预测。

2. 风险和威胁的定级和预警

预警能力是监测预警力的最后一环，指的是在危害性研判和态势评估的基础上，对可能危害重大国家利益的风险和威胁进行定级和预警。《国家安全法》第四章第二节第五十七条规定："国家健全国家安全风险监测预警制度，根据国家安全风险程度，及时发布相应风险预警。"① 判断风险程度需要对风险进行定级，这一环节决定了应对风险的优先次序。针对风险预警而言，以减灾抗灾为目的的公共安全风险的定级有着较为成熟的国际经验和研究方法，分为两种模式。第一种是在危害性研判和态势评估的基础上进行定性分析。根据紧迫性分为立即应对和不需立即应对的两分法，或者低风险、一般风险、较大风险和重大风险的四分法。第二种是通过建模的定性、定量相结合的方式对风险进行定级。主要有后果导向的 FN 曲线法和概率导向的因果分析法（CCA）以及综合可能性、暴露率和后果的 SEP 法。② 这种定级方式依赖于预警系统的智能化和信息化，也取决于能否获得大样本和信息和情报。

针对威胁的预警被称为国家安全战略或战术预警。因为存在着威胁主体的主观因素，很难以定量的方式实施分级和预警，往往通过在危害性研判和态势分析中体现出的先兆进行定性和可能性判断。美国在"9・11"事件之后建立起针对恐怖主义威胁的分级预警系统，并经历了三次迭代。2002 年，美国建立的五级分类的国土安全参考系统，分为低、警戒、较高、高和严重五级，每一级都会触发特定的响应机制。这一威胁预警方式随着恐怖主义威胁的下降变得过于烦琐。2011 年，美国将其调整为迫切威胁预警和升级威胁预警两级预警。2015 年，美国又增添一级可能出现威胁预警，从而形成了从可能出现威胁预警到升级威胁预警，再到迫切威胁预警的三级预警系统。我国同样有威胁预警的工作机制。《国家安全法》第四章第二节第五十八条规定："对可能即将发生或者已经发生的危害国家安全的事件，县级以上地方人民政府及其有关主管部门应当立即按照规定

---

① 《中华人民共和国国家安全法》，人民出版社 2015 年版，第 13 页。

② 唐钧编著：《公共安全风险治理》，中国人民大学出版社 2022 年版，第 122—128 页。

向上一级人民政府及其有关主管部门报告，必要时可以越级上报。”①

三、国家安全防范化解力

国家安全监测预警力可以归结为风险和威胁信息的收集和判断力，而防范化解力则是面对危险将要来临和已来临时的应变力和防御力。在国家安全监测预警力的基础上，形成了应对重大国家安全问题的防范化解力。国家通过国家安全战略政策体系进行国家安全战略政策规划，通过国家安全法治体系出台总体的或具体安全领域的国家安全法律，有针对性地对重大威胁和风险进行防范，形成国家安全战略政策力和国家安全法治力。在风险和威胁成为真实的危险时，国家通过军事保障体系和危机管理体系及时响应，做好应急处置，化解危险状态，恢复既有秩序，形成国家安全军事保障力和危机管理力。

（一）战略政策力

从世界范围来看，大多数国家在冷战后建立起了以国家安全委员会或类似机构为核心的国家安全战略政策体系，尽管不同国家对于战略政策体系的战略侧重点不同，但都有着国家安全决策、咨询和协调三大核心功能。② 国家安全战略政策力衡量的是国家安全战略政策体系能否有效发挥这些功能，体现为国家安全决策能力、咨政能力和协调能力。

第一，战略政策体系为国家安全政策制定和战略谋划提供制度平台，在此制度基础上形成国家安全决策能力。一方面，国家安全政策制定体现短期决策能力，针对不同国家安全领域和国际国内区域安全态势变化和事件采取应对措施；另一方面，国家安全战略规划体现长期决策能力，需要超越日常的国家安全议题，对国家安全战略进行宏观的设计，对国家核心重大利益和威胁进行界定，有针对性、前瞻性、系统性地进行布局。

第二，咨询功能体现的是国家安全咨政能力，为最高决策层提供国家安全战略的思想资源和具体国家安全领域政策制定的专业性、独立性的意见，需要有国家安全智库为国家安全重大决策提供政策咨询和智力支持。宾夕法尼亚大学发布的《全球智库报告》按研究领域划分出了“防卫与国

---

① 《中华人民共和国国家安全法》，人民出版社 2015 年版，第 13 页。

② 张骥主编：《世界主要国家国家安全委员会》，时事出版社 2014 年版，第 12 页。

家安全”（defence and national security）类别的智库，其给出的界定是“全球领先的国防和国家安全机构，为国家安全、军事和国防政策做出卓越的创新研究和战略分析”。国家安全智库、研究机构、高校和政府咨询机构产出的研究和分析的质量，很大程度上决定了咨政能力的大小。

第三，冷战后国家安全内涵的扩展和安全环境的复杂化推动着制度变迁，越来越多的政府部门开始参与进国家安全治理和决策过程中，需要以国家安全委员会为核心的战略政策体系进行协调统筹，以避免部门利益化而增加内部沟通成本，体现了国家安全协调能力。协调能力不仅体现对内部各行政部门的制度整合和总成，同时体现在对于国家内部安全和外部安全的统筹、传统安全和非传统安全的统筹，以及对维护和塑造国家安全的统筹。

（二）国家安全法治力

国家安全法治体系建设是每个国家建设国家安全体系的第一步。国家安全法治力至关重要。国家安全法治力体现了两个面向：一是对于国家安全行为的保障力；二是对于国家安全治理行为的规制力和约束力。

第一，国家安全法治力体现了对国家安全行为的保障力。国家安全法律体现了国家对于国家安全行为的认可，体现了国家强制力作为其执行的后盾。[①] 除了强制执行力，国家安全法治力还要对依法履行国家安全职责的工作人员人身安全提供保护，在其进行国家安全工作时，社会、组织有义务为其提供相应的支持和便利。因此，各国国家安全实践中很重要的一环就是建立起以国家安全专门法为核心、部门法领域法为补充的国家安全法治体系，为战略政策体系等国家安全子体系和相关领域国家安全行为确立法律地位。[②] 就专门法而言，有美国 1947 年通过的《国家安全法》、俄罗斯 1992 年通过的《俄罗斯联邦专门法》等。相关部门法主要包括《情报部门法》《国防部门法》等。相关领域法主要包括《恐怖主义法》《国土安全法》《紧急状态法》等。

第二，国家安全法治力体现了对国家安全治理和管理行为的规制力和约束力，其目的是维护国家安全治理和行为的正义属性，保证国家安全事业的健康可持续发展。国家安全行为特别是情报和反间谍工作需要较大的

---

① 吴庆荣：《法律上国家安全概念探析》，《中国法学》2006 年第 4 期，第 67 页。

② 李竹：《国家安全立法研究》，北京大学出版社 2006 年版，第 2 页。

自由权，但是这种权力不能以侵害公民的权利为代价，需要进行监督和规制，体现为国家安全法治力中的规制和监督力。《中华人民共和国反间谍法》总则第十一条中明确指出，“国家安全机关及其工作人员在工作中，应当严格依法办事，不得超越职权、滥用职权，不得侵犯个人和组织的合法权益”①。在其他国家，国家安全法治力对国家安全行为的规制也普遍存在。2013 年“斯诺登事件”引发了美国公众对其国家安全情报部门的信任危机，国会随即通过《自由法案》禁止情报部门根据“9·11”事件后的《爱国者法案》第 215 条进行大规模电话元数据监控。②

第三，国家安全法治力不仅被用作防范和防御，还可以用作强力的进攻武器，以国家安全审查之名行打压之实。对于外资和商品的国家安全审查本意是在开放条件下维护国家的经济安全利益。为此，各国纷纷设立了国家安全审查的法律和条款，比如 2004 年德国在《对外经济法》修正案中增加了国家安全审查条款，美国在 2007 年颁布《外国投资与国家安全法》，我国也在 2020 年实施了《中华人民共和国外商投资法》。国家安全审查标准的模糊性、软约束性和形式法律化，给了审查主体主观解释的空间。③ 即便外国投资不构成对国家安全的威胁，也可以将其裁定为威胁。美国对华贸易战运用国家安全审查法律制度手段，就体现了这一能力的泛政治化和武器化。

（三）军事保障力

国家安全军事保障力是国家安全防范化解力的重要组成部分，指的是利用军事力量化解国家内部和外部的危险状态，从而保障国家安全和社会稳定的能力。军事保障力是国家安全的坚强后盾，是化解危险的保底手段，有对内、对外两个作用维度。

对外的军事保障力是指综合运用各种军事手段打赢常规和非常规战争的能力，保障国家政权、主权、统一和领土完整不受损害。2001 年 10 月，时任中央军事委员会主席江泽民在军队会议中指出，“要营造有利战略态

---

① 《中华人民共和国反间谍法》2023 年版，总则第十一条。

② 吴常青、吴轩、李晨蕾：《国家安全法制化视阈下情报监控规制研究》，金城出版社 2020 年版，第 53 页。

③ 王东光：《外国投资国家安全审查制度研究》，北京大学出版社 2018 年版，第 51 页。

势，增强国家战略能力。简言之，所谓战略能力，就是一个国家在需要采取战争行为时所能够调动的各种力量的总和。在这个总和中，军事力量是进行战争行动的核心手段”①。对外的军事保障力与这里表述的国家战略能力的核心手段内涵是接近的，现代化的对外军事手段同样需要战略谋划，始终从政治高度和国家利益全局筹划指导军事行动，在涉及国家主权和领土完整问题上寸土必争、寸步不让，敢于斗争、善于斗争，确保国家核心利益不受损，确保政治和战略主动。

对内的军事保障力体现在为需要采取应急处置措施予以应对的自然灾害、事故灾难、公共卫生事件和社会安全事件提供军事力量支持，保障公共安全与社会稳定。简言之，就是为应急管理和维持社会稳定活动提供军事保障的能力。《突发事件应对法》中规定，“中国人民解放军、中国人民武装警察部队和民兵组织依照本法和其他有关法律、行政法规、军事法规的规定以及国务院、中央军事委员会的命令，参加突发事件的应急救援和处置工作”②。应急管理体系中党委领导下的军地协同机制体现了军事力量支援保障公共安全的作用。除此之外，武警部队是对内军事保障力的另一大行为主体，作为执行党的政治任务的武装力量，承担着维护社会稳定、保障人民群众安居乐业，打击恐怖主义、分裂主义、极端主义“三股势力”的破坏活动，为构建平安中国提供安全稳定社会环境的神圣使命。

（四）危机管理力

从国家安全和社会稳定的角度来看，危机指的是对一个社会系统的基本结构和价值产生严重威胁，并在时间压力和不确定性极高的情况下，需要对其进行紧急决策的事件。③ 随着危机管理研究的深入，国内有学者逐渐注意到了“国家安全危机管理”的需求所在，指出国家安全危机是国内外安全遭受重大事故所面临的一种紧急而危险的状态。④ 危机管理应该内外兼顾，既重视国际危机化解，又重视公共危机解决。危机一词中同时存在着“危险”和“机遇”，国家安全危机管理能力就体现在能否“化危为

---

① 江泽民：《江泽民文选》第 3 卷，人民出版社 2006 年版，第 352—364 页。

② 《中华人民共和国突发事件应对法》总则第十四条。

③ 陆忠伟：《危机管理与国家安全》，《红旗文稿》2003 年第 14 期，第 18 页。

④ 赵子聿、赵景芳：《国家安全危机管理析论》，国防大学出版社 2014 年版，第 25 页。

机”，指的是一个国家的危机管理体制在危害国家安全的突发事件发生前能否有效识别风险源，危险发生时能否有效做好应急处置，及时摆脱危险状态，减少损失，恢复原有秩序的能力。

危机可以按照不同动因性质（人为、自然）、时空范围（国内、国际）和领域范围（政治、经济、社会）进行多种分类，针对不同危机类型有着不同的危机管理方式。但实际上，世界主要国家都是按照危机的时空范围，即国际危机、公共危机的应对进行制度体系构建的。危机管理能力衡量的是国家危机管理制度体系是否有效，因此，其应被分为国际危机管理能力和公共危机管理能力（应急管理能力）。

危机是国家安全威胁即将成真、风险积累由量变转为质变的关键时刻。危机管理能力体现了一国危机管理制度体系在这一时刻的应急处置水平。国家安全是指国家政权、主权、统一和领土完整、人民福祉、经济社会可持续发展和国家其他重大利益相对处于没有危险的状态，而危机管理能力则是“脱险”的能力，因此是防范化解力中的化解部分。如果没有危机管理能力，国家的重大利益和既有的政治、经济、社会秩序将会在内外危险到来时遭受更大的冲击，蒙受更大的损失。危机管理能力应该划归为国家安全能力中的防范化解力，侧重于国家安全危险的化解能力。

国家安全危机管理能力的理想状态是，国家的政治、社会、经济、生态等各个领域系统具有安全韧性。韧性是系统在受到外界干扰时所表现出的应对能力，系统的安全韧性是系统为了维持其能力而具有的韧性强度。[①]其有三重意涵：第一，政治、经济、社会等系统受到突发事件[②]冲击时能有较强的抗打击能力，有效吸纳冲击造成的损害，保持系统基本结构和功能完整和运转，不至于瘫痪。第二，在危机过后快速恢复系统原有秩序的能力，强调在新安全环境下系统的重建与功能恢复。第三，在危机过程中的学习能力，是一种正向演进而非简单复原，通过对危机管理经验的总结学习，提高系统应对风险和威胁的自适应安全能力。

---

① 范维澄：《以安全韧性城市建设推进公共安全治理现代化》，《人民论坛 · 学术前沿》2022 年第 Z1 期，第 15 页。

② 《中华人民共和国突发事件应对法》总则中第二条中对突发事件的定义：突发事件，是指突然发生，造成或者可能造成严重社会危害，需要采取应急处置措施予以应对的自然灾害、事故灾难、公共卫生事件和社会安全事件。

四、国家安全影响塑造力

在维护国家安全的基础上，大国通常利用其政治、经济、文化上的优势地位去影响和塑造国家安全。可以说，国家安全影响塑造力是一种高阶的国家安全能力，在国家安全监测预警力、防范化解力水平较高的基础上产生，对国家安全环境进行影响和塑造，使其有利于自身安全意图的实现。与约瑟夫·奈提出的“软实力”概念旨趣相近，国家安全影响塑造力也可以分为硬性的威慑能力和软性的议程设置力。

（一）威慑能力

威慑力作为国家安全的核心概念之一，发挥着维护国家利益、稳定地区与全球秩序的关键作用。党的二十大指出，要“发展人民战争战略战术，打造强大战略威慑力量体系，增加新域新质作战力量比重”。

1. 威慑的概念和能力的作用机制

威慑一词是核时代的产物。核威慑理论家普遍认为，核武器的主要目的是防止大国之间发生大规模战争。它不仅要防止核战争，还要防止可能升级为核战争的常规战争。然而，核威慑无法防止其他各种形式的冲突，如某些地区发生的小规模战争和游击队叛乱、内战、种族灭绝等。核大国在这些地区没有生死攸关的利益，其核威慑也缺乏可信性和实用性。要实现有效的威慑，就必须不断进行技术革新，提高二次打击能力。[①]

到20世纪80年代，军政界的领导人和理论家越来越关注常规威慑的可能性，因此对威慑的概念界定也不再围绕核武器展开。下面是两个在不涉核的情形下对威慑作出的定义。格伦·斯奈德认为，威慑就是“胡萝卜加大棒”，即“一方含蓄或明确地以制裁相威胁，或是许诺报偿，以阻止另一方做某事”。[②] 约翰·米尔斯海默认为，威慑意味着规劝对手不要发起一项特定的行动，因为（对手）所感知到的收益，并不能证明其预估损失和风险的合理性。他为威慑作出的定义是，威慑最终是以下两者之间相互作用的函数：领导人预估从军事行动中得到的政治收益以及大量军事的、

---

① ［美］詹姆斯·多尔蒂、小罗伯特·普法尔茨格拉夫著，阎学通、陈寒溪等译：《争论中的国际关系理论》（第5版），世界知识出版社2013年版，第375页。

② Glenn Snyder, “Deterrence and Defense”, Princeton, NJ: Princeton University Press, 1961, p. 9.

非军事的代价及风险。①

威慑既是军事概念，也是心理—政治概念，威慑能力是一个双向作用的过程。由于威慑成功与否取决于潜在的进攻者的认知和评估，威慑的可信性一直是威慑的必要条件。当威胁的基础是建立在足以给进攻者以“难以承受的打击”的军事力量之上，同时又有明确的意图和坚定的政治意愿来实施这种惩罚时，威胁才是最可信的。因此，威慑能力是一个双向作用过程，这种能力之所以被承认，不仅有施加威慑的主体自身力量，而且需要被影响的客体相应地作出反应。威慑必须具备三个要素：（1）有威慑的实力；（2）有使用力量的意志；（3）使对方能够意识到前两点。以上三个要素如果缺少其中一种，威慑就不起作用。美国威慑理论的各派拥护者常常只偏重于前两种，有意无意地忽略了后一种，使威慑成为一厢情愿的幻想或加剧军备竞赛的借口。

2. 威慑力在国家安全中的作用

如上所述，二战一结束，美国就开展了对威慑看法的争论，有关著述汗牛充栋，各学术流派蜂起。有的力主建立核威慑力量，有的强调常规力量威慑，有的断言威慑是永恒的，有的说威慑是有限度的。尽管各家观点不尽相同，都强调要通过建立强大的军事实力，使敌人认识到采取军事行动所付出的代价和所冒的风险将大于他们期望的收益（所付 > 所得），从而使敌人放弃动用武力的企图，达到威慑的可信性。这种主张的基本点，就是设想国家安全所受的最大威胁是敌人采取的军事行动，这种行动包括核袭击与常规进攻。为了以武力遏制武力，就必须增强军事力量，以此作为威慑的物质基础。在这种主张的指导下，冷战时期的美国出现了“确保相互摧毁”战略，与苏联展开了核军备与常规军备竞赛。

百年未有之大变局下，世界进入动荡变革期，地缘军事威胁回潮，军事威慑能力的作用重新被重视。威慑不仅局限在军事领域，还扩展到了经济、科技等多个大国竞争的关键领域，国家面临来自政治、经济、军事、科技、文化诸方面的综合性威胁。一些大国正在研究制定“不战而屈人之兵”的战略。在这种国家总体实力较量的形势下，如果继续片面地强调军事威慑，那么不仅不会增强威慑的可靠性，反而会因总体实力失去平衡而

---

① ［美］约翰·米尔斯海默著，阙天舒译：《常规威慑论》，上海人民出版社 2021 年版，第 2 页。

给安全系统造成巨大缺陷。

为了确保国家安全，就必须确立一种新的威慑结构和能力。第一，建设真正有效的攻防兼备的实战能力。不仅使敌人意识到采取的军事行动所付将大于所得，而且意识到任何进攻行动本身将难以奏效，从而放弃行动企图。第二，要将威慑的作用范围扩大到推动整个国际环境趋向和平与稳定。以往的威慑手段是指军事平衡和核均势，而追求这种平衡与均势却成为大国军备竞赛的原动力，其结果是导致世界在安全困境中越陷越深，造成新的不稳定因素。要追求世界各国的共同安全，这种安全不只是军事问题，也不同于诸多国家的“对等安全”，它有赖于整个国际局势的稳定。第三，在国家军事实力较为强大的基础上，一国展现出的坚定的威慑不仅可以慑止本国的潜在挑战，而且对他国的成功威慑还会对国内安全产生深远的影响，提升民众对政府的信任水平和民族自豪感，从而提升政治安全水平，促进国内社会的和谐与稳定。

（二）议程设置力

议程设置力是国家安全影响塑造力的一个关键维度，涉及国家如何通过主动引导国内国际舆论和影响国内国际议程来维护国家安全。议程设置力其实是一种安全化能力，指的是国家可以将一项事项或某种议题赋予存在性威胁的地位，通过言语—行动（speech act）的过程，[①] 赋予安全行动意义的能力。

1. 议程设置理论概要

议程设置功能最初是指媒介的一种能力，通过重复性新闻报道来提高某议题在公众心目中的重要性。这一概念来自新闻传播学研究。议程设置功能作为一种理论假说，最早是由美国传播学家马克斯韦尔·麦库姆斯和唐纳德·肖在 1972 年发表的《大众传媒的议程设置功能》文章中提出。1968 年美国总统选举期间，他们围绕大众媒体的选举报道对选民的影响开展调查研究，并将其研究成果总结为前述文章。[②] 在这项研究中，马克斯韦尔·麦库姆斯和唐纳德·肖发现，在选民对当前重要问题的判断与大众

---

① ［英］巴里·布赞、［丹麦］琳娜·汉森著，余潇枫译：《国际安全研究的演化》，浙江大学出版社 2011 年版。

② Maxwell E. McCombs and Donald L. Show, “The Agende - setting Function of Mass Media”, Public Opinion Quarterly, Vol. 36, No. 2, 1972.

传媒反复报道和强调的问题之间，存在着一种高度的对应关系。也就是说，大众传媒作为“大事”加以报道的问题，同样也作为“大事”反映在公众的意识当中；传媒给予的强调越多，公众对该问题的重视程度也就越高。由此，马克斯韦尔·麦库姆斯和唐纳德·肖认为，大众传播具有一种为公众设置“议事日程”的功能，传媒的新闻报道和信息传达活动以赋予各种“议题”不同程度的显著性的方式，影响着人们对周围世界的“大事”及其重要性的判断。[①] 马克斯韦尔·麦库姆斯和唐纳德·肖的发现不仅揭示了媒体的潜在影响，也为后来的研究和理论构建奠定了基础。

议程设置理论的核心观点是，媒体通过选择、强调和排列新闻议题，塑造了公众对特定议题的关注程度和看法。这意味着媒体不仅在传递信息，而且在塑造公众意识和议程形成方面发挥着关键作用。在议程设置理论提出后，马克斯韦尔·麦库姆斯等人又对其进行进一步讨论与发展，将议程设置理论发展为三个层次：第一层次即传统议程设置理论，强调媒体对议题显著性所产生的影响；第二层次是属性议程设置，认为大众媒体的议程设置对公众价值判断也会产生强大影响；第三层次是网络议程设置，其核心观点是，影响公众的不是单个的议题或者属性，而是一系列议题所组成的认知网络。换言之，新闻媒体不仅告诉我们“想什么”或者“怎么想”，同时还决定了我们如何将不同的信息碎片联系起来，从而构建出对社会现实的认知和判断。[②]

为了便于分析公共政策的议程设置，我们可以将议程分为三大类：媒体议程、公众议程和政策议程。媒体议程是指大众媒体选择、报道和讨论的新闻议题；公众议程是指在特定时期内引起公众广泛关注的重要问题；政策议程则是指决策者认为至关重要的问题，三者之间具有紧密的联系。媒体的选题和报道促使公众关注和了解特定议题，从而促进了公众议程的形成，并且影响了公众对这些议题的态度和看法。更进一步，受到公众广泛关注的议题也更容易进入决策者视线，转化为政策议程。

2. 国家安全政策议程设置

---

① 郭庆光：《传播学教程》（第 2 版），中国人民大学出版社 2011 年版，第 194 页。

② 史安斌、王沛楠：《议程设置理论与研究 50 年：溯源·演进·前景》，《新闻与传播研究》2017 年第 10 期，第 13—28 页。

根据北京大学陈庆云教授的定义，政策议程是指被决策者选中或决策者感到必须采取行动解决的社会问题，政策议程的建立是社会问题转化为政策问题的关键步骤。[①] 政策议程设置的本质是依重要性对各种政策议题进行排序，是一种政府回应的方式。[②]

任何社会在任何时候都面临着各式各样的挑战，但政府应对挑战的资源是有限的，任何一个决策机关都不可能就所有的社会问题同时制定政策，在制定公共政策时，政府往往不得不对优先处理哪些挑战有所取舍。[③]中国政府当前也面临着大量政策挑战，这源自特殊的制度调整时期、公众政策需求转变和发展导向下社会代价集中出现等三个因素在同时期内交叉聚集。[④] 然而，面对这些挑战，在资源与能力有限的条件下，政府较难主动进行政策议题排序。这是因为政策问题复杂性导致的识别困难、利益复杂性导致的协调困难，以及公共决策部门资源与能力的匮乏。在这样的情况下，焦点事件成为影响议题选择的重要因素。焦点事件可以产生和聚集社会压力，加速一些政策议题快速进入议程。这促使政府形成了"回应性议程设置"的工作模式。

在对社会问题进行回应性议程设置的同时，政府也可以根据政策需求积极主动地开展议程设置。政府对某些议题的选择性宣传会塑造公众对重大问题的认知。通过主动设置议程，政府可以向公众宣传其政策方向和政治目标，这里的公众既包括国内公众，也包括国际社会。针对国内公众，政府议程设置的方式主要有以下四种。

第一，领导人和发言人在公开场合的讲话：通过领导人、高级官员和政府发言人在公开场合的演讲和讲话，政府可以有选择地强调和解释其关注的议题，塑造政府形象，引导公众对政府工作的认知。第二，政府报告和宣传：发布政府工作报告、政策文件以及进行宣传活动是政府引导议程的手段之一。这些文件和活动有助于向公众传递政府的重大政策方向和关

① 陈庆云：《公共政策分析》（第2版），北京大学出版社2011年版，第105页。

② 陈新：《互联网时代政府回应能力建设研究——基于现代国家治理的视角》，《中国行政管理》2015年第12期，第61—63页。

③ 王绍光：《中国公共政策议程设置的模式》，《中国社会科学》2006年第5期，第86页。

④ 赵静：《回应式议程设置模式——基于中国公共政策转型一类案例的分析》，《政治学研究》2017年第3期，第48页。

切。第三，媒体管理：政府可以通过对媒体的控制或者与媒体的合作，选择性地发布信息，推动特定议题的报道，从而引导公众对这些议题的关注。第四，社交媒体和数字宣传：在数字化时代，政府越来越多地利用社交媒体等平台开展传播宣传工作，直接与公众互动，进而引导或影响公众对特定议题的看法。面向国际社会的议程设置则略有不同，国家一般借助国际媒体和国际组织等平台主动引导公众和其他国家对特定议题的关注和认知，从而将自身关切的问题置于国际议程的前沿，在国际舞台上塑造本国形象和维护本国战略利益。

总而言之，议程设置力是国家安全能力的重要组成部分。对外，议程设置力不仅影响着国家在国际舞台上的形象，还促使国家在国际事务中发挥主动性，引领国际议程的发展方向，推动国家安全意图的实现。对内，议程设置能力起到引导国内国家安全议题，动员全民国家安全参与的作用。政府通过国家安全战略和政策文件进行宣传，引领国家安全议题，

第三节　国家安全能力现代化

1979 年 12 月 6 日，邓小平就中国实现四个现代化的问题回答了时任日本首相大平正芳的提问，指出“我们的四个现代化的概念，不是像你们那样的现代化的概念，而是‘小康之家’”[①]。同样，我们这里要讲的国家安全能力现代化也并非与西方相同，而是中国特色社会主义国家安全道路上的能力现代化。

一、国家安全能力的时代性

评估一项国家能力不能离开对其所处时代性的理解，一项国家能力被重视也体现了时代的需要。国家安全能力是在统筹发展与安全的时代背景下受到重视的，应该回应时代需要，以此为准绳制定国家能力现代化的目标。

（一）不同历史时期的国家能力

在早期的国家形成时期，国家因为战争动员和组织资源方面的优势在

---

① 邓小平：《邓小平文选》第 2 卷，人民出版社 1994 年版，第 237 页。

其他政治组织中脱颖而出。在查尔斯·蒂利的研究中，国家能力是军事竞争推动国家官僚机器汲取资源和社会动员的结果，[①] 欧洲国家在持续不断的地缘政治军事竞争中，逐渐建立起了一套严密的科层体系和财政税收制度，即"战争缔造国家"，国家能力的主要内涵是汲取能力和强制能力。欧洲之外，赵鼎新的研究指出，春秋战国时代诸侯国频繁而输赢不定的局部战争促进了军事、政治、经济和意识形态领域的竞争和冲突，中国在西汉初期演变为以儒士主导的科层制儒法帝国，[②] 其国家能力主要体现为法家手段的政治权力与儒学思想主导的意识形态权力，二者合而为一，驾驭着军事权力并将经济权力边缘化。

进入到前现代国家阶段，国家朝不保夕的战争状态得以结束，维持国家存在、增加对社会的控制和支配成为主要意图。此时除原有的外部军事竞争威胁外，还包括对内的社会动乱的平叛，欧洲的工人阶级发起的社会主义运动和中国朝代更替中的农民运动此起彼伏，强制能力受到进一步重视。马克思主义的国家观认为国家毫无例外的都是统治阶级的国家，并且在一切场合在本质上都是镇压被压迫被剥削阶级的机器。[③]

在现代国家阶段，特别是20世纪50年代以后，发展成为世界上国家的主要需求，一批有着持续的发展意愿，具有高度自主性的核心官僚机构的发展型国家出现，[④] 体制吸纳力、制度整合力、政策执行力等总体性的国家能力在发展中越发重要。进入21世纪第二个十年，全球治理面临困局，国际秩序深度变动和重组，世界进入百年未有之大变局。此外，民粹主义和极端主义思潮在世界范围内兴起，各国国内出现政治极化和社会治理困境。面临国内外的多重风险和威胁，世界主要国家开始越来越重视对外的政治、经济、军事等多领域国家安全能力，以及对内维持社会稳定的能力。

---

① ［美］查尔斯·蒂利著，魏洪钟译：《强制、资本和欧洲国家》，上海人民出版社2021年版。

② 赵鼎新：《东周战争与儒法国家的诞生》，北京联合出版公司2020年版，第3页。

③ 恩格斯著，中共中央马克思恩格斯列宁斯大林编译局编译：《家庭、私有制和国家的起源》，人民出版社2018年版，第195页。

④ 朱天飙：《发展型国家的衰落》，《经济社会体制比较》2005年第5期，第34页。

（二）国家安全能力的时代性

改革开放初期，在中国特色社会主义市场经济发展的驱使下，重视国家汲取能力。《中国国家能力报告》在摘要中称："中国的现代化过程，本身就是一个需要动员全社会的人力资源、物力资源的过程，也是一个不断强化国家能力的过程，迫切需要一个更具权威和强有力的中央政府，不断提高国家汲取财政能力，加速本国的现代化进程。"报告指出，中国国家汲取能力弱的症结在于弱中央强地方的财政格局，将国家财政汲取能力称为最重要的国家能力。[①] 中国特色社会主义市场经济需要更加强力的中央政府的财政汲取能力，这直接推动了 1994 年分税制改革的实施。

21 世纪之交，在应对传统安全和非传统安全挑战的需求下，重视以军事手段为核心的国家战略能力（军事保障力）以及危机管理能力。科索沃战争、阿富汗战争和"9·11"事件以及之前的海湾战争，见证了战争的信息化、现代化转型和恐怖主义等非传统安全挑战的崛起。时任中央军事委员会主席江泽民指出，"'9·11'事件发生后，美国从国际和国内两个方面进行紧急动员，从政治、经济、军事等方面展开部署，迅速调集了大批力量集结在阿富汗周围地区。如果没有相当的国家战略能力，这是办不到的。要进行深入研究，就包括要研究美国如何运用其国家战略能力来应对严重突发事件这样的问题"[②]。

党的十八大后，在新时代全面深化改革的需求下重视国家治理体系和治理能力的现代化。习近平主席指出："必须坚持和完善中国特色社会主义制度，不断推进国家治理体系和治理能力现代化，坚决破除一切不合时宜的思想观念和体制机制弊端，突破利益固化的藩篱，吸收人类文明有益成果，构建系统完备、科学规范、运行有效的制度体系，充分发挥我国社会主义制度优越性。"[③]

世界进入动荡变革期，在坚决维护国家安全、防范化解重大风险和保持社会大局稳定的需求下重视国家安全体系和能力现代化建设。习近平主

---

① 王绍光、胡鞍钢：《中国国家能力报告》，辽宁人民出版社 1993 年版，第 9 页。

② 江泽民：《江泽民文选》第 3 卷，人民出版社 2006 年版，第 357 页。

③ 习近平：《决胜全面建成小康社会　夺取新时代中国特色社会主义伟大胜利——在中国共产党第十九次全国代表大会上的报告》，人民出版社 2017 年版，第 27 页。

席指出："增强维护国家安全能力。坚定维护国家政权安全、制度安全、意识形态安全，加强重点领域安全能力建设。提高防范化解重大风险能力，严密防范系统性安全风险，严厉打击敌对势力渗透、破坏、颠覆、分裂活动。全面加强国家安全教育，提高各级领导干部统筹发展和安全能力，增强全民国家安全意识和素养，筑牢国家安全人民防线。"①

二、国家安全能力现代化的内涵

同第八章国家安全体系现代化相似，国家安全能力现代化是国家安全主体为防范化解国家安全问题，实现国家安全目标，推进结构科学化、回应规范化、效能优化的过程。

（一）国家安全能力现代化的结构科学化过程

国家安全能力现代化首先表现为能力结构科学化。国家安全能力中的国家安全监测预警力、防范化解力、影响塑造力等以一种相对独立的形式存在，因各自性质、过程属性不同而形成维护和塑造国家安全的能力结构。国家安全能力结构科学化，要求不同类型、不同性质的国家安全问题与其类型、性质相符的国家安全能力相匹配，适时增添新型国家安全能力。同时，国家安全能力之间要形成结构联动合力，使能力之间在防范化解国家安全问题时形成有效互动，彰显合力。

结构科学化过程作为国家安全体系和能力现代化形成势能的关键环节，直接影响国家安全体系和能力现代化势能的大小和强弱。没有足够大、足够强的势能，就不可能转化为强大的动能，也无法达到防范化解国家安全问题、维护国家安全的目的。

（二）国家安全能力现代化的回应规范化过程

国家安全能力回应规范化指国家安全主体的安全能力与指向对象之间形成规范性回应互动。国家安全能力是防范化解国家安全问题和满足人民群众日益增长的安全需要的关键，能否在第一时间规范化回应，是检验国家安全主体是否拥有安全能力的试金石。国家安全能力随着国家安全问题和人民群众安全诉求的性质、规模、程度的变化依法依规变化回应方式。

---

① 习近平：《高举中国特色社会主义伟大旗帜　为全面建设社会主义现代化国家而团结奋斗——在中国共产党第二十次全国代表大会上的报告》，人民出版社 2022 年版，第 53 页。

回应规范化过程作为国家安全体系和能力现代化势能转化为动能的介质，为国家安全体系和能力现代化由势能转化为动能提供了可行路径。国家安全体系和能力聚集的势能如果无法在第一时间依法依规回应防范化解国家安全问题与人民群众安全诉求，就无法转为动能，无法达到防范化解国家安全问题与满足人民群众安全诉求的结果。

（三）国家安全能力现代化的效能优化过程

国家安全能力效能优化指国家安全能力在防范化解国家安全问题、实现国家安全目标过程中释放效能最大化的过程。作为以问题为导向的本领和素质，国家安全能力的效率、效果和效益直接关系防范化解国家安全问题的结果。国家安全能力效能优化的过程是国家安全能力现代化的过程，其目的是提升国家安全能力效能，达到防范化解国家安全问题的目的。效能优化过程作为国家安全体系和能力现代化势能转化为动能的具体体现，是实现防范化解国家安全问题的关键。没有效能，国家安全体系和能力现代化势能就无法转化为动能，也不可能防范化解国家安全问题。

三、推进国家安全能力现代化的路径

党的二十大提出了“以新安全格局保障新发展格局”的整体规划，部署了健全国家安全体系、增强维护国家安全能力、提高公共安全治理水平和完善社会治理体系四项重点任务。[①] 从当前我国国家安全体系和能力现代化的现状以及国内外安全形势看，要坚持增强政治能力，强化重点领域的国家安全能力建设，加强国家安全的各地区、各部门的统筹能力，全面提升公共安全保障能力。

（一）增强政治安全能力是国家安全能力现代化的统领

政治安全是国家安全的生命线，在实现新安全格局的对内状态目标时要坚持把政治安全放在首要位置。政治安全涉及政权、政府系统的组织稳定性，以及赋予这二者合法性的意识形态稳定性。我国政治安全主要包括政权安全即党的领导权问题，制度安全即社会主义道路问题，以及意识形态安全即马克思主义的指导地位问题。中国式现代化的新征程中，必须保

① 习近平：《高举中国特色社会主义伟大旗帜　为全面建设社会主义现代化国家而团结奋斗——在中国共产党第二十次全国代表大会上的报告》，人民出版社 2022 年版，第 53 页。

证党在国家政权结构中总揽全局、协调各方的领导核心地位，探究合法性和有效性兼备的政治安全治理方式。在制度安全方面，邓小平指出，制度问题更带有根本性、全局性、稳定性和长期性，[①] 要在世界范围内的制度竞争中始终从国家发展的实际需要出发进行制度建构，继续通过体制改革来完善制度本身，建立合理的制度进而形成相应的制度自信。[②] 在意识形态安全方面，要坚持马克思主义在意识形态领域的主导地位，警惕来自网络、人工智能的技术性风险问题对意识形态渗透和侵蚀，增强主流意识形态引领力和感召力。

（二）加强国家安全各地区各部门的统筹能力

全面统筹各地区、各部门国家安全力量。党的十九届三中全会以来，深化党和国家机构改革的要求中明确指出要加强和优化党对国家安全工作的领导，各省（自治区、直辖市）、地级市到区县一级党委纷纷成立国家安全委员会，实现了地方党委国家安全系统全国基本覆盖。虽然各级党委的国家安全责任制已经建成，但实践中仍是以传统安全相关部门领导和执行国家安全工作，其他非安全主责部门的国家安全主体意识仍显薄弱。在新安全格局中，要加强各地区各部门的国家安全责任主体意识，推动各层级全部门参与。各地区党委要强化维护国家安全意识和责任，做到守土有责、守土尽责。经济、科技等非传统安全领域部门要增强国家安全意识，在中央国家安全委员会的统一领导下明确国家安全责任分工，避免因国家安全意识缺失而造成重要经济损失和技术流失，从而在多领域形成以新安全格局保障新发展格局的合力，真正构建起“横向到边、纵向到底”的国家安全体系。

（三）全面提升公共安全保障能力

公共安全治理有效也是构建新安全格局的重要国内状态目标组成。面向社会公众的公共安全是实现国内安全的基础，体现了以人民安全为宗旨这一新时代国家安全的根本立场。只有实现自然灾害、事故灾难、公共卫生和社会安全事件风险的稳定可控，才能保证公众的人身财产安全，防止出现社会层面的系统性紊乱和进一步升级为国家安全问题的可能。党的二

---

① 邓小平：《邓小平文选》第 2 卷，人民出版社 1994 年版，第 333 页。

② 林尚立：《制度与发展：中国制度自信的政治逻辑》，《中共中央党校学报》2016 年第 2 期，第 61 页。

十大报告“国家安全”专章将提高公共安全治理水平作为推进国家安全体系和能力现代化的重点任务之一，强调构建大安全大应急框架，提高防灾、救灾和减灾能力，推动公共安全治理模式向事前预防转变。同时，要加快构建全方位、立体化的公共安全网，全面提升公共安全保障能力，着力增强现代化产业体系的安全可靠性，健全联合指挥、灾情通报、资源共享、跨域救援等机制，全面提升区域性、系统性安全风险防范水平。

参考文献：

[1] 范维澄等：《国家安全科学导论》，科学出版社 2021 年版。

[2] 刘跃进：《国家安全学》，中国政法大学出版社 2004 年版。

[3] 王桂芳主编：《国家安全战略学》，军事出版社 2018 年版。

[4] 王绍光、胡鞍钢：《中国国家能力报告》，辽宁人民出版社 1993 年版。

[5] 张骥主编：《世界主要国家国家安全委员会》，时事出版社 2014 年版。

[6] 高金虎：《论国家安全情报工作——兼论国家安全情报学的研究对象》，《情报杂志》2019 年第 1 期。

[7] 凌胜利：《百年大变局下的国家安全能力建设》，《当代世界与社会主义》2023 年第 4 期。

[8] 陆忠伟：《危机管理与国家安全》，《红旗文稿》2003 年第 14 期。

[9] 唐世平、高岭、李立、陆逸超：《国家能力：走出理论荒野》，《学术月刊》2022 年第 11 期。

[10] 杨光斌：《关于国家治理能力的一般理论——探索世界政治（比较政治）研究的新范式》，《教学与研究》2017 年第 1 期。

第十章　国家安全战略

国家安全需要运用国家安全战略来维护。所谓“国家安全战略”，是维护国家安全全局的筹划和指导，其内涵主要包括国家安全战略的构成要素、国家安全战略的制约要素、国家安全战略决策、国家安全战略实施和国家安全战略调整等。

第一节　国家安全战略构成要素

国家安全战略的构成要素是指国家安全战略所包含的基本内容和成分，主要由战略目标、战略指导、战略途径构成。这些要素相互影响、相互作用，形成一个有机联系整体，共同构成了一个完整的国家安全战略体系。

一、国家安全战略目标

国家安全战略目标是国家安全战略的指向和牵引，主要是明确维护国家安全的总体要求、基本指向和全局所要达成的最终结果。国家安全战略目标既是国家安全战略制定的出发点，也是国家安全战略实施的归宿。

（一）国家安全战略目标的作用

国家安全战略目标在国家安全战略构成中具有基础性和指向性作用。一个没有目标的国家安全战略不是真正的国家安全战略，充其量是一种牵制行动而已。

第一，国家安全战略目标是国家安全战略的指向和牵引。国家安全战略的筹划和实施是一个完整过程。该过程始终围绕确定和实现国家安全战略目标展开。就此意义而言，国家安全战略的核心是认识和判定国家安全战略目标。国家安全战略的现实性与有效性，集中体现在其目标的现实性与有效性上。确定明确而非模糊、现实而非空想、坚定而非游移不定的国家安全战略目标，是制定国家安全战略的关键。

第二，国家安全战略目标决定国家安全战略实施成效。美国学者丹尼斯·德鲁等指出："正确的国家安全利益和目标是制定有效战略的关键。"[①] 国家安全战略目标的偏移，将导致国家安全战略实施失败，给国家安全带来致命危险。柯林斯曾以越南战争为例研究美国国家安全战略得失。他认为，美国在越南战争期间的国家安全战略是错误的，根本原因是国家安全战略目标出现错位，导致美国陷入越南战争泥潭，民众对政府失去信任，政治、军事危机与经济长期不景气相互交织在一起，让美国陷入了战后发展的低谷。

（二）国家安全战略目标的分类

国家安全战略目标是对国家利益的保障，但并非所有国家利益都应成为国家安全战略的目标，只有那些正在或将要遭受重大威胁乃至严重威胁的国家利益，才能够成为国家安全战略的目标。由于国家利益内涵丰富，威胁来源和种类多元，从不同角度可以划分不同国家安全战略目标类型。像美国国防大学将国家安全战略目标区分为政治目标和具体目标两类。[②] 事实上，这种划分可以更加多元。

第一，从统摄角度可划分为总目标和分目标。国家安全战略的总目标是指国家安全战略全局所要达成的最终结果，往往在于维护国家的主权、领土完整、国内基本生活方式、社会制度选择自由等。国家安全战略的领域目标是指国家安全战略所涉领域所要达成的最终结果，主要是在政治、经济、军事、社会等不同领域追求的某一特定结果。如 2022 年版美国《国家安全战略》描述其总目标是"追求一个自由、开放、繁荣和安全的国际秩序"，而在军事领域的分目标则是"推进军队现代化和提升作

---

① ［美］丹尼斯·德鲁等著，王辉青等译：《国家安全战略的制定》，军事科学出版社 1991 年版，第 149 页。

② Steven Heffington, Adam Oler, David Tretler, eds., "A National Security Strategy Primer", Washington, D. C.: National Defense University Press, 2019.

战能力”。①

第二，从空间角度可划分为全球目标、地区目标和国内目标。国家安全战略的全球目标一定程度等同于国家的国际战略目标，是指国家安全战略着眼全球所要达成的最终结果，这种目标往往只有大国才制定。国家安全战略的地区目标是指国家安全战略在所涉地区所要达成的最终结果，它通常小于全球目标，但绝非大国独有。特定情况下，一些国家还会制定区域战略目标。如 2022 年版美国《国家安全战略》描述其全球目标是“巩固国际秩序”并“在竞争中击败那些提出不同愿景的对手”，“印太战略”目标是所谓“促进自由开放”。② 国家安全战略的国内目标是指国家安全战略在本国国内所要达成的最终结果，是各国安全战略的共同内容。如菲律宾将 2023—2028 年国内安全目标确定为“政治稳定、和平和公共安全”“经济增长和协调”“国家认同、和谐和优秀文化”。③

第三，从时间角度可划分为长期目标和阶段目标。通常，大国都会制定着眼未来五年以上的国家安全战略长期目标。如美国认为，其基本国家利益即为其国家安全战略长期目标，主要包括保护美国人民的安全、扩大经济繁荣和扩展机会、实现和捍卫以美国生活方式为核心的所谓“民主价值观”。国家安全战略的阶段目标是指在国家安全战略实施的不同阶段所要达成的某一结果。它既可能是相对长期目标的阶段性国家安全战略所制定的具体目标，也可能是阶段性国家安全战略中进一步划分的具体时段目标。如 2021 年 3 月发布的拜登政府《临时国家安全战略指南》，就将“自由、繁荣、和平和尊严”界定为长期目标，而将“更新国家持久优势”确定为本届美国政府具体目标，还将“重振和促进全球联盟和伙伴关系现代化”列作当前紧迫目标。④

---

① The White House, “National Security Strategy of the United States”, Washington, D. C. , October 2022.

② The White House, “National Security Strategy of the United States”, Washington, D. C. , October 2022.

③ National Security Council, “National Security Policy 2023 - 2028”, Manila, August 2023.

④ The White House, “Interim National Security Strategic Guidance”, Washington, D. C. , March 2021.

二、国家安全战略指导

国家安全战略指导是国家安全战略的主体和核心，主要包括国家安全战略方针和原则。国家安全战略方针具有宏观定向作用，是统揽和牵引国家安全战略的“龙头”。国家安全战略原则是国家安全战略制定和实施的基本遵循，侧重规范战略行为。二者构成指导国家安全的总纲领和基本依据。

（一）国家安全战略方针

国家安全战略方针在国家安全战略中发挥重要作用。只有在正确方针指导下选择恰当战略途径，才能有效达成国家安全战略目标，最终可靠地维护国家安全。

第一，国家安全战略方针的含义。国家安全战略方针规定达成国家安全战略目标的基本途径，明确实施的重点、主要方向和部署，是指导国家安全战略制定和实施的总纲领和总原则，是国家总方针和总政策在安全领域的反映。

国家安全战略方针是主客观结合的产物。首先，国家安全战略方针建立在战略指导者对主客观诸因素、诸条件及其发展变化趋向的科学认识和准确判断的基础之上，是战略指导者以维护国家利益为根本着眼点，以安全环境分析和判断为基本依据，根据战略目标要求而制定的。安全环境是客观基础，战略指导者对安全环境的科学认识和正确判断是确定战略方针的基本前提。战略方针制定一旦出现失误，如对迫在眉睫的威胁认识不足，将使国家利益遭受严重损失；反之，过高估计威胁的严重性又将造成人为紧张局势，同样不利于国家安全和发展。其次，国家安全战略方针是战略指导者主观指导能力的反映。战略指导者对安全全局的筹划，依赖于对国家实力的清醒把握，同时也取决于其主观指导能力。战略指导者虽然无法超越客观条件限制期求胜利，但其可以也必须在客观条件限度内去能动地争取胜利。正确的战略方针，正是战略指导者对客观条件的正确认识。充分发挥主观能动性，灵活运用计谋和策略，是顺利实施国家安全战略的重要保证。

需要注意的是，并非每个国家都会在国家安全战略中明确自身方针。如美俄德等国国家安全战略文本中均无直接的方针内容。日韩等国则是用“安全保障的基本原则”“国家安全战略的指导原则”等来表达与方针相似的内容。

第二，国家安全战略方针的作用。国家安全战略方针解决的是如何运用自身实力实现预期战略目标的问题。在国家安全战略构成要素中，指导方针是最为灵活、最能体现战略指导者主观能动性的部分。同时，战略方针正确与否，决定着国家安全战略实施的基本成效。

明确达成国家安全战略目标的基本途径。根据国家所处不同安全状态，国家安全战略方针的具体内容也将不同。和平状态下，国家安全战略方针需要明确威胁判断，确定应对威胁的立场、主要斗争方式和运用国家实力的基本原则等；在危机状态下，国家安全战略方针要重点规定开展危机管理、防备突然袭击的指导原则，规定开展危机动员和促进危机升降级的时机、规模、样式和方法，确定战略部署、区分战略任务等；在战争状态下，国家安全战略方针需要规定基本作战类型（进攻还是防御）、主要打击方向（目标）、主要作战地域、主要作战形式、主要作战原则，以及使用的主要力量、战争进程和持续时间等。

规定解决主要矛盾的方式方法。国家安全战略方针的基本内容及其名称和表述，往往由国家安全战略制定和实施面临的主要矛盾和解决主要矛盾的方式方法所决定。如解放战争中“以歼灭国民党有生力量为主而不是以保守地方为主”的战略方针，是毛泽东针对歼灭敌人有生力量是推翻国民党反动统治的关键问题而制定的；新中国成立后，保卫国家领土安全、反对敌人侵略颠覆，则成为新中国维护国家安全的战略任务，战略方针都采用了“积极防御”及相关提法。

（二）国家安全战略原则

国家安全战略原则是国家安全战略方针的具体化，对国家安全战略的制定和实施具有具体指导意义。国家安全战略原则与国家安全战略方针同属战略构成中的思维层面，而且国家安全战略原则一般是根据战略方针的精神和内容来确定的。两者间的区别主要表现为战略方针具有更强的概括性和综合性，涵盖的内容更全面，国家安全战略原则更侧重于对具体战略行为或实力运用进行规范。

第一，全局性原则。全局性原则是战略必须遵循的首要原则。所谓全局，是指各个局部在时间、空间和彼此关系上互相联系、互相作用构成的统一整体。国家安全战略筹划内容复杂，长期面临诸多威胁或挑战，这要求战略指导者必须站在全局的高度，通盘考虑所要解决的国家安全问题，准确判断彼此间的关系及对国家安全全局的影响，并在此基础上作出正确战略决策，采取相应措施维护国家整体安全。如 2022 年版美国《国家安全战略》在前言中提出“世界一如既往地需要美国领导”，在结论中再次强调“我们在世界上的领导地位”，充分显示美国的全局就是其霸权。①

第二，主动权原则。夺取和保持主动权历来是战略的基本原则，为古今中外战略家共同关注。拥有主动权，意味着在博弈中拥有决策自主权和行动自由权，可以将己方意志强加于对手，更容易获得对抗的最后胜利。现代条件下筹划国家安全战略同样必须把争取战略主动作为重要原则。如 2022 年版日本《国家安全保障战略》突出强调防卫能力在夺取和保持主动权中的重要性，认为它“具有其他手段无法替代的作用。依靠防卫能力可遏制波及日本的威胁，同时阻止和击退可能的威胁。从根本上强化防卫能力，还可巩固外交地位，积极创造日本期待的安全保障环境”②。

第三，顺势而为原则。顺势而为是要求认清和把握历史发展的客观趋势，在此基础上使己方战略谋划与之吻合。决策者的使命不是随心所欲地为世界设计一幅自以为是的蓝图并强力推行，而是审时度势后做历史发展允许做的事情。当然，这种顺势也存在战略误判风险，误把一时之表象当作历史发展之大势。如 2022 年版日本《国家安全保障战略》强调“守护日本第一责任是正视时刻变化的安保环境，果断进行必要的改革，强化日本安保能力和作用发挥”③ 是基本原则，就明显夸大了威胁。

第四，超越军事胜负原则。历史上，军事胜利而战略失利或军事失利而战略胜利的例子很多。当前和未来较长一段时期，军事实力及其现实运用对国家安全仍具有不可替代的重要性，但决策者不能把追求军事完全胜利作为最终目的，而应将军事手段同政治、经济、外交等其他手段有效结合起来，把军事手段的功效发挥到最大限度。即便强横如美国，其 2022 年版《国家安全战略》也明确强调“我们将此（使用武力）作为最后手段，只有在目标和任务明确、可实现、符合我们的价值观和法律、与非军事工

---

① The White House, “National Security Strategy of the United States”, Washington, D. C. , October 2022.

② 「国家安全保障戦略について」、内閣官房、令和 4 年 12 月 16 日、https://www. cas. go. jp/jp/siryou/221216anzenhoshou/nss – j. pdf.

③ 「国家安全保障戦略について」、内閣官房、令和 4 年 12 月 16 日、https://www. cas. go. jp/jp/siryou/221216anzenhoshou/nss – j. pdf.

具一并使用且在美国人民知情同意的情况下才会展开行动”[1]。

三、国家安全战略途径

国家安全战略途径是为达成国家安全战略目标而运用国家实力的方式方法。根据实力运用的对象、取向、方向、方式等维度，可以对途径进行不同分类。

（一）对象上的自助与合作

自助就是国家依靠自身实力来维护国家安全。如新中国成立后，面对复杂严峻的国家安全形势，毛泽东明确强调“我们的人民武装力量必须保存和发展起来”[2]“不但要有更多的飞机和大炮，而且还要有原子弹”[3]。完全意义的自助既不可能也不现实。国家间相互依赖增强以及世界多极化发展，进一步凸显合作的重要性。加强合作、借助集体力量来应对威胁，越来越成为维护国家安全的一种重要途径。在合作途径中，联盟是一种特殊的、程度最高的合作形式。联盟是国家借助他国力量来增强自身实力进而压制对手。冷战结束以来，联盟虽然依然存在并发挥作用，但合作的形式日益丰富，开展区域化安全合作、建设多边安全机制越来越得到各国认可，正成为许多国家维护安全的重要选择。同时，安全合作的内容也不再局限于军事领域，而是进一步扩展到政治、经济、军事、科技等广泛领域。

（二）取向上的内敛与扩张

内敛是指战略视野和重点聚焦于国家内部，主观上更多关注国内事务，没有向国外扩张的意愿，以巩固国内安全形势为优先考虑；客观上将安全边界设于国境线内，没有对外拓展利益的安全举动，在国际体系中通常采取低调姿态。如在改革开放之初，邓小平明确强调：“四化总得有先有后，军队装备真正现代化，只有国民经济建立了比较好的基础才有可能。”[4] 扩张主要指国家主观上具有开疆拓土的强烈愿望，客观上采取向疆

---

① The White House, “National Security Strategy of the United States”, Washington, D. C. , October 2022.

② 毛泽东：《毛泽东选集》第5卷，人民出版社1977年版，第322页。

③ 《毛泽东著作选读》（下册），人民出版社1986年版，第724—725页。

④ 邓小平：《邓小平文选》第3卷，人民出版社1993年版，第128页。

土以外拓展实力特别是军事实力的举动，战略姿态强调并呈现主动进攻态势。如一战前威廉德国和二战前纳粹德国曾明确表示本国需要用武力取得“阳光下的地盘”和用“德国的剑为德国的犁取得土地”。

（三）方向上的直接与间接

直接路线是指将国家实力直接投送于威胁对象，以消除国家安全面临的威胁。但这种途径选择风险较大，各国一般十分慎重，有时会改取间接路线，弱势国家尤其如此。古今中外有许多关于迂直之路选择奥妙的精辟论述。如春秋时期孙子曾指出“军争之难者，以迂为直，以患为利。故迂其途，而诱之以利，后人发，先人至，此知迂直之计者也”[①]，英国著名战略家哈特也指出“从战略方面来说，最远和最弯曲的路线，常常也就是一条真正的‘捷径’”。[②]

（四）方式上的制衡、支配与追随

制衡就是利用自身或盟友的实力来威慑或制约安全威胁，从而达成国家安全战略目标。制衡要求所投入实力与威胁方实力大致相等，以求形成势均力敌局面。在自身实力不足以制衡安全威胁时，就需要联合其他国家来一道遏制威胁。支配就是利用本身实力控制威胁。选择支配战略往往需要条件：客观上，国家在特定时期拥有政治、经济、军事等诸方面的绝对优势实力；主观上，国家在这一时期拥有运用自身实力干预乃至控制相关国际事务的强烈稳定意图。追随也称“搭便车”，是指国家因自身实力有限，只能选择与大国合作，屈从大国意志，借以争取其支持来维护自身安全。这往往是弱国或衰落国家选择国家安全途径的重要方式，二战后日本、德国均借助该途径与美国开展了安全合作。

（五）量度上的激进与渐进

激进路线是指在较短时间内迅速达成国家安全战略目标，渐进路线是指通过较长时间的持久消耗最终达成国家安全战略目标。考察二战后到苏联解体的美苏关系不难发现，美国历届政府交替使用渐进路线与激进路线，通过“外部之手”逐步将苏联推向了崩溃。其中，20 世纪 70 年代初期之前，美国主要采取以激进路线的战争方式对苏联进行遏制，但越南战

---

① 《孙子兵法·军争篇》。

② ［英］李德·哈特著，钮先钟译：《战略论：间接路线》，上海人民出版社 2010 年版，第 5 页。

争的失败最终宣告了美国激进路线的失败。此后，国家实力消长迫使美国转而采取渐进路线，对苏联重点实施“和平演变”。特别是里根政府时期对苏联“采取了一项包括经济战在内的全面战略，用以攻击苏联的弱点”，“虽然没有给苏联造成危机，但是加剧了苏联体制的崩溃”。[①]

（六）效果上的威慑与胁迫

威慑和胁迫是两种不同的战略途径。通常，威慑指通过威胁使用或有限使用武力，吓阻对手不要做某事，目的在于维持现状；胁迫则是指通过威胁使用或有限使用武力，迫使对手按照己方意愿做某事，目的在于改变现状。在国家安全领域，威慑和胁迫被赋予了更广泛内涵，只要能够给对手造成损失或施加影响的手段，都可以用来进行威慑或胁迫，如经济制裁、舆论施压、国际孤立等。

（七）目标上的争霸与反霸

霸权是指一国在国际关系中所处的操纵或控制其他国家的地位。一些国家认为只有掌握了霸权、具有对其他国家的支配力，才能保证本国获得安全，因而坚持奉行“国强必霸”的逻辑，将争夺和维护霸权作为实现国家安全的重要途径。另一些国家则意识到霸权不仅无法真正实现国家安全，甚至可能恶化整个国际体系的安全形势，因而不但不追求自身称霸，还呼吁反对霸权干预，如习近平强调要“坚决反对一切形式的霸权主义和强权政治”[②]。

第二节　国家安全战略影响因素

国家安全战略的制定、实施和调整受多种因素影响和制约，这些因素中既有客观因素也有主观因素。其中，国家安全战略环境、国家安全利益、国家实力等更多属于客观因素，战略文化更多属于主观因素。

---

① ［美］彼得·施魏策尔著，殷雄译：《里根政府是怎样搞垮苏联的》，新华出版社 2001 年版，第 7—8 页。

② 习近平：《习近平著作选读》，人民出版社 2023 年版，第 543 页。

一、国家安全战略环境

国家安全战略环境是一定时期内主权国家所面临的影响国家安全的各类客观情况和条件的统称，是对国家安全行为产生影响的诸因素综合形成的客观状况。任何国家的国家安全战略都产生和发展于特定国家安全环境，如果国家安全环境不够有利，国家的生存就会受到威胁，经济和社会发展将遭受掣肘。因此，只有全面准确地分析评估本国所处安全环境，才能判明威胁的可能性、性质、来源、程度等，进而甄别出主要对手、可以合作的朋友以及能够借助的国际资源。

国家安全战略环境主要包括时代特征、国际格局、国际秩序、国内状况等。

（一）时代特征

时代特征即所谓天下大势，是制约国家安全战略的根本性因素。时代特征突出的是国际社会的潮流、主流问题，关于时代特征的判断决定了国家安全战略总体恰当与否。列宁指出，作为马克思主义者，“只有首先分析从一个时代转变到另一个时代的客观条件，才能理解我们面前发生的各种重大历史事件”，“只有在这个基础之上，即首先考虑到各个‘时代’的不同的基本特征（而不是个别国家的个别历史事件），我们才能够正确地制定自己的策略”。[①] 判断时代特征，最重要的是明确时代发展的动力和方向、推动时代发展的主体以及时代主题三个问题。

（二）国际格局

国际格局（也称作“国际战略格局”）是大国之间的实力分配和大国之间的战略关系。[②] 在国家安全战略领域，可以按照“极”的多少来简单划分国际格局的基本类型。“极”指的在国际格局中拥有强大经济、军事实力和政治影响力，扮演主要角色，发挥主导作用的国家或国家集团。根据“极”的数量，国际格局可以划分为单极、两极和多极三种类型。其中，单极格局是指某一个主要大国或力量在国际体系中占据主导地位，尽

---

① 中共中央马克思恩格斯列宁斯大林著作编译局编译：《列宁全集》第 26 卷，人民出版社 1985 年版，第 142、143 页。

② 阎学通、何颖：《国际关系分析》（第 3 版），北京大学出版社 2017 年版，第 37 页。

管在其周围存在一系列其他主权国家，但后者的实力并不足以与前者抗衡，从而形成一国独霸世界局面；两极格局是指国际体系中的两个国家或国家集团的实力超过其他国家和国家集团的实力，而且前者相互之间的实力对比大体相当；多极格局是指国际体系中存在三个或三个以上实力均衡、各自独立、相互制约的国家或国家集团。

（三）国际秩序

国际秩序是指国际体系中的行为体依据国际规范采取非暴力方式处理冲突的和平状态，主要包含国际主导价值观、国际规范和国际制度安排三个构成要素。① 国际秩序总是与国际格局相联系，一定的国际格局必然要求与之适应的国际秩序。历史上，每一次大的国际格局变动都会引发重建国际秩序的讨论，新国际格局的产生最终总是导致一种与之适应的新国际秩序建立。

（四）国内状况

国内安全是国家安全的根基。中国自古以来就特别强调内重于外，认为只有在国家内部施行仁政，才能实现“富安天下”和“亲仁善邻”，或者才有实力去“救中国而攘夷狄”。这种观念在当代依然为包括中国在内的众多国家所认可。国内安全要素众多，其中对国家安全全局影响较大的要素主要包括四个。

第一，领袖和政府的权威状况。国内安全的关键是领袖和政府领导拥有权威，得到大多数社会成员服从和认可。领袖和政府的领导过程是运行强制力的过程，掌权者依靠强制力量促使他人的行为符合自己的目的，但领导不能长期单纯依靠强制力量，还需要将其进一步转化为权威。分析领袖和政府拥有权威的状况，重点是判断其倡导的价值观和意识形态能否得到民众认同并转化为社会共识。

第二，政府行使社会职能的状况。恩格斯指出：“政治统治到处都是以执行某种社会职能为基础，而且政治统治只有在它执行了它的这种社会职能时才能持续下去。”② 政府有效行使社会职能是国内安全的基础，离开

---

① 阎学通、何颖：《国际关系分析》（第 3 版），北京大学出版社 2017 年版，第 42—43 页。

② 中共中央马克思恩格斯列宁斯大林著作编译局编译：《马克思恩格斯选集》第 3 卷，人民出版社 1972 年版，第 219 页。

该职能履行，政府的政治权力将无从谈起，国家内部会出现动乱。现代政府的社会职能履行更多体现在对社会经济事务的干预和对社会福利事业的组织和服务方面。通过促进社会经济发展，推进一系列社会福利政策，政府可以有效缓和社会矛盾、促进社会稳定。

第三，阶级、政党、民族和利益集团间的关系状况。国内安全是阶级、政党、民族和利益集团间相互作用的结果。相关主体的存在及其行为目的，根本上是为了争取有利的社会资源分配，它们之间的利益关系或分配格局决定了彼此共处状态。

第四，社会稳定状况。社会稳定是公民生活安定、协调、和谐与有序的状况。

维护社会稳定，关键要预防和控制违法犯罪活动特别是严重暴力恐怖犯罪活动，保护公民生命财产安全；还要处理好各类治安事件，包括群体性事件，这些事件是群体或个人出于某种需要或为达到某种目的，在特定场合引发并导致冲突加剧、事态扩大，一旦处理不当，或将扰乱、破坏社会秩序，危害公共安全。

二、国家安全利益

国家安全利益是影响和制约国家安全战略的最基本因素，是研究和分析国家安全战略的基点。决策者如果界定不清或把握不住本国安全利益，将无法确定国家安全战略目标，国家安全战略就会无的放矢，无法有效实现和维护本国安全。

（一）国家安全利益的含义

国家利益是一个现代概念，是在民族国家形成后产生的。一般而言，国家利益是指民族主权国家全体人民的物质和精神需要，[①] 它是制定国家战略的决定性因素。国家利益包含内容众多，存在不同分类。从战略角度，可以划分为国家发展利益和国家安全利益，二者相互联系、相互作用。一方面，国家安全利益是国家发展利益的条件和前提，离开国家安全利益，国家发展利益将失去保障，主权国家只有在有效维护国家安全利益的基础上，才能谋求发展利益；另一方面，国家发展利益是国家安全利益

① 阎学通、何颖：《国际关系分析》（第3版），北京大学出版社2017年版，第87页。

的基础，只有具备和实现国家发展利益，才能确保为维护国家安全利益提供物质支持。没有国家发展利益作为后盾，国家安全利益将无法得到维护，“落后就要挨打”印证了这一道理。因而，国家安全利益是国家安全战略决策的基本依据，是确定国家安全战略目标的出发点和归宿。

（二）国家安全利益的构成要素

一般来说，国家的构成要素包括定居的居民、固定的领土、政府和国家主权。① 由此，国家安全利益的构成要素主要包括四个：

第一，居民和领土维护。定居的居民是组成国家的基本要素，保障本国居民的人身安全是维护国家安全利益的最低要求。固定的领土是国家其他组成要素存在的物质前提，维护本国领土的统一和完整、不受外来侵犯直接关系到国家生存。

第二，主权维护。国家主权是国家构成中最核心的要素。一个国家即使拥有一定的领土，如果失去对主权的护持，那么它也无安全可言。只有国家主权完整并不受侵犯，具体的国家才能真正立足于世界国家之林。主权具有对内最高和对外平等双重属性。其对内最高的属性，决定了主权国家可以通过立法、行政、司法、军事、经济、文化等手段开展政治统治，不受任何其他力量干预和限制。主权对外平等的属性，决定了主权国家与其他国家在国际法意义上地位平等。

第三，政治制度、价值体系保护。保护本国政治制度稳固和价值体系稳定是维护国家稳定的重要前提，绝大多数情况下甚至是其中心职能和首要任务，尤其是在一些国家对他国不断实施“颜色革命”的情况下，这一职能和任务变得空前突出。

第四，国际地位保障。国际地位是国家对国际体系中地位和威望的需求。如同人类个体同时需要自我肯定和他人认可一样，主权国家不仅需要在国家身份上争取世界多数国家正式承认，还需要其他国家尊重其国际地位、给予其活动空间。

（三）国家安全利益的分类

从不同角度，可以对国家利益内容进行不同分类。

---

① 在 1933 年 12 月 26 日召开的第七届美洲国家会议上，由 20 个国家政府代表签订的《美洲国家间关于国家权利和义务的公约》第一条规定“国家作为国际法人，应具备下列条件：甲、固定的居民；乙、一定的领土；丙、与他国交往的能力”。参见《国际条约集》（1924—1933），世界知识出版社 1961 年版，第 544 页。

第一，按时效期限可分为长远利益、当前利益和潜在利益。长远利益是指其效能持续较长时间（通常在十年以上）的利益。长远利益与主权国家的生存和发展密切相关，在国家安全战略制定过程中占据相当重要的地位。当前利益是指其效能在当前或较短时间内就会显现出来的利益，它不但是现实的、直接的，更是相当紧迫的，是主权国家制定安全战略的客观依据。潜在利益是指随着主权国家实力发展变化，在未来一定时期可能发挥效能的利益。

第二，按空间可分为内部利益和外部利益。内部利益是指在一国国内需要实现和维护的利益，外部利益是指在国际交往中需要实现和维护的利益。当然，这种划分方法在当前国家安全实践中是相对的。一些国家利益可能是跨境的，既有国内利益成分，也有国外利益成分。尤其随着全球化深入发展，国家间联系日益增强，内部利益与外部利益存在着相互交织、相互影响和相互转化的过程。

第三，按领域可分为政治利益、经济利益、社会利益、文化利益、军事利益。其中，政治利益包括领土完整、主权独立、政治体制稳固等。经济利益包括经济持续发展，民众生活水平不断提升等。社会利益包括国内社会秩序稳定、不同阶层团体之间关系和谐等。文化利益包括价值观受民众认同、本国文化繁荣、文化产业发展等。军事利益包括国防安全、军事力量增强、武器装备不断改善等。

第四，按重要性程度可分为核心利益、重要利益和一般利益。核心利益是国家生存和延续的根本，任何国家在维护核心利益方面都少有妥协余地。重要利益不直接影响国家生存，但对国家发展具有重要影响。一般利益不影响国家生存，但并非可有可无，往往对国家生存和发展具有基础性作用。

第五，按主体关系可分为共同利益、冲突利益和交叉利益。共同利益是两个或两个以上国家或行为体共同拥有的利益。冲突利益是两个或两个以上行为体不可调和的对立性利益，一方所得即为另一方所失，因而彼此角逐的结果是“零和博弈”，这种利益关系的存在是有关各方发生冲突的主要原因。交叉利益是指在特定历史条件下有关各方就特定问题达成协议而实现的利益。

三、国家实力

国家实力又称综合国力，是一个国家可用于实现国家利益的有形和无形的实力资源总和①，是制约国家安全战略的重要因素。

（一）国家实力的作用

国家安全战略的筹划和实施必须量力而行，精确评估并合理运用国家实力。

第一，国家实力是筹划国家安全战略的基本依据之一。战略的精髓是保持目标与实力之间的均衡，筹划国家安全战略必须全程考虑实力对比。只有正确评估实力对比，才能作出符合实际的战略决策。为此，要“善于估计力量的对比，……马克思主义和马克思主义策略的关键就在这里”②。

第二，国家实力决定国家安全战略途径的成效。国家安全战略途径是国家实力的运用，其成效取决于国家实力水平及其运用艺术，但归根结底取决于国家实力强弱。实力强大，途径选择空间较大；反之，选择空间有限。国家实力既可以对途径选择产生现实影响，也能潜在发挥作用。

第三，国家实力在很大程度上决定国家在安全环境中的地位。通常，实力强大的国家拥有众多强有力的影响安全环境的手段，能够在安全环境中发挥重大作用，相对有效地维护本国安全。相反，不具备强大实力的国家，在国际安全环境中地位容易受到削弱，导致国家安全面临更严峻之压力和挑战。

（二）国家实力构成

通常，实力强大的国家要比弱小的国家更能有效地维护国家安全，但在具体国际事务中，实力较弱的国家有时会比实力较强的国家拥有更大的解决安全问题的能力，弱国打败强国的例子不在少数。究其原因，在于国家实力由不同要素构成，在应对安全威胁时，往往只是其中某一方面的国家实力要素发挥了重要作用。

总体而言，国家实力可以区分为硬实力和软实力两大类。硬实力是指

---

① 阎学通、何颖：《国际关系分析》（第 3 版），北京大学出版社 2017 年版，第 112 页。

② 中共中央马克思恩格斯列宁斯大林著作编译局编译：《列宁全集》第 27 卷，人民出版社 1990 年版，第 302 页。

一国政府可动用的各种物质资源，主要包括人口、领土、自然资源、军队、经济等要素。软实力是指政府在国内与国外的动员能力和国际吸引力，其构成包括政治体制、民族特性、传统文化、外交关系、社会稳定、国际信誉等非物质要素。① 软硬实力之下又可划分若干子项。如经济要素主要包括 GDP、国际贸易、科技水平；军队要素主要包括军费开支、军队员额、武器装备数量和性能；外交关系要素主要包括建交国家数量、盟国数量、在重要国际组织中的地位等。必须看到的是，国家硬实力和软实力相互倚重、相辅相成，不能在实力发展上有所偏废。

四、战略文化

战略文化是制约国家安全战略的最主要的观念因素。战略文化根植于国家的传统文化，直接影响国家战略思维方式。

（一）战略文化的含义

“战略文化”一词最早由美国学者杰克·斯奈德于 1977 年在向兰德公司提交的报告中提出。战略文化主要涉及观念领域中战略主体的自我定位，对各种战略目标排序的看法，以及选择战略手段和途径的心理倾向。

根据不同划分标准，可以对战略文化进行不同分类。例如：根据战略文化的性质，可以划分为进攻性战略文化和防御性战略文化；根据战略文化的作用，可以划分为先进的战略文化和落后的战略文化；根据战略文化的根源，可以划分为同质战略文化和异质战略文化。目前，许多学者将战略文化划分为三种类型：

第一，冲突型战略文化。该型战略文化认为国家之间的关系是冲突性关系，实力特别是军事实力在实现和维护国家安全中发挥重要作用。它强调为维护国家安全要不断增强实力优势，而增强实力优势的途径无外乎削弱对手和增强自身，但两种途径都具有对抗性。

第二，协调型战略文化。该型战略文化认为国家之间的关系是一种竞争性关系，虽然存在矛盾，但可以开展协调。它重视实力在维护国家安全中的作用，也重视制度、规则和观念的作用，强调通过合作来实现和维护国家安全。

---

① 阎学通、何颖：《国际关系分析》（第 3 版），北京大学出版社 2017 年版，第 123 页。

第三，理想型战略文化。该型战略文化认为国家之间的关系是和谐的，即使存在对抗性和竞争性关系，也可以通过努力消除对抗和战争来实现和谐。它不特别看重实力的作用，更重视制度特别是观念的作用，强调可以通过观念的交流和传播来消除威胁。

（二）战略文化的作用

战略文化属于观念，受制于实践，但对实践具有反作用。例如，了解别国战略文化有助于知己知彼，认清其战略实质。在一国内部，战略文化对该国国家安全战略筹划和实施的影响主要体现在以下四个方面。

第一，战略文化影响决策者判断国家安全环境。一个国家总是根据自己固有的战略文化来分析和判断安全环境。战略文化不同，有关国家安全环境的判断往往存在重大差异。如冲突型战略文化认为国家所处的是一个适者生存、弱肉强食的环境，相互之间充满敌意，冲突和战争是国际社会的经常性现象，不可能抑制，更不可能根除，国家安全是通过竞争、斗争而获得的，是一种“零和”游戏。协调型战略文化认为国家处在一个相互依赖的环境之中，国家间的利益可以调和，相互间有竞争也有冲突。随着国家间联系日益密切，冲突将受到抑制，但难以最终根除。理想型战略文化认为国家间的利益基本协调一致，国家间的冲突和战争是可以根除的，强调国家间虽然存在竞争和冲突，但也存在和谐一面，需要通过开展国家间合作来消除竞争、冲突和战争。

第二，战略文化影响决策者认识国家利益。不同类型的战略文化影响着战略决策者有关国家利益的认知。在冲突型战略文化作用下，决策者一般奉行本国利益至上原则，不太尊重他国利益，反而千方百计地挤压他国的生存和发展空间，单边安全成为其首要选择。协调型战略文化既承认国家之间存在利益冲突，也主张相互之间利益互补，在注重本国利益的同时应该照顾其他国家的利益和国际社会的整体利益，强调以求同存异、相互尊重、相互信任、相互得利、共同发展的原则来处理国家间关系，共同安全成为决策者的重要考虑因素。理想型战略文化认为国家间存在共同利益，共同利益高于国家利益，共同利益是国家和谐与合作的基础，共同体安全成为决策者的重要选项。

第三，战略文化影响决策者把握国家安全战略目标。国家安全战略目标是国家于一定时期内在安全方面所要达成的预期结果。国家安全战略目标往往是在总结既往战略实践经验的基础上，受某种战略文化影响，针对现有安全形势和未来走势，在国家间战略互动中确定出来的。冲突型战略文化坚持对抗性思维，强调扩充军事实力，将安全基本看作军事安全，把追求绝对的政治安全和军事安全作为首要甚至唯一的目标。协调型战略文化认为，安全不再局限于政治、军事领域，而是涉及经济、文化、科技等诸多领域的一种“综合安全”。理想型战略文化看重文化、观念在安全领域的基础性作用，将加强文化观念的交流、追求文化观念的同质性视为国家安全战略的首要目标。

第四，战略文化影响决策者选择国家安全战略途径。冲突型战略文化认为，在无政府状态下，任何国家要维护本国安全，军事手段均是主要手段，强调运用自助、构筑军事联盟或集体安全的方式，重视军事实力建设和使用，偏好以武力手段解决国与国之间的分歧与争端，其手段具有强制性、进攻性和对抗性。协调型战略文化虽然认为冲突和竞争是国际社会的正常现象，但认为运用军事实力、突出对抗方式并不是实现战略目标的最好手段，强调应努力通过对话增进信任，通过合作谋求安全，反对动辄诉诸武力或武力威胁，也反对强化和扩充军事同盟。理想型战略文化认为，竞争和冲突是国家间的非正常现象，安全威胁可以通过彼此开展合作来予以彻底消除。

第三节　国家安全战略决策

国家安全战略决策是决策者为应对国家安全面临的现实或潜在威胁，依据国家安全战略目标，依托一定的国家安全战略决策体制机制和程序方法，提出解决安全问题的方案并使其权威化的过程。

一、国家安全战略决策体制

国家安全战略决策实质上是配置国家安全战略构成要素的过程，战略决策体制是这种要素配置的制度保障，后者主要包括决策、情报和智囊三大系统。

（一）决策系统

决策系统是国家安全战略决策体制的核心，主要由决策中枢和辅助决策机构构成。决策中枢是能够对国家安全重大问题进行自主决策并承担决策后果的单位，是一切决策活动的中心，主要由最高决策者和决策圈构成。最高决策者在国家安全战略决策中处于决定和支配地位。决策圈是由最高决策者高度信任、高度依赖的精英所组成的小型团队，很大程度上是最高决策者决策职能的补充和扩展。

辅助决策机构是国家安全战略的具体管理者，也是决策方案的重要组织者、参与者、拟制者。辅助决策机构分为常设机构和非常设机构两大类。常设机构是辅助决策机构中的经常性机构，也是决策中枢运行倚重的基本机构。按照作用层次，常设决策机构可分为三类：一是最高机构。最高常设机构是国家法定的国家安全枢纽机构，在国家安全战略决策中具有举足轻重的地位，对国家安全战略决策负有重大责任并享有诸多特权。如美国的“国家安全委员会”、俄罗斯的“联邦安全会议”等，都是各自国家安全战略决策的最高常设机构。二是跨部门机构。跨部门机构是组织协调多个部门处理国家安全战略相关问题的国家职能机构，也是处理国家安全战略相关领域或相关问题的专门机构。三是部门机构。部门机构是国家安全战略各基本系统范围内所有相关活动的组织者和领导者。

非常设机构是国家现行体制内的临时性机构，是常设机构的重要补充，通常在常设机构难以有效应对重大国家安全事件时设立。非常设机构在国家安全战略决策中起协调作用，通常并不承担常设机构应当承担的具体任务，其机构设置大都比较精干，呈现规模小、层次高、反应快、职责相对单一、针对性和保密性较强等特点。其典型是古巴导弹危机中的美国国家安全委员会“执行委员会”。

决策系统在国家安全战略决策中的功能主要包括：一是明确国家安全战略所要解决的问题；二是确立国家安全战略所要实现的目标；三是组织和领导国家安全战略方案的规划和设计；四是确定相关方案。

（二）情报系统

国家安全战略决策离不开及时有效的情报保障，而情报保障需要高效运行的情报系统。一般来说，国家情报系统由综合情报机构、部门情报机构和外围情报机构三部分组成。综合情报机构是国家最高情报机构，主要负责制定国家情报政策，统领国家情报事务，对相关部门进行情报业务方面的指导和管理，在情报政策、情报处理和情报分析等方面最具权威性。如美国的“国家情报总监”就是其情报界首脑，其所负责部门则属于综合情报机构。部门情报系统是为政府各部门提供情报保障的情报机构的总称，是国家情报系统中不可或缺的重要组成部分。它们通常隶属于政府各职能部门，工作重点是保障本部门领导和机构运作的情报需求，同时搜集其他相关情报。如美国情报界由军地16个成员单位组成。军事情报机构在部门情报机构中地位特殊，有时甚至地位相对独立。外围情报机构是一些通常不受国家情报管理部门直接管辖，但受到国家相关法规和机制影响和制约的单位。像日本一些商业单位的情报组织有的直接是其国家情报机构的外围组织，具有较强的情报搜集能力，从而在情报界也占据了一席之地。

情报系统在国家安全战略决策中的功能主要包括：一是搜集信息和情报；二是分析、加工、甄别和处理信息和情报；三是传递信息和情报。

（三）智囊系统

智囊系统也称咨询系统，是以政策研究为核心、直接或间接服务政府的研究机构的总称，是决策系统的“外脑”和“思想库”。依据其对国家安全战略决策的重要性，可以划分为核心、重要和一般三类。其中，核心智囊机构往往与最高决策者保持一定特殊关系，大多隶属于政府或政党，带有比较明显的官方色彩，像日本防卫研究所就属于这一类型。重要智囊机构为国家安全战略决策系统所倚重，能够在某些相对边缘或被忽视的领域对国家安全战略决策发挥关键性影响，如美国的卡特中心和尼克松中心即属于这一类型。一般智囊机构通常以经常性学术研究为主，兼有部分咨询功能，没有明显官方背景，更多独立开展研究，对国家安全战略决策的影响大多比较间接，像美国史汀生中心就属于这一类型。

智囊系统在国家安全战略决策中的功能主要包括：一是为决策系统提供背景资料和最新信息，如伦敦国际战略研究所每年发表《军事力量对比》手册，成为英国政府开展安全战略决策的重要依据；二是参与国家安全战略方案设计和论证。

二、国家安全战略决策程序

国家安全战略决策体制虽然是战略构成要素进行合理配置的制度依托，但如果没有缺乏科学的配置过程，国家安全战略的构成要素同样难以实现合理搭配。这一要素配置过程就是决策程序，一般包括以下四个环节。

（一）明确国家安全战略问题

第一，明确主要安全威胁。明确国家安全战略问题就是判断国家面临威胁的过程。一般地，判断威胁的依据是对手的实力和意图特别是其敌意，其公式为：威胁 = 彼此实力差距 × 对手敌意程度。通常，彼此实力差距容易判断，但对手的敌意程度较难判断清楚。分析对手的敌意应重点从两个方面入手：一是分析敌意的载体。这主要包括有关国家高级官员特别是国家元首、政府首脑和权力机构主要负责人的讲话；有关国家的政府文件特别是关于世界和周边形势、国家发展、对外关系、军队和其他领域的建设和规划报告、军队作战计划等；有关国家实力的调整、部署和营造的态势；有关国家对己方的认知态度等。二是分析产生敌意的原因。有时有关国家并没有表现出明显敌意或敌意难以判断，例如军队的作战计划属于国家绝密，外界难以得到。在这种情况下，需要分析可能导致敌意的原因：首先分析地缘关系，往往地理上邻近的国家比距离远的国家相互之间矛盾程度更高，出现敌意的可能性更大。其次分析国家之间的利益关系，如果核心利益或重要利益之间存在矛盾，出现敌意的可能性大。再次分析有关国家之间的意识形态和社会制度差异，因为意识形态和社会制度影响国家的意图。最后分析与有关国家之间分属不同阵营和联盟的情况。敌意确定之后，结合彼此实力差距，就可判断国家面临的安全威胁。

第二，明确具体安全威胁。在明确国家面临的主要安全威胁之后，还需要进一步明确威胁的性质和程度。主要包括以下步骤：首先对具体威胁进行类型划分。根据威胁涉及的领域性质，可以分为传统、非传统和新型领域三类；根据威胁的作用范围，可以分为全球性、地区性、国内等威胁类型。其次对具体威胁进行综合分析。主要是分析本国与相关国家的实力差距，以及评估相关国家在具体领域所持有的敌意情况。最后对具体领域的威胁程度作出结论。主要是根据前述公式来判断本国面临的安全威胁程度，将其划分为严重威胁、比较严重威胁、轻微威胁、不存在威胁等等级。一旦具体领域威胁程度确定，就标志着明确国家安全战略问题过程结束。

（二）确立国家安全战略议程

确立国家安全战略议程，是将所明确国家安全问题纳入决策系统并予以考虑的过程。国家安全战略议程可以划分为系统议程和决策议程两种。其中，系统议程是指情报系统或智囊系统对明确的安全问题予以考虑的过程，决策议程是指决策系统对明确的安全问题予以考虑的过程。

系统议程和决策议程是国家安全战略议程的两个不同阶段。明确的安全问题一般要经过一定渠道才会引起决策系统注意，进而成为决策系统研究和分析的对象。有时，明确的安全问题首先要进入系统议程，然后进入决策议程。但在实际操作中，许多得到明确的安全问题特别是传统安全问题可能不经过系统议程就直接进入决策议程，因为决策系统会根据自己的研究，主动认识到问题，进而把它列入议程之中。系统议程本质上属于一个讨论的过程，表现为众说纷纭情景，相关问题未必能够引起决策系统重视。同样，决策系统所考虑的安全问题也并不一定来自系统议程。有时，明确的安全问题已被情报系统提交给决策系统，智囊系统也对其进行了深入研究，但决策系统可能不予考虑甚至予以反对。

（三）规划国家安全战略方案

一旦所明确的安全问题被纳入决策系统议程并得到考虑，接下来就进入了分析研究并提出解决办法即规划战略方案的阶段。规划国家安全战略方案主要包括设定战略议题、确定目标、设计方案、评估和选择方案等程序。

第一，设定国家安全战略议题。设定国家安全战略议题是规划国家安全战略方案的起点。设定国家安全战略议题，就是决策系统对被纳入议程的众多国家安全问题进行对比分析，找出需要重点思考的问题。国家时时处处面临各种安全威胁，但并非所有安全威胁都能被明确为安全问题，也并非所有被明确的安全问题都能纳入决策议程，更不是被纳入决策议程的所有问题都能成为战略性议题。事实上，只有那些被决策系统视作可能对国家利益造成重大和严重威胁的问题才能转变为战略议题。

第二，确定国家安全战略目标。确定国家安全战略目标是开展国家安全战略决策的关键。理论上，战略议题一旦确立，就进入澄清和确定国家安全战略目标的阶段。确定安全战略目标应注意三点：一是在战略议题确定后必须尽快确立相应战略目标；二是决策者在此过程中应尽量保持价值中立，防止由于自身观念因素影响而误导战略目标的确立；三是要以战略议题为基准分析各种利益的性质。当然，在此过程中并不是要排斥任何官僚机构的利益或者社会集团的利益，而是要努力排斥那些与战略议题所要坚定维护的国家重大安全利益相矛盾、相抵触的利益。

第三，设计国家安全战略方案。设计国家安全战略方案是国家安全战略决策的核心环节，是为了实现所确定的战略目标而拟定解决问题的计划、方法、路线、手段和措施的过程，实质上是在寻求有效达成战略目标的途径和方法。设计国家安全战略方案一般包括设计轮廓和设计细节两个环节。所谓设计轮廓是对国家安全战略方案进行粗线条的勾勒和构想，主要内容包括安全战略方针和原则、基本手段和实施阶段等，主要运用于国家安全战略的长远构想规划。所谓设计细节是具体规定实现战略目标的途径、措施和手段，主要包括相关机构、人力、财力配备和保障等内容，较多用于国家安全战略的危机决策和日常决策。

第四，评估、选择国家安全战略方案。设计出各种国家安全战略方案后，还要对相关方案进行综合评估，即对方案的手段措施、有效性、可能产生的后果等进行一系列分析、证明和评定，在综合比较优劣的基础上，选择一种或有限几种相对合理的国家安全战略方案。

（四）国家安全战略方案生效

经过选择确定的方案并不能立即实施，还需经过一定途径生效。国家安全战略方案生效的途径主要有两种：一是通过行政机构生效，主要由行政首长决定、签署和发布。如美国总统发布的《国家安全战略》、俄罗斯总统发布的《俄罗斯联邦国家安全构想》等。二是通过立法机构生效。制定国家安全战略通常属于行政部门的权限，立法部门参与有限。但也有一些国家的安全战略决策方案需要经过本国立法机构批准才能最终生效，如二战结束后日本与美国缔结且多次修改的《安全条约》就需要经日本国会批准才能产生效力。

三、国家安全战略决策模式

与各国国家安全战略决策体制和程序大体相似不同，各国国家安全战略决策模式差异较大。这种差异既源于国家安全战略决策所处状态不同，也源于国家安全战略决策模式的划分标准不同。前者主要指国家战略决策既可能处于和平状态，也可能处于危机状态，还可能处于战争状态。后者主要指国家安全战略决策既可按照最高决策者的行为特点划分为鹰派（强硬派）、中间派（稳健派）、鸽派（温和派）；也可按照其决策风格划分为规范型、竞争型、学院型；还可按照决策圈大小、决策辅助机构所发挥作用等划分为不同类型。总体看，最经常采用因而也最典型的主要是集中决定模式、群体协商模式和递进修正模式三种。

（一）集中决定模式

所谓集中决定模式，即最高决策者不仅拥有国家安全战略最终决定权，而且国家安全战略基本决策也主要由最高决策者做出，故这种模式也称作最高领导人独断模式。集中决定模式通常更适用于实位君主制、总统制或军政府等特定政治体制，也更适用于危机或战争等特定时机。在这种模式中，虽然决策过程通常也包含了决策圈、决策辅助机构、情报系统和智囊系统的参与，但具体决策往往由最高领导人直接作出或主要决定，有时最高决策者甚至从一开始就介入决策过程，乃至一次性作出最终决定，从而导致其他人物或机构的参与显得微不足道。

历史上，集中决定模式屡见不鲜，如伊拉克出兵侵略科威特主要由萨达姆总统决定，这一案例恰好也显示出集中决定模式潜在的致命弱点，那就是因为未经过充分讨论，相关决定可能作出得过于仓促或武断，因而存在失败的较大风险。

（二）群体协商模式

所谓群体协商模式，即国家安全战略决策由决策圈经过相对充分的讨论所做出，而非主要由国家最高决策者所拍板，后者事实上很多时候只是一个平等参与者，甚至可能只是一个最终签署人。如在 1995—1996 年的台海危机中，增派“尼米兹”号航空母舰战斗群到“台湾附近的国际水域”的对策建议实际上是由时任国务卿克里斯托弗、总统国家安全顾问莱克、国防部长佩里、中情局局长多伊奇、参谋长联席会议主席沙卡什维利、助理国务卿洛德和太平洋舰队司令普里赫 7 人决策小组自行研拟的，克林顿总统在此过程中既未开会也未一一咨询，国家安全委员会工作人员也没有为此制定任何文件。①

相比集中决定模式，群体协商模式中决策参与者数量更大，信息和意见交换更充分，因而其正确的比例相对可能更高一些，但所耗费的时间和精力有时也难免更长更多。同时，受群体思维等因素影响，并非群体协商的决策正确性就一定高于集中决定的决策正确性，这是因为决策参与者尽管在数量上有所增加，但在思维上受限较大，更多持有相同理念和认识，因而容易走向同质化，难以听取和接受不同意见，导致最终作出错误决

① 王公龙：《危机决策模式的选择性应用——以 1995—1996 年台海危机期间克林顿政府的决策过程为例》，《上海行政学院学报》2005 年第 5 期，第 41—42 页。

策。如历史已证明以伊拉克拥有化学武器为名出兵伊拉克是一个重大错误，而这个错误之所以无法得到纠正，核心就在于美国决策层中存在大量对伊抱持敌意之人。如时任美国国务卿办公室主任就发现，对伊拉克的关键决策是由国防部战略专家组成的一个“秘密的、鲜为人知的阴谋集团”所制定的。[①]

（三）递进修正模式

所谓递进修正模式，即较低层级的国家安全战略决策辅助机构在初步制定国家安全战略决策后，按照从下至上、逐步升级的顺序，经过不同行政层次把关修改后，最终交由最高决策者签署的过程。这一模式在美国被称作“政策山”。在其底部，政府各有关部门就某些问题起草文件，提出政策建议并尽力达成一致意见，而后提交国家安全委员会的跨部门政策委员会、副部长委员会、部长委员会；在其中部，跨部门政策委员会、副部长委员会、部长委员会对政策方案进行审查、修改、扩充或重写，并尽可能消除政府各部门之间的分歧，然后提交给国家安全委员会正式会议；在其顶部，总统领导的国家安全委员会召开全体会议，审核各种行动的目的，并将最终建议呈递总统批准。[②] 当危机情势特别紧急的时候，“政策山”底部和中部的一些程序也可以直接跳过，由跨部门政策委员会、副部长委员会、部长委员会甚至国家安全委员会的主要成员直接进行计划和决策，从而达到提高效率和确保秘密的效果。

递进修正模式遵循官僚等级划分，兼顾不同部门利益需求，因而非常适合和平时期的国家安全战略决策制定。但这一模式也具有时效性通常较差、容易因为协调不同部门利益而损害国家总体利益、可能因为意见分歧而难产等弱点。如在美国政府高层，内部矛盾就时常干扰危机决策的正常进行：福特时期，时任国防部长施莱辛格与国务卿基辛格围绕对苏政策和国防政策发生分歧，最后以国家安全委员会大改组、施莱辛格被撤职告一段落；卡特时期，时任国家安全顾问布热津斯基与国务卿万斯围绕对苏政策和伊朗人质危机意见分歧，导致国家安全委员会与国务院两大机构激

---

① ［美］史蒂文·胡克、约翰·斯帕尼尔著，白云真、李巧英、贾启辰译：《二战后的美国对外政策》，金城出版社 2015 年版，第 347 页。

② 高金虎：《美国战略情报与决策体制研究》，陕西师范大学出版社 2004 年版，第 113 页。

烈争斗；里根时期，时任国家安全顾问克拉克与国务卿黑格在中东问题上发生严重分歧，最终导致黑格于 1982 年 6 月辞职。因此，有效的国家安全决策运作必须在确保决策目标、尽可能减少决策随意性和不断提高决策效率的同时，努力使各方利益以正式和非正式两种不同程序实现某种平衡。

不难看出，不同国家安全战略决策模式既存在有利的一面，也存在不利的一面，关键在于决策者如何根据国家安全战略形势选取对应模式灵活运用。即使在美国，尽管国家安全决策运作程序大体相似，但主要因为最高决策者的个人风格不同，不同时期的国家安全决策模式还是呈现出一定差异。学者分析，美国国家安全委员会历史上曾出现过四种运作模式，分别是完全垄断的“尼克松—基辛格”体制、寡头垄断的“卡特—布热津斯基”体制、无序竞争的“里根—白宫”体制（前期）、有序竞争的“克林顿—内阁”体制。[①] 事实上，当前美国国家安全委员会构成既通过 3 级跨部门委员会体现了递进修正模式的作用，也通过国家安全委员会正式会议体现了群体协商模式的作用，还通过总统最终拍板体现了集中决定模式的作用，因而一定程度上可以算是三种模式的集大成。进一步看，很多国家的国家安全战略决策均存在类似设计。因而，国家安全战略决策者不能僵化认定某一类或某几类决策模式有效，而应根据国家安全利益的需要、国家安全环境的变化、国家安全战略决策圈的特点等，实施动态选择，关键是确保研究的是真问题、讨论的是不同意见、作出的是相对合理之选择，这样才能确保决策的质量。

第四节　国家安全战略实施

国家安全战略方案经过生效后必须落实。国家安全战略实施是以国家安全战略方案为指导，运用战略实力，选择战略途径，达成战略目标的过程。

---

① 北京太平洋国际战略研究所：《应对危机：美国国家安全决策机制》，时事出版社 2001 年版，第 324—325 页。

一、国家安全战略目标分解

战略目标是战略的核心，是战略实施的牵引。国家安全战略实施首要的是细化战略方案所确定的目标，并进一步分解到具体领域、部门或局部，使其成为相关领域、部门或局部的指导性任务。

（一）国家安全战略目标分解的作用

国家安全战略有关目标的设定总体具有概略性、宏观性、指导性。这种宏观目标的实现需要在循序渐进中进行，其中目标分解是战略实施的第一步。

第一，战略目标分解可使笼统目标变得具有可操作性。战略目标分解是将总体目标指标化、细化为可操作的任务。例如，冷战结束后一段时期，美国曾将其国家安全战略目标分解到不同领域，经济领域的任务是维护其全球经济利益，为经济繁荣创造良好外部环境。相关部门又进一步具体分解为：扩大自由市场和自由贸易，促进美国和全球的经济增长；促进开放的国际贸易体系；保持美国的高科技优势，提高美国的国际竞争力；确保能源安全等。通过层层分解，战略目标不仅变得更加清晰，而且更有利于全面理解和正确执行。

第二，战略目标分解可使相关地区、部门更加明确自身职责。国家安全战略实施是多部门协调合作的结果，单靠某一部门难以完全落实战略目标。如果不对战略目标进行必要的细化分解，执行部门和执行者会认识不清自己的职责，把握不准实施国家安全战略的时机，从而降低推进落实的主动性和积极性，还可能导致各部门之间“摩擦力”增大，协调性降低，甚至造成各部门之间相互掣肘局面，严重者导致国家安全战略“流产”或“难产”。在这个意义上，战略目标分解带有明确各地区和部门职责的性质，有利于推动总体目标实现。

第三，战略目标分解可使资源配置更合理有效。国家实力和战略资源有效配置是达成国家安全战略目标的重要手段，而判断实力和资源配置合理与否，从战略角度主要就看它们与战略目标的结合程度。通常，结合程度越高，资源配置就越合理。如果实力和资源配置与战略目标完全分离，这种资源配置将是无效的。分解安全战略目标，旨在根据具体的国家安全战略目标，针对不同情势，运用恰当而有限的国家实力来达成既定的目标。

总之，分解国家安全战略目标可变概略为精细，将宏观化为微观，把抽象变为具体，把巨型拆为小型，提高可操作性。没有分解后的具体目标做支撑，宏观战略目标将流于形式。因此，对国家安全战略目标进行合理分解，既是强化国家安全战略目标的必要过程，也是实现国家安全战略目标的重要前提。

（二）国家安全战略目标分解的方法

国家安全战略目标分解主要有三种方法。

第一，依据政府组织结构进行分解。这是最常用的战略目标分解方法。政府是代表国家对社会进行管理和控制的组织，各国政府都有比较独特的组织结构，这种组织结构通常在横向上划分为若干职能部门，在纵向上划分为若干层级。由于国家安全战略是由政府组织制定和实施的，必然涉及各个职能部门和行政层级。因此，分解国家安全战略目标可以按照政府的组织架构进行，这样可以比较方便地明确各层级和各部门的职责任务。如美国白宫出台《国家安全战略》报告后，国防部要制定相应《国防战略》，参联会再进一步制定《军事战略》，其被看成国家安全战略的下两级分解。

第二，依据手段——目标链条进行分解。在规划国家安全战略目标时，必须选择实现目标的相应途径或手段。在组织结构内，手段与目标之间的关系是分层次的。某一层级制定的目标需要用一定的手段来实现。同时，其下一层级的目标和手段也遵循这一逻辑关系，而且这种逻辑关系理论上可以无限向下延伸，直至触及最底层为止，推动真正解决实际问题。

第三，依据地理空间进行分解。从地理角度看，国家安全面临的挑战和威胁来源广泛，既可能来自国家外部，也可能来自国家内部；既可能来自海上、陆地和空间，又可能来自陆地的某一方向或多个方向。从地理空间角度分解国家安全战略目标，可以遵循这一逻辑，把国家安全战略目标分解为内部目标和外部目标，或者分解为陆地目标、海上目标和空间目标，再或者分解为各个方向具体目标。

二、国家安全战略实施阶段划分与转换

国家安全战略目标分解后，需要运用实力来实现目标。但分解后的目标之间存在差异，而国家在一定时期所能运用的实力受到限制，因而难以齐头并进地实现所有目标，只能在一段时间内集中实力达成有限核心目

标，并为实现下一个核心目标奠定基础、开辟道路。决策者期望通过如此良性循序渐进、不断实现前进，最终逐步实现所有目标。这种交替实现过程就是国家安全战略实施的阶段性。

（一）国家安全战略实施阶段划分

国家安全战略实施从开始到结束构成一个完整周期。这个周期根据不同的划分标准可以划分不同类型的阶段。国家安全战略实施实质上是有关国家与威胁对象关系变化的过程，根据这种变化，可以将国家安全战略实施划分为初期阶段、中期阶段和结束阶段。需要说明的是，这种划分是相对的，各阶段之间并非界限分明，而是存在交叉，即上一个阶段任务的实现影响着下一个阶段目标的达成。

第一，初期阶段。国家安全战略实施初期阶段的典型特征是国家安全威胁初步显现，其特征规律趋势不易把握。这个阶段是影响安全威胁形成的各种诱因逐步积累的时期。大多数威胁都有一个从量变到质变的过程。在国家安全战略实施初期阶段，国家利益在一定程度上仍能得到有效维护，威胁还没有完全凸显，但已表现出一些征兆，极有可能从潜在转化为现实。其中一些威胁的征兆甚至比较明显。及时发现这些威胁征兆并提前采取措施将威胁消灭于“摇篮”之中，可以收到事半功倍的效果。当然，这　阶段由于潜在威胁还未真正转化为现实威胁，国家安全战略需要应对的对象难以明晰，无法有的放矢地充分动员和整合国家实力，因而事实上无法确保将所有安全威胁都“消灭”于萌芽状态。

第二，中期阶段。国家安全战略实施中期阶段的典型特征是安全威胁全面呈现，是国家安全实践过程中最重要的阶段，也是有效处理威胁的关键阶段。威胁诱因积累到一定程度，就会推动最重要的威胁充分显现出来，国家安全战略需要应对的对象开始明晰起来。此时，如果不能当机立断、有效应对、及时解决，威胁可能进一步增强，其影响范围和危害后果也将进一步扩大。这一阶段，针对已显现的威胁，应根据事先制定的方案，迅速采取应急行动，及时动员国家实力，有效控制或消灭正在发生的危机事件，努力减轻威胁带来的危害。可以采取的行动主要包括：一是根据国家安全战略目标，选择恰当的战略途径；二是根据威胁程度和范围，合理配置国家实力。

第三，结束阶段。国家安全战略实施结束阶段的典型特征是威胁趋于消失或发生转化，国家安全战略目标得以实现或需要调整。这一阶段，威胁已得到基本控制，国家承受的安全压力明显减弱。然而，结束阶段并非万事大吉，还不能掉以轻心，否则容易埋下隐患。在达成国家安全战略目标的情况下，应及时调整战略以适应新情况。这一阶段需要注意把握两个方面情况：一是对已基本解决的威胁仍要继续密切监察，尽力防止威胁解决或控制后可能出现的各种“后遗症”和“并发症”，避免死灰复燃，威胁再度升级；二是及时预警和评估国家可能面临的新威胁。

（二）国家安全战略实施阶段的转换

一般情况下，国家安全战略实施大体要经过初期阶段、中期阶段和结束阶段，三个阶段依据时间的演进、威胁的升级而顺次交替。当然，并不是每一次国家安全战略的实施都要经历这三个阶段。事实上，有些威胁可能蓄谋已久但瞬间显现，从而跳过了初期阶段，直接进入中期阶段。像二战期间日本偷袭珍珠港就是如此。有些威胁在初期阶段就得到有效应对，被遏制在萌芽状态，不再进入中期阶段。还有些威胁由于双方僵持不下，短期内无法结束，譬如旷日持久的阿以冲突等。

国家安全战略实践三个阶段之间的转化并不是无条件的，而是存在明确的关节点。这些关节点尽管在程度上有所区别，但基本性质大体相同，都是国家的核心利益或重要利益受到威胁。如前所述，国家利益是有层次的，并不是危及各种利益的威胁都需要看作国家面临的最直接现实威胁，只有那些对国家核心利益和重要利益构成威胁的才是；面对相似威胁，不同国家在不同时期选择的战略途径不尽相同，有国家采取直接路线，举国之力迎击，也有国家走间接之路，迂回制敌；还有国家放弃主权，任人蹂躏宰割，以丧权辱国之痛换来威胁降低；如果国家面临不断升级、难以逆转的威胁，就会推动国家安全战略阶段顺次演进。

在国家安全战略实施中，要积极发挥主观能动性，防止威胁从初期阶段转向中期阶段，需要做好三个方面的工作：一是与威胁方尽量增信释疑。通过建立并保持与威胁方的联系渠道，进行不间断的联系沟通，向对方及时传递具体而明确的信息。为保持信息沟通不间断，防止误判，联系渠道应尽可能多种多样。二是保持有限的安全战略目标。国家安全战略目标受制于国家利益，要尽量避免追求单方面的最大利益，避开意识形态与道义分歧，确定合理的安全战略目标。在安全战略目标得以维护的前提下，不能要价过高，避免超过对方能够承受的损失，否则会激化对方强烈的对抗情绪。三是采取灵活举措。“危机越是普遍或致命，有效的危机决策就越显得关键。”① 危机决策的主旨是解决危机而不是激化危机。

三、国家安全战略实力运用

国家安全战略实力运用，是为达成国家安全战略目标而配置、动员、投送、消耗国家实力的过程。国家实力运用是一个链条，需要经过一系列的环节。

（一）实力配置

国家安全战略实力配置是为达成战略目标而对国家实力要素进行安排和组合，以形成新的实力体系的过程，是国家安全战略实施的物质起点。

第一，从时间角度配置实力。根据所受威胁强度变化，国家面临的安全环境可分为安全期、危机期和战争期。在不同时期，国家实力配置各不相同。一是安全期。安全期是指国家未面临重大安全威胁，国家利益没有受到明显损害，国家主要安全战略目标能够顺利实现的时期。在这一时期，国家主要配置政治、经济、科技、外交等实力，目的是巩固本国安全。二是危机期。危机期是指国家核心利益或重要利益受到威胁的时期，是安全期与战争期之间的中间阶段，是国家安全环境的转折点。在这一时期，国家主要配置政治、外交、军事等实力，目的是迅速开展危机决策、实施危机管理。三是战争期。战争期是指国家为维护核心利益或重要利益，不得不通过战争手段来实现安全战略目标的时期。对防御方来讲，战争期是从外敌入侵开始到和平协定签订为止的一段时间。在这一时期，防御方和进攻方主要配置是军事、政治、外交等实力，目的是动员和整合国内外所有资源，有效应对战争对手。

第二，从空间角度配置实力。国家实力存在于一定地理空间，往往分布不均衡、水平参差不齐。为促进国家实力有机结合，需要尽可能对国家实力的空间配置进行优化：一是国家实力配置空间必须随着国家安全内涵的变化而延伸。现代国家的生存和发展利益空间在不断拓展，不仅涵盖领土、领海、领空，而且涉及海洋、太空、网络和极地等空间，国家间的博弈拓展至人类活动能够覆盖的几乎全部空间领域。二是国家实力配置空间要突出重点方向。国家通常面临来自不同地理方向的威胁和挑战，但各方

---

① ［以］叶海卡·德罗尔著，王满船等译：《逆境中的政策制定》，上海远东出版社 1996 年版，第 181 页。

向的威胁并不均衡，其中必然有个别方向威胁更加严重。为此，决策者需要清醒判断重点威胁主要地理方向，并在相关方向投入更多资源和力量。

第三，从领域角度配置实力。国家实力来源于不同领域，需要统筹协调不同领域国家实力，努力形成一种相互配合、相互促进的体系性实力。一是国家实力配置领域要相互协调。综合配置政治、经济、军事和外交等多种手段，防止各种手段之间抵触或脱节。二是国家实力配置要突出重点领域。在国家实力体系中并不是每个领域的实力作用都相同，也不是在每个领域都要配置同等分量实力。决策者应根据国家安全战略态势变化，加强对重点方向和领域的关注，及时强化其在国家实力中的地位作用。

（二）实力动员和投送

国家实力动员和投送是国家最高决策机构或国家领导人为应对所面临的安全威胁向全国或相关部门、机构发出战略号召，有关部门、机构将配置好的实力形成组合，动员起来并投向威胁对象的过程。国家安全战略实施的成效，某种程度上取决于国家在危机或战争时能否有效集中和组织战略资源。在相关状态下，政府往往需要通过动员来实现从平时状态到危机乃至战时状态的迅速转变，将静止的实力及时转化为运动的实力，以有效应对可能或正在发生的危机和战争。

国家实力与国家应对威胁的实力并不相同。国家在面临威胁时，需要将国家实力转化为应对威胁的实力，两者之间并非“无缝链接”。二战中，希特勒对苏联发动的突然袭击之所以在初期能够连连得手，很大程度是因为苏联的动员体制效率迟缓，不能及时完成一线部队扩编，给了德国以可乘之机。解决这一问题，需要国家立足平时建立顺畅的动员机制，做好充分的实力转化准备。

实力转化的中介环节主要是动员和投送。实力动员是将国家实力从“静止状态”转化为“运动状态”的首要步骤，是运用国家实力应对威胁的关键环节。日俄战争中的沙俄和第一次阿以战争中的阿拉伯国家之所以失败，均在于其动员水平相对低下。而实力投送是将“动起来”的国家实力投向威胁对象的过程，是运用国家实力应对威胁的重要保证。在实力投送过程中，要注意加快投送速度、突出投送重点，争取形成多领域合力，以增强应对各类威胁的针对性和有效性。

（三）战略布局

实力投送的着眼点是通过战略布局来营造有利态势。所谓战略布局，就是将国家实力放置安排于特定时空和领域的关节点的过程。战略布局主要分为三类。

第一，基于威胁的战略布局。这种类型的战略布局强调将国家实力安排到关节点上，形成能够阻止威胁对象行动的战略态势。主要采取两种方式进行：一是将实力直接安排于特定关节点，形成与对手的均衡状态，如冷战期间美苏战略布局的重点都是欧洲，美国通过北约控制西欧，苏联借助华约控制东欧，双方相互制衡，谁也不敢轻易挑起大的争端。二是将实力安排于特定关节点，形成能够支配、控制有关方的态势，如二战后美国建立国际货币基金组织和世界银行，控制了世界经济发展的关键领域——金融，美国又通过所设决策规则拥有在这两个组织中的最大决策权，由此实际上支配和控制了世界金融体系。

第二，基于利益的战略布局。这种类型的战略布局强调将国家实力安排于特定关节点，形成能够保障或扩大国家利益的态势。主要采取两种方式进行：一是将实力安排于现有国家利益范围之内的关节点，为维护利益创造态势。二是将实力安排于现有国家利益范围之外的关节点，为拓展到关节点所在空间和领域创造前提条件。

第三，基于地缘的战略布局。基于地缘的战略布局是围绕空间因素来安排战略实力。在该布局中，关节点就是地理上的战略要地。战略要地应具备下述条件之一：一是该地点位于交通要道或交通枢纽，美国战略学家布热津斯基在《大棋局》中提出“地缘政治支轴国家”概念，认为包括乌克兰、阿塞拜疆、韩国、土耳其和伊朗等国，它们都是地理位置重要的国家；二是各方战略实力交汇地，其中有些地点本身不处于交通要地，只是因为成为各国实力结合部而具有战略价值，如苏联解体后美日印等大国纷纷插手中亚事务，于是原本属于苏联领土范围内的一些中亚国家如吉尔吉斯斯坦、塔吉克斯坦等国家就开始具有了战略要地的价值。

（四）争取和掌握战略主动权

战略布局的主要目的是争取控制战略主动权。战略主动权就是行动自由权，这种主动权具有特定内涵：一是自主性，国家拥有不因外力推动或逼迫而自行判断和自主决策的自由；二是自控性，国家拥有控制自身行为的把握；三是导向性，国家能够对其他行为体产生影响力，引导或促使事态朝着所期望方向演进。

争取战略主动权，需要以强大实力为基础，但又不完全依赖实力，既是实力强弱的较量，更是实力运用艺术的较量。

第一，争取和掌握战略主动权的基础是增强国家实力。增强国家实力的着力点主要包括增强经济实力、提升科技创新力、加强军事实力、提高国家治理水平、不断增强外交能力和国际影响力。

第二，争取和掌握战略主动权的依托是推进共同利益。争取和掌握战略主动权需要高举道义大旗。在国内，要积极发展民众认可的共同利益，如发展经济、提高人民生活水平等，以增强政府的执政基础和合法性；在国际上，要为国际社会提供层次高、范围广的公共产品，努力赢得大多国家支持。

第三，争取和掌握战略主动权的平台是参与和建立多边安全机制。安全机制是安全领域的一种制度性安排，谋求通过特定原则、规则和决策程序在相关安全领域建立管理能力，是制定规则、改变规则的权力来源。对主权国家来说，广泛深入参与国际安全机制将有助于增强自身对外软实力。

第五节　国家安全战略调整

国家安全战略调整主要是针对战略实施过程中出现的问题，在科学评估的基础上，对国家安全战略的目标、原则、手段、途径等进行修正和完善。通常，战略评估质量越高，战略调整的效果就越好，国家安全战略实施就更为有效。

一、国家安全战略调整的作用

国家安全战略的成功、失败或部分成功，均标志着一个战略周期结束，需要对原有战略进行必要调整。同时，随着国家安全环境不断变化，安全问题层出不穷，国家安全战略必须作出相应调整，否则就会与实际脱离，导致战略失败。

（一）纠正国家安全战略的偏差和失误

虽然国家安全战略通常是在遵循科学程序的基础上制定的，但其成效无法在决策过程中得到检验，必须经过实践进行检验。在国家安全战略实施过程中，如果产生正面效应，那么国家安全战略就是正确的或基本正确。反之，如果产生负面效应，那么国家安全战略就可能出现了偏差或失误。后一种战略实施时间越长，涉及面越广，造成的损失将越严重。只有及时实施调整，才能避免更大损失。

（二）及时补充和更新国家安全战略

国家安全战略的稳定是相对的，需要随着国家安全环境变化不断加以调整，以保持自身活力，否则就可能陷入僵化，从而导致战略失败和国家衰败。国家安全战略之所以容易陷入僵化，根本原因在于观念滞后。战略说到底是人的一种主观意识，与瞬息万变的客观现实相比，人的主观意识具有一定稳定性，容易落后于现实发展。当事物或客观进程已从某一发展阶段向另一发展阶段转变时，需要人善于在主观认识上跟着转变，并使其提出的方案适合于新情况。同时，国家安全战略呈现一个逐渐演化和完善的过程，鲜有可能一开始就完美无缺，需要随着国家安全实践不断补充和更新，从而使诸战略构成要素之间保持协调一致。

二、国家安全战略调整的内容

国家安全战略调整的主要内容是充实、完善和转换国家安全战略。

（一）国家安全战略的充实

国家安全战略的充实是在国家安全战略构成要素没有发生根本变化的基础上，对既定战略目标、战略指导或战略途径进行补充，从而实现战略制约因素与战略构成要素之间、战略构成诸要素彼此之间的协调。它具体可以分为战略目标的充实、战略指导的充实、动用的国家实力的充实以及战略途径的充实等。

第一，国家安全战略目标的充实。战略目标的充实分为两种情况：一是由于出现了新的安全威胁因素，超出了原有战略目标覆盖范围，此时需要补充原有战略目标，使之能够涵盖新威胁；二是国家安全战略其他构成要素发生变化，导致战略目标与其他要素脱节，特别是战略目标低于运用的实力，需要补充目标的内容，使之与实力相适应。

第二，国家安全战略指导的充实。国家安全战略指导的充实是指在原有战略指导不变的情况下补充新的内容。一是在战略部分成功的情况下，继续奉行和遵循原有战略指导已不可能完全达成既定战略目标，必须予以补充才能实现；二是由于国家安全战略制约因素发生变化，需要对战略指导进行必要补充；三是由于战略构成要素发生变化，导致原有的战略指导已不能完全协调战略目标与实力、途径之间的关系，需要补充新的内容，使战略目标与实力、途径之间保持协调。

第三，运用国家实力的充实。运用国家实力的充实是增强国家实力或补充实力的内涵。一般有三种情况：一是战略部分成功，需要继续达成其余目标，必须增强国家实力或运用更强大实力；二是战略制约因素发生变化，需要运用更强大实力或补充实力的内涵；三是国家安全战略其他构成要素发生变化，导致原先运用的实力难以完全满足战略目标的需要，有必要运用更强大的实力。

第四，国家安全战略途径的充实。国家安全战略途径的充实是指对原有战略途径进行补充。一般有三种情况：一是战略部分成功，需要继续达成全面战略目标或降低成本，必须在原有战略途径的基础上选择新的战略途径；二是国家安全战略制约因素发生变化，要想达成战略目标，必须补充新的战略途径；三是国家安全战略其他构成要素发生变化，维护国家安全需要补充新的战略途径。

（二）国家安全战略的完善

国家安全战略的完善是在国家安全战略要素没有发生根本变化的情况下，对既有战略目标、原则、动用的实力或途径中不够合理的部分进行纠正，以实现战略制约因素与战略构成要素之间以及各战略构成要素之间的协调。国家安全战略完善可分为战略目标完善、战略指导完善、运用实力的完善和战略途径完善。

第一，国家安全战略目标的完善。国家安全战略目标的完善分为两种情况：一是由于国家安全战略制约因素发生变化，引起国家面临的安全威胁发生变化，需要对国家安全战略目标进行调整；二是由于国家安全战略其他构成要素发生变化，可能导致部分国家安全战略目标无法实现或实现相关目标成本偏高，甚至部分战略目标超出能够运用的实力，需要调整和改变这些战略目标，以使整体战略目标与战略其他构成要素相协调。

第二，国家安全战略指导的完善。国家安全战略指导的完善是对原有战略指导即战略方针和原则中不合理部分予以修正。一是战略部分成功，继续奉行原有战略指导不可能完全达成其余战略目标，或者需要为之付出的成本偏高，因而必须修正原有战略指导；二是国家安全战略制约因素发生变化，需要对原有战略指导进行部分修正；三是国家安全战略其他构成要素特别是国家实力发生变化，既定战略指导的部分内容对达成战略目标形成一定阻碍，或者需要为之付出的成本逐步升高，因而必须修正。

第三，运用国家实力的完善。运用国家实力的完善是对所动员实力中过时或不合理的部分进行更新。一是战略部分成功，要想继续达成其余战略目标或重新达成战略目标，需要运用的实力过多或不尽合理，因而必须予以调整；二是由于国家安全战略制约因素发生变化，所运用的实力的部分要素相应过时或变得不如以往重要，这时要想维持或增强实力，就必须调整实力的内涵；三是国家安全战略构成要素发生变化，导致所运用的实力部分要素同步过时，要想维持运用的实力与其他战略构成要素特别是战略目标之间保持平衡，就必须调整这些已经过时的实力要素。

第四，国家安全战略途径的完善。国家安全战略途径的完善是对原有战略途径中不合理部分进行更换。一是更换为战略实施结果所决定的战略途径；二是更换为国家安全战略制约因素变化所决定的战略途径；三是更换为国家安全战略构成要素变化所决定的战略途径。

（三）国家安全战略的转换

战略转换是国家安全战略调整的显变阶段，它围绕战略目标展开，既是应变的结果，有时也意味着一定程度的战略创新。国家安全战略的转换分为三种类型：一是战略的整体转换，包括战略目标、战略指导、战略途径等要素都进行彻底改变；二是战略的局部转换，即在战略目标发生根本性变化或重大变化的情况下，战略指导或战略途径随之发生重大改变；三是单纯战略目标的转换，即战略目标发生根本性变化或重大变化，但其他战略要素变化不大或基本没有变化。无论属于哪一种类型，国家安全战略目标变化均是战略转换的主要标志。

第一，整体性的战略转换。整体性的战略转换又分为两种情况：一是在国家安全战略完全成功或失败之后，需要确定新的战略指导和采取不同的战略途径来达成新的战略目标。像从战争状态转向和平状态，国家安全战略的目标、指导和途径截然不同，这种变化就是整体性的战略转换；二是国家安全战略制约因素发生重大变化，促使国家转换安全战略。比如从革命与战争时代演变为和平与发展时代，对国家安全战略的目标、指导和途径提出了全新要求，需要国家安全战略进行整体性转换。同样，国际格局的变换也有可能促使国家安全战略进行整体性转换。

第二，局部性的战略转换。局部性的战略转换也分为两种情况：一是国家安全战略完全成功或失败之后，需要制定新的战略目标，而要有效达成新的战略目标，战略指导或途径可能需要进行根本性的改变，或运用更强的实力；二是国家安全战略制约因素发生重大变化，促使战略目标、方针或途径不得不相应进行根本性变化。

第三，单纯战略目标的战略转换。单纯战略目标的战略转换基本是国家安全战略成功或失败的结果。国家安全战略具有时空限制，战略成功或失败之后，要想继续维护国家安全，就必须确定新的战略目标。有时，在确立新的战略目标之后，原来的战略指导和途径还可以沿用，也不必运用更强大的实力，就能够实现所确定的新战略目标。

参考文献：

［1］中共中央马克思恩格斯列宁斯大林著作编译局编译：《马克思恩格斯选集》第3卷，人民出版社1972年版。

［2］中共中央马克思恩格斯列宁斯大林著作编译局编译：《列宁全集》第26卷，人民出版社1985年版。

［3］中共中央马克思恩格斯列宁斯大林著作编译局编译：《列宁全集》第27卷，人民出版社1990年版。

［4］毛泽东：《毛泽东选集》第5卷，人民出版社1977年版。

［5］习近平：《习近平著作选读》，人民出版社2023年版。

［6］《国际条约集》（1924—1933），世界知识出版社1961年版。

［7］阎学通、何颖：《国际关系分析》（第3版），北京大学出版社2017年版。

［8］［英］李德·哈特著，钮先钟译：《战略论：间接路线》，上海人民出版社2010年版。

［9］［美］彼得·施魏策尔著，殷雄译：《里根政府是怎样搞垮苏联的》，新华出版社2001年版。

［10］Steven Heffington，Adam Oler，David Tretler，eds.，“A National Security Strategy Primer”，Washington，D. C.：National Defense University Press，2019.

第十一章　国家安全治理

党的十八届三中全会首次提出“推进国家治理体系和治理能力现代化”的时代命题，习近平总书记指出“运用先进的理念、科学的态度、专业的方法、精细的标准提升安全治理效能，着力推进社会治理系统化、科学化、智能化、法治化，提高预测预警预防各类安全风险能力，增加安全治理的预见性、精准性、高效性”,① 凸显了国家安全治理的重要性。

第一节　国家安全治理的内涵

一、国家安全治理的内涵

关于治理的内涵，全球治理理论倡议者进行了有益探讨，其中全球治理委员会的“治理”定义具有很大的代表性和权威性。该委员会在1995年《我们的全球之家》的研究报告中把“治理”界定为，“是各种公共的或私人的个人和机构管理共同事务的诸多方式的总和。它是使相互冲突的或不同的利益得以调和并且采取联合行动的持续的过程。它既包括有权迫使人们服从的正式制度和规则，也包括各种人们同意或以为符合其利益的非正式的制度安排”；“它有四个特征：治理不是一整套规则，也不是一种活动，而是一个过程；治理过程的基础不是控制，而是协调；治理既涉及

① 《习近平在国际刑警组织第八十六届全体大会开幕式上的主旨演讲（全文）》，人民网，2017年9月26日，http：//cpc. people. com. cn/n1/2017/0926/c64094 －29560175. html。

公共部门，也包括私人部门；治理不是一种正式的制度，而是持续的互动”。[①] 关于安全治理这个概念，目前引用比较多的是马克·韦伯和埃米尔·J.科什纳对安全治理的界定。马克·韦伯认为：“当应用于欧洲安全问题时，治理意味着多层次的不同权威对议题的协调管理和规制，公共和私人部门行为体的干预，正式和非正式的安排，而这些又受到话语和规范的约束，并且其目标是指向特定的政策结果的。”[②]埃米尔·J.科什纳则认为，安全治理是指一个有目的的规则体系，这一体系包含多个单独的权威机构对安全问题的协调、管理和调节，公私行为体的干涉，正式和非正式的安排等，而且还会自觉地导致特定的政策结果。[③]

我们必须清醒地认识到，西方安全治理者对安全治理的基本内涵进行了深入诠释的同时，也存在着一定的不足，主要表现在以下几个方面。一是过分重视“治理”轻视“安全”，夸大国际政府组织、国际非政府组织、跨国公司甚至个人对安全治理所发挥的作用，而对主权国家在安全治理方面所发挥的作用重视不够。究其原因，就是西方安全治理者对“安全”的性质、方式和特点认识不足，没有厘清安全事务治理与其他事务治理的本质区别，把其他治理形式与安全治理相混淆。二是过分重视非传统安全因素威胁而忽视传统安全因素威胁，对诸如恐怖主义、有组织犯罪、生态环境恶化、失败国家、难民与人口移动乃至网络犯罪等非传统安全因素威胁研究有余，对军事、政治领域的武装冲突、局部战争等安全威胁因素研究不足。三是过分强调非强制性方式对安全治理的作用而忽视强制性方式的功能发挥。事实上，无论全球安全问题、国际安全问题还是区域安全问题的解决，在一定程度上都离不开国家行为体采取强制性方式来解决，西方安全治理者一味强调安全治理工具的非强制性选择未免有些太过乐观。

因此，我们认为，所谓国家安全治理是指安全主体为了维护安全状态

---

① 全球治理委员会：《我们的全球伙伴关系》，牛津大学出版社 1995 年版，第 23 页。

② Mark Webber, et al.,“The Governance of EuropeanSecurity”, Review of International Studies, Vol. 30, No. 1, January 2004, pp. 3–26.

③ ［英］埃米尔·J. 科什纳，吴志成、巩乐译：《欧盟安全治理的挑战》，《南开学报》（哲学社会科学版）2007 年第 1 期，第 3 页。

和提升安全能力对国家安全事务进行治理的过程。[①] 本书从以下三个方面理解国家安全治理的内涵。

（一）国家安全治理的主体具有多元性

在中国，根据《国家安全法》，国家安全治理主体主要有：一是国家安全领导机关，主要包括全国人民代表大会及其常务委员会、中华人民共和国主席、中央国家安全委员会、国务院、中央军事委员会等。二是国家安全职能机关，主要包括军事机关、公安机关、国家安全机关、武装警察机关。三是国家安全职责机关，主要包括中央国家机关各部门。新版《国家安全法》第十九条规定："中央国家机关各部门按照职责分工，贯彻执行国家安全方针政策和法律法规，管理指导本系统、本领域国家安全工作。"中央国家机关各部门也是国家安全机关的组成部分，是安全治理的重要主体之一。四是其他组织和公民，根据《国家安全法》第十一条的规定，中国公民、各人民团体、企业事业组织和其他社会组织，"都有维护国家安全的责任和义务"，都是安全治理的主体，因为这里的"责任"意味着担当，如果这些组织和公民没有履行安全职责，就要被追责。

（二）国家安全治理的对象是国家安全事务

根据总体国家安全观，安全治理事务包括政治安全事务、国土安全事务、军事安全事务、经济安全事务、金融安全事务、文化安全事务、社会安全事务、粮食安全事务、科技安全事务、网络安全事务、生态安全事务、资源安全事务、核安全、海外利益安全事务、外层空间安全事务、国际海底区域安全和极地安全事务、生物安全事务、人工智能和数据安全事务等，覆盖传统安全事务和非传统安全事务。另外，涉及国家安全战略、国家安全管理、国家安全法治及国家安全体制机制等事务也是国家安全治理的对象。

（三）国家安全治理以强制力和非强制力为工具

一般来说，非强制性是治理的重要特征，但基于国家安全的特殊性和国家安全治理主体的多样性，强制力和非强制力混合工具是国家安全治理的必然选择。国家安全领导机关和国家安全职能机关依法采取具有强制性质的"必要手段和方式"来实施安全治理；国家安全责任机关和其他国家

---

① 李文良：《中国国家安全治理的界定、内涵与特点》，《社会治理》2019 年第 5 期，第 48 页。

安全治理主体往往采用非强制工具来履行国家安全职责。

(四) 国家安全治理的价值取向是人民利益

根据总体国家安全观要求，“以人民安全为宗旨”，“坚持以民为本、以人为本，坚持国家安全一切为了人民、一切依靠人民”，是国家安全治理的基本价值取向。

二、国家安全治理的类型

(一) 以国家安全治理主体的数量和地位不同，可划分为单一主体治理和多元主体治理

所谓单一主体治理就是指由唯一国家安全治理主体承担国家安全职能，对国家安全事务进行单独治理的一种方式和过程。在单一主体治理类型中，国家安全主体在履行对国家安全事务治理的过程中，与不是国家安全主体的其他组织和公民就构成了主从关系，国家安全主体对国家安全事务治理，维护国家安全负有主责；其他非国家安全主体都处于从属地位，只负有对安全治理主体和国家安全工作进行配合的义务。在存在主从关系的情况下，国家安全主体只能选择配合式安全治理方式来履行安全职能。

所谓多元主体治理就是指多个国家安全治理主体承担国家安全职能，对国家安全事务进行合作治理的一种方式和过程。在多元主体安全治理类型中，由于国家安全主体都负有维护国家安全，履行安全治理的职责，因此，它们之间构成平等关系，各个国家安全主体通力合作，共同履行维护国家安全的职责。多元主体治理模式具有以下特点：一是多元治理主体是一种主动性治理，是国家安全治理主体对各自承担的安全职责各司其职。多元主体治理的主动性源于每个治理主体都对国家安全负责，安全职责的大小取决于主体之间部门性质、权力大小等因素。二是多元治理主体是一种合作治理，是治理主体间就安全治理事务的合作。在单一主体治理模式中，由于其他组织和公民个人不是安全治理主体，对国家安全工作知之甚少，根本不了解，也没有必要了解，只是被动地配合国家安全部门的工作，根本谈不上与国家安全部门合作，因为，合作的前提是主体有共同的安全职责。多元主体治理模式恰恰满足了这个前提。三是多元治理主体是一种追责治理。也就是说，如果国家安全治理主体没有认真履行安全职责，可以对其追责。一般来说，主要追究其以下四种责任：政治责任、工

作责任、法律责任和道德责任。

（二）以国家安全治理主体选择单一或复合治理工具的不同，可划分为强制治理和综合治理

所谓强制治理就是指国家安全治理主体以单一工具即强制手段来治理国家安全事务的方式和过程。这种国家安全治理类型具有以下两个特点：一是强制手段是国家安全治理工具。在单一工具安全治理中，由于安全主体主要由国家强制部门构成，它们代表国家从事安全治理活动，履行安全治理职责，安全治理手段主要是公共权力，即行使法律授予的权力，这就意味着安全治理获得了国家强制力的支撑，其行为具有法定的权威性，因此，强制手段安全主体履行安全治理职责的主要工具。二是强制治理适用范围有限，只适用国家安全领导机关和国家安全职能机关，因为只有这些安全治理主体才拥有强制手段，并经过必要的法律程序还可以拥有特殊的强制手段，即采用“技术侦察措施”的手段，该手段的强制性主要表现在安全治理主体可以对危害国家安全的犯罪嫌疑人及其家庭住所、工作单位等进行电子侦听、电子监听、电子拍照、录像、进行邮件检查等秘密专门技术活动。

所谓综合安全治理就是指安全治理主体根据自身性质职责不同而采取强制或非强制手段来治理安全事务的方式和过程。这种安全治理具有灵活性，能够满足不同性质安全主体的需要，主要表现在以下三个方面：一是对于国家安全领导机关和国家安全职能机关而言，作为安全治理主体，当它们是某一安全事务治理主体时，就可以完全凭借强制权力履行安全治理职责。二是对于国家安全职责机关而言，作为安全治理主体，它们可以依据法律授权采取较强制的手段履行安全治理职责。如在中国，工业和信息化部依据《反恐怖主义法》第十九条规定，对含有恐怖主义、极端主义内容的信息，“及时责令有关单位停止传输、删除相关信息，或者关闭相关网站、关停相关服务”，对互联网上跨境传输的含有恐怖主义、极端主义内容的信息，可以“采取技术措施，阻断传播”。该法律条文中的“责令”和“采取技术措施，阻断传播”都是公权力的表现形式，具有一定程度的强制性。三是对于各社会团体及各企业事业组织、公民而言，作为安全治理主体，它们既没有国家安全责任机关（中央国家机关）那样的公权力支撑，更没有国家安全职能机关那样的特殊权力支持，因此，在履行安全治理职责时，只能采用非强制手段。

（三）以国家安全治理主体选择治理工具的性质不同，可划分为行政治理和法治治理

所谓行政治理方式就是指安全主体以行政手段来治理安全事务的方式和过程。行政治理具有以下两个特点：一是安全治理主体利用行政手段为国家和社会提供的安全产品；二是行政手段是配置安全治理资源唯一方式。

所谓法治治理就是指安全治理主体以法治手段来治理安全事务的方式。法治治理主要表现在以下四个方面：一是科学立法，使国家安全治理工作法律化、制度化；二是严格执法，做到有法必依，执法必严，违法必究；三是公正司法，既要维护国家安全，又要维护当事人在正义的基础上拥有的正当权利；四是全民守法，夯实国家安全治理工作的群众基础和法律基础。

（四）以国家安全治理主体的治理范围不同，可划分为封闭治理和开放治理

所谓封闭治理是指国家安全治理主体以国内为主战场治理安全事务的方式和过程。封闭治理具有以下特点：一是封闭治理是一种传统安全治理，漠视国家安全事务的变化；二是封闭治理对国际安全环境变化感知较弱；三是封闭治理无法满足中国作为负责任大国履行全球安全治理责任的需要。

所谓开放治理是指国家安全治理主体以国外为主战场治理安全事务的方式和过程。开放治理具有以下特点：一是开放治理是一种现代安全治理，适应国家安全事务的变化，国家利益延伸到哪里，国家安全治理就保障到哪里；二是开放治理可以有效回应国际安全环境的变化；三是开放治理可以更好地促进中国提供国际公共安全产品，维护世界和平与发展。

第二节　国家安全治理原则

当今世界正经历百年未有之大变局，全球安全治理体系不稳定性不确定性更加突出，世界进入动荡变革期。当今中国，国家安全工作得到全面加强，但内外环境空前复杂，各种可以预见和难以预见的风险因素明显增多。国家安全治理事关党的长期执政、国家长治久安、人民安居乐业。面

对世界之变、时代之变、历史之变，做好国家安全治理工作，必须坚持法治和德治相融合原则、系统安全治理原则、专群结合原则、居安思危原则。

一、法治和德治相融合原则

（一）依法治国——以制度机制保障国家安全

在现代社会中，制度作为上层建筑的有机组成部分，是维护国家安全与社会稳定的重要保障。特别是中国特色社会主义进入新时代后，纵深推进全面依法治国，法治在推进国家安全治理体系和治理能力现代化进程中的作用愈发关键。做好国家安全工作，要高度重视运用法治思维和法治方式，发挥法治的引领和推动作用，确保在法治轨道上运行。加强国家安全法治建设，最终要体现在国家安全治理的高超能力上。在全面依法治国新形势下，提升国家安全治理能力的当务之急是提升依法维护国家安全能力，必须提高国家安全保障能力的现代化和法治化水平，以法治方式控制影响国家安全事务的各项基本变量。国家安全迈向制度化、法治化，不仅是推进中国式现代化的重要保障，也是维护国家安全和社会稳定的时代之需。具体来说：一是要加快补齐国家安全法律制度体系短板，使之更加成熟更加定型。这是提升依法维护国家安全能力的基础和前提。习近平总书记指出："要把法治应对摆在更加突出位置，用规则说话，靠规则行事，维护我国政治安全、经济安全，维护我国企业和公民合法权益。"① 二是要善于运用法治思维和法治方式化解各类安全风险，切实把国家安全工作纳入法治轨道，实现国家安全各项事务制度化、规范化、程序化，为应对挑战、防范风险提供有力的法治保障。

（二）以德治国——铸牢中华民族共同体意识

国家安全是安邦定国的重要基石，维护国家安全是全国各族人民根本利益所在，所以必须铸牢中华民族共同体意识。国家安全覆盖范围广、边界宽，从国家、社会组织再到普通民众都是国家安全的重要主体，不论哪一环节出现脆弱性都会危及国民利益乃至国家整体安全，因此，必须在国

---

① 《习近平主持召开中央全面依法治国委员会第二次会议并发表重要讲话》，中国政府网，2019 年 2 月 25 日，https：//www. gov. cn/xinwen/2019 - 02/25/content_5368422. htm。

家安全治理中塑造一种共同体责任意识，促使所有主体主动维护国家安全。国家安全以人民为宗旨，增强国家安全感是国家安全治理中的重要组成部分，国家给人民以安全感。人民也必须明确自己的国家立场，增进自身的国家意识，坚决捍卫国家主权，做国家安全坚定的捍卫者、忠实的守护者。

总之，国家安全治理过程中需要法治和德治相融合，法治主要依靠各种安全法规、制度、行政命令，为德治提供制度支撑；德治主要强调个体在维护国家安全过程中的责任感、道德自律和心理认知等，德治为法治提供道义保障。在某种意义上，德治在国家安全治理中的意义更加重大。

二、系统安全治理原则

从马克思主义理论的历史辩证法视角看，国家安全既是一种社会现象，又是一种社会过程。国家安全是一项系统工程，国家安全治理不是局部而是系统的，要始终把国家安全置于复杂系统中来把握。系统安全治理就是要全面地、普遍联系地观察国家安全问题的性质、程度以及实现国家安全的路径，把想要达到的结果、实现该结果的过程、过程优化以及对未来的影响等一系列问题作为一个系统进行统筹。习近平总书记指出，要“把国家安全贯穿到党和国家工作各方面全过程，同经济社会发展一起谋划、一起部署，坚持系统思维”。新时代国家安全治理要有维护各领域安全的系统思维，能从整体与部分、整体与环境的相互作用过程来把握、统筹治理各领域国家安全风险。

（一）综合治理——把握总体国家安全观的综合战略

面对更加繁重艰巨的维护国家安全任务，新时代国家安全治理必须审时度势，从战略高度统揽国家安全发展大局，深刻认识党的二十大报告所提出的“我国发展进入战略机遇和风险挑战并存、不确定难预料因素增多的时期”所面临的国内外安全挑战。从全局、整体考虑问题，抓住国家安全的主要矛盾和矛盾的主要方面，连续、动态、全面地思考影响国家安全各种相关因素，在把握维护国家安全规律的前提下立足现实面向未来作决策。新时代国家安全治理要有打破单纯维护某一领域安全的战略思维，把握综合治理的战略思维。只有加大综合治理的力度，才能构建一个涵盖不同层次、阶段、领域和覆盖风险传导路径的风险治理复合机制，以更好发挥综合治理的“整体大于部分之和”功能。只有加大综合治理的力度，不同安全治理主体才能通过协同行动减少摩擦、步调一致，实现跨部门、跨层级、跨区域协同，放大与优化系统功能作用。总之，我国国家安全形势复杂严峻，改革发展稳定各方面任务繁重前所未有，必须深刻认识和准确把握内外部环境的深刻变化，在变局中把握规律，以避免在复杂的安全治理过程中出现不协调、降效率等问题，确保治理力量更好集成，确保协调协作和合力施治。

（二）源头治理——强调对安全风险的防范化解

进入新时代，我们面临着更加严峻复杂的国际国内形势，传统安全领域和非传统安全领域的威胁挑战相互交织，各种可以预料和突发的风险更多更大，“黑天鹅”“灰犀牛”事件随时可能发生。在这种形势下，我们必须始终保持风险意识，从源头治理，增强防范抵御国家安全风险的能力。党的二十大报告在维护国家安全和社会稳定上尤为强调提高风险预见预判能力，从源头上发现，以“防范化解”重大风险。完善风险监测预警体系有助于防止临界性事件发生，防止风险事件演变成危机事件，着眼于源头治理、防微杜渐，强调要及时把矛盾纠纷化解在基层、解决在萌芽状态等。对于安全风险的态度转向事先主动防范化解，将着力点放到源头治理上，而非事后被动地补救与应对处置。

三、专群结合原则

党的二十大报告将“国家安全”“社会稳定”并列表述，又在第十一部分用“和”字把两者结合起来，将国家安全作为“民族复兴的根基”，把社会稳定视为“国家强盛的前提”，摆正了“国家安全”与“社会稳定”间的客观关系，又反映出国家安全和社会稳定缺一不可、相互支撑、彼此依赖。国家安全治理必须强调专群结合，通过政府与公民间的合作互动，以实现对国家安全事务的共同参与治理。拓展民众参与国家安全治理的渠道，引导更多的力量加入国家安全的“万里长城”建设，不断巩固国家安全稳定的基础力量。

（一）专门工作与群众路线相结合

维护国家安全的专门工作，主要是指专门机关依照职权开展的有关专业工作，包括依法搜集涉及国家安全的情报信息，依法行使行政执法和刑事执法职权，对危害国家安全的活动开展有关侦查、调查工作等。坚持“一切为了群众，一切依靠群众”“从群众中来，到群众中去”的群众路线，一直是我们党的优良传统。专门工作与群众路线相结合，是国家安全工作的政治优势和重要原则，是我们克敌制胜的重要法宝和鲜明特色。没有人民群众的积极参与和大力支持，国家安全工作就成为“无源之水、无本之木”，就没有基础，也就失去了胜利的保障。维护国家安全要坚持以民为本、以人为本，坚持国家安全一切为了人民、一切依靠人民，才能真正夯实国家安全的群众基础。因此，在充分发挥专门机关主导作用和职能优势的前提下，广泛动员、组织、依靠全社会力量，发挥广大人民群众的积极性，形成以专门机关为骨干，以政权优势为依托，以广大人民群众广泛参与为基础的工作格局，才能真正做好国家安全工作，打好维护国家安全和社会政治稳定的人民战争。尤其是在当今改革开放的环境下，国家安全工作面临的形势更为复杂，涉及面更广，更要充分发动群众、依靠人民群众，建立起群众性的防线，形成维护国家安全的“铜墙铁壁”，切实有效地做好维护国家安全工作。

（二）群防群治，构建共建共治共享治理模式

国家安全治理强调的公民参与性、聚合各方力量的开放性等要求，党的二十大报告指出，“增强全民国家安全意识和素养，筑牢国家安全人民防线”“及时把矛盾纠纷化解在基层”“发展壮大群防群治力量”。维护国家安全和社会稳定重心在基层、力量也在基层，要筑牢国家安全和社会稳定的基层基础，把人民群众作为国家安全和社会稳定的基础性力量，充分发挥其参与治理的能动性、创造性。在国家安全治理过程中，社会组织和公民个体是守护国家安全的主要责任主体。公民个人的发展、需求以及权利保障等是安全的重要内容，因此公民在享受国家共同体赋予的各项权利时，同样要承担相应的责任。国家安全治理现代化，其真正的基石正是人民群众。在国家安全治理过程方面，国家安全一切依靠人民，汇聚维护国家安全磅礴力量，构建共建共治共享模式，妥善化解纠纷，畅通群众诉求表达和权益保障通道，在国家安全治理共同体建设中建设人人有责、人人尽责和人人享有的基层社会治理共同体，确保人民群众安居乐业、社会安定有序，建设更高水平的平安中国。

四、“预防为先、打防结合”原则

2023 年，二十届中央国家安全委员会第一次会议指出，“当前我们所面临的国家安全问题的复杂程度、艰巨程度明显加大”，“要全面贯彻党的

二十大精神，深刻认识国家安全面临的复杂严峻形势，正确把握重大国家安全问题”，“要坚持底线思维和极限思维，准备经受风高浪急甚至惊涛骇浪的重大考验”①。因此，习近平总书记强调：“新的征程上，我们必须增强忧患意识、始终居安思危，贯彻总体国家安全观，统筹发展和安全。”②新时代国家安全治理必须始终保持高度警惕，时刻保持清醒头脑，注重对危机、风险、底线的重视和防范，要凡事从坏处准备，努力争取最好的结果，战胜一切在政治、经济、文化、社会等领域的困难和挑战。

国家安全治理既要有防范先手，也要有既能预防和化解国家安全问题又能维护国家安全的高招，主要表现在以下两个方面：一是打防结合。习近平指出，“维护国家安全，等等，都要敢于斗争、善于斗争”③，“要坚持政治安全、人民安全、国家利益至上有机统一，既要敢于斗争，也要善于斗争，全面做强自己”④。在维护国家安全中在防范的同时，要敢于善于斗争，就必须坚定斗争意识，做好斗争准备，把准斗争方向，讲求斗争的方法和策略，注重斗争效果。二是防范与化解两手抓。习近平指出：“既要有防范风险的先手，也要有应对和化解风险挑战的高招；既要打好防范和抵御风险的有准备之战，也要打好化险为夷、转危为机的战略主动战。”⑤着力提高安全风险评估、监测预警、应急处置等能力，坚持防范与化解两手抓，统筹安全和发展全局，实现更高水平的国家安全。要有能力化解风险，当风险来临的时候能应对不可预知的风险，能处理不可防控的风险。

---

① 《习近平主持召开二十届中央国家安全委员会第一次会议强调　加快推进国家安全体系和能力现代化以新安全格局保障新发展格局》，新华网，2023 年 5 月 30 日，http：//www. xinhuanet. com/politics/2023 －05/30/c_1129657348. htm。

② 习近平：《在庆祝中国共产党成立 100 周年大会上的讲话》，《人民日报》2021 年 7 月 2 日，第 2 版。

③ 《习近平在中央党校（国家行政学院）中青年干部培训班开班式上发表重要讲话　发扬斗争精神增强斗争本领　为实现“两个一百年”奋斗目标而克强奋斗》，新华网，2019 年 9 月 3 日，http：//www. xinhuanet. com/politics/leaders/2019 －09/03/c_1124956081. htm。

④ 《习近平在省部级主要领导干部学习贯彻党的十九届五中全会精神专题研讨班开班式上发表重要讲话》，新华网，2021 年 1 月 11 日，http：//www. xinhuanet. com/2021 －01/11/c_1126970918. htm。

⑤ 《习近平在省部级主要领导干部坚持底线思维着力防范化解重大风险专题研讨班开班式上的讲话》，新华网，2019 年 1 月 21 日，http：//www. xinhuanet. com/politics/leaders/2019 －01/21/c_1124022412_2. htm。

既要解决好强国进程中面临的安全共性问题，也要处理好中华民族伟大复兴关键阶段面临的特殊安全问题。

总之，国家安全是安邦定国的重要基石，是党治国理政的头等大事，贯穿于中华民族伟大复兴全过程。新时代的国家安全治理，体现了我们党奋力开拓国家安全工作新局面的战略智慧和使命担当，科学回答了维护和塑造中国特色国家安全所面临的一系列重大理论和实践问题，彰显了居安思危、攻坚克难的时代强音。为在深刻变化的时代中赢得主动、在伟大斗争中赢得胜利，要将法治和德治相融合原则、系统安全治理原则、专群结合原则、居安思危原则融入国家安全治理全过程，一以贯之地推进国家安全治理体系现代化；要不断提升国家安全治理效能，筑牢国家安全屏障，推动中国特色社会主义事业航船劈波斩浪、一往无前。

第三节　转变国家安全治理方式

2014 年 4 月 15 日，习近平总书记在中央国家安全委员会第一次会议上正式提出总体国家安全观。在总体国家安全观指导下，《反间谍法》《国家安全法》《反恐怖主义法》《境外非政府组织境内活动管理法》等陆续出台。同时，中国国际秩序观也经历了“排斥—接纳—融入”发展变化，推动了国际安全合作纵深发展。面对这种新情况，中国国家安全治理方式必然也随之变化。

一、国家安全治理方式转变的原因

（一）国家安全组织内涵的变化，需要转变国家安全治理方式

在总体国家安全观产生以前，无论学界还是安全系统实操部门，都对国家安全组织作了狭义的理解，国家安全组织特指国家安全职能机关，包括军事、公安和国安等国家强力部门。维护国家安全是国家安全职能机关的专有使命和神圣职责。根据中国《宪法》规定，全国人民代表大会及其常务委员会、中华人民共和国主席和国务院有权作出包括决定战争和全国紧急状态等在内的涉及军事的重大决策，它们履行的是军事领导机关的职能。因此，这一时期国家安全组织特指国家安全职能机关也就不足为奇了。老版《国家安全法》第二条规定：“国家安全机关是本法规定的国家

安全工作的主管机关。国家安全机关和公安机关按照国家规定的职权划分，各司其职，密切配合，维护国家安全。”由此可见，老版《国家安全法》要求公安机关要与国家安全机关“各司其职，密切配合，维护国家安全”，把公安机关纳入国家安全机关范围之内，把公安机关看作是维护国家安全的重要机关之一。另外，虽然老版《国家安全法》第三条没有把“武装力量”列入对国家安全工作负有职责的机关，但是，不争的事实是，包括武装力量在内的军事机关在维护国家主权和领土完整，抗击侵略等方面发挥着不可或缺的作用，与公安机关、国家安全机关一样是构成国家安全组织的重要部门之一。

随着中央国家安全委员会的设立和总体国家安全观战略思想的提出，特别是有关国家安全系列法律法规的出台，对国家安全组织的理解不断得到加深，国家安全组织已经成为国家安全领导机关、国家安全职能机关和与国家安全责任机关的总和。2013 年 11 月 12 日，党的十八届三中全会在《中共中央关于全面深化改革若干重大问题的决定》中，提出设立国家安全委员会的构想。11 月 15 日，习近平总书记在“关于《中共中央关于全面深化改革若干重大问题的决定》的说明”讲话中，阐述了设立国家安全委员会的意义和职责。2014 年 1 月 24 日，中共中央政治局召开会议，研究决定中央国家安全委员会设置问题。会议决定，中央国家安全委员会由习近平任主席，李克强、张德江任副主席，下设常务委员和委员若干名。由此可见，中共中央决定设立中央国家安全委员会是国家安全工作的重大举措，中央国家安全委员会是国家安全领导机关。

另外，根据《国家安全法》的有关规定，国家安全领导机关除了中央国家安全委员会外，全国人民代表大会及其常务委员会、中华人民共和国主席、国务院、中央军事委员会也是国家安全领导机关重要成员。

《国家安全法》第十九条规定：“中央国家机关各部门按照职责分工，贯彻执行国家安全方针政策和法律法规，管理指导本系统、本领域国家安全工作。”[①] 中央国家机关与军事、公安和国安三大强力部门不同，它们作为中央政府重要职能部门，其主要负责履行经济调节、市场监管、社会管理和公共服务等职能，但根据总体国家观和《国家安全法》的要求，其性

---

① 《中华人民共和国国家安全法》，新华网，2015 年 7 月 1 日，http：//www.xinhuanet.com/politics/2015－07/01c_115787801.htm。

质定位和职能发生了很大变化。它们不但是中央政府职能部门也是国家安全责任机关，具有“管理指导本系统、本领域国家安全工作”的安全职责。由此可见，中央国家机关各部门就是国家安全组织的组成部分，是国家安全治理的重要主体之一。

综上所述，国家安全组织的内涵和外延已经由特指国家安全职能部门，转化为包括国家安全领导机关（中央国家安全委员会、全国人民代表大会及其常务委员会、中华人民共和国主席、国务院、中央军事委员会）、国家安全职能机关（国防部、公安部、国家安全部）和国家安全责任机关（如国家发展改革委、财政部、工信部等）在内的整个安全组织体系，这充分表明，国家安全治理已经由国家安全职能机关为唯一主体转化为众多国家政府组织参与的多元主体，面对这种新形势，国家安全治理方式必然发生变化。

（二）国家安全事务的不断扩大，需要转变国家安全治理方式

传统安全观认为，国家安全事务仅仅包括政治、军事等事务。这种观点在老版《国家安全法》中得到了充分认可。如老版《国家安全法》第四条把危害中国国家安全的行为界定为以下五种行为：“阴谋颠覆政府，分裂国家，推翻社会主义制度的；参加间谍组织或者接受间谍组织及其代理人任务的；窃取、刺探、收买、非法提供国家秘密的；策动、勾引、收买国家工作人员叛变的；进行危害国家安全的其他破坏活动的。”① 从这五种危害国家安全行为的性质来看，主要涉及或针对政治和军事事务内容，因此，老版《国家安全法》把国家安全事务锁定在政治、军事等传统安全事务。

随着中共中央提出总体国家安全观和《国家安全法》出台，传统安全观对国家安全事务的认识得到了修正。2022 年出版的《总体国家安全观学习纲要》把国家安全领域扩展为“涵盖政治、国土、军事、经济、文化、社会、科技、网络、生态、资源、核、海外利益、太空、深海、极地、生物、人工智能、数据等诸多领域”。可见，国家安全事务也随着总体国家安全观所覆盖的范围不断得到拓展。另外，中共中央、国务院对国家安全战略、国家安全法治、国家安全管理、国家安全体制机制等认识不断强

---

① 1993 年《中华人民共和国国家安全法》，中国政府网，2005 年 8 月 5 日，http：//www. com. cn/ziliao/flfg/2005 – 08/05/content_20927. htm。

化，国家安全事务的范围会得到进一步的扩大。由此可见，由于国家安全事务性质、地位不同，对其治理的主体和治理工具选择也就不同，特别是随着国家安全事务范围不断扩大，其复杂性和多样性越来越大，因此，为了更好地实现对国家安全事务治理，国家安全治理主体转变国家安全治理方式迫在眉睫。

（三）中国新型国际秩序观的变化，需要转变国家安全治理方式

2012 年，党的十八大报告指出："中国将坚持把中国人民利益同各国人民共同利益结合起来，以更加积极的姿态参与国际事务，发挥负责任大国作用，共同应对全球性挑战。""推动国际秩序和国际体系朝着公正合理的方向发展。"① 这种表述与 1992 年党的十四大报告提出的"建立和平、稳定、公正、合理的国际新秩序"，并且强调"建立国际新秩序是长期的任务"，以及 1997 年党的十五大报告、2002 年党的十六大报告再次强调的"要致力于推动建立公正合理的国际政治经济新秩序"有着根本的区别，这标志着中国国际秩序观发生了根本性的变化，即由原来对国际秩序和国际体系的排斥转变到对国际秩序和国际体系的接纳。

2013 年以后，这种新国际秩序观进一步得到发展。2013 年 5 月，李克强总理在印度《印度教徒报》《觉醒日报》发表署名文章，他强调，"中国是现行国际秩序和国际体系的受益者和维护者"，"中国将努力承担与自身国力相称的国际责任"。② 2015 年 3 月，李克强总理在亚非法协第 54 届年会开幕式上作主旨讲话，再次强调中国"努力维护战后确立的国际秩序和国际体系"，"要维护以联合国为核心的战后国际秩序"，"继续在维护和完善国际秩序中发挥积极作用"。③ 同月，李克强总理在人民大会堂接受英国《金融时报》总编巴伯专访时，进一步指出："无论是和平还是发展，

---

① 《坚定不移沿着中国特色社会主义道路前进　为全面建成小康社会而奋斗——胡锦涛同志代表第十七届中央委员会向大会作的报告摘登》，人民网，2012 年 11 月 9 日，http://politics.people.com.cn/n/2012/1109/c1001-19529914.html。

② 《李克强在印度〈印度教徒报〉〈觉醒日报〉发表署名文章》，人民网，2013 年 5 月 20 日，http://cpc.people.com.cn/n/2013/0520/c64094-21544579.html。

③ 李克强：《加强亚非团结合作　促进世界和平公正——在亚非法协第 54 届年会开幕式上的主旨讲话》，新华网，2015 年 4 月 13 日，http://www.xinhuanet.com/politics/2015-04/13/c_1114955463.htm。

中国都是现行国际体系的受益者”，“所以不存在打破现有秩序的问题”①。

2015 年 9 月 22 日，习近平出席华盛顿州当地政府和美国友好团体联合会举行的欢迎宴会并发表演讲，强调“中国是现行国际体系的参与者、建设者、贡献者”。中国国际秩序观再次发生变化，由对国际秩序和国际体系的接纳转变为对国际秩序和国际体系的融入。

中国秩序观的转变，极大推动了中国与大国和周边国家的安全合作。中美安全合作主要表现在中美国防部防务磋商机制、中美战略安全对话、中美打击网络犯罪及相关事项高级别联合对话机制、重大军事行动相互通报信任措施机制和海空相遇安全行为准则等构建方面。改革开放以来，中俄高层领导互访频繁；中俄战略协作伙伴关系不断得到巩固，推动中俄执法安全合作机制和中俄战略安全磋商不断加强，使中俄安全合作达到新的阶段。另外，中国与周边国家安全合作机制建设态势向好，如中国积极参与东盟地区论坛、东盟防长扩大会机制、香格里拉对话、上海合作组织、亚洲相互协作与信任措施会议等安全合作机制，在一定程度上维护了地区安全和稳定。

由此可见，国家安全治理主体只有转变安全治理方式，才能适应中国国际秩序观的变化，为中国要扮演好现行国际体系的参与者、建设者、贡献者等角色助力，积极参与和推动国际安全合作，为维护世界和平与发展，承担大国责任。

二、国家安全治理方式转变的基本形式

党的十八大以来，特别是国家安全委员会的成立以后，中国国家安全治理方式转变取得了显著效果，“解决了许多长期想解决而没有解决的难题，办成了许多过去想办而没有办成的大事”②。正在由单一治理主体向多元治理主体、强制治理向综合治理、行政治理向法治治理、封闭治理向开放治理转变。

---

① 《李克强总理接受英国〈金融时报〉总编巴伯专访实录》，新华网，2015 年 4 月 15 日，http://www.xinhuanet.com/politics/2015-04/15/c_1114982805.htm。

② 《习近平主持召开十九届中央国家安全委员会第一次会议并发表重要讲话》，中国政府网，2018 年 4 月 17 日，http://www.gov.cn/xinwen/2018-04/17/content_5283445.htm。

（一）由单一治理主体向多元治理主体转变

如前所述，由于传统安全治理主体特指狭义国家安全职能机关，即包括军事、公安、国安、武警等部门在内的国家强制机关，其他组织和公民个人都不是安全治理主体。这样，在单一治理主体方式中，国家安全职能机关构成国家安全治理唯一主体，对国家安全事务治理，维护国家安全负有主责；其他国家机关、政党组织、社会团体、企事业单位和公民都处于从属地位，只负有对安全治理主体和国家安全工作进行配合的义务。单一治理主体方式不但效率低下，而且面对其他组织和个人众多不配合的情景也无可奈何。老版《国家安全法》第三条规定："中华人民共和国公民有维护国家的安全、荣誉和利益的义务，不得有危害国家的安全、荣誉和利益的行为。一切国家机关和武装力量、各政党和各社会团体及各企业事业组织，都有维护国家安全的义务。"由此可见，上述这些组织和公民个人只有维护国家安全的"义务"而不是"责任"。"义务"虽然意味着在法律上义务主体必须作出一定行为或不得作出一定行为，但在现实国家安全工作中，对于那些没有履行维护国家安全义务的组织和个人因没有具体法律明文规定往往使对其惩罚流于形式，只能停留在道德维度。另外，单一主体治理方式只适合对简单国家安全事务的治理。

2015 年，新版《国家安全法》颁布。其第十一条规定："中华人民共和国公民、一切国家机关和武装力量、各政党和各人民团体、企业事业组织和其他社会组织，都有维护国家安全的责任和义务。"[①]《国家安全法》第三十九条规定："中央国家机关各部门按照职责分工，贯彻执行国家安全方针政策和法律法规，管理指导本系统、本领域国家安全工作。"[②] 由此可见，《国家安全法》把军事机关、公安机关、武警以及其他国家机关、各政党和各社会团体及各企业事业组织、公民与国家安全部门一样，都视为安全治理主体，因为，《国家安全法》第十一条把维护国家安全的"责任"和"义务"相统一，这意味着任何组织和公民个人都要履行安全治理的主体责任和义务，否则就要被相关部门追究责任；另外，第三十九条直

---

① 《中华人民共和国国家安全法》，新华网，2015 年 7 月 1 日，http：//www. xinhuanet. com/politics/2015 -07/01/c_1115787801. htm。

② 《中华人民共和国国家安全法》，新华网，2015 年 7 月 1 日，http：//www. xinhuanet. com/politics/2015 -07/01/c_1115787801. htm。

接要求中央国家机关各部门履行“管理指导本系统、本领域国家安全工作”的安全治理主体责任。

在多元治理主体方式中，各安全治理主体之间构成平等关系，即其他组织和公民个人与国家安全职能机关一样都负有维护国家安全，履行安全治理的职责。

（二）由强制治理向综合治理转变

作为安全治理主体，国家安全职能机关如军事、公安、国安、武警等，代表国家从事安全治理活动，履行安全治理职责，安全治理手段主要是强制力，即行使法律授予的权力，这就意味着安全治理获得了国家强制力的支撑，其行为具有法定的权威性。如《国家安全法》第七十五条规定：“国家安全机关、公安机关、有关军事机关开展国家安全专门工作，可以依法采取必要手段和方式，有关部门和地方应当在职责范围内提供支持和配合。”① 这样，根据该条款规定，国家安全部门可以凭借法律授予的公共权力，依法采取具有强制性质的“必要手段和方式”来实施安全治理。

另外，对于国家安全职能部门而言，根据《反间谍法》《反恐怖主义法》的有关规定，这种“必要手段和方式”在反间谍工作中表现为以下执法权力：依法行使侦查、拘留、预审和执行逮捕等权力；查验中国公民或者境外人员的身份证明的权力和向有关组织和人员调查、询问的权力；进入有关场所、单位的权力和进入限制进入的有关地区、场所、单位，查阅或者调取有关的档案、资料、物品的权力；在依法执行紧急任务的情况下，优先乘坐公共交通工具，遇交通阻碍时，优先通行的权力；优先使用或者依法征用机关、团体、企业事业组织和个人的交通工具、通信工具、场地和建筑物的权力；经过严格的批准手续，采取技术侦察措施的权力；查验有关组织和个人的电子通信工具、器材等设备、设施的权力；查验中发现存在危害国家安全情形的，国家安全机关应当责令其整改的权力；拒绝整改或者整改后仍不符合要求的，可以予以查封、扣押的权力；提请海关、边防等检查机关对有关人员和资料、器材免检的权力；对用于间谍行为的工具和其它财物，以及用于资助间谍行为的资金、场所、物资，经设

---

① 《中华人民共和国国家安全法》，新华网，2015 年 7 月 1 日，http：//www.xinhuanet.com/politics/2015－07/01/c_1115787801.htm。

区的市级以上国家安全机关负责人批准，可以依法查封、扣押、冻结的权力；会同有关部门制定反间谍技术防范标准，指导有关部门落实反间谍技术防范措施，对存在隐患的部门，经过严格的批准手续，可以进行反间谍技术防范检查和检测的权力；因履行反恐怖主义职责的紧急需要，“可以征用单位和个人的财产”的权力。①

另外，国家安全职能机关不但有以上执法权力，而且有一定的处置权力。根据《反间谍法》有关规定，对于以下情形国家安全机关有权对其作出 15 日以下行政拘留：故意阻碍国家安全机关依法执行任务，未使用暴力、威胁方法；非法持有属于国家秘密的文件、资料和其它物品，尚不构成犯罪的；对非法持有属于国家秘密的文件、资料和其它物品的，以及非法持有、使用专用间谍器材的。②

总之，国家安全职能机关在履行安全治理职能时，凭借执法权和处置权这个工具，往往采用强制式治理方式，尤其是采用的技术侦察措施的权力，即对犯罪嫌疑人及其家庭住所、工作单位等进行电子侦听、电子监听、电子拍照、录像、进行邮件检查等秘密专门技术活动，这是强制式治理的最高体现。

虽然随着总体国家安全观和几部重要国家安全法律的陆续出台，中央国家机关（国家安全责任机关）和各社会团体及各企业事业组织、公民与国家安全职能部门一样都是安全治理主体，但这些安全治理主体与国家安全部门职能有着本质的区别，这些主体没有强制性权力支撑，只是获得履行安全治理职责的合法性支撑而已，如中央国家机关各部门依据《国家安全法》第十九条规定，获得履行“管理指导本系统、本领域国家安全工作”安全职责的合法性；其他如政党、各社会团体及各企业事业组织、公民等，作为安全治理的主体，根据《国家安全法》第十一条中“都有维护国家安全的责任和义务”的规定，也获得了履行安全治理职责的合法性。另外，《反恐怖主义法》也为国家机关和企事业单位履行安全治理职责提供了合法性，如网信、电信等主管部门作为安全治理主体可以对含有恐怖

---

① 《中华人民共和国反恐怖主义法》，中国政府网，2015 年 12 月 28 日，http：// www. gov. cn/zhengce/2015 – 12/28/content_5029899. htm。

② 《中华人民共和国反间谍法》，中国政府网，2014 年 11 月 1 日，http：// www. gov. cn/zhengce/2014 – 11/01/content_2775484. htm。

主义、极端主义内容的信息，“及时责令有关单位停止传输、删除相关信息，或者关闭相关网站、关停相关服务”，对互联网上跨境传输的含有恐怖主义、极端主义内容的信息，可以“采取技术措施，阻断传播”。铁路、公路、水上、航空的货运和邮政、快递等公司作为安全治理主体可以“实行安全查验制度，对客户身份进行查验，依照规定对运输、寄递物品进行安全检查或者开封验视”等。①

正是因为国家安全法律除了为这些国家安全治理主体从事国家安全治理提供合法性外，没有授予它们与国家安全职能机关履行安全治理职责相同的强制性工具，即执法权和处置权，因此，这些主体履行安全治理职责的工具只能是非强制性权力，它们往往采用非强制工具来履行国家安全职责。

由此可见，由于多元安全治理主体的存在，它们的自身性质和安全职责不同，所采取的治理工具也不同，如国家安全职能机关采用强制工具，其他治理主体采用非强制工具，因此，国家安全治理方式由强制治理向综合治理转变迫在眉睫。

（三）由行政治理向法治治理转化

在传统安全观下，作为国家安全治理主体，无论是国家安全职能部门还是国家安全责任部门，它们在履行安全治理职能时，采取行政命令是其主要方式。行政命令对于提高安全治理效率，完成安全治理目标具有重要作用。然而，行政式安全治理最大的弊端在于安全治理过于依赖国家安全领导，特别是“一把手”，容易催生治理权力异化，诱发腐败现象，马键和付益生案件就是佐证。

随着总体国家安全观的提出，特别是国家安全法治化不断完善，行政治理方式逐渐向法治治理方式转化。法治治理方式主要表现在以下四个方面。

1. 科学立法

国家应该对国家安全工作如安全职能设置、安全机构构建、安全行为性质、管理方式选择等都要进行相关立法，尽量做到全面，不留法律盲区，使国家安全治理工作有法可依，为国家安全工作保驾护航。

---

① 《中华人民共和国反恐怖主义法》，中国政府网，2015 年 12 月 28 日，http://www.gov.cn/zhengce/2015－12/28/content_5029899.htm。

2. 严格执法

严格执法是指在国家安全管理工作中，对于有法律规定的，必须按法律规定执行，安全治理主体不能任意主观臆断，要做到有法必依，执法必严，违法必究。

3. 公正司法

作为重要安全治理主体之一，人民法院、人民检察院和人民法院根据《国家安全法》第四十一条规定，“依照法律规定行使审判权，依照法律规定行使检察权，惩治危害国家安全的犯罪”。办理涉及国家安全案件时应坚持和体现公平和正义的原则。

4. 全民守法

我们必须弘扬国家安全法治精神，建设社会主义国安法治文化，形成守法光荣、违法可耻的社会氛围，使国家安全部门的各级领导干部和全体人民都成为社会主义法治的忠实崇尚者、自觉遵守者、坚定捍卫者。

（四）由封闭治理向开放治理转变

《国家安全法》第三十三条规定：“国家依法采取必要措施，保护海外中国公民、组织和机构的安全和正当权益，保护国家的海外利益不受威胁和侵害。”① 这就从法律维度要求国家安全治理主体，特别是国家安全职能机关履行维护中国海外利益安全的职责。随着共建“一带一路”倡议的推进和海外中国公民和国家利益的不断增加，国家安全治理方式也要由封闭治理向开放治理转变，以便适应新情况的需求。

中国国际秩序观的转变，使中国参与全球治理的深度和广度发生了质的飞跃，正如习近平于2014年3月28日在德国科尔伯基金会的演讲中所指出的那样，“贡献完善全球治理的中国方案，为人类社会应对21世纪的各种挑战作出自己的贡献”②。所谓“中国方案”就是为全球提供公共物品，主要体现在共建“一带一路”倡议、亚洲基础设施投资银行等，这些全球公共物品不但为中国人民也为世界人民谋福利。由此可见，国家安全组织作为把维护国家和人民利益以及维护世界和平为使命的安全治理主

① 《中华人民共和国国家安全法》，新华网，2015年7月1日，http://www.xinhuanet.com/politics/2015-07/01/c_1115787801.htm。

② 《习近平在德国科尔伯基金会的演讲》，中国政府网，2014年3月29日，http://www.gov.cn/xinwen/2014-03/29/content_2649512.htm。

体，那种封闭式安全治理方式已经无法满足中国深度参与全球治理，履行大国担当职责的需要，应该向开放式安全治理方式转变。

三、国家安全治理方式转变的路径

（一）转变安全观念，树立总体国家安全观

从国家安全治理视角来看，任何安全行为的发生都与安全观念密切相关，特别是安全治理方式的转变都是安全理念更新的产物。从新中国成立到习近平中国特色社会主义新时代，“历届中央领导集体根据不同时期中国面临的国家安全客观形势、主观认知以及维护国家安全的能力和安全诉求等，形成了具有各自时代特征的国家安全观念”①，主要表现为传统安全观、非传统安全观和总体国家安全观。

新中国成立初期到20世纪90年代，无论官方还是学界基本上以传统安全观来思考中国安全问题，强调军事安全和政治安全的重要性。以毛泽东同志为核心的中国第一代领导人认为，只要帝国主义存在，战争就是不可避免的，把捍卫新生的政权安全、国家独立和领土完整视为人民军队的根本任务。改革开放以后，尽管邓小平同志以极大的政治勇气把党和国家的重心从“以阶级斗争为纲”转移到以经济建设为中心上来，并得出“战争是可以避免的”的战略结论，但是，这一时期的人们的安全理念，仍然停留在把“稳定压倒一切”，反对“和平演变”看作是维护国家安全的重要手段的层面，正如邓小平所言：“国家的主权、国家的安全始终要放到第一位，这一点我们比过去更清楚了。”②

冷战以后，中共中央对国际安全形势进行科学研判，得出“和平与发展仍然是当今世界两大主题”的结论，认为，“在相当长的时期内，避免新的世界大战是可能的”。这种科学研判对于中共中央转变安全观念具有一定的推动作用。党的十五大报告指出“维护国家经济安全”，首次在党的报告中明确涉及非传统安全问题。党的十六大报告强调“恐怖主义危害上升”；党的十六届四中全会除了提出“经济安全”外，又提出“文化安全和信息安全”等非传统安全问题；党的十七大报告提出“粮食安全”问

---

① 卢静：《习近平为何要提出总体国家安全观》，《人民论坛》2017年第10期，第38页。

② 邓小平：《邓小平文选》第3卷，人民出版社1993年版，第348页。

题；党的十八大又把非传统安全问题扩展到“能源资源安全、网络安全”。由此可见，在党的报告中广泛涉及非传统安全问题，这标志着中共中央国家安全观逐渐由传统安全观向非传统安全观转变。

伴随中共官方国家安全观念的转变，学界也把非传统安全问题纳入了研究范围，如有的学者认为“经济安全不仅是国家安全的重心，而且是国家在世界竞争中的重要意识形态工具”[①]；有的学者把非传统安全问题概括为“经济安全、信息安全、文化安全、生态安全、跨国犯罪与安全、核扩散与安全、民族主义与安全、移民与安全、社会矛盾与安全等”[②]；有的学者把非传统安全类型概括为全球化的影响；种族、宗教矛盾和冲突；国家经济安全问题；能源问题；环境保护；社会问题因素；国际间移民和人口的非法流动及由此引发的跨国犯罪；利用新的技术手段如信息干扰和电子战向目标国进行“不对称性”的攻击；跨国犯罪[③]九种类型。

2014 年 4 月 15 日，在中央国家安全委员会第一次会议上，习近平主席首次提出总体国家安全观。习近平指出，“必须坚持总体国家安全观”，“走出一条中国特色国家安全道路”[④]。随着国家安全战略、国家安全法治和国家安全管理的推进，特别是习近平安全思想的提出和完善，总体国家安全观不断得到丰富与发展。

总体国家安全观与传统安全观和非传统安全观的最大不同就在它的系统性和全面性。一般来讲，传统安全观关注传统安全问题的研究而对非传统安全问题研究不足；非传统安全观关注非传统安全问题研究而对传统问题研究欠缺，二者都呈现一定的片面性。当今时代，无论对于国际社会还是单个国家而言，传统安全威胁和非传统安全威胁的因素相互交织，互相影响，互相作用，为此，只有对传统安全问题和非传统安全问题并重研究，才能深刻认识影响传统安全威胁和非传统安全威胁的各种因素并提出切实可行的应对方略。总体国家安全观克服了传统安全观

---

① 庞中英：《广义安全、经济安全、合作安全——关于全球变化和安全问题的若干新思考》，《欧洲》1997 年第 1 期，第 34 页。

② 王逸舟：《论综合安全》，《欧洲》1998 年第 1 期，第 6 页。

③ 傅梦孜：《从经济安全的角度谈对“非传统安全”的看法》，《现代国际关系》1999 年第 3 期，第 1 页。

④ 《习近平：坚持总体国家安全观　走中国特色国家安全道路》，新华网，2014 年 4 月 15 日，http：//www. xinhuanet. com/politics/2014 – 04/15/c_1110253910. htm。

和非传统安全观的片面性。总体国家安全观对于转变安全治理方式具有重要的指导意义，为中国安全治理方式的转变提供了理念路径，主要表现在以下两个方面：

1. 牢记“以人民为宗旨”是转变国家安全治理方式的价值追求

习近平指出：“以人民安全为宗旨”，“坚持以民为本、以人为本，坚持国家安全一切为了人民、一切依靠人民”。可见，总体国家安全观把维护人民安全作为国家安全的第一要务，这与共产党的宗旨“为人民服务”和习近平所言的“人民对美好生活的向往就是我们的奋斗目标”一脉相承。一般来讲，为了更好地维护国家安全，根据国内外安全形势的变化，转变国家安全治理方式是其必然选择。然而，根据总体国家安全观的人民主体性原则，转变国家安全治理方式不仅仅是为了国家安全，其根本目的是实现人民群众的安全感和幸福感，增进人民福祉，保障人民有“更好的教育、更稳定的工作、更满意的收入、更可靠的社会保障、更高水平的医疗卫生服务、更舒适的居住条件、更优美的环境”[①]。由此可见，国家安全治理方式转变是否成功关键取决于能否坚持“以民为本，以人为本”，把“以人民为宗旨”安全理念落到实处。

2. 总体国家安全观的系统性是转变国家安全治理方式的关键

转变国家安全治理方式就是要坚持总体国家安全观的系统性，把国家安全看作一个体系，即“集政治安全、国土安全、军事安全、经济安全、文化安全、社会安全、科技安全、信息安全、生态安全、资源安全、核安全等于一体的国家安全体系”[②]。我们要充分认识到，在这个体系中的每个安全构成要素都相互作用相互影响，共同影响体系的变化和发展。在中国，随着国内外安全环境的变化，国家安全体系也就要随之变化，即由原来片面强调传统安全因素（军事和政治）或非传统安全因素（如经济、社会和文化等）的体系向既重视传统安全因素又重视非传统因素的国家安全体系转变。可以说，正是由于国家安全体系发生了变化，这就必然要求国家安全治理方式也要随之发生变化。我们也要认识到，每个安全要素在国

---

① 《高举中国特色社会主义伟大旗帜　为决胜全面小康社会实现中国梦而奋斗》，《习近平治国理政》第二卷，外文出版社 2017 年版，第 61 页。

② 《习近平：坚持总体国家安全观　走中国特色国家安全道路》，新华网，2014 年 4 月 15 日，http：//www. xinhuanet. com/politics/2014 -04/15/c_1110253910. htm。

家安全体系中的地位和作用是不同的，按照总体国家安全观的要求，政治安全是根本，经济安全是基础，军事、文化、社会安全是保障，国际安全是依托。为此，在转变国家安全治理方式时，其治理工具选择、安全目标确定、主体合作等也要突出重点、各有侧重。另外，按照总体国家安全观要求，“坚持既重视外部安全又重视内部安全、既重视国土安全又重视国民安全、既重视传统安全又重视非传统安全、既重视发展问题又重视安全问题、既重视自身安全又重视共同安全”,① 对于把握总体国家安全观系统性和全面性，进而促进国家安全治理方式转变具有重要意义，如实现封闭式治理向开放式治理就要“既重视外部安全又重视内部安全”，“既重视自身安全又重视共同安全”，否则，开放式治理就会迷失方向。

（二）加强国家安全教育，强化安全治理主体意识

如前所述，转变国家安全治理方式特别是单一主体治理方式向多元主体治理方式的转变以及强制治理向综合治理方式转变，其基本前提就是除国家安全职能机关外，社会上组织和公民个人特别是中央国家机关（国家安全责任机关）能够真正成为国家安全治理主体。虽然根据 2015 年版《国家安全法》第十一条、第十九条的规定，中华人民共和国公民、一切国家机关和武装力量、各政党和各人民团体、企业事业组织和其他社会组织以及中央国家机关，在特定条件下都可以成为国家安全治理主体具有了法律依据，但是在现实中，上述这些组织和个人远远没有把自身看作是国家安全治理的主体。造成这种现象的根本原因之一就是国家安全意识薄弱，国家安全观念、责任淡薄，而改变这种现状的有效途径就是加强国家安全教育。事实上，中共中央历来非常重视国家安全教育工作。2014 年 4 月 25 日，习近平在中共中央政治局就切实维护国家安全和社会安定进行第十四次集体学习大会上，就明确指出：“要加强对人民群众的国家安全教育，提高全民国家安全意识。”②

2015 年 7 月 1 日，全国人大常委会通过的《国家安全法》第十四条规

---

① 《习近平：坚持总体国家安全观　走中国特色国家安全道路》，新华网，2014 年 4 月 15 日，http：//www. xinhuanet. com/politics/2014 –04/15/c_1110253910. htm。

② 《习近平在中共中央政治局第十四次集体学习时强调　切实维护国家安全和社会安定为实现奋斗目标营造良好社会环境》，人民网，2014 年 4 月 27 日，http：//politics. people. com. cn/n/2014/0427/c1024 –24946690. html。

定：“每年4月15日为全民国家安全教育日。”该法第七十六条规定：“国家加强国家安全新闻宣传和舆论引导，通过多种形式开展国家安全宣传教育活动，将国家安全教育纳入国民教育体系和公务员教育培训体系，增强全民国家安全意识。”国家通过法律形式把国家安全教育加以规定，凸显国家安全教育的重要性。

2016年4月15日，在首个全民国家安全教育日，习近平强调“要以设立全民国家安全教育日为契机，以总体国家安全观为指导，全面实施国家安全法，深入开展国家安全宣传教育，切实增强全民国家安全意识”。[①]

2017年12月9日，中共中央政治局召开会议，审议通过《关于加强国家安全工作的意见》。会议强调，“必须坚持总体国家安全观，以人民安全为宗旨，统筹国内国际两个大局，统筹发展安全两件大事，有效整合各方面力量，综合运用各种手段，维护各领域国家安全，构建国家安全体系，走中国特色国家安全道路；必须坚持集中统一、高效权威的国家安全领导体制；必须坚持国家安全一切为了人民，一切依靠人民；必须坚持社会主义法治原则；必须开展国家安全宣传教育，增强全社会国家安全意识”。[②] 在这4个“必须”中，把“开展国家安全宣传教育”放在与“坚持总体国家安全观”“国家安全领导体制”“以人民安全为宗旨”和“社会主义法治”同等的地位上，充分揭示了国家安全教育的重要性。党的十九大报告也把“加强国家安全教育，增强全党全国人民国家安全意识”与“推动全社会形成维护国家安全的强大合力”关联起来。2018年4月，教育部在《关于加强大中小学国家安全教育的实施意见》（教思政〔2018〕1号）文件中，把“设立国家安全学一级学科”作为“推动国家安全学学科建设”的具体抓手，这对于“深入贯彻党的十九大精神和习近平总书记总体国家安全观，落实党中央关于加强大中小学国家安全教育有关文件精神

---

① 《习近平在首个全民国家安全教育日之际作出重要指示》，人民网，2016年4月15日，http://cpc.people.com.cn/n1/2016/0415/c64094-28278100.html。

② 《中共中央政治局召开会议：分析研究二〇一七年经济工作审议〈关于加强国家安全工作的意见〉》，人民网，2016年12月10日，http://politics.people.com.cn/n1/2016/1210/c1024-28939083.html。

和‘将国家安全教育纳入国民教育体系’的法定要求”，[①] 特别是培养国家安全专业人才和提升全民国家安全意识具有重要意义。

作为中共中央关于国家安全工作的决策和议事协调机构，中央国家安全委员会对于搞好国家安全教育负有不可推卸的责任。2018 年 4 月 17 日，习近平在十九届中央国家安全委员会第一次会议上把“增强国家安全意识”与“切实做好维护政治安全、健全国家安全制度体系、完善国家安全战略和政策、强化国家安全能力建设、防控重大风险、加强法治保障”等并重列为中央国家安全委员会的重要工作内容，并且强调，“中央国家安全委员会要发挥好统筹国家安全事务的作用，抓好国家安全方针政策贯彻落实”。“着力在提高把握全局、谋划发展的战略能力上下功夫，不断增强驾驭风险、迎接挑战的本领。”[②] 这充分说明中央国家安全委员会做好国家安全教育的重要性。在国家安全治理方式转变过程中，中央国家安全委员会的“统筹”和“落实”作用主要表现在抓好国家安全教育，不断增强安全主体意识教育方面。只有安全治理主体，真正意识到自己的主体地位，认真履行其职责，国家安全治理方式才能够落地。

（三）梳理安全职责，为中央国家机关履职奠定基础

所谓安全职责是指中央国家机关对本系统、本领域的国家安全工作承担工作责任，主要指岗位责任与领导责任。

岗位责任，指的是在国家安全治理过程中，中央国家机关的职能部门（厅局、处）工作人员因担任某一职务（岗位）所应承担的义务，以及对本部门的涉及国家安全的工作成败所应承担的责任。也就是作为国家安全治理主体，无论这些部门的领导还是普通成员，在涉及国家安全工作时，特别是在具体的国家安全治理行为实施中都有各自的固定工作岗位，都要承担各自的岗位职责，如果履行岗位职责出现纰漏，给国家安全工作造成不利影响时，要承担相当的责任。

领导责任，就是指中央国家机关领导在组织、决策、指挥、用人、监

---

① 《教育部关于加强大中小学国家安全教育的实施意见》（教思政〔2018〕1 号），教育部网站，2018 年 4 月 9 日，http：//www. moe. gov. cn/srcsite/A12/s7060/201804/t20180412_332965. html。

② 《习近平主持召开十九届中央国家安全委员会第一次会议并发表重要讲话》，新华网，2018 年 4 月 17 日，http：//www. gov. cn/xinwen/2018 －04/17/content_5283445. htm。

督、评估等涉及国家安全治理工作过程中，所负有的保其成、避其败的职责。也就是说，作为领导者，当本系统、本领域国家安全治理工作出现不良后果时，不论是领导者自身的原因，还是其下属的原因，都要承担责任。

事实上，2015 年版《国家安全法》出台前，作为中央政府的职能部门，中央国家机关只是承担着行政管理的基本职能，即经济调节、市场监管、社会管理和公共服务等，不承担国家安全职责。中央国家机关不是国家安全治理的主体，所以对于国家安全工作，这些国家机关只是配合国家安全治理主体（军事、公安和国安等机关）的工作。但是 2015 年版《国家安全法》出台后，由于被赋予了国家安全职责，中央国家机关的性质和身份发生了变化，即由一般的政府职能机关转化为国家安全治理主体（国家安全责任机关），即负责管理指导本系统、本领域的国家安全工作。虽然从法理层面解决了中央国家机关是安全治理主体的身份问题，但是在实际工作中，这些部门根本不知安全职责是何物，履行其安全职责只是空谈而已，国家安全治理方式由单一主体治理方式向多元治理主体治理方式转变必然也是一纸空文。

因此，厘清中央国家机关的安全职责是当务之急。只有明确中央国家机关的安全职责，才能明确中央国家机关的国家安全目标指向问题，即“干什么”“管什么”，进而扮演好国家安全治理主体的角色。如把国家发展改革委的主要安全职责界定为以下四条：一是在负责监测宏观经济和社会发展态势，研究宏观经济运行、总量平衡等重要问题并提出宏观调控政策建议时，考量国家经济安全因素，负责协调解决经济运行中的重大问题，维护国家经济安全；二是在参与制定财政政策、货币政策和土地政策过程中，维护国家财政安全和金融安全；三是在推进经济结构战略性调整，负责协调第一、第二、第三产业发展的重大问题并衔接平衡相关发展规划和重大政策过程中，维护产业安全，粮食安全；四是在参与拟定人口和计划生育、科学技术、教育、文化、卫生、民政等发展政策，推进社会事业建设，以及研究提出促进就业、调整收入分配、完善社会保障与经济协调发展的政策建议过程中，维护社会安全。也就是，国家发展改革委作为国家安全治理主体，在安全治理过程中，要履行上述四条主要安全职责，涉及经济安全、财政安全、金融安全、产业安全、粮食安全、社会安全和能源安全等内容。

目前，国家安全委员会应该统筹规划和协调对中央国家机关安全职责进行梳理的工作，根据其不同性质和职能定位，科学合理界定安全职责，让中央国家机关充分了解“本系统、本领域国家安全工作”具体指的是什么。只有这样，才能为中央国家机关履行安全治理主体责任奠定基础，同时，也极大推动国家安全治理方式转变的步伐。

参考文献：

[1] 何银：《发展和平：全球安全治理中的规范竞争与共生》，中国社会科学出版社2020年版。

[2] 何银：《大国崛起与国际和平：联合国维和建和研究文集》，时事出版社2018年版。

[3] 孟晓旭：《国际安全治理的困境与出路》，时事出版社2017年版。

[4] 孙宝云、漆大鹏：《网络安全治理教程》，国家行政管理出版社2020年版。

[5] 肖莹莹：《地区组织网络安全治理》，时事出版社2019年版。

[6] 杨东、文诚公：《互联网金融风险与安全治理》，机械工业出版社2016年版。

[7] 赵晓春：《国际安全治理的理论与实践》，时事出版社2018年版。

第十二章　构建人类安全共同体

安全是共同的和相互的。一国的安全不仅是本国的事情，也要以别国的安全为条件，离不开别国的支持与合作。在全球化的背景下，只有“既重视自身安全，又重视共同安全，打造命运共同体，推动各方朝着互利互惠、共同安全的目标相向而行”[①]，国家的安全与发展才能够持久，世界的和平与繁荣才会有保障。

第一节　绝对安全与相对安全

传统的国际安全观点认为，国家在维护安全利益的过程中，往往追求绝对安全的目标。为了实现绝对安全，国家通过无限扩大安全投入来提高安全能力的上限，以谋求国家自身对其他利益主体的绝对力量优势，进而使国家处于万无一失的、完全有保障（免于威胁）的绝对安全状态。[②] 然而，“当今世界，没有绝对安全的世外桃源。安全问题是双向的、联动的，只顾一个国家安全而罔顾其他国家安全，牺牲别国安全谋求自身的所谓绝对安全，不仅是不可取的，而且最终会贻害自己”[③]。只有追求相对安全与共同安全，人类社会才能团结一致，共同克服前所未有的安全挑战；世界

---

① 《坚持总体国家安全观　走中国特色国家安全道路》，《人民日报》2014 年 4 月 16 日。

② 张宇燕、冯维江：《新时代国家安全学论纲》，《中国社会科学》2021 年第 7 期，第 147 页。

③ 习近平：《坚持合作创新法治共赢　携手开展全球安全治理——在国际刑警组织第八十六届全体大会开幕式上的主旨演讲》，中国政府网，2017 年 9 月 26 日，https：//www. gov. cn/xinwen/2017 – 09/27/content_5227786. htm。

各国才能齐心协力，共创和平与繁荣的美好未来。

一、绝对安全的思维来源及谋求手段

（一）绝对安全观念主要源于三大战略思维

一是“以实力求安全”。传统的战略现实主义思想认为，国际法、国际规范和道德等对国家行为的约束有限，为实现国家安全，斗争和冲突无法避免。一个国家实力的增加必然会带来国家安全的相应增加，即“力量确保安全，最大的力量确保最大程度的安全”①。为此，国家都将最大限度地增强力量，目的是获得比敌手更强大的实力，利用自身的超众实力应对各种安全威胁。持上述观点的国家往往对硬实力，尤其是军事实力极度推崇，呈现明显的“好战特征”，对内把军事实力等硬实力放在治国方略和安全战略的首要地位，对外把武力作为解决国际政治与外交问题的重要工具。②

二是“最坏假设”。这一思维主导下的国家立足于考虑应对最坏情况，以“宁可信其有”的威胁预期最大化原则来制定对外政策，以应付哪怕概率极低的最坏情况。正如冷战时期的美国，尽管美国朝野对于苏联行为的根源和苏联威胁的性质经常发生激烈争论，无论苏联的“意图”是什么，为了确保美国的安全达到万无一失的程度，美国就只能假定苏联具有威胁性，且力量越大威胁性越强。这实际上也反映了美国安全观念和战略传统的一个重要特征，即谋求和维持绝对、全面的军事优势，争当“全能冠军”。③

三是“安全不平等主义”。一旦国家主张安全具有可分割性，并认为本国安全“高于所有其他国家或地区的安全”，就容易以牺牲别的国家或地区的安全为代价来追求所谓的“绝对安全”。“安全不平等主义”就是不尊重其他国家的正当安全需求，这本质上是一种强权政治的思维方式，具有根深蒂固的西方中心主义，忽视合作、平等、包容等人类共同价值。正

---

① ［美］约翰·米尔斯海默著，王义桅、唐小松译：《大国政治的悲剧》，上海人民出版社 2003 年版，第 41 页。

② 石斌：《美国“黩武主义”探源》，《外交评论》2014 年第 3 期，第 82 页。

③ 石斌：《美国国家安全战略的思想根源》，《国际政治研究》2021 年第 1 期，第 16 页。

是在上述三种战略思维的作用下，部分国家强调追求绝对安全，认为完全排除任何威胁的绝对安全是可以达到的。

（二）国家谋求绝对安全的主要手段

一是执行单边主义战略模式，以权治代替法治。信奉绝对安全理念的国家往往认为绝对安全不能通过外交协商获得，只能通过武力去赢得。[①]为此，执行单边主义战略模式的国家倾向于排除国际制度和外交关系等对本国行动的制约，主要依靠不断增加国防开支，不遗余力加强国防建设，妄想利用自身的超众实力应对各种安全威胁。对于小国或中等国家来说，其目的在于维持相对其对手的绝对军事优势。对于超级大国来说，其目的在于维持庞大的军事力量，继续拉大与其他国家的权力差距，以保证超级大国实力超群、与众不同、无可匹敌的霸权地位，最终实现“霸权国治下的和平”。

二是采取“安全泛化”的战略路径，以安全理由无限放大不确定安全威胁的规模，从而为肆意提升国家安全能力提供理由。这一“安全泛化”主要体现在三个层面。首先是地理范围的泛化。部分国家追求“更安全”和“更具防御性”的“绝对安全边界”，甚至还会诉诸武力来拓展疆土，不断扩大本国战略边界，目的是追求所谓“万无一失”的绝对安全。这种对“势力范围”的执迷是一种典型的零和博弈式的行为习惯，将为国与国之间的领土纠纷、边界争端埋下恶果。[②] 其次是安全议题的泛化。国家将诸如经济发展、气候变化、科技创新等本应合作的时代议题塑造成敌我矛盾尖锐的安全问题。这种对安全议题无节制扩张的行为不仅容易造成资源的错配和浪费，还会极大压缩国际安全的合作空间，最终反而不利于实现安全目标。最后是安全对象的泛化。这是一种主动“制造敌人”的方式，即一国偏颇、轻率地将某个国家定为本国的实在或潜在敌手，然后从这个大前提出发，用对付敌人的“战略思维”来判断对方的意图、利益规定、基本战略和策略，并由此出发制定可保证自己万无一失，进而克敌制胜的大战略和各种相关的政策。20 世纪 90 年代中期以来所谓的“中国威胁论”

---

① James Chace, “Imperial America and the Common Interest”, World Policy Journal, Vol. 19, No. 1, 2002, pp. 1 – 9.

② 胡仕胜、王珏：《印度对华示强外交的行为逻辑》，《现代国际关系》2020 年第 7 期，第 25—26 页。

的甚嚣尘上，正是这种追求绝对安全的冷战思维的产物。①

二、追求绝对安全只会陷入安全困境

国家追求绝对安全往往不在于它切实感受到了不安全，而在于它决不愿忍受这种凡“正常”国家都可以忍受的正常的不安全感，以至于只有绝对的、万无一失的安全才被它认为是足够的保障。历史上无数事实证明，任何一个国家都无法仅凭维护自身安全而独善其身，为趋近绝对安全而不断增加安全投入最终将导致“安全困境”。在“安全困境”里，各国的安全利益是相互竞争、相互对抗的概念。由相互猜疑和恐惧而产生的不安全感驱使国家去争夺更多的权力以获得更大的安全，目的是消除一切不确定的威胁，确保本国处于不受威胁或免于危险的绝对安全状态。然而，在国际体系的无政府状态下，由于没有一个世界政府来为各国的安全投入作出有约束力和可置信的安排，一个国家即使是为保障安全而采取的措施，也会极大增强其他国家的不安全感，并被其他国家视为需要作出反应的威胁。出于安全优势被削弱或受到的威胁加大的担忧，潜在对手国也会增加本国的安全投入来提升安全能力。

从国内层面来看，潜在对手国增强安全实力的行为反过来又会加剧本国面临的威胁，这一威胁增长的幅度可能大于绝对安全追求国的安全能力提升的幅度，最终抵消其安全能力的效果。此外，盲目追求绝对安全目标下的安全投入也将挤占国家生产性用途的投入，最终造成国家总产出下降，从而降低了国家安全投入的可持续性，从长远角度来看将损害国家安全能力的提升，并对其安全利益造成不利影响。因此，一国不惜代价追求“不出事”的绝对安全结果，不过是将一种形势下的不安全转换为另一种形势的不安全，甚至会在转换中出现超额安全损耗，最终出现国家的安全投入增加，但该国的安全水平不升反降的“安全困境”。

从国际层面来看，在国家间互相疑惧日益加深、军备竞赛持续升级等敌意螺旋不断上升的状态下，国际局势必然陷入高度紧张、对立甚至冲突的“安全两难”之中，最终导致国际社会的总体安全投入不断增加，国际综合安全形势却持续恶化的“安全困境”。修昔底德陷阱正是这一“安全

① 时殷弘、陈然然：《论冷战思维》，《世界经济与政治》2001 年第 6 期，第 7—8 页。

两难”的具体呈现。修昔底德陷阱是指既有大国认为新兴大国的崛起必然威胁自身的安全，因此会主动应对新兴大国的挑战，从而导致大国战争不可避免。[①] 事实上，产生这一陷阱的根本原因是大国之间存在根深蒂固的防范心理，并且对安全本身的认定出现偏差，把国家间的安全利益置于非此即彼、绝对对立的互斥立场之下，而忽视了安全的相互性与共同性。这种认为维护霸权或夺取霸权就是追求绝对安全的最好途径的观点，最终只会造成两败俱伤的“安全困境”。[②]

世界历史和现当代都出现过大量因追求“绝对安全”而最终陷入“安全困境”的案例。在 17 世纪和 18 世纪，随着荷兰、法国等国的崛起，以欧洲为中心的国际政治体系始终处于军备竞赛、安全竞争、争霸战争此起彼伏的安全困境之中。虽然英国最终凭借着强大的海军力量建立起日不落殖民帝国，但是由于欧洲列强同时并存于现代世界资本主义体系，因此它始终未能摆脱“安全困境”。当德国在 19 世纪下半叶骤然崛起之后，英国所面临的安全困境更趋严重，英德之间的海军军备竞赛在很大程度上主导了 19 世纪末 20 世纪初的国际政治走向，最终导致一战。

当今世界，美国将中国锁定为最大竞争对手。通过实施对华科技竞争、贸易竞争、数字竞争、市场竞争和意识形态竞争等策略，美国试图全面打压中国，并重新拉开美国和中国之间的力量对比差距。此外，美国还加快实施所谓“印太战略”，积极打造遏制中国的盟伴体系，制造包括美英澳三边伙伴关系（AUKUS）、美日印澳“四边机制”、美日韩三边合作等在内的各种小多边机制，推动东亚地缘政治局势向区域分裂和阵营对抗的方向发展。可以说，美国以追求绝对优势、绝对领导、绝对安全为目标的霸权护持战略正在加剧中美在印太地区战略互动与地缘政治竞争局势下的“安全困境”，并对国际社会的和平与稳定带来巨大挑战。

三、追求相对安全才是应有之义

当今世界各国间的相互依赖正以不可抗拒之势向纵深发展，“一荣俱

---

① 金灿荣、赵远良：《构建中美新型大国关系的条件探索》，《世界经济与政治》2014 年第 3 期，第 58 页。

② 阮宗泽：《“新帝国论”与美国“整合外交”》，《美国研究》2002 年第 3 期，第 42 页。

荣、一损俱损”已然成为对国家在安全领域相互依赖的最好描述。历史和现实证明，“完全没有危险和威胁”的绝对安全、“只有本国安全而其他国家不安全”的独享安全是根本不存在的。[①] 一个稳定的秩序的基础，都在于所有国家只能获得相对安全，也就是相对的不安全。[②] 正如习近平总书记所说：“要立足基本国情保安全，避免不计成本追求绝对安全，那样不仅会背上沉重负担，甚至可能顾此失彼。”[③] 也就是说，当国家追求作为结果意义上的国家安全时，只能实现相对安全而非绝对安全，只能实现共同安全而非独享安全。

国家面临的安全威胁主要包括两个部分，一是确定的威胁，即确定的或知晓预期损失发生概率及预期损失程度的威胁。二是不确定的威胁，比如触发一场危机的随机因素以及超出人类经验范围的威胁性因素，或者是人们对威胁来源有一定的认识，但要么不知其发生的概率多高，要么不知其破坏性多大。相对安全以国家安全为最高关注焦点，但其并不要求完全清除内外潜在威胁甚或以先发制人、以攻为守的方式来实现自身安全，而是谋求国家的安全能力在覆盖全部确定威胁之外，还能留有一定的安全能力来应对不确定威胁。在相对安全状态下，当不确定威胁发生时，安全能力冗余可以在一定程度上控制其安全冲击，或者能在不确定威胁发生后帮助国家尽快恢复和弥补损失。因此，相对安全追求的是有限度的、能够确保核心利益不受侵害的、具备局部优势的能力和有限的安全冗余所保障的安全状态。[④]

此外，绝对安全片面追求一国的独享安全，独享安全强调从一国本身角度出发考虑的安全状态。然而，安全是一种关系概念，自我安全是通过同他者的安全关系界定的，他者的不安全往往是对自我安全的潜在威胁，确保自我安全的最佳方式就是帮助他者也获得安全。据此，相对安全认为

---

① 李文良：《国家安全学基础理论框架构建研究》，《国际安全研究》2022 年第 5 期，第 26—27 页。

② Henry Kissinger, “The Congress of Vienna: A Reappraisal”, World Politics, Vol. 8, No. 2, 1956, p. 264.

③ 习近平：《在网络安全和信息化工作座谈会上的讲话》，《人民日报》2016 年 4 月 26 日。

④ 张宇燕、冯维江：《新时代国家安全学论纲》，《中国社会科学》2021 年第 7 期，第 159 页。

国家安全是相对而且是相互的，要求国家以追求共同安全为最终目的。共同安全理念虽然强调维护国家主权、安全和发展利益等核心利益，但也从全局出发，强调人类是不可分割的安全共同体，世界各国的安全利益具有共通性与和谐性，要求国家将本国的安全需求放到世界安全形势中考虑，在追求自身安全的同时，也要充分理解和照顾其他国家的生存权、发展权等核心安全关切。在此基础上，相对安全和共同安全能够通过多边协调有效地在世界主要行为体之间维持一种安全平衡，这本质上是一种良性的安全互赖。[①] 在这一状态下，各国不会通过实力对抗来谋求本国独享的绝对安全，而是借助协商合作来实现有限度的相对安全与国际共同安全，这就避免了国家因追求绝对安全而产生的敌意螺旋与安全竞赛，从而破解了“安全困境”，并为世界主要行为主体协力应对安全威胁和安全挑战提供了一个最佳方案。

随着全球范围对推动合作、加强协调的需求的日益增加，站在时代的十字路口，各国都在探索安全威胁的应对之道。国际社会呼唤科学理念的指导，并迫切需要全新的治理方案，帮助世界弥补治理赤字、信任赤字、和平赤字、发展赤字，破解全球安全难题，推进全球安全治理进程。在这一时代大背景下，坚持国家安全的相对性理念，走安全共同体之路，才是维护国家安全的应有之义。

第二节　实现共同安全的原则、理念与目标

实现国际共同安全的自身内涵丰富，内在逻辑周严。共同的安全观、综合的安全观、合作的安全观与可持续的安全观共同构成了维护国际安全的“四位一体”格局，分别回答了“安全为了谁”“有哪些安全”“怎样实现安全”“实现何种安全”的重要问题。其中，共同安全是前提，确立了安全认知因素；综合安全是条件，划定了安全认知范畴；合作安全是前两者的逻辑结果，提供了安全实现路径；可持续安全则是指向未来的顺势期待，确定了安全保障质量。作为维护国际共同安全的顶层设计，四大核心要义彼

① 潘忠岐：《霸权的困境——“美国霸权治下的和平”与“新帝国”论的神话》，《美国研究》2003 年第 3 期，第 61 页。

此呼应，相辅相成，共同服务于构建人类安全共同体的高远目标。

一、以共同安全超越独享安全

从人类的历史演进来看，微型共同体的生存方式是人类演化的起源。随着生存范围的不断拓展，人类社会逐渐形成了从氏族部落、部落联盟、城邦小国、国家到超越国家的区域化组织，直至进入全球化时代创造了相互联系、紧密依存的人类命运共同体的生存方式。[①] 这一发展历程具有共同体演进的明显特征。在此基础上，全球安全正是一个关乎全体人类生存与发展的共同性、整体性概念，具有以人类命运共同体，这一人类发展的最高形态为价值元点的本体性。可以说，人类作为“类群体”的类意识、类身份认同、人类命运共同体理念等全球安全的本体性要素正是全球安全问题共治的价值原点，维护全人类共同安全也是全球安全治理的本质要求与根本落脚点。在此基础上，共同安全主要从共同的安全挑战、共同的安全利益、共同的安全权利与责任、共同的安全价值四个方面，昭示了世界各国人民唇齿相依、命运与共的深层价值观。

（一）共同的安全挑战

全球化是当前人类网络化、异地化、集成化存在方式的开端。这在不断凸显人类共生、共建、共享命运的同时，也在不断强化人类共同面临的全球性安全挑战。随着全球化日益深入，安全的内涵和外延更加丰富，安全威胁的来源更加多样，安全指涉的时空范围更加宽广，影响安全的各种因素更加复杂。在此背景下，安全问题早已跨越了地域、议题、领域的界限，呈现联动性、多样性和跨国性。例如，气候变化正在给人类社会发展带来多层次、宽领域的持久、深度影响，且会引发自然与生态环境、经济和社会发展的负面效应甚至是非常态危机。网络空间是全人类共同的公共空间，一旦出现网络不安全的情况，世界各国的社会经济发展都会面临大面积的数据断供、间歇性的经济停摆、突发性的管理失控的连锁危机。面对各种跨国性的安全挑战，没有任何国家和个人能够独善其身。[②] 以共同

---

① 余潇枫、王梦婷：《“全球安全倡议”：人类安全的“前景图”》，《国际安全研究》2023 年第 1 期，第 7 页。

② 徐步等：《全球安全倡议的重大理论意义与实施路径笔谈》，《国际问题研究》2022 年第 4 期，第 21 页。

安全超越独享安全，是鉴于当今世界的安全挑战具有共同性的客观事实，也体现了把握安全问题整体性的全局意识。

（二）共同的安全利益

实现全球安全治理、规避战争风险，符合各国人民的共同利益。近年来，部分国家出于自利动机，通过结盟、制衡、遏制、对抗、战争等手段来谋求狭隘的本国安全。上述行为妄图将一国单方面的自我意志凌驾于国际准则与国际组织的决议之上，为国际社会开创了危险先例。这种根据自身利益对安全概念进行盲目曲解的行为，不仅不能实现预设的安全目标，还有可能会反噬本国的安全利益。事实上，全球化背景下，许多安全问题超越国界限制，呈现出国际国内联动的特点，风险外溢和风险传导并存叠加。任何一个国家的安全短板都会导致外部风险大量涌入，形成安全风险洼地；任何一个国家的安全问题积累到一定程度又会外溢成为区域性甚至全球性安全问题。面对跨国性的安全问题，追求绝对安全、独享安全的狭隘安全观终究行不通。[①] 安全本质上属于一种非排他性、非竞争性的全球公共产品，而非是只能通过你输我赢的竞争、对抗和冲突才能获得的“稀缺资源”。各国安全利益是彼此平等的，也是相互依赖的。任何国家的正当合理安全利益都应得到重视和妥善解决，不应被长期忽视和系统性侵犯。据此，实现国际共同安全主张安全不可分割和人类是不可分割的安全共同体。安全不可分割是指各国安全利益是相互联系在一起的，不能一个国家安全而其他国家不安全，一部分国家安全而另一部分国家不安全，更不能牺牲别国安全谋求自身所谓绝对安全。

（三）共同的安全权利与责任

当今世界，部分发展中国家受制于自身实力，往往面临在国际安全治理体系中难以发声、得不到重视和无法发挥作用的情况。据此，总体国家安全观提出各国都有平等参与国际和地区事务的权利，也有维护国际和地区安全与稳定的责任。[②] 从共同的权利角度来看，主权平等和不干涉内政是国际法基本原则和现代国际关系最根本准则。国家不分大小、强弱、贫

---

① 田文林：《超越西方传统安全观：全球安全倡议的时代价值》，《当代世界》2022 年第 5 期，第 29 页。

② 中共中央宣传部、中央国家安全委员会办公室：《总体国家安全观学习纲要》，学习出版社、人民出版社 2022 年版，第 137 页。

富，也无论其历史文化传统和现行社会制度有何差异，都是国际社会的平等一员，各国内政不容干涉，主权和尊严必须得到尊重。以共同安全超越独享安全，也意味着要坚持主权原则，反对西方的霸权行为，积极推动世界各国的权利平等、规则平等、机会平等，[①] 有效维护所有国家的主权安全。从共同的责任角度来看，面对世纪疫情、气候变化、金融危机、恐怖主义等全球性安全问题，安全风险的超国界特性已经使人类成为一个“全球风险处境的客观共同体”。此外，安全风险的扩散也打破了社区、国家的界限，同时还具有“回旋镖效应”，就算是风险制造者最终也可能面临被风险反噬的后果。[②] 因此，没有一个国家能够独自应付复合性、系统性的安全问题，只有各国共同参与、广泛参与，各种跨国性的安全挑战才能被有效应对，共同安全目标才能最终实现。不过，国家作为国际关系重要行为体的安全治理能力参差不齐，各国解决安全风险的能力有较大差异。[③] 因此，在维护国际共同安全的过程中，世界各国也应该承担共同但有区别的责任。大国要充分利用自身的资源和影响力来发挥建设性作用，还应该鼓励其他国家参与全球安全治理，建立多边机制，以此促进国际社会的稳定与繁荣。小国则应该充分利用多边平台发出有益之声，协同合作，积极为全球安全治理体系的改革与发展作贡献。

（四）共同的安全价值

实现共同安全主要包括三个驱动阶段：一是威胁驱动，即识别对象国是否是进攻性现实主义国家。一旦确认该国属于这一类型的行为体，则要采取“威胁＋示善”逻辑，一方面向对象国展示对方发动进攻性行为的潜在后果，另一方面也向对象国表示不威胁善意，促使对方放弃进攻设想。二是利益驱动，即向对象国提供合作的替代性好处，来增强其投机而非强制的政策心理。三是认同驱动，即通过弘扬全人类共同价值，推动“共同利益驱动的共同安全”向“人类命运共同体驱动的共同安全”转变。由于

---

① 《全球安全倡议概念文件（全文）》，中华人民共和国外交部，2023 年 2 月 21 日，http：//newyork. fmprc. gov. cn/ziliao _ 674904/1179 _ 674909/202302/t20230221 _ 11028322. shtml。

② ［德］乌尔里希·贝克著，张文杰、何博闻译：《风险社会：新的现代性之路》，译林出版社 2018 年版，第 29、43 页。

③ 刘胜湘、唐探奇：《安全不可分割：理论内涵与实现路径——兼论全球安全倡议》，《国际安全研究》2023 年第 5 期，第 15—16 页。

国家的威胁认知、利益判断易受国际权力结构变动的影响，而国家间认同一旦达成，则具有高度的稳定性与持久性。因此，第三种认同驱动的共同安全才是建设全球安全共同体的最佳状态。为了引导国际理解并认知全人类共同价值的真正内涵，2015 年 9 月，习近平主席在纽约联合国总部出席第七十届联合国大会一般性辩论时提出："和平、发展、公平、正义、民主、自由，是全人类的共同价值。"① 2018 年以来，习主席将全人类共同价值理念系统化。自此，全人类共同价值就成为一种与人类命运共同体密切联系又自成一体的国际伦理观。2022 年，习近平主席进一步强调："我们要践行共商共建共享的全球治理观，弘扬全人类共同价值，倡导不同文明交流互鉴。"② 全人类共同价值主张世界各国在国际安全环境下的目标一致、利益共生、权利共享、责任共担。在这里，人类是不可分割的安全共同体是出发点；世界各国彼此尊重，平等广泛地参与全球安全治理体系是实现路径；实现全人类共同安全是最终目标。唯有坚守全人类共同价值，才能团结各种文明背景的国家及非国家行为体的力量，共同应对全球安全挑战；才能落实共同、综合、合作、可持续的安全观，真正构建均衡、有效、可持续的安全架构；才能真正实现以文明交流超越文明隔阂、文明互鉴超越文明冲突、文明共存超越文明优越的宏伟目标。③

二、以综合安全超越传统安全

当今世界，国际社会进入新的动荡变革期，传统安全与非传统安全问题交织，这也使得安全威胁的来源和表现形式更加复杂多变。然而，国际安全机制供给不足，且各大机制之间的竞争加剧甚至彼此对立，致使安全治理效能发挥不足、全球安全更加脆弱。在此背景下，树立综合安全观，统筹全球安全治理就成为应对复杂交织的全球安全挑战的应有之义。

（一）安全思维的综合性

安全思维的综合性要求国家"要统筹维护传统领域和非传统领域安

---

① 中共中央党史和文献研究院编：《习近平外交演讲集》第 1 卷，中央文献出版社 2022 年版，第 286 页。

② 习近平：《携手迎接挑战，合作开创未来——在博鳌亚洲论坛 2022 年年会开幕式上的主旨演讲》，《中华人民共和国国务院公报》2022 年 4 月 21 日。

③ 门洪华：《中国三大全球倡议的战略逻辑》，《现代国际关系》2023 年第 7 期，第 19 页。

全，通盘考虑安全问题的历史经纬和现实状况，多管齐下、综合施策，协调推进安全治理。既要着力解决当前突出的地区安全问题，又要统筹谋划如何应对各类潜在的安全威胁，避免头痛医头、脚痛医脚。用系统的思维、联系的思维来看待安全问题”[①]。具体来看，综合的安全思维体现在以下三个方面。

首先，综合的安全思维要求各国统筹维护各个领域的安全。传统安全理念仅关注军事、政治等“高政治”安全领域，缺乏对经济、社会、文化、环境等非传统安全领域的重视。然而，“一个木桶盛水的多少取决于最短的木板”，同样，国际社会面临的各种风险挑战是不同议题领域的风险交织叠加的结果，无论哪个领域的发展短板都会对国家能力的总体提升形成制约，无论哪方面安全工作的失守都可能波及国际共同安全。为此，世界各国需要从整体性的全局视野出发，密切国际交流与协作、最大限度协调国家在各方面的资源和力量、最大限度化解各方面的风险，统筹推进各领域安全以实现国际总体安全的目标。

其次，综合的安全思维要求各国统筹维护内部安全和外部安全，以防止内外因素相互联动，形成叠加效应。国内安全与国际安全互相促进、相互依赖的思维与我国古代安全思想中有关“内忧”和“外患”的认识一脉相承。事实上，“内忧”与“外患”两个概念并非彼此孤立，而是相互联系。具体体现为外患之“外”不是绝对的，一定条件下可能转换为内忧。例如，苏洵在《审敌》中论述“古者夷狄忧在外，今者夷狄忧在内”，由外患引发国内严重的财政危机，进而破坏民生和国内稳定，“名为外忧，而其实忧在内也”的道理。[②] 一方面，外部安全环境中的不稳定和不确定因素对国家安全和发展的影响增大；另一方面，内部安全形势的恶化和失控也容易诱发地区外部环境的动荡和危机。因此，各国既要坚定不移地维护国家主权、安全、发展利益，又要坚定不移地维护世界和平、促进共同发展。

最后，综合的安全思维要求各国与时俱进，高度重视国际安全的动态演进。一方面，当今世界正在经历百年未有之大变局，安全问题的联动性

---

① 中共中央宣传部、中央国家安全委员会办公室：《总体国家安全观学习纲要》，学习出版社、人民出版社 2022 年版，第 138 页。

② 苏洵：《嘉佑集笺注》，上海古籍出版社 1993 年版，第 13 页。

和跨国性也对既有全球安全治理体系带来极大冲击。为此，各国要针对全球安全面临的当前的、现实的、紧要的挑战及时调整应对思路和策略手段。共同、综合、合作、可持续的国际安全观的提出，正是这种以问题为导向，突出解决全球紧要安全问题的动态性思维的生动体现。另一方面，随着国际社会的深刻变革和科技的加速发展，各种新问题、新挑战不断涌现，成为国际安全新的威胁、新的关注点。因此，要实现共同安全，就应该不断开放和发展国际安全体系，使其内涵和外延随着客观形势的变化发展而不断丰富和调整，从而保证实现国际共同安全的工作的长期性、效果的可持续性，维护国际社会的长治久安。

（二）安全手段与主体的综合性

从安全手段的综合性来看，各国要重视军事手段和非军事手段的综合运用，既强调军事实力在保障国家安全中的基础和支柱作用，同时突出经济和内政在保障国家安全中的作用。[①] 同时，不同类型的手段在解决复杂交织的全球性安全问题上的效果并不一致，国家应该根据不同安全议题的特性，选择最为合理适宜的手段或手段组合，综合治理，以利消除安全威胁的根源。从安全主体的综合性来看，综合安全需要把范围扩展到比国家更大的层面。过去国际政治领域的安全主要是指国家（民族）的安全，如不受外来侵略、不被他国控制、不危害本国主权等。然而，国际社会的发展趋势亦向人们证明，国际安全并不仅仅是有关民族国家的安全事宜，而似乎一种既包括民族国家，也包括其他非民族国家单元在内的多种行为主体的综合安全。[②] 在全球化时代，跨国公司、族群甚至个人等也是影响全球安全治理的重要安全主体。鉴于安全主体的综合性，维护国际共同安全既注重构建主体多元的综合治理模式，[③] 也注重在不同安全主体的利益之间保持一定程度的均衡状态，避免任何走极端的做法。

三、以合作安全超越零和安全

合作安全强调安全的共同性和合作性，意味着相互尊重、相互包容，

---

① 郑淑娜主编：《中华人民共和国国家安全法解读》，中国法制出版社 2016 年版，第 40 页。

② 王逸舟：《论综合安全》，《世界经济与政治》1998 年第 4 期，第 6—7 页。

③ 凌胜利、王秋怡：《全球安全倡议与全球安全治理的中国角色》，《外交评论》2023 年第 2 期，第 12 页。

也意味着相互交流、互利共赢。简言之，合作安全明确反对霸权主义和强权政治，其对安全合作的对象不设置身份障碍，对安全合作的领域不设置范围限制，对安全合作的程度不设置上限空间，更不以针对任何第三方作为安全合作的目的。当今世界，战争和对抗只会导致以暴制暴的恶性循环，以合作谋和平、以合作保安全、以合作化干戈、以合作促和谐才是解决争端的有效途径。

（一）合作安全的必要性与目的性

当前全球安全治理体系逐渐失灵，合作安全氛围屡遭重创，逐步向以单边安全和零和安全为特征的冲突安全类型转变。特朗普政府以来，美国国内保守派频繁鼓吹美国在全球安全事务中的合作成本已经极大超出合作收益，安全协调存在决策缓慢、指挥烦琐，以及单边主义倾向的限制。① 俄乌冲突的持续蔓延更是反映出很多重大安全问题事关大国的关键利益，由此引发的地缘政治的强势回归使得合作安全无法实现。在国际安全形势不稳定性和不确定性加剧的背景下，单打独斗不行，迷信武力更不行，重新培养和塑造国际社会的合作安全氛围，以合作安全超越零和安全，已经成为有效应对人类面临的共同安全挑战的正确选择。根据物理学家赫尔曼·哈肯的协同学理论，复杂开放系统中大量子系统的相互作用会产生协同效应。② 同样，合作安全要实现的正是在复杂开放的全球安全系统中不同安全行为体子系统的协同效应。不同于零和安全认为国家间的安全必定建立在一种此消彼长的关系中，合作安全强调合作是正和博弈，最终要实现安全行为体的双赢、多赢和共赢，即共同做大安全合作成果蛋糕。

（二）合作安全的思想渊源

人类社会主要包括“敌手共生”“竞争共生”“竞合共生”“和合共生”四种共生形态。③ 其中，全球安全的实践前提是“和合共生”。在国际社会的现实案例中，国家之间往往无法准确地认知对方的意图，当安全合

---

① Peter G. Danchin, Jeremy Farrall, Shruti Rana, Imogen Saunders, “The Pandemic Paradox in International Law”, American Journal of International Law, Vol. 114, No. 4, 2020, p. 599.

② ［德］赫尔曼·哈肯著，凌复华译：《协同学——大自然构成的奥秘》，上海译文出版社 2005 年版。

③ 关于“敌手共生”的最传统说法是军事—工业复合体。［美］亚历山大·温特著，秦亚青译：《国际政治的社会理论》，上海人民出版社 2000 年版，第 345 页。

作对象对彼此的威胁认知很大时，双方就会认为彼此在应对安全威胁时的共同利益很少，这种情况下安全合作就很难实现。“和合”的逻辑原点是相关各方具有共生性，而共生性首先的含义是相互性、包容性。“和合”状态更是“充分地体现了多样存在的兼容互惠合作，体现了合作的最大化和冲突最小化的共在原则”。[①] 据此，“和合共生”的价值共识将引导国家回到安全的共生本质，从而最大限度地消解各国的种种不确定性和威胁感知，防止国家间的认知误解和战略误判。因此，在“异质共生”的状态下，不仅安全利益一致的国家能够坐到一起开展合作，而且安全利益有冲突的国家也可以走到一起进行安全对话。只有实现“和合共生”，国家间的安全合作才能最大限度实现，安全合作的效用才能最大程度发挥。

（三）合作安全的实践要求

首先，摒弃国际社会等级化的成员结构，建立内部平等的安全共同体是合作安全的前提条件。合作安全强调安全的包容性与平等性，这主要体现在三个方面：其一是尊重各国主权和领土完整，不干涉别国内政。主权原则是现代国家之间交流与合作的根本原则之一。任何国家，无论其大小、强弱、贫富如何，都是国际社会中平等的一员。其二是尊重各国人民自主选择的发展道路。世界各国均有其独特的历史文化、宗教信仰以及不同的发展水平与未来取向。自主选择发展道路是国家社会稳定和经济发展的前提条件。其三是尊重各国人民自主选择的社会制度，坚决反对霸权主义和强权政治。社会制度有其自身的政治关联性与文化传承性，任何外来干预与他者范式移植都会水土不服。只有保障国家自主选择社会制度的权利，国家才能在交流互鉴中合作共赢，实现共同安全的宏伟目标。

其次，合作安全要求增强国家间的团结与互信，扩大各国的利益共识。国家间存在着复杂交织、利益与共的安全关系网络，而国家间合作行为的产生首先基于互信关系。信任越多，来自他国的安全感就越多；不信任越多，来自他国的不安全感与恐惧感就越多。[②] 因此，提升国家间的信任程度正是搭建国际安全的合作关系网络的应有之义。合作安全要求国际

---

① 赵汀阳提出了“共在先于存在”与“和谐是最优共在关系”的观点。赵汀阳：《共在存在论：人际与心际》，《哲学研究》2009 年第 8 期，第 22—30 页。

② Shiping Tang, “A Theory of Security Strategy for Our Times: Defensive Realism”, London: Palgrave Macmillan, 2010, p. 132.

社会以增加互信为目的构建可靠的信任机制，鼓励形成正式与非正式，双边与多边对话等多种形态并存的安全模式，以平等合作、和平谈判的方式解决争端，就共同关心的安全问题进行广泛深入的合作，从而增进国家间的信息交流，积累信任。

最后，合作安全所要打造的全球安全共同体是以多边主义为特征的开放包容的“朋友圈”。真正的多边主义是符合时代要求的多边主义，在当前就是符合《联合国宪章》宗旨和全球发展方向的多边主义。为此，合作安全要求发挥联合国在维护全球安全方面的核心作用，强调大国应在联合国安全框架下履行维护世界和平与稳定的职责使命，鼓励广大发展中国家勇于参与维护联合国权威、践行多边主义的外交斗争。简言之，国际社会应该倡导集体安全、共同安全、合作安全的理念，使我们的地球村成为共谋发展的大舞台，而不是相互角力的竞技场。

四、以可持续安全超越过度安全

当今世界，全球发展赤字正在加剧全球安全治理失衡。首先，全球发展动能不足，缺乏科技革命的原动力支撑。过去三十年，世界上很多关键技术领域都陷入“大停滞”状态，全球经济增长亟须注入新动能。其次，全球发展总量不足，经济增长尽显颓势。在大国战略竞争加剧和局部军事冲突不断的背景下，当前全球主要供应链和贸易中断、国际金融市场陷入困境、发展中国家的债务不可持续，这些问题共同造成全球经济复苏进程缓慢且参差不齐。再次，全球发展成果并未完全惠及世界各国和世界人民。一些国家特别是广大发展中国家经济社会发展严重困难，在经济全球化进程中日益赤贫化和边缘化，治理困境、数字鸿沟、南北差距问题更加明显。最后，全球发展赤字加剧还导致部分发展中国家的政府失能，难以维持的国内秩序也成为滋生极端主义和恐怖主义的温床。为了应对发展失衡与安全失序的双重挑战，以可持续安全超越过度安全，具有极大的现实意义与时代价值。

（一）可持续安全的理论认知

“统筹发展和安全”要求用系统全面、辩证统一的原则和理念来认识发展和安全的关系。第一，发展是安全的基础，没有发展就没有真正的安全。一方面，发展是维护国家安全的基本手段。物质资料的生产方式决定经济社会的发展水平，也影响着安全需求的内容和维护安全水平的程度。

解决突出矛盾和问题，预防和化解各类风险隐患，归根结底都要依靠发展。具体来看，只有实现发展目标，国家才能获得应对安全挑战的综合能力，国际社会才能夯实“可持续安全”的经济基础，从而有效消除全球性安全挑战的根源，推动人类社会的稳定进步。① 一国如果脱离发展来片面强调安全，就容易出现发展失衡、治理困境等问题，国家的政权稳定容易受到影响，地区安全形势也可能恶化。另一方面，发展是维护国家安全的目的，也是人类社会永恒的主题，是当今时代的突出课题。西方主流国家的安全理念往往以维护安全为终极目标，这在本质上是一种目标短浅的安全思维，缺失国家发展的战略全局视野。相反，“统筹发展和安全”要求以发展为安全的最终目的，并非为安全而安全，而是为发展而安全，这就要求国家在促进安全的同时兼顾实现更高质量的发展。

第二，安全是发展的条件和保障。片面强调发展、忽视安全保障的发展必然是难以持续的发展。没有合理、系统和结构性的安全应对和安全保障，国家的发展成果就不可能长期性、制度性和社会性地得到维护和保障。我国古代就有“治国常富，而乱国常贫”的思想。如果国际社会持续动荡不安，或者国家内部政权不稳，边境不宁，人民陷于动乱和流离失所的状态，国家的经济社会各项事业就将处于仰人鼻息、漏洞频现的困局，国家的可持续发展目标更将无法实现。因此，只有掌握安全与发展的主动权，实现高质量发展和高水平安全的良性互动和相互支撑，才能携手维护世界普遍安全，追求全球共同繁荣，这也是人类命运共同体的题中之义。②

（二）可持续安全的实践要求

安全优先或者发展优先都会对国际体系中的权力分配、资源分配产生重要影响。因此，在厘清发展与安全“一体两翼”之关系的基础之上，“统筹发展和安全”还从实践层面要求各国平衡安全利益与发展利益，审慎采取措施来维护安全与稳定、推动发展与进步。当今世界，部分国家固守落后保守的安全观念，以所谓的“生存威胁”作为合法性来源，在国内将安全置于所有议题的优先位置，这就占用了原本应投入发展的资源。这

---

① 刘江永：《论“可持续安全战略”的建构——关于21世纪安全战略的哲学思考》，《世界经济与政治》2004年第7期，第45页。

② 王栋、高丹：《全球安全倡议的内涵与发展》，《现代国际关系》2023年第7期，第47页。

种脱离发展根基的安全是一种不可持续的消极安全。“统筹发展与安全”要求发达国家坚决避免对外政策的过度“安全化”倾向，高度重视解决南北差距问题，树立平等意识，杜绝利用资源与技术上的优势对发展中国家进行打击和压迫。同时还要尊重发展中国家的生存权和发展权，通过增加对发展中国家的经济技术援助和生态环境保护方面的资源投入，推动发展中国家的经济发展。另外，发展中国家则要坚决捍卫本国的主权安全和发展利益，努力推动全球化向着开放、包容、普惠、平衡和共赢的方向发展。一方面高度重视安全问题，避免因追求经济社会发展而让渡国家主权或依赖别国的军事保护伞，从而陷入发展路径极其受限、发展后劲严重不足的发展困境；① 另一方面将发展置于国家战略布局的核心位置，充分发挥市场潜力、引进先进技术和管理经验，加强区域合作，以实现经济增长和社会进步。

第三节　实现共同安全的路径与意义

作为世界综合国力第二大的国家，中国是全球安全治理体系中安全观念的引领者、热点问题的斡旋者、国际秩序的维护者和世界和平的建设者。在“共同、综合、合作、可持续”的安全理念的指导下，中国积极为国际社会提供构建全球安全共同体的实践路径。这体现了新时代中国实现安全发展目标的大国自信，也彰显了中国积极履行国际责任、维护世界和平、推动共同发展的大国担当。

一、树立共同安全的理念指引

基于对共同安全、相对安全的准确理解，1999 年 3 月，时任国家主席江泽民在瑞士日内瓦裁军谈判会议上全面阐述了“互信、互利、平等、协作”为核心的新安全观。进入新世纪，随着中国的和平崛起，中国国际事务的参与度与国际话语权持续提高。2005 年 9 月，胡锦涛在联合国成立 60 周年的首脑会议上阐述了“和谐世界”的重要思想，具体包括“坚持多边

① 黄大慧、胡庆：《统筹发展和安全：演进逻辑与时代价值》，《国家安全研究》2022 年第 3 期，第 25 页。

主义、维护共同安全；坚持互利合作，实现共同繁荣；坚持包容精神，共建和谐世界”的三点倡议。[①] 2014 年 4 月 15 日，习近平总书记在中央国家安全委员会第一次会议上首次提出总体国家安全观，走出中国特色的国家安全道路。作为新时代国家安全工作的根本遵循和行动指南，总体国家安全观指出以促进国际安全为依托，既重视外部安全，又重视内部安全，既重视自身安全，又重视共同安全，就是要在维护本国安全利益的同时，始终不渝走和平发展道路，构建均衡、有效、可持续的安全架构，完善全球安全治理体系，建设普遍安全的人类命运共同体。[②] 不过，总体国家安全观更多是对内的国家安全治理思考，而并非完全对外的国际安全倡议。2014 年 5 月 21 日，习近平主席在亚信峰会上强调：“中国将同各方一道，积极倡导共同、综合、合作、可持续的亚洲安全观，创新安全理念，搭建地区安全和合作新架构，努力走出一条共建、共享、共赢的亚洲安全之路。”[③] 亚洲安全观自提出以来在《中国国防白皮书（2015）》《中国的亚太安全合作政策（2017）》《新时代的中国国防白皮书（2019）》之中都有体现，肯定了“共同、综合、合作、可持续”安全理念对于国际安全合作的重要价值，也体现了中国安全理念创新的全球性实践意义。

2022 年 4 月 21 日，习近平主席在博鳌亚洲论坛年会开幕式上提出全球安全倡议。2023 年 2 月，中国政府正式发布《全球安全倡议概念文件》，系统阐述了全球安全倡议的内涵及实践主张。一是坚持共同、综合、合作、可持续的安全观是理念指引；二是坚持尊重各国主权、领土完整是基本前提；三是坚持遵守联合国宪章宗旨和原则是根本遵守；四是坚持重视各国合理安全关切是重要原则；五是坚持通过对话协商以和平方式解决国家间的分歧和争端是必由之路；六是坚持统筹维护传统领域和非传统领域安全是应有之义。如果说新安全观是冷战结束后我国安全思想的理论初创，亚洲安全观是我国安全理念在地区层面的权威体现，那么全球安全倡议正是我国立足世界舞台提出的全球安全治理思想，是总体国家安全观着眼统筹自身安全与共同安全、秉持安全不可分割原则、共同维护国际安全

---

① 胡锦涛：《胡锦涛文选》第 2 卷，人民出版社 2016 年版，第 350—356 页。

② 黄大慧：《全球安全倡议的实施路径与价值意蕴》，《中国社会科学报》2023 年 8 月 31 日。

③ 《亚洲相互协作与信任措施会议第四次峰会在上海举行（聚焦亚信第四次峰会）》，《人民日报》2014 年 5 月 22 日。

的重大理论创新，它不仅批判和超越了西方传统的地缘政治理论，也为国际社会通往共同安全之路提供了理念指引。

二、建设均衡、有效、可持续的安全架构

安全状态的达成意味着主要他者对自我的威胁认知的消除与缓解，这就存在一个主体间认知及其差异的问题，即一方的非威胁意图可能会被他者认知为威胁意图。据此，对于彼此间安全意图信号的共识需要国家通过频繁的、深入的外交对话加以磨合并形成。以多边主义为基础的对话协商与合作共建就为解决主体间的认知问题、消弭国际冲突根源、实现世界长治久安提供了新方向。

（一）治理方式

中国高度秉持多边主义的治理理念，提出要坚持共商共建共享的全球治理观，通过对话协商，构建均衡有效、可持续的安全架构。2021 年，习近平主席在世界经济论坛“达沃斯议程”对话会上向国际社会发出了“让多边主义的火炬照亮人类前行之路”的号召，提出“要坚持开放包容，不搞封闭排他。多边主义的要义是国际上的事由大家共同商量着办，世界前途命运由各国共同掌握”。[①] 中国提出的全球安全倡议也号召各国彼此平等、互相尊重、和平相处，以对话解决争端、以协商化解分歧，反对军事冲突和单边制裁。支持国际社会在不干涉内政的前提下，以劝和促谈为主要方式，以公平务实为主要态度，以标本兼治为主要思路，建设性参与热点问题的政治解决。[②]

（二）治理制度

不断夯实安全治理体系的全球、地区和次区域制度基础，在影响各国的安全状态偏好，塑造各国的安全利益预期、规范各国维护安全利益的行为上具有重大战略意义。制度的参与主体上，我国鼓励创设多主体参与的全球性安全论坛，积极为各国政府、国际组织、智库、社会组织等发挥各自优势参与全球安全治理提供新平台。制度的适用领域上，在当前传统安

---

① 习近平：《让多边主义的火炬照亮人类前行之路——在世界经济论坛“达沃斯议程”对话会上的特别致辞》，《人民日报》2021 年 1 月 26 日。

② 《全球安全倡议概念文件》，外交部官网，2023 年 2 月 21 日，http：//newyork.fmprc.gov.cn/ziliao_674904/1179_674909/202302/t20230221_11028322.shtml。

全问题与非传统安全问题复杂交织的背景下，我国致力于根据安全形势的演进适时补充和增强地区安全制度的角色与职能。全球安全倡议也提出要围绕应对反恐、网络、生物、新兴科技等领域安全挑战，搭建更多国际交流合作平台和机制，共同提升非传统安全治理能力。

全球层面，联合国是全球安全治理网络的中枢，也是全球安全合作共建的主导机构。尽管国际社会存在复杂交错的“非对称—不平等”的国际关系网络，但遵守《联合国宪章》的宗旨和原则早已成为世界上绝大部分国家的基本共识。[①] 中国坚决维护联合国的权威地位，坚定支持联合国机构在解决国际争端、冲突中发挥的主导作用。习近平主席指出：“当今世界只有一个体系，就是以联合国为核心的国际体系。只有一个秩序，就是以国际法为基础的国际秩序。只有一套规则，就是以联合国宪章宗旨和原则为基础的国际关系基本准则。”[②] 在此基础上，中国认真执行联合国安理会决议规定的制裁措施。中国是当前安理会常任理事国中派遣维和人员数量最多的国家和联合国的第二大维和摊款国，在推进热点问题和平解决、维护地区安全秩序、促进驻在国经济社会发展等方面作出了重要贡献。[③] 此外，中国还积极推动联合国安理会改革，倡议增加发展中国家的代表性和发言权，让更多中小国家有机会参与安理会决策。[④] 地区层面，我国坚定支持和完善以东盟为中心的地区安全合作机制和架构，积极为湄公河次区域合作等相关机制提供稳定的安全保障。同时，全球安全倡议还要求国际社会积极发挥上海合作组织、金砖合作、亚信、“中国 + 中亚五国”、东亚合作相关机制等作用，推动设立海湾地区多边对话平台，发挥阿富汗邻国外长会、非洲之角和平会议等协调合作机制作用，促进地区乃至世界的和平与稳定。

---

① ［美］布兰特利·沃马克著，李晓燕、薛晓芃译：《非对称与国际关系》，上海人民出版社 2020 年版。

② 习近平：《携手应对全球性威胁和挑战，推动构建人类命运共同体》，《人民日报》2021 年 9 月 22 日。

③ 《中国军队参加联合国维和行动 30 年》，国务院新闻办公室，2020 年 9 月 18 日，http：//www. scio. gov. cn/ztk/dtzt/42313/43715/index. htm。

④ 《2023 年 2 月 2 日外交部发言人毛宁主持例行记者会》，外交部官网，2023 年 2 月 2 日，http：//switzerlandemb. fmprc. gov. cn/web/fyrbt_673021/jzhsl_673025/202302/t20230202_11018699. shtml。

（三）治理实践

中国积极开展安全交流合作，履行国际安全义务。我国历来坚持独立自主的和平外交政策，坚定不移地走和平发展道路，实施互利共赢的开放战略，维护国家主权、安全和发展利益，积极争取和平稳定的国际环境、睦邻友好的周边环境、平等互利的合作环境、互信协作的安全环境、客观友善的舆论环境。作为国际社会负责任的国家，中国坚持参与国际体系变革和国际准则的制定，参与全球性问题治理，维护世界和平稳定。中国是唯一公开承诺不首先使用核武器、不对无核武器国家和无核武器区使用或威胁使用核武器的核国家。中国也是派出维和人员最多的联合国常任理事国。中国还积极参加反恐、防大规模杀伤性武器扩散等领域的国际合作，向遭受严重自然灾害的国家提供人道主义援助，向亚丁湾、索马里海域派遣海军护航编队以打击海盗。此外，中国是最早制定并实施《应对气候变化国家方案》的发展中国家。中国参与了一百多个政府间国际组织，签署三百多个国际公约，成为国际体系的参与者、建设者和贡献者。

三、以可持续发展促进可持续安全

发展是安全的基础，安全是发展的条件。没有和平，中国和世界都不可能有顺利发展；没有发展，中国和世界也不可能有持久和平。中国不仅要做世界和平的建设者，还要做全球发展的贡献者、国际秩序的维护者。中国正在以实际行动，统筹国内国际两个大局，既通过争取和平的国际环境发展自己，又以自身的发展维护世界和平，打造更加安全与繁荣的国际安全新形态，与世界各国共同构建人类发展共同体与安全共同体。

（一）指导思想

全球安全倡议的贯彻落实需要统筹好安全与发展之间的关系。党的二十大通过《中国共产党章程（修正案）》的决议，将“统筹发展和安全”“更为安全发展”“普遍安全”等表述写入党章。① 修改后的党章在总纲的经济建设部分指出：“促进国民经济更高质量、更有效率、更加公平、更可持续、更为安全发展。”在总纲的构建社会主义和谐社会部分指出：“坚

① 中国共产党第二十次全国代表大会关于《中国共产党章程（修正案）》的决议，中国政府网，2022 年 10 月 22 日，https://www.gov.cn/xinwen/2022-10/22/content_5720928.htm。

持总体国家安全观，统筹发展和安全，坚决维护国家主权、安全和发展利益。”在总纲坚持独立自主的和平外交政策部分提出：“推动建设持久和平、普遍安全、共同繁荣、开放包容、清洁美丽的世界。”① 党的二十大报告也指出：“只有各国行天下之大道，和睦相处、合作共赢，繁荣才能持久，安全才有保障。”②

在“统筹发展和安全”理念的指导下，2021 年 9 月，习近平主席在第七十六届联合国大会一般性辩论上首次提出全球发展倡议，主张坚持发展优先、坚持以人民为中心、坚持普惠包容、坚持创新驱动、坚持人与自然和谐共生、坚持行动导向，呼吁国际社会在减贫、粮食安全、抗疫和疫苗、发展筹资、气候变化和绿色发展、工业化、数字经济、互联互通等领域加强合作。③ 2022 年 6 月，习近平主席在全球发展高层对话会上发表重要讲话，提出“共创普惠平衡、协调包容、合作共赢、共同繁荣的发展格局”的四点主张。④ 全球发展倡议自提出以来有力回应了广大发展中国家的发展需求，它与全球安全倡议共同将中国特色的发展观、安全观同全球经济治理、全球安全治理有机结合，两大倡议是“统筹国际国内两个大局”“统筹发展安全两件大事”的综合体现，有利于实现人类的共同富裕和普遍安全，推动各国在发展合作、安全合作中结成更加紧密的利益共同体和安全共同体。

（二）具体实践

新中国成立以来，中国共产党团结带领中国人民长期艰苦奋斗，打赢脱贫攻坚战，全面建成小康社会，成功走出中国式现代化道路，取得了举世瞩目的发展成绩。同时，中国还致力于推动国际发展合作，使本国发展成果进一步转化成互利共赢的合作成果，不断开辟共同发展的开放型世界

---

① 《中国共产党章程》，中国政府网，2022 年 10 月 22 日，https：//www. gov. cn/xinwen/2022 - 10/26/content_5721797. htm。

② 《习近平：高举中国特色社会主义伟大旗帜　为全面建设社会主义现代化国家而团结奋斗——在中国共产党第二十次全国代表大会上的报告》，中国政府网，2022 年 10 月 25 日，https：//www. gov. cn/xinwen/2022 - 10/25/content_5721685. htm。

③ 《习近平在第七十六届联合国大会一般性辩论上的讲话》，中国政府网，2021 年 9 月 21 日，https：//www. gov. cn/xinwen/2021 - 09/22/content_5638597. htm。

④ 《构建高质量伙伴关系　共创全球发展新时代》，中国政府网，2022 年 6 月 24 日，https：//www. gov. cn/gongbao/content/2022/content_5699922. htm。

经济新前景，以可持续发展促进可持续安全。[①] 第一，中国凝聚国际共识，促进共同发展。中国秉持“只有各国人民都过上好日子，繁荣才能持久，安全才有保障，人权才有基础”的信念，坚持把发展置于国际议程中心位置，落实联合国2030年可持续发展议程，力图打造人人重视发展、各国共谋合作的政治共识。第二，中国坚持发展优先，加大减贫投入。通过设立中国国际扶贫中心、全球减贫与发展高层论坛、中国扶贫国际论坛等平台，中国致力于为世界贫困问题提供解决之道，尽己所能帮助世界其他发展中国家实现共同发展。第三，中国坚持行动导向，深化务实合作。一方面，中国积极推动对世界银行、国际货币基金组织、世界贸易组织的全面改革，鼓励金砖国家、上海合作组织和二十国集团在全球治理中发挥更大的作用；另一方面，中国还相继发起共建“一带一路”倡议，主导创设了亚投行，并以此为平台加强与各国的基础设施建设合作，强化在次区域层面的互联互通和互补合作。第四，中国坚持创新驱动，增强发展动能。中国积极推进构建公平、合作、共赢的国际核安全体系，推动完善数字经济、深海、极地、外空、互联网等新疆域治理规则。此外，中国还推动政府间科技交流项目的发展，向亚非拉多国转让技术，以增强这些国家的科技创新实力。[②] 第五，中国坚持共克时艰，提升发展韧性。粮食安全和能源安全关乎国计民生。中国启动了中国—联合国粮农组织南南合作信托基金，落实促进粮食生产专项行动，向许多国家提供粮食援助、分享农业技术知识。同时，中国还发起全球清洁能源合作伙伴关系，助力实现能源安全。[③]

四、塑造和平稳定的外部环境

党的十八大以来，中国将和平、发展等理念上升为全人类共同价值，并在对外政策上积极倡导建立新型国际关系和人类命运共同体。党的二十

① 赵可金、赵丹阳：《中国特色大国外交的理论基础》，《世界经济与政治》2022年第1期，第21页。

② 《新时代的中国国际发展合作》白皮书，国务院新闻办公室网，2021年1月10日，http://www.scio.gov.cn/ztk/dtzt/44689/44717/index.htm。

③ 《习近平在“金砖+”领导人对话会上的讲话（全文）》，中国人民政治协商会议全国委员会，2023年8月24日，http://www.cppcc.gov.cn/zxww/2023/08/25/ARTI1692926916182127.shtml。

大报告再次强调，“中国坚持在和平共处五项原则基础上同各国发展友好合作，推动构建新型国际关系，深化拓展平等、开放、合作的全球伙伴关系，致力于扩大同各国利益的汇合点”①。中国正在建立以合作共赢为核心的新型国际关系，努力营造和平稳定的国际环境，推动国际社会共同享受尊严，共同享受发展成果，共同享受安全保障。②

首先，中国致力于推进大国协调合作，坚持构建总体稳定、均衡发展的大国关系。中美能否处理好彼此关系攸关世界的前途命运。习近平主席指出：“中美两国是两艘在大海中航行的巨轮，我们要把稳舵，使中美两艘巨轮迎着风浪共同前行，不偏航、不失速，更不能相撞。”③ 中美要始终坚持“不冲突不对抗、相互尊重、合作共赢”的原则，共同为国际社会的安全发展贡献大国力量。④ 中俄新时代全面战略协作是维护和平稳定的重要压舱石。⑤ “世界越是动荡，中俄就越有必要加强战略协作。”⑥ 为此，中俄要继续为捍卫国际公平正义、维护世界安全稳定发挥中流砥柱的作用。未来十年是中欧实现发展和安全可持续的关键时期，也是大国冲突加剧并可能对外部环境造成颠覆性影响的高风险期。中欧不仅要切实强化经济共生关系并增进共同利益，在气候安全、公共卫生、危机管控等全球和区域治理的合作领域也要坚持摆脱“政治化”的干扰，共同致力于解决和平与发展的世纪难题。⑦

其次，周边外交不仅事关中华民族伟大复兴的宏观战略布局，更影响着亚太地区乃至全球安全格局的和平与稳定。中国历来视周边为安身立命

---

① 习近平：《高举中国特色社会主义伟大旗帜 为全面建设社会主义现代化国家而团结奋斗——在中国共产党第二十次全 国代表大会上的报告》，中国政府网，2022 年 10 月 25 日，https：//www. gov. cn/xinwen/2022 – 10/25/content_5721685. htm。

② 郑淑娜主编：《中华人民共和国国家安全法解读》，中国法制出版社 2016 年版，第 40 页。

③ 《元首视频会晤为中美关系把舵引航》，《人民日报》2021 年 11 月 18 日。

④ 习近平：《习近平谈治国理政》，外文出版社 2014 年版，第 279 页。

⑤ 《在大潮流大格局大历史中把握前进方向——2021 年中国特色大国外交全面推进》，《人民日报》2021 年 12 月 29 日。

⑥ 《中华人民共和国和俄罗斯联邦关于〈中俄睦邻友好合作条约〉签署 20 周年的联合声明（全文)》，中国政府网，2021 年 6 月 28 日，https：//www. gov. cn/xinwen/2021 – 06/28/content_5621323. htm。

⑦ 崔洪建：《百年变局下的欧洲之变与中欧关系的起承转合》，《欧洲研究》2023 年第 1 期，第 25 页。

之所，发展繁荣之基，并按照亲诚惠容理念和与邻为善、以邻为伴周边外交方针，深化同周边国家关系。[①] 在不断强化与周边国家的政治互信，建立密集持久的伙伴关系网络的同时，中国还积极弥补自身在安全秩序塑造能力上的短板，提升引领和塑造周边安全秩序的能力。一方面，中国坚持通过和平方式处理同有关国家的领土主权和海洋权益争端；另一方面，中国积极加强与周边国家的安全对话与合作。近年来，中国在阿富汗问题、中东地区安全问题等热点问题上的管控实践，更是深刻反映了中国以团结精神适应地区格局、以共赢思维应对安全挑战的坚定信念。

最后，广大发展中国家是我国在国际事务中的天然同盟军。2013 年 10 月 24 日，习近平主席在周边外交工作座谈会上首次提出要“坚持正确义利观，有原则、讲情谊、讲道义，多向发展中国家提供力所能及的帮助”[②]。当今世界各种威胁持续干扰社会发展与国家安全，能力相对弱小的发展中国家亟须提高应对全球性安全挑战的能力。中国积极开展对外援助，援助内容既包括传统的自然灾害应急救援、粮食援助、响应公共卫生突发事件等，也包括参与缓解移民和难民危机等较为新兴的治理领域。中国历来反对以大欺小、以强凌弱的强权政治，主张国家不论大小一律平等。在此基础上，中国正不断推动与发展中国家的合作，积极维护国际共同安全。

五、实现共同安全的价值意涵

大时代需要大格局，大格局呼唤大胸怀。当前，世界之变、时代之变、历史之变正以前所未有的方式展开，在努力建设平安中国的过程中，中国正在以前所未有的广度、深度、力度参与全球安全治理。这其中体现的建设全球安全共同体的思想底蕴，具有重大的现实意涵与理论价值。

（一）应对全球性安全挑战的顶层设计

维护国际共同安全符合时代的迫切需要。随着大国竞争博弈态势愈加激烈，地缘政治风险持续升级，美国将中国定义为“当今世界唯一一个有实力对美国构成挑战的竞争者”，力图从军事、经济、政治、意识形态、

---

① 中共中央宣传部、中央国家安全委员会办公室：《总体国家安全观学习纲要》，学习出版社、人民出版社 2022 年版，第 142 页。

② 习近平：《习近平著作选读》第一卷，人民出版社 2023 年版，第 155 页。

技术和全球治理等领域全方位构筑打压中国的盟伴体系，这些措施严重动摇了中美安全互信基础，加剧全球安全阵营分化与对抗，对全球安全形势产生了极大负面影响。同时，地区热点问题此起彼伏。作为冷战结束以来最严重的地缘政治冲突，乌克兰危机涉及美俄等大国并影响到他们之间的关系。美俄等国在这场危机中对地缘关键节点的争夺日益加剧，军事威慑、摩擦和对抗情况也趋于普遍，这不仅给欧亚地区稳定和安全环境带来极大威胁，加剧了大国关系的紧张和世界局势的动荡，其所折射的集团政治、零和博弈等冷战思维还侵蚀了全球安全治理的理念基础。此外，联合国的国际地位和作用被弱化，西方主导的治理体系面临全面失效的风险。动荡的国际安全局势引发了国际社会对全球安全问题的强烈关切，维护国际共同安全正是切合这一重要历史时刻的产物。

维护国际共同安全为应对全球安全挑战提供了可行之策。共同、综合、合作、可持续的安全理念，以构建人类安全共同体为最终目的，要求不干涉他国内政，尊重各国主权及领土完整，尊重各国的合理安全关切，号召以对话和协商来实现共同安全，以可持续发展促进可持续安全。在此基础上，中国提出的全球安全倡议更是通过列举全球安全治理“负面清单”的方式，深刻批判了美国在乌克兰危机及“亚洲版北约”等问题上集中体现的集团政治和阵营对抗现象，明确指出只有树立合作共赢的理念才能切实解决全球安全治理赤字，这有利于推动各国摈弃冷战思维、零和博弈的陈旧思想，摒弃弱肉强食的丛林法则，转而以合作谋和平、以合作促安全。同时，共同安全的理念也强调尊重《联合国宪章》宗旨和原则，主张世界各国不分大小，一律平等，这既有助于维护联合国在全球安全治理中的权威地位，也有利于明确国际社会各行为体的主体责任，鼓励世界各国、各非国家行为体积极参与安全治理，最终推动全球安全治理体系朝着更加公平、合理、有效的方向发展。

（二）对走和平发展道路的中国式现代化的体现

中华民族具有深厚的和平基因，中国人民热爱和平，珍惜来之不易的和平与安宁，尤其希望同世界各国一道共谋和平、共护和平、共享和平。中国是世界上唯一一个将“坚持和平发展道路”载入宪法的国家，也是唯一承诺不首先使用核武器的国家。党的二十大报告完整地界定了中国式现代化的内涵并明确指出：“中国式现代化是走和平发展道路的现代化。”① 中国不走殖民掠夺的老路，也不走国强必霸的歪路。不同于历史上西方大国依靠战争崛起的方式，中国式现代化道路是从历史正确、人类进步和时代要求等出发，以和平、发展、合作、共赢的方式实现现代化目标，并以此推动构建人类命运共同体、创造人类文明新形态。② 维护国际共同安全提出要构建均衡、有效、可持续的安全架构，号召国际社会走出一条对话而不对抗、结伴而不结盟、共赢而非零和的新型安全之路。这种共同安全理念充分体现了中国坚定不移走和平发展之路的道路自信、理论自信、制度自信、文化自信，同时也继承了中国式现代化的和平基因，承载了中国式现代化的和平使命，并为中国式现代化的和平愿景提供了切实可行的安全治理路径。

（三）对中国天下情怀与大国担当的彰显

习近平主席指出：“大国更应该有大国的样子，要提供更多全球公共产品，承担大国责任，展现大国担当。”③ 在新时代和新的历史征程上，面对“世界需要什么样的安全理念，各国怎样实现共同安全”这一重大时代课题，中国强调胸怀天下，强调责任担当。一方面，中国自身的发展既坚定了中国维护世界和平的决心，增强了中国参与全球安全治理的综合实力，也壮大了世界和平的力量，提高了广大发展中国家在国际安全架构中的代表性和发言权；另一方面，中国坚持与时俱进的精神品格和开放创新的治理理念。2023 年 2 月中国提出了全球安全倡议，这一倡议是中国维护世界和平一系列理念主张的集大成者，也是中国在洞察时与势，把握危与机的基础上为构建人类安全共同体提供的国际公共产品。全球安全倡议及时回应了国际社会对构建普遍安全世界的强烈期盼，为乱变交织的世界注入了“强心剂”，为建设更加安全繁荣的世界贡献了中国智慧和中国力量。在短时间内，已有七十多个国家支持全球安全倡议，为共建人类命运共同

---

① 《习近平：高举中国特色社会主义伟大旗帜　为全面建设社会主义现代化国家而团结奋斗——在中国共产党第二十次全国代表大会上的报告》，《人民日报》2022 年 10 月 26 日。

② 郭树勇、舒伟超：《论习近平外交思想理论内涵的丰富发展》，《世界经济与政治》2022 年第 11 期，第 15 页。

③ 《国际社会热议习近平主席在联大一般性辩论上的重要讲话，中国担当为联合国发展注入信心和希望》，中国政府网，2020 年 9 月 24 日，https：//www. gov. cn/xinwen/2020 －09/24/content_5546579. htm。

体打下了坚实基础。① 可以说，维护国际共同安全体现了中国的潮流观、格局观和历史观，是站在人类命运共同体的高度对大国责任的重新定义，进一步巩固了中国在世界道义的制高点地位和全球治理理论的话语权。

当今世界，实现普遍安全、促进共同发展依然任重道远。只有基于普遍、平等、包容、合作的安全，才是基础牢固、真正持久的安全。未来，中国将继续在总体国家安全观引领下坚持走中国特色国家安全道路，以全球思维谋篇布局，坚定而从容地同一切爱好和平的国家和人民一道，肩负起同舟共济、合作共赢的历史使命，引导国际社会共同塑造更加公正合理的国际新秩序，共同完善全球安全治理体系，共同走出一条互利共赢的安全之路，共同构建普遍安全的人类命运共同体。

参考文献：

[1] 习近平：《习近平谈治国理政》，外文出版社2014年版。

[2] 习近平：《习近平著作选读》第一卷，人民出版社2023年版。

[3] 中共中央宣传部、中央国家安全委员会办公室：《总体国家安全观学习纲要》，学习出版社、人民出版社2022年版。

[4] 郑淑娜主编：《中华人民共和国国家安全法解读》，中国法制出版社2016年版。

[5] [德] 赫尔曼·哈肯著，凌复华译：《协同学——大自然构成的奥秘》，上海译文出版社2005年版。

[6] [德] 乌尔里希·贝克著，张文杰、何博闻译：《风险社会：新的现代性之路》，译林出版社2018年版。

[7] [美] 布兰特利·沃马克著，李晓燕、薛晓芃译：《非对称与国际关系》，上海人民出版社2020年版。

[8] [美] 约翰·米尔斯海默著，王义桅、唐小松译：《大国政治的悲剧》，上海人民出版社2003年版。

[9] Shiping Tang, "A Theory of Security Strategy for Our Times: Defensive Realism", London: Palgrave Macmillan, 2010.

① 《新时代中国外交的根本遵循和行动指南》，《人民日报》2022年10月2日。

后　记

《国家安全学基础理论》是国务院学位委员会国家安全学学科评议组主持编写的“国家安全学学科建设工程系列丛书”中的基础理论篇，是国家安全学学科建设的核心书目。在承担编写任务后，我们颇感使命光荣，同时也深感责任重大、任务艰巨。为了按时保质完成编写任务，我们以中国人民大学国家安全交叉学科平台为主要依托，组织国家安全领域专家学者对本书的框架结构、章节安排和主要内容进行了十几次研讨，广泛征求了专家学者和相关部门的宝贵意见。本书几经易稿，多次打磨，最终成型。

如果说本书有什么特色，那就是坚持把总体国家安全观作为指导思想贯穿于全书之中，并以问题为导向，立足国家安全实践进行理论总结和构建。本书在编写过程中，尽量梳理和参考了学界关于国家安全理论的研究成果，囿于篇幅，恕不能一一列举。需要指出的是，虽然新时代的国家安全研究成果不断涌现，但国家安全理论研究仍滞后于国家安全实践，这种状况也给我们的编写工作带来不小的困难。

本书是集体合作的结果。除了中国人民大学国家安全研究团队成员外，还邀请了兄弟单位的专家学者参与编纂。写作分工如下：绪论、第六章、第九章、第十二章，黄大慧（中国人民大学）；第一章、第八章、第十一章，李文良（国际关系学院）；第二章、第三章，田文林（中国人民大学）；第四章，金晓文（中国人民大学）；第五章，董春岭、孙榕泽（中国现代国际关系研究院）；第七章，吴迪（中国人民大学）；第十章，刘庆、姜磊（中国人民解放军国防大学）。黄大慧负责全书的设计、统稿、定稿工作。

在本书的编写过程中，得到学界多位同仁直接或间接的帮助，亦得到国务院学位委员会国家安全学学科评议组和有关部门领导的指导，还得到时事出版社领导和编辑的支持。在此一并表示感谢！同时，还要感谢中国人民大学博士研究生王月禾、刘佳妮、柴竞雯、朱榆雯、支丹妮等人的辛勤付出！

由于时间紧迫和研究能力有限，我们对于国家安全学基础理论的初步探索难免存在疏漏之处，恳请学界同仁和广大读者批评指正！

黄大慧

2024 年 4 月于中国人民大学